BOBIK IN DER FREMDE

WLADIMIR LINDENBERG

Bobik in der Fremde

Ein junger Russe in der Emigration

ERNST REINHARDT VERLAG
MÜNCHEN BASEL

Die Deutsche Bibliothek – CIP-Einheitsaufnahme

Lindenberg, Wladimir:
Bobik in der Fremde: ein junger Russe in der Emigration /
Wladimir Lindenberg. – 13.–15. Tsd. – München ; Basel :
E. Reinhardt, 1994
ISBN 3-497-01308-0

Printed in Germany

In memoriam derer,
die in jener Zeit mein Schicksal gestalteten:

Meine Mutter Jadwiga
Sascha Tschelistscheff Krasnosselski
Pawlik Lindenberg
Karluscha Lindenberg
Lucie Arndt
Aljoscha Fürst Galitzin
Ella von Adajewski
Didi Baronin Loë
Professor Dr. Richard Siebeck
Therese Renz
Dr. Lene Müller-Herb
Erwin Rousselle
Victoria Prinzessin zu Schaumburg-Lippe
Kaethe Wolff-Gumpoldt

Ich wollte ja nichts als das zu leben
versuchen, was von selber aus mir heraus
wollte. Warum war das so sehr schwer?

Hermann Hesse
in „Demian"

INHALT

ZU FREMDEN UFERN

Die warme Augustsonne brannte auf das vergilbte Gras und die verstaubten Wipfel der Bäume. Manche Wiesen waren übersät mit rotem Mohn. Der Mohn war schön, und doch mußte Bobik an die Ströme von Blut denken, die in seinem Lande flossen. Noch war Krieg in der Welt. Er dachte nicht so sehr an das Blut, das im Kriege vergossen wurde, als an das hemmungslose Abschlachten von Menschen, die sich dem neuen Regime nicht anpassen wollten. Ratata ratata ratata sagten die Räder. Im gleichen Rhythmus schlug sein junges Herz, es zog sich schmerzhaft zusammen. Mit jeder Umdrehung der Räder entfernte er sich von seiner geliebten, leidgeprüften Heimat. So ist es einem zumute, dem man beide Beine oder beide Arme amputiert hat. Er schleppt sich nunmehr als Krüppel durchs Leben. Wird er nicht, abgetrennt von seiner Heimat, seiner Sprache, seiner Religion und von der Geschichte seines Volks, als ein Krüppel weiterleben müssen? Die Geschichte Rußlands und die Geschichte seiner Familie waren bisher eins. In jeder Epoche hatte einer seiner Vorfahren eine tragende Rolle gespielt. Der Bojar Andrei kämpfte mit Aleksandr Nevski gegen die Deutschordensritter. Der Bojar Michail Brenko siegte an der Seite des Großfürsten Dimitri Donskoi gegen den Chan Mamai der Tataren. Bojar Fürst Iwan Andrejewitsch Chowanski, der nach der Zarenkrone greifen wollte, wurde von der Regentin Sophia, der älteren Schwester Peter des Großen, nach Ismailowo beordert und heimtückisch ermordet. Aleksei Bogdanowitsch Tschelistschew, der Vetter Peters III., war Oberzeremonienmeister der Kaiserin Katharina. Sein Neffe, Pjotr Iwanowitsch Tschelistscheff, wurde mit zwölf anderen russischen Aristokraten 1766 nach Leipzig zum Studium gesandt; sie waren die ersten Russen, die im Ausland studieren durften. Er war der Freund des russischen Revolutionärs Aleksandr Nikolajewitsch Radistscheff, der später zum Tode verurteilt, danach begnadigt und nach Sibirien verbannt wurde. Der Senator Nikolai Nikolajewitsch Tschelistscheff Krasnosselski kämpfte bei Austerlitz gegen Napoleon und wurde mit dem goldenen Säbel mit Brillanten ausgezeichnet. Sein Bruder gehörte 1825 zu den Dekabristen, die für eine Demokratisierung der Monarchie kämpften. Bobiks Großonkel Nikolai Platonowitsch Ogarew war der Freund und Mitkämpfer des Revolutionärs Aleksandr Herzen. Bobiks beide Onkel mütterlicherseits wurden bei der Revolution 1905 nach Sibirien verbannt . . . Stützen des Kaiserreichs und Revolutionäre in der gleichen Familie! Wie bei den Muravjows – der eine, der „Henker", allmächtiger Minister Zar Nikolaus I., der andere, als Dekabrist für ewig nach Sibirien verbannt. Welche Gegensätze! Wie nah und vertraut waren ihm alle diese Menschen, die während einer Zeitspanne von neunhundert Jahren gelebt hatten! Und nun trugen ihn die Räder, dieses schmerzhafte „Ratata ratata", aus seiner Heimat hinaus einer unsicheren Zukunft, einem ungeliebten fernen Land entgegen, mit dem Rußland bis vor einigen Wochen im Kriege gewesen war. Er floh aus der Zukunftslosigkeit, aus dem verbrieften Tod in ein neues Leben. Ein *Leben?* Konnte es jenseits der Grenzen seiner Heimat überhaupt ein Leben geben – jenseits des Zusammenseins mit seiner Mutter, seinen Freunden und seiner Verwandtschaft?

Er war ratlos und konnte, wollte nicht weiterdenken. Er sah seine Schwester Wera an. Sie saß auf einem Koffer und schaute durch die halbgeöffnete Tür des Viehwagens auf die vorübergleitende Landschaft. Ihr Gesicht war ruhig und gelassen. Es war keine Trauer in ihren großen schwarzen Augen. Dank Njanjas Hilfe (diese arbeitete bei Parteigenossen und entwendete von ihnen Lebensmittel, um die hungernden Kinder der „Burschúi und Listokrady" am Leben zu erhalten) hatte sie rundliche Wangen und sah nicht ausgehungert aus. Ob sie an irgend etwas dachte, ob ihr der Abschied von der Heimat schmerzlich war? Oder ob sie diese Veränderung mit gelassener Ergebenheit ertrug?

Karluscha saß auf einem anderen Koffer. Er hatte ein erhitztes, rotes Gesicht und schwitzte. Sein martialisch hochgezogener Schnurrbart à la Kaiser Wilhelm II. war in den vier Jahren der Gefangenschaft in der Wolgasteppe weiß geworden; auch die Wimpern, die die auffallend hellblauen Augen umrahmten, waren weiß – dadurch hatten die Augen etwas Durchdringendes.

Karluscha konnte sich über die Schmach und Beleidigung, die ihm am Bahnhof in Moskau zugefügt worden war, nicht beruhigen. Als er den für ihn vorgeschriebenen Zug hatte besteigen wollen, war ihm vom Zugführer bedeutet worden, auf den nächsten Zug zu warten, da inzwischen andere Dispositionen getroffen worden seien. Karluscha in seiner angeborenen Rechthaberei und seinem Eigensinn hatte den Grund nicht einsehen wollen und verbissen um seinen rechtmäßigen Platz gekämpft. Erst als der Zugführer gedroht hatte, die Miliz zu holen, hatte Karluscha nachgegeben. Aber noch stundenlang, im fahrenden Zug, wurmte ihn die erlittene Niederlage. Immer wieder versuchte er in gebrochenem Russisch seinen Kindern klarzumachen, daß er sich solche Beleidigungen nicht gefallen lasse und sich beim deutschen Botschafter Graf Mirbach beschweren werde. Beide Kinder nickten stumm. Sie hatten ihre eigenen Sorgen und ihren eigenen Schmerz. Dieses Pochen auf sein vermeintliches Recht war ihnen zuwider.

Tagelang dauerte die Reise durch Wiesen, Felder und Wälder, an kleinen Dörfern mit goldenen Kirchkuppeln vorbei. Hier und da ragten, wie beschwörende Finger, die Schornsteine der verbrannten Schlösser und Gutshäuser in den blauen Himmel. Bobik dachte erschauernd an „Krassnoje Sselo" und manche andere Schlösser, deren Brand er erlebt hatte. Über ein unermeßliches Land ergoß sich die Revolution, es wurde mit Parolen übersät und zum zweitenmal in seiner Geschichte radikal zerstört. Die gewachsenen Zeugen einer alten, verfeinerten, bodenständigen Kultur, jahrhundertealte Kirchen und Klöster, Schlösser mit ihren unermeßlichen Schätzen wurden verbrannt und dem Boden gleichgemacht, in der trughaften Vorstellung, daß durch die Vernichtung dieser Zeugen das vom Joch des Zarismus und der Aristokratie befreite Volk die Zeiten seiner Unfreiheit um so schneller vergessen werde. Wie kann ein Mensch, eine Gesellschaft sich erneuern, wenn sie die Wurzeln, die sie ernähren, durchschneiden, wenn sie sich von dem Blut und dem Urwissen der eigenen Ahnen lossagen?

In der Nacht lagen sie auf dem harten Boden. Die bohrenden Gedanken verwandelten sich in Alpträume. Jeder Tag war wie der andere. Man saß auf dem abgezirkelten Platz auf seinem Koffer. Man wußte nicht, was man mit den fremden Nachbarn sprechen sollte, jeder hing seinen eigenen Gedanken nach. Die ausgemergelten deutschen Kriegsgefangenen, die ausgetauscht wurden, dachten sicherlich an die Begegnung mit ihren Verwandten. Vielleicht bangten sie, daß sie wieder als Soldaten an die Front geschickt würden, denn noch kämpfte Deutschland gegen Frankreich, England und Italien. Für alle war es eine Fahrt ins Ungewisse. Es kam keine Freude auf. Wegen irgendwelcher Nichtigkeiten brach Streit aus, aber auch er erlosch, weil es sich nicht lohnte. Man hatte nicht einmal zum Ärger und Streit die Kraft. Bobik erschauerte vor dieser anonymen, zusammengepferchten Gesellschaft, in der jeder dem anderen mißtrauisch und feindlich gesinnt war. Niemand hatte sich zum anderen gesellt, niemand hatte den anderen gerufen. Sie waren Schicksalsgenossen des Zufalls.

Irgendwann hielt der Zug, und es wurden große Kübel mit übelriechender Kohlsuppe gebracht. Unbekannte Männer verteilten sie mit Kellen in Emailleschüsseln. Jeder hatte Löffel, Gabel und Messer bei sich. Manche Männer trugen diese Bestecke im Stiefelschaft. Man löffelte still und mißvergnügt. Es war ein Fraß, der gerade nur zur Erhaltung des Lebens diente.

Bobik hätte gerne mit seiner Schwester Wera gesprochen: über die Zukunft, über die Mutter und den kleinen Bruder Passenka, den sie in Moskau zurückgelassen hatten, über ihr unpassendes Benehmen der Babuschka, der Großmutter gegenüber, über die Treue und Liebe der Njanja und des Hausmeisters Nikifor. Aber die Gegenwart von Karluscha schnürte ihm die Kehle zu. Er konnte nicht sprechen. Wera erriet, was in ihm vorging. Sie schaute ihn manchmal fragend an, er erwiderte ihren Blick, aber beide blieben stumm. Gelegentlich warf Karluscha irgendeine banale Bemerkung hin. Die Kinder nickten mit dem Kopf. Was sollten sie sagen? Bobik glaubte im voraus zu wissen, daß daraus nie und nimmer eine Unterhaltung werden würde. Er schaute den Mann, der ihm immer fremd geblieben war und vor dem er, wie ein Kaninchen vor der Schlange, eine unerklärliche Angst hatte, an und dachte: Was hat er dir eigentlich Böses angetan? Er war immer heftig und unbeherrscht gewesen, er hatte getobt und geschimpft, aber er hatte Bobik nie geschlagen. Er hatte ihm und allen in seiner Umgebung, solange er sich an ihn erinnern konnte, durch sein Wesen Angst eingeflößt. Er entdeckte alle Unarten, Unzulänglichkeiten, Schlampereien und Dievereien seiner Angestellten, ob zuhause oder in der Fabrik, und da alle es mit ihren Pflichten, mit der Arbeit und mit fremdem Eigentum nicht genau nahmen, hatten sie Grund sich durchschaut zu fühlen und vor ihm Angst zu haben.

Es war völlig unmöglich gewesen, mit ihm ein ruhiges Gespräch zu führen. Bei den ersten Worten brauste er auf, irgend etwas entdeckte er und dann begann er zu schimpfen. Jedes Gespräch mußte abgebrochen werden. Bobik war schon als Kind derart verängstigt, daß er mit seinem Stiefvater nur im Flüsterton sprach. Dieser herrschte ihn an: „Sprich doch lauter. Ich versteh dich nicht! Du bist eine Memme. Ein richtiger Junge spricht mit lauter Stimme!" Bobik verzog das Gesicht zum Weinen. Die Njanja wurde unter Schimpfen geholt und mußte ihn wegführen. War es da ein Wunder, daß er auf jede weitere Kommunikation mit diesem Mann verzichtet hatte und ihm, wo er nur konnte, aus dem Wege ging?

Seine Mutter Jadwiga hatte die Kinder ermahnt, sie möchten Gott bitten, daß er ihnen Liebe schenke zu den Menschen, denen sie böse seien und die sie nicht liebten. Bobik und Wera hatten oft um diese Gabe der Liebe gebetet. Aber er hatte nie gebetet, Gott möge ihm Liebe zu seinem Stiefvater schenken. Er konnte und wollte ihn nicht lieben, schon die Vorstellung einer solchen Liebe erschien ihm grotesk. Und doch schämte er sich dieser unguten Regung und litt unter Schuldgefühlen.

Nun waren sein und Weras Schicksal an diesen Mann, den sie vier Jahre lang nicht gesehen und dessen Existenz sie vergessen hatten, gebunden. Sie wechselten aus der weisen und gütigen Behütung ihrer Mutter in die Abhängigkeit eines Menschen, den sie für hart und unberechenbar hielten und von dem sie fühlten, daß er sie nicht liebte. Sicherlich würde er im Rahmen seiner Möglichkeit für sie sorgen, sie ernähren, bekleiden und sie studieren lassen. Aber diese Dinge stammten nicht aus der inneren Herzenskammer, sie waren irgendwo in seinem Gehirn verankert.

Mit einem Ruck stoppte der Zug. Mit ohrenbetäubendem Krachen stießen die Wagen aneinander, die gebremsten Räder kreischten. Die Menschen wurden von ihren Sitzen geschleudert. Irgend etwas war passiert. Die Ungewißheit bohrte schmerzhaft in der Herzgrube. Aus der Ferne hörte man Artilleriefeuer. Also war man in ein Kampfgebiet geraten, wo die Weißen mit den Roten kämpften. Die Menschen stiegen aus den Wagen und standen ratlos und verängstigt in Gruppen umher. Wenn sie nur nicht wieder zurückgeschickt wurden in die Hölle!

Nach anderthalb Stunden kam ein Trolly und hielt vor der Lokomotive. Zwei Männer stiegen aus und unterhielten sich mit dem Zugspersonal. Schließlich erreichte sie die Nachricht: Der Zug, der am Morgen des gleichen Tages aus Moskau mit Kriegsgefangenen abgefahren war, sei auf einen Munitionszug aufgefahren. Es habe stundenlang ungeheure Explosionen gegeben, viele Wagen seien aufeinander gestoßen und völlig zerstört worden, es habe ungezählte Tote und Verwundete gegeben.

Karluschas sonst gerötetes Gesicht wurde schneeweiß, die Augen traten aus ihren Höhlen, er rang nach Atem. Er wollte etwas sagen, aber er konnte nicht. Schließlich flüsterte er: „Gott hat uns errettet. Und ich habe mich mit Händen und Füßen gewehrt und wollte es mit aller Gewalt durchsetzen, daß wir mit dem uns angewiesenen Zug führen." Die Vorstellung, daß sie jetzt dem Unglück zum Opfer gefallen wären und daß jenseits seines Willens ein Schicksal die Dinge anders gestaltet hatte, überwältigte ihn. Bobik war von der Errettung wenig gerührt: „Dann wäre wenigstens alles vorbei. Aber dann hätte ich allerdings auch in Moskau bleiben und warten können, bis sie mich entdeckt und umgebracht hätten. Also weist uns der Herr einen Weg . . ." – Und er nahm sich vor, wie früher, unter der Leitung seiner Mutter, auf Gottes Weisungen besser zu achten.

Karluscha schwitzte vor Erregung, er riß sich den Kragen auf und wischte den Schweiß mit einem Taschentuch ab. Wera und Bobik gewahrten an seiner Brust ein kupfernes Kreuz, das an einer goldenen Kette hing. Sie starrten auf das Kreuz. Er begriff ihre Verwunderung. „Du bist doch nicht orthodox, Papa", fragte Wera. „Warum trägst du ein Kreuz?" Er nahm es ehrfürchtig, fast zärtlich in die Hand. Bobik hatte noch nie diesen Gesichtsausdruck von Sanftheit und Ehrfurcht an ihm gesehen. „Als ich 1914 im Gefängnis von Butýrki saß – mein einziges Verbrechen war, daß ich Deutscher war –, hatte man mich mit zwei Mördern zusammen eingesperrt. Sie waren geständig und warteten auf ihre Verurteilung. Eure Mama besuchte mich regelmäßig und brachte mir gutes Essen und Zigaretten. Ich teilte monatelang alles mit den beiden Männern. Schließlich sollte ich in die Wolgasteppe verbannt werden. Die beiden Männer weinten beim Abschied. Der eine nahm sein kupfernes Kreuz von der Brust, küßte es und gab es mir; das sei das Kostbarste, was er besitze, Gott möge mich für meine Güte und Brüderlichkeit beschützen. Er bat mich, wenn er auch ein Verbrecher und ein Mörder sei, es in Ehren zu halten. Seitdem habe ich mich nie von diesem Kreuz getrennt. Ich glaube, daß es mich beschützt, wie ihr es glaubt; ihr tragt doch auch eure Taufkreuze. Ich bin heil durch die Gefangenschaft und durch die Revolution gekommen, und nun sind wir vor dem sicheren Tode errettet worden." – Bobik ergriff Karluschas Hand und küßte sie. Zum erstenmal erlebte er diesen harten Mann als einen leidenden, ängstlichen und sich freuenden, dankbaren Menschen.

Ein alter Bann schien gebrochen. Sie saßen drei Tage am gleichen Fleck und litten darunter, daß sie nicht helfen durften, die Verunglückten zu bergen. Karluscha erzählte ihnen viele Begebenheiten aus der Kirgisensteppe, von der Lebensart dieser Menschen, von den fürchterlichen Sandstürmen jener Gegenden und von manchen Begegnungen. Er sprach zu ihnen, nicht wie man zu kleinen Kindern, sondern wie man zu Menschen spricht, die man als Partner achtet. Schließlich setzte sich der Zug wieder in Bewegung. Nach Tagen erreichten sie die damalige deutsche Grenzstation Baranowitschi. Es war ein regnerischer, schwüler Tag. Die Luft war erfüllt von lauten Befehlskommandos, die auf die Ankommenden niederprasselten. Kurze, abgehackte, unmenschliche Laute. Es klang, als würde einer beschimpft. Sofern er den Sinn der deutschen Worte verstehen konnte, hieß es etwa: „Wollt ihr euch wohl schleunigst in Reih und Glied formieren, ihr Saukerle! Ihr habt wohl ganz vergessen, daß ihr Soldaten seid! Na, dalli, dalli, wir werden euch schon Mores beibringen!" Die verwahrlosten, übernächtigten, hungrigen Soldaten mit langen Bärten liefen, stießen sich, stolperten, um schnell in die gewünschte Marschordnung zu gelangen. Es wurde abgezählt, und kleinere Kolonnen marschierten zu nahegelegenen Baracken. Die wenigen Zivilisten bildeten die Nachhut. Karluscha und Bobik trugen je zwei schwere Koffer, Wera konnte nur einen Koffer tragen. Die übrigen Sachen ließen sie stehen, denn es gab niemanden, der ihnen helfen konnte.

Sie wurden in eine lange Baracke geführt und mußten dort viele Stunden warten. Kleinere Trupps von zwanzig Mann wurden zur Entlausung abgeordnet. Es dauerte lange, bis sie selbst an die Reihe kamen. Wera durfte nicht mitkommen. Sie wurde einigen Frauen und Mädchen zugeteilt, die an einer anderen Stelle entlaust wurden. Sie hatte Angst und weinte vor sich hin. Karluscha wurde ungeduldig; er wußte nicht, wie er das Kind behandeln sollte. Anstatt ihr Trost zuzusprechen und ihr zu sagen, daß sie sich nur vorübergehend trennen müßten, schrie er sie an, sie solle sofort gehorchen; hier herrsche endlich ein anderer Ton als zuhause, sie sei genug verwöhnt worden. Er schnauzte im gleichen Ton wie die Unteroffiziere, die ihre Befehle erteilten. – Schließlich gelangten sie in den Entlausungsraum. Sie mußten sich nackt ausziehen und ihre Kleider zu einem Bündel zusammenschnüren. Die Kleider wurden weggefahren. Sie standen unter einer sehr heißen Dusche und schrubbten sich. Es war nach Wochen das erste Bad. Man empfand es als eine Wohltat; die von Dreck und Schweiß verkrustete Haut konnte wieder atmen.

Dann mußte jeder vor einen Arzt oder Feldscher hintreten, der seinen Kopf ganz nahe an die Geschlechtsteile brachte und nach Läusen in den Scham- und Achselhaaren suchte. Jeder bekam ein Pappdöschen mit grauer Salbe, die er sich sorgfältig einschmieren sollte. Bobik und die meisten anderen litten unter Filzläusen. Er mußte sich immerzu kratzen, auch die anderen taten es; aber in dem gedrängten Beieinander war es völlig unmöglich, nach den Ursachen des Juckreizes zu forschen. Nun wußte er es, und er ekelte sich vor sich selbst.

Es war, abgesehen von den grauenhaften Erlebnissen im Gefängnis, das erstemal, daß er als eine anonyme Nummer behandelt wurde. Sie wurden wie das Schlachtvieh zusammengetrieben, aufgestellt, es wurde ihnen in barschem, unmenschlichem Ton befohlen, das und jenes zu tun. Und sie taten es. Sogar der eigenwillige Karluscha, der glaubte, er allein habe zu befehlen, ließ sich alles willig gefallen und begehrte nicht auf. Was Bobik am schmerzlichsten berührte, war, daß er von diesen allen, die doch jeder eine Persönlichkeit waren, nicht als Mensch, als Individuum behandelt wurde. Der eine kommandierte den Haufen, der andere lud die Kleiderbündel auf den Karren, der dritte drehte die Hähne für die Duschen an, der Arzt oder der Feldscher besah sich die Schamhaare. Diesem war es sicherlich nicht ein einziges Mal bewußt geworden, daß diese Haare mit den Läusen und den Läuseeiern einem Menschen gehörten. Es waren eben Läuseträger und Läuseverbreiter. Basta!

Schließlich bekamen sie ihre alten Sachen, die noch heiß waren, wieder und durften sich anziehen. Sie wurden auf Baracken verteilt. Wera gesellte sich zu ihnen, sie zitterte noch vor Angst. Sie ergriff Karluschas, nicht Bobiks, Hand und ließ sie nicht mehr los. Sie begriff ebensowenig wie Bobik, weshalb der Mensch hier so manipuliert wurde. Wera fragte scheu: „Wird das

jetzt immer so sein?" – „Wie meinst du das?", fragte Karluscha.
„Entlaust wirst du nicht noch einmal; aber einmal muß es sein,
sonst schleppen wir Läuse und ansteckende Krankheiten in unser Land." – „Gut, das ist notwendig, aber muß es so streng und
im Befehlston sein, geht es nicht anders?" – „Es geht nicht anders. Höflichkeit braucht sehr viel Zeit, und Zeit ist nicht vorhanden. Der Befehlston duldet keinen Widerspruch." – „Höflichkeit braucht sehr viel Zeit", sagte Bobik gedehnt.
Endlich lagen sie auf Holzpritschen und konnten sich aus-
strecken, wenn die Unterlage auch hart war. Das Bewußtsein, daß
die ekelhaften kleinen Mitbewohner dem Tode geweiht waren,
war beglückend. Bobik brauchte sich nicht mehr zu kratzen. Aber
nachts wachte er von einem scheußlichen Geschmack im Munde
auf. Er versuchte mit der Zunge zu ertasten, was es sei. Es waren
kleine flache Gebilde, die sich offenbar bewegten und stanken, er
spuckte sie ekelerfüllt aus. Karluscha neben ihm schimpfte vor
sich hin. Er zündete einen Kerzenstummel an. Der Schrägbalken
über ihnen schien in Bewegung zu sein, er war übersät mit Wan-
zen, die sich aus der Schräge auf die Betten fallen ließen. Bobik
und Karluscha sprangen auf, schüttelten sich, schüttelten ihre
Kleider und verbrachten den Rest der Nacht in der kalten Mor-
genluft.

DAS SCHWARZE HAUS

Die Reise ging über Berlin, wo sie sich einige Tage aufhielten.
Karluscha suchte verschiedene Ministerien auf, um seine An-
sprüche auf Entschädigung für seine in Rußland beschlagnahm-
te Fabrik anzumelden. Natürlich hoffte er wie alle, daß die politischen Wirren in einigen Monaten ein Ende nehmen würden
und er in seine Wahlheimat zurückkehren könne, um sein Werk
wieder fortzuführen.
Auf der Fahrt in seine Heimatstadt Remscheid war er schweig-
sam und bedrückt. Wera fragte ihn: „Freust du dich, Papachen?"

– „Ich weiß nicht, ich glaube nicht. Nach dem unermeßlichen Rußland wird mir dieses Land und meine Heimatstadt winzig klein und spießbürgerlich vorkommen. Es wird hier mit anderen Maßen gemessen. Drüben nannten sie mich den ‚ungekrönten Zaren von Girejewo‘. Ich war es, der den Ort gegründet und erbaut hatte, als Onkel Iwan Tarletzki den größten Teil seines Grundbesitzes verkaufen mußte, weil seine Eltern und er alles, was sie von dem tatarischen Chan Girei geerbt hatten, unsinnig verschleudert hatten. Wer in Rußland fleißig und zielstrebig war, der konnte ein ungeheures Vermögen schaffen! Ihr wißt, es waren russische Kaufleute, wie die Prochoroff, Morosoff, Demidoff, Stroganoff, und deutsche Einwanderer, wie Falz Fein mit seinem Tierparadies in Askania Nova und der Zuckerkönig in der Ukraine, die Vogaus und viele andere, und ich. Wir hatten eine große Macht, und alle fanden sich ein, wenn wir sie einluden. Und ebenso schnell ließen sie uns fallen, als wir als Deutsche im Krieg verfemt wurden.

Aber hier, was bin ich hier? Ich ging weg als junger Mann. Mein Vater verlor 1870 seinen Besitz und seine Fabrik, als ein ungetreuer Verwalter mit seiner ganzen Barschaft sich auf und davon machte. Der Vater hat sich von diesem Schicksalsschlag nie mehr erholt. Er ging nach England in die Heimat seiner Frau, weil er nicht als Direktor bei seinen Vettern arbeiten wollte. Wir sind seit dem sechzehnten Jahrhundert freie Fabrikanten, und wir können uns nicht unterordnen. Onkel Richard hat das große Glockenstahlwerk und Onkel Julius das Eisenwalzwerk. Sie sind stolze Männer. Und was werde ich hier tun? Ich kann bestenfalls bei ihnen als Werksdirektor eintreten, solange es in Rußland noch drunter und drüber geht. Könnt ihr verstehen, daß ich mich nicht darauf freue? Wir werden mit meinen Eltern zusammenleben müssen. Mein Vater ist ein ausgesprochener Haustyrann. Nur seine Meinung gilt. Ich glaube, er sieht mich noch als kleinen Jungen an, den er bei jeder passenden oder unpassenden Gelegenheit zurechtwies.“ – Bobik schaute Karluscha erstaunt an. Wußte er denn nicht, daß er selbst ein Haustyrann war?

Die Droschke hielt vor einem großen, langgezogenen, schwarzen Barockhaus, das an beiden Seiten schön geschwungene Giebel hatte. Die Wand war ganz mit schwarzen Schindeln bedeckt, die Fenster hatten grüne Schlagläden. Es hatte zwei eichene, reichgeschnitzte Barocktüren. Ein bronzener Löwenkopf diente als Türklopfer. Bobiks Herz machte einen Sprung. „Ganz wie im Weißen Haus in Girejewo!", er freute sich, hier die erste Entsprechung zu finden. Dieser vertraute Löwenkopf war ihm wie das Zeichen einer Kontinuität. Karluscha klopfte. Die Schläge dröhnten. Die Tür wurde geöffnet. Vor ihnen stand Ida, eine ältliche Frau mit guten Augen. Sie wischte sich die Hand an der Schürze ab und reichte sie Karluscha. „Da seid ihr ja endlich! Willkommen! Du hast dich in den zwanzig Jahren kaum verändert, Karlchen! Nur die Haare und der Schnurrbart sind silberig geworden. Weißt du noch all den Schabernack, den du gemacht hast. Es verging kein Tag, ohne daß du etwas ausgeheckt hättest. Das ist nun vorbei. Jetzt wird wohl Herr Woldemar in deine Fußstapfen treten!" Sie schaute Bobik lächelnd an und begrüßte ihn. – „Wenn Sie mich meinen, ich heiße Wolodja oder Bobik." Sie sah Karluscha fragend an. Dieser wußte nicht, was er antworten sollte. Dann ging sie auf Wera zu. „Ich bin Ida." Wera fiel ihr um den Hals und küßte sie dreimal auf die Wangen. Ida war von dem Angriff überrascht und beschämt. Es herrschte eine Weile ein verlegenes Schweigen. Ida lief zu einer Tür und öffnete sie.

Sie betraten den Salon. Der Großvater, ein großer schlanker Herr mit feinen vornehmen Gesichtszügen und weißen Haaren, trat ihnen entgegen. Neben ihm stand eine winzige alte Frau. Karluscha verbeugte sich vor seiner Mutter und drückte ihr die Hand. „Be welcomed. I am happy to see you, Charles!" – Großvater drückte gerührt Karluschas Hand und sagte kein Wort. Bobik und Wera wollten die Großeltern nach russischer Sitte umarmen; aber der Großvater war viel zu groß, man kam nicht an ihn heran, und die englische Großmutter machte keine Anstalten; so blieb es bei einem ehrfürchtigen Handkuß. Es herrschte eine Atmosphäre von Kühle. Bobik sah sich im Raum um. Die

Wände hatten Atlastapeten, und davor standen Louis-seize-Möbel, adrett, gepflegt, aber unpersönlich. In den Vitrinen stand Wiener Porzellan und Silber. An den Wänden hingen Portraits von biederen, etwas wichtig dreinschauenden Personen, die auf Bobik keinen Eindruck machten. Jedenfalls stellte er sogleich fest, daß er keine Lust verspürte, mit irgend jemand von ihnen in freundschaftliche Beziehung zu treten. Doch entdeckte er ein Daguerrotyp, das einen jungen, verwegen aussehenden Mann zeigte, sicherlich einen Nonkonformisten, der sich lässig auf ein schmales Stöckchen oder eine Reitgerte stützte. Der gefiel ihm. Er erinnerte sich, daß von den vielen ordengeschmückten Herren oder Damen in Krassnoje Sselo oder im Schlosse von Onkel Iwan es auch nur ganz wenige gab, die ihm sympathisch waren.

Ida und ihr Mann, Herr Knieriem, trugen das Gepäck der Neuankömmlinge auf ihre Zimmer. Bobik bekam ein schönes Zimmer, das mit dunkler Eiche getäfelt war. Die Aussicht ging auf einen alten, zum Haus gehörigen Park mit einer Weinpergola am Ende und vielen Rosenrabatten. Er weidete sich an dem für ihn ungewohnten Anblick. In den letzten furchtbaren zwei Jahren hatte er nur Zerstörung, Elend und Tod gesehen. Hier gelangte er in eine Enklave des Friedens. Er hatte ein Zimmer für sich allein! Seit sie aus dem „Weißen Haus" in Girejewo und später aus dem Palais ihrer Großmutter auf dem Arbat in Moskau vertrieben worden waren, hatte er kein eigenes Zimmer mehr gehabt. Er schaute lange in den Park und nahm mit all seinen Sinnen den Anblick der Buchen, Edeltannen und Sträucher und die Farben und den Duft der Rosen in sich auf. Amseln flogen von Ast zu Ast. Ein Eichhörnchen machte sich an einem Haselstrauch zu schaffen. Die gleichen Tiere hatte es im Park von Girejewo gegeben. Sie hatten die gleichen Gewohnheiten und sprachen die gleiche Sprache. Die Menschen hier schienen anders, sie sprachen eine fremde Sprache, waren anders gekleidet und hatten unterschiedliche Gebräuche.

Zuhause fühlte er sich jedem Menschen, jedem Bauern, jedem Kutscher und Handwerker vertraut und verwandt. Er kannte ihre Denkungsart und ihre Reaktionen. Die Menschen hier erschienen ihm fern und fremd. Sie hatten verschlossene Gesichter, wie mit herabgelassenem Visier, man kam ihnen weder bei der ersten noch bei weiteren Begegnungen nahe. Man sah sie, aber es war, als ob eine gläserne Wand zwischen ihnen aufgerichtet wäre. Er hatte unbeschreibliche, panische Angst vor den neuen Herren in Rußland gehabt, vor den Rotgardisten, Milizionären und Parteigenossen, es gab nichts, was ihn mit ihnen verband. Sie gingen geradeaus über Vernichtung, Zerstörung und Tötung auf ein von ihnen gestecktes Ziel zu. Vor seinen neuen Gastgebern hatte er keine Angst, aber das Fremdheitsgefühl und das Bewußtsein, mitten unter Menschen einsam und unverstanden, ungeliebt und ungewollt zu sein, war quälend. Wozu war man nütze, wenn man in dieser Welt isoliert war?!

Er sah sich im Zimmer um, er setzte sich auf das schmale eichene Bett, auf jeden Stuhl, betastete das Holz des Sekretärs und die weiße Marmorplatte der Waschkommode, auf der eine ausladende Porzellanschüssel und ein dickbäuchiger Krug standen. Ein großer schwarzer Barockschrank nahm fast die ganze Wand ein. Auf einer kleinen Kommode standen zahlreiche Photographien in altmodischen, geschwungenen bronzenen Rahmen. Unbekannte in der Tracht der sechziger bis achtziger Jahre des vorigen Jahrhunderts. Der junge Mann, dem er auf dem Daguerrotyp im Salon begegnet war, war auch hier vertreten. Er trug eine Studentenuniform. Er lehnte sich gegen ein rundes englisches Tischchen. Ob er früher dieses Zimmer bewohnt hatte? Wer mochte es sein? Er war der Einzige, der Bobiks Neugier erweckte.

Er begann seine Sachen auszupacken, Sachen aus seiner verlassenen Heimat, seidene Russenhemden und Hosen, rote Saffianstiefel, die hier wie eine karnevalistische Verkleidung anmuteten, einen breiten Biberpelzkragen und eine Bibermütze. Einige Photos waren dabei, von Jadwiga und von Sascha, von seinem Bruder Passenka, vom Weißen Haus, von Onkel Iwans Schloß, vom verbrannten Krassnoje Sselo und von der Eremitage, dem Schloß, das seinem Herzen am nächsten war. Sorgsam packte er die Ikone der Muttergottes aus, bekreuzigte sich ehrfürchtig und küßte sie. Dann stellte er sie auf das Bord des Sekretärs. Deutlich stand der Brand des Schlosses von Krasnoje Sselo vor seinen Augen: Aus der mittleren Kuppel der nahe gelegenen Kirche züngelten Flammen. Die Hitze des brennenden Schlosses war so gewaltig gewesen, daß man sich ihm nicht mehr nähern konnte. So war Bobik in die Kirche gerannt, um noch einige sakrale Gegenstände zu retten. Jene kleine Ikone hing am Pfosten der Zarentür. Sie hatte im sechzehnten Jahrhundert seinen Ahnen auf der Flucht vor der Verfolgung durch Johann den Grausamen nach Litauen begleitet. Er nahm sie behutsam ab. Dann lief er in das Allerheiligste. Dort stand der Wojewodenstab seines Ahnen Michail Brenko Tschelo, des Siegers gegen die Tataren am Kulikowo Pole am 8. September 1380. Den Knauf bildete ein Stock aus einer Rosenwurzel, der einem tatarischen Chan der blauen Horde gehört hatte. Der Stab war in Silber und Gold eingelassen, mit Edelsteinen verziert. Bobik konnte unmöglich den großen schweren Stab mitnehmen. So brach er den oberen Teil über das Knie ab. „Verzeih mir, Michail, aber so kann ich wenigstens ein Stück deines Wojewodenstabs mitnehmen!" Dann hatte er sich den großen Ring aus Elektrum mit der Darstellung des Drachentöters Georg geholt, der als Reliquie verehrt wurde und der dem Urgroßvater Michail Brenkos, dem Heiligen Fürsten Michail von Tschernigow gehört hatte, den die Tataren am 3. Oktober 1245 lebendig verbrannten. Bobik hatte sich noch einige morsche und zerfetzte Regimentsfahnen holen wollen. Aber was sollte er mit ihnen anfangen, wie sollte er sie nach Moskau bringen? So hatte er traurigen Herzens Abschied von all diesen seinem Herzen nahen Dingen genommen, die in bangen Minuten zu Staub und Asche zerfielen.

Jetzt waren diese wenigen Gegenstände das einzige Band, das ihn noch mit seiner Heimat, mit dessen Geschichte, mit seiner Familie verband. Es war alles noch schmerzlich nah und gehörte doch der unwiederbringlichen Vergangenheit an. Nur noch sein Leben, seine Person bürgte für die Kontinuität.

Hier in diesem fremden, schönen Raum, den er allein bewohnen durfte, würde der Geist seiner Heimat, dem er treu zu bleiben sich schwor, weiterleben.

Ein Gong ertönte. Er stieg die breite Treppe mit ausgetretenen Stufen hinunter. Sie waren alle im dunklen, holzumkleideten Eßzimmer versammelt. Der Großvater sprach das Tischgebet. Wera und Bobik bekreuzigten sich. Die kleine Großmutter sah sie erstaunt mit ihren großen Eulenaugen an. „What are they doing? (Was tun sie da?)", fragte sie Karluscha. „That is a Russian custom (Das ist eine russische Sitte)", erwiderte er. „O, is that so?!" – Es herrschte ein betretenes Schweigen. – „Are they Roman catholics?" – „No, Greek orthodox, but it is nearly the same", sagte Karluscha. Man sah ihm an, daß er gerne das Thema wechseln wollte. – „Wir sind hier alle protestantisch, es gibt keine Ausnahme in unserer Familie. Es ist besser, ihr tut das nicht, die Leute würden euch auslachen", meinte der Großvater.

Ida brachte eine große Terrine und teilte die dünne, dampfende Graupensuppe aus. Bobik und Wera rochen genüßlich daran. In Moskau, bei der Babuschka, hatte es seit der Bolschewikenrevolution kein heißes Essen mehr gegeben, dazu hatte das gehamsterte Petroleum nicht ausgereicht. Ob es hier jeden Tag ein heißes Essen geben würde? – Großmutter verzog den Mund. „Dreimal in der Woche dieselbe Suppe, kein Fleisch, immer diese Kälberzähne, wie die Deutschen sie nennen. In England war ganz anderes Essen!" – Die Kinder staunten, daß die Suppe der Großmutter nicht schmeckte, da sollte sie erst das Essen in Moskau probieren! Großvater sah sie streng an. Er sprach deutsch zu ihr: „Nimm dich zusammen! Wir sind im Krieg und müssen uns bescheiden!" Großmutter erwiderte schnippisch: „Dann beendet doch euren schrecklichen Krieg! Wir haben ihn nicht angefangen! Warum müssen die Deutschen immer anfangen? 1866 und 1870 und jetzt!" – Großvater warf seine Serviette weg, erhob sich drohend und verließ den Raum. Was sollte man tun? Karluscha herrschte die Kinder an: „Ihr seid still und mischt euch nicht ein!" Sie waren doch still gewesen. – „Was hat er nur? Ich habe nur die Wahrheit gesagt. Dieser deutsche Jähzorn ist schrecklich!" Karluscha machte den Mund auf, er sah aus wie ein Karpfen auf dem Sand, der nach Luft schnappt. Dann besann er sich und machte den Mund wieder zu. Er stand in Opposition zu beiden Eltern. Die Mutter achtete er nicht, weil sie ihr ganzes Leben lang Engländerin geblieben war und sich weigerte, deutsche Sitten anzunehmen oder deutsch zu sprechen. Sein Vater hatte ihm seine Jugend durch seine Unbeherrschtheit verdorben. Ida kam und nahm die Suppenteller weg. Sie reagierte nicht auf den Auftritt, offenbar war sie es gewohnt. Bobik wartete, daß man wieder auseinanderginge. Aber Ida kam mit einer Schüssel dampfender Reibekuchen. „Oh!", riefen die Kinder, „Reibekuchen!" – Der Großvater kam wieder herein und setzte sich auf seinen Platz, als ob nichts geschehen wäre. Zu den Kartoffelpuffern wurde rheinisches Apfelkraut serviert, eine wagenschmierenähnliche saure Paste. Wera und Bobik genossen das Gericht. Wie lange war es her, daß sie in einem gepflegten Raum von weiß gedecktem Tisch und von kostbarem Porzellan gegessen hatten! Im Oktober 1917 war für sie alles zusammengebrochen. Dieses eine Jahr hatte eine Ewigkeit gewährt.

„Hast du nichts anderes anzuziehen als diese Karnevalskleidung? So kannst du unmöglich auf die Straße gehen, die Kinder werden dir nachlaufen und dich necken", sagte Großvater mißbilligend. Bobik wurde rot vor Ärger. Ob er jetzt auch seine Serviette hinschleudern und weggehen sollte? Er beherrschte sich. „Solche Russenhemden tragen alle in Rußland, ich habe nie etwas anderes getragen. Sie sind sehr hübsch und sehr bequem. Warum sollen die Menschen lachen?" – „Du wirst es erleben, sie wirken fremd, und dann lachen sie." – Karluscha mischte sich in das Gespräch ein: „Ich werde dieser Tage alle Formalitäten erledigen, dann bekomme ich auch die nötigen Lebensmittel- und Bedarfsmarken, dann werde ich ihn einkleiden."

Das köstliche Mahl war zu Ende. Großvater lud Karluscha zu einer Zigarre ins Herrenzimmer ein. Wera half Ida den Tisch abräumen. Die kleine Großmutter sprang behende vom Stuhl, ging zur Anrichte, machte die Schublade auf, zog einen silbernen Teelöffel heraus und besah ihn eindringlich. Bobik gesellte sich zu ihr, er war neugierig, was sie tun würde. „It is stolen!" flüsterte sie. „They steal me everything (sie stehlen mir alles)!" Sie zeigte Bobik den Löffel. Er trug den Stempel 800. – „Es ist aber ein deutscher Löffel, Großmutter." – „Nein, er ist englisch, ich habe ihn mitgebracht." Und sie ließ ihn in der Tasche ihrer schwarzen Schürze verschwinden. Ida betrat soeben das Zimmer. Mit einem Blick erfaßte sie die Situation, schlich sich an die alte Dame heran, griff in ihre Tasche, zog den Löffel heraus, legte ihn zurück in die Schublade und schlug sie zu. Dann drohte sie der Großmutter wortlos mit dem Zeigefinger. Großmutter machte ein Gesicht wie eine böse Eule.

Bobik und Wera gingen die Treppe hinauf. „Was sagst du zu alledem?", fragte sie. – „Es ist ein Gespensterhaus! Aber Gespenster sind hier die lebenden Menschen. Sie sind nur noch Schemen, die irgendwelche alten Gewohnheiten und Gehässigkeiten weiter ausleben. Der einzige lebendige Mensch scheint mir die Ida zu sein." – „Und bekreuzigen dürfen wir uns auch nicht mehr. Was wird uns wohl alles noch verboten?" – Sie verabschiedeten sich bekümmert auf dem oberen Flur. Bobik nahm sich ernsthaft vor, sich hier in der Fremde mit Wera nicht zu zanken.

In seinem Zimmer stöberte er im Bücherregal. Es waren alles alte Bücher aus dem Ende des vorigen Jahrhunderts. Er las ihre Titel. Er verstand aber nicht ihren Sinn und stellte sie wieder zurück. Er betrachtete die geschnitzten Schranktüren; es war eine feine Schnitzerei, soweit er sich darauf verstand, würde er es für Lütticher Barock gehalten haben. Er öffnete die Türen. Offensichtlich gab es da ein Geheimfach, denn der Schrank war breiter als sein Innenraum. Bobik war gern im Schloß von Onkel Iwan oder in Krasnoje Sselo auf Jagd nach Geheimfächern und Geheimtapeten gewesen. Er tastete die Innenwand des Schranks ab und fand, daß sie oben und unten mit kleinen hölzernen Bolzen befestigt war. Es war eine Kleinigkeit, sie zu lösen. Er nahm die Wand vorsichtig heraus. Er fand verschiedene Gegenstände, einen Spazierstock mit Elfenbeinknauf aus der Biedermeierzeit, eine bunte Studentenmütze, ein Studentenband, das vergilbte Photo eines hübschen Mädchens in der Tracht der achtziger Jahre, ein Bündel Briefe, das mit einem rosa Band umwunden war, und einige beschriebene Kladden.

Bobik war über seine Entdeckung sehr aufgeregt. Was für Geheimnisse waren wohl mit diesen sorgfältig vor den Augen der Hausbewohner versteckten Gegenständen verknüpft? Er zog sich die Mütze an und betrachtete sich im Spiegel. Ein völlig fremdes Gesicht schaute ihn an. Er erschrak und legte die Mütze ab. Dann spielte er mit dem Stock. Der Knauf ließ sich drehen. Schließlich zog er ihn heraus. Er entpuppte sich als ein verrostetes Stilett.

Während Bobik damit spielte, klopfte es leise an der Tür. Ida trat herein. „Wie ich sehe, haben Sie sich häuslich eingerichtet, Herr Woldemar." – „Wer ist Herr Woldemar?" – „Na, Sie natürlich." – „Liebe Ida, ich heiße nicht Woldemar und werde nie so heißen. Zuhause nannte man mich Bobik oder Wolodja. Sicherlich ist es schwer auszusprechen, aber ich bitte Sie sehr darum." – „Ihr Vater hat uns befohlen, Sie Woldemar zu nennen."
– „Ich habe Ihnen meine Meinung gesagt und bitte Sie, meinen Willen zu respektieren." – Sie stand im Konflikt. Was sollte sie tun? Wenn sie Bobik mit Wolodja anredete, dann ärgerte sie Karluscha, andererseits wollte sie den fremden Jungen nicht kränken.

„Sie haben Photographien von zuhause mitgebracht. Und was ist dieses häßliche schwarze Zeug auf der Mitte des Sekretärs?"
– „Das ist eine uralte Ikone der Muttergottes, die mit der Geschichte meiner Familie eng verbunden ist, ich habe sie aus der brennenden Kirche gerettet." – „Sie ist aber häßlich. Beten Sie denn die Muttergottes an? Wir kennen nur unseren Heiland. Das andere ist doch Götzendienst!" – Was sollte er ihr antworten? Seine Sprachkenntnisse reichten nicht aus, um sich mit ihr in eine Diskussion einzulassen. Sie war eine gute Frau, aber offenbar befangen in ihrem Weltanschauungskreis. Wie seltsam; am ersten Tag stieß er bereits auf Mauern von festgelegten und unduldsamen Gesinnungen: So ist es, wie wir es gewohnt sind und nicht anders, basta!

Sie sah das Stilett in seiner Hand und fragte, ob er es auch aus Rußland mitgebracht habe. Nein, er habe es hier im Schrank gefunden. – Sie wurde blaß. „Das kann doch nicht sein, ich habe den Schrank gestern noch gründlich sauber gemacht, da war nichts drin. Einigen alten Krempel habe ich weggeräumt." – „Doch, da war etwas drin. Der Schrank hat eine Geheimwand, ich habe sie aufgemacht und fand dort diese Sachen." Er zeigte auf die Gegenstände, die auf dem Bett lagen. Ida war so aufgeregt, daß sie sich setzen mußte, sie bedeckte ihr Gesicht mit beiden Händen. „Fühlen Sie sich nicht wohl?" – „Doch, doch, aber ich bin mächtig erschrocken. Die Sachen da, die Sie gefunden haben, gehörten dem Herrn Robert Frohn, er ist im Jahre 1875 verschwunden. Ich war damals fünfzehn Jahre alt. Meine Mutter diente im Haus. Robert war ein schmucker Junge. Wenn er ausritt, schauten ihm alle jungen Frauen und Mädchen nach, und er war eine gute Partie. Er studierte in Bonn und war bei einer vornehmen Verbindung. Dieses Stöckchen hatte er immer bei sich, und die Mütze und das Band hatte er an, als wir ihn das letzte Mal sahen.

Eines Nachts kehrte er heim. Er klopfte an mein Fenster und bat mich, ihn heimlich hereinzulassen, ohne daß es jemand merke. Ich ließ ihn durch mein Fenster. Er ging in sein Zimmer, klopfte dann an der Tür seiner Mutter. Man hörte sie lange und aufgeregt reden. Dann wurde es still. Er stahl sich noch vor Morgengrauen aus dem Haus, er trug einen Umhang und einen Zylinder. Die gnädige Frau hat danach nie mehr gelacht. Niemand weiß recht, was passiert war. Man munkelte, er habe ein Mädchen geliebt und wollte sie heiraten, dann habe er einen Nebenbuhler im Streit erstochen. Die Mutter soll ihm Geld gegeben haben, damit er nach Amerika verschwinde. Die Menschen munkelten. Man wunderte sich schließlich, daß der junge Mann nie nach Hause kam und daß man nie mehr etwas von ihm hörte. Das ist nun dreiundvierzig Jahre her. Er ist längst vergessen. Nur, wenn ich in dieses Zimmer komme, um es sauber zu machen, da denke ich oft: was mag aus dem schmucken Studenten geworden sein? Hier also hatte er in jener Nacht die Sachen versteckt!

Spielen Sie nicht mit dem Dolch, da hängt sicher Blut dran. Ihr Onkel Ernst, sein Neffe, hat das Anwesen geerbt. Er wohnt in Wien, weil seine Frau Wienerin ist, sie wollte in dem dunklen Grab, wie sie das Haus nannte, nicht leben. Wir werden ihm von dem Fund nichts sagen – wozu ihn aufregen? Das ist ein dunkler Schatten, der auf der Familie lastet. Der gute schöne Robert! Am besten, Sie tun alles wieder in das Geheimfach hinein, machen es zu und vergessen es. Ich weiß nicht, wann Mord oder Totschlag verjährt, und Gott bewahre uns davor, mit der Polizei etwas zu tun zu haben. Von der ganzen Geschichte haben nur die gnädige Frau, meine Mutter und ich etwas gewußt. Und wenn ich auch nur fünfzehn war, ich habe eisern geschwiegen, denn ich wollte Robert nicht gefährden. Aber glauben Sie mir, ich hatte eine schwere Jugend. Immer, wenn ein Polizist oder ein fremder Mann an die Tür kam und klopfte, dachte ich: sie holen mich zum Verhör, um etwas über Robert zu erfahren. Ich habe auch kein Wort meinem Mann oder den Kindern davon gesagt. Nun wissen Sie, der Sie eben ins Haus hereingeschneit sind, mehr als Sie wissen sollten. Versprechen Sie mir, daß Sie schweigen!" Bobik versprach es.

Er versteckte die Gegenstände im Geheimfach und schloß es wieder, er konnte es ja jederzeit wieder öffnen. Wenn er besser deutsch verstehen würde, dann wollte er die Briefe des unglücklichen Mädchens und die Tagebücher von Onkel Robert lesen. Lebte er noch irgendwo in Amerika unter anderem Namen, oder war er dem Goldrausch in Kalifornien zum Opfer gefallen? Wer weiß es. Es war ein prickelndes Gefühl, Mitwisser eines Geheimnisses geworden zu sein und im gleichen Raum zu leben, in dem jener legendär gewordene Robert seine Jugend verbracht hatte.

Bobik fiel ins harte Bett. Nach all den Strapazen der Reise, des Hungerns und der neuen Eindrücke, die auf ihn geprallt waren, war er rechtschaffen müde. Tausende von Kilometern von ihm entfernt lag seine Mutter in der vierten Etage des schrecklichen „roten Hauses" im Eisenbett; sie war sicher entkräftet und hungrig und dachte an ihre Kinder. Neben ihr lag Passenka. Und sein Vater Sascha, wo mochte er sein? Nikifor hatte ihn sicher in die Ukraine geleitet, wo Hetman Skoropadski eine gegenbolschewistische Regierung gebildet hatte. Ob Sascha noch lebte? Bobik erinnerte sich, wie er seiner Mutter, als sie in die Wolgasteppe weggefahren war, um den kranken Karluscha zu pflegen, zu bestimmter Nachtzeit seine Gedanken gesandt und im Geiste mit ihr gesprochen hatte. Er hatte es damals deutlich erlebt, daß er ihre geistige Gegenwart spürte. Auch diesmal beim Abschied hatte er versprochen, sich mit ihr in Verbindung zu setzen. Aber während der Fahrt unter all den fremden Menschen konnten sich die Gedanken nicht formen. Jetzt war er frei es zu tun. Er berichtete ihr mit langsamen, deutlichen Worten, was alles vorgefallen war, und er sandte ihr seine ganze Liebe, Dankbarkeit und Fürsorge. Das Gleiche tat er in bezug auf Sascha. „Ob sie vielleicht jetzt dieses Gespräch träumen? Warum sollte das nicht sein, wenn Gott es so will?" – Die Stufen der alten Treppe knarrten, als ob jemand leise, heimlich die Treppe hinaufstiege. Ob es der Geist von Onkel Robert war? Seine Sachen, die Indizien des Mordes, ruhten wieder wohlverwahrt im Geheimfach. Bobik kam der Gedanke: gleich ob er noch lebte oder nicht, er wollte für sein Wohlergehen beten. Diese Idee gefiel ihm. Mitten im Gebet schlief er ein . . .

Am nächsten Tag gab es viel zu erledigen. Karluscha nahm die beiden Kinder mit in die Stadt. Bei zwei schönen alten Schieferhäusern blieb er stehen und erklärte: „Hier wohnt Tante Lucie, die ihr aus Moskau kennt. Und das ist das Haus von Onkel Ferdinand." Er erzählte ihnen von der Geschichte seiner Familie und von verwandten Patrizierfamilien, die auf den verschiedenen Hügeln der Stadt ihre Sitze und ihre uralten Eisenhämmer gehabt hatten, aus denen später große Industrie- und Exportunternehmen entstanden waren.

Bobik verstand kein Wort von dem, was die Leute sagten. Er hatte seit seinem sechsten Jahr deutsche, das heißt baltische, und französische Gouvernanten gehabt. Aber offenbar sprachen die Baltinnen ein Deutsch aus friederizianischer Zeit, das mit sehr vielen französischen und russischen Wörtern untermischt war. Außerdem sprachen die Menschen hier viel zu schnell und undeutlich in einem singenden Dialekt, den er nicht verstehen konnte. Er versuchte etwas zu antworten, aber sie verstanden ihn auch nicht, und sie lachten. Das kränkte und beleidigte ihn. In seiner Heimat versuchte man den Fremden zu verstehen, zu erraten, was er wollte, und ihm zu helfen. Hier wurde er noch hilfloser, als er bereits war, und auf sich selbst und sein Unvermögen zurückgeworfen. Es fiel ihm schmerzlich ein, daß man in seiner Heimat die Deutschen „Njemzy" – die „Stummen" nannte und sie wie alle Ausländer, die man als Unchristen bezeichnete, nicht mochte, sie wirkten fremd. War er nicht jetzt in der Fremde ein Njemez, ein Stummer, der sich nicht verständigen konnte? Nicht nur, weil er der Sprache nicht mächtig war, auch weil er die Sitten, die Gebräuche, die Religion, die Weltanschauung nicht kannte, und vielleicht weil er aus einer Weltstadt in ein abgelegenes Provinzstädtchen geraten war. In diesen ersten Tagen wurde er sich bewußt, daß er weder die Kraft noch den Willen hatte, sich dem Neuen, Unbekannten und Aufgezwungenen anzupassen. Er würde immer ein bunter Vogel unter Staren und Raben bleiben.

Am anderen Tag holte ein Chauffeur mit einem großen, geräuschlosen Mercedes sie zum Chef der Familie ab. Onkel Richard wohnte im Geburtshaus von Karluscha, auf dem Büchel im Birkenhof. Das große schöne Haus stand in einem Park und dominierte die Gegend. Kleinere Häuser auf dem Hang trugen an den Türen das Glockenwappen der Familie und wiesen auf den stufenweisen sozialen Aufstieg von mittelalterlichen Hammerbesitzern zu Großindustriellen hin. Onkel Richard war eine raumfüllende Persönlichkeit, er war groß, massiv und gewichtig. Er schüttelte Bobik und Wera mit Wohlwollen die Hand. Man bekam sogleich Vertrauen zu ihm. Bobik fiel bei seiner Begegnung mit ihm der Begriff des „königlichen Kaufherrn" ein. Ja, das war er.

Tante Sidonie, eine korpulente Dame mit gerötetem Gesicht, war nicht Bobiks Typ, sie war recht kühl zu Karluscha und beachtete die Kinder kaum. Nach dem Essen rief sie Bobik in einen kleinen Salon und deutete ihm mit einer Handbewegung, er möchte sich setzen. Er ertappte sich dabei, daß er sich nicht wie gewöhnlich breit und natürlich hinsetzte, sondern sich an der Kante des Sessels niederließ. Sie redete streng auf ihn ein: „Merk dir, du bist jetzt in Deutschland, und hier herrschen andere Verhältnisse als bei euch. Hier ist Ordnung und Unterordnung. Du bist jetzt Deutscher, und diesen albernen Namen von Bobik oder Waloodiaa, den will ich nicht mehr hören. Du heißt jetzt Woldemar. Und ich will auch nichts von euren törichten russischen Sitten wissen. Du wirst leben, dich bewegen und benehmen, wie wir es hier alle tun! Und all die Flausen von deiner Familie, das hört hier auf. Du trägst unseren Namen, der ist weltbekannt und hat einen guten Ruf, und wir sind stolz darauf. Und gehorche deinem Vater, der meint es gut mit euch. Verstanden?!" – „Ja, Tante Alvine, danke dir für die Belehrung." – Sie wurde puterrot. „Ich heiße nicht Alvine, ich heiße Sidonie, merk dir das!!" – „Und ich heiße Wladimir!" – Als sie ins Herrenzimmer traten, sah Karluscha Bobik spöttisch an. Er kannte seine Cousine. Der Abschied war kühl.

Zuhause fragte Bobik Ida, was eine „Flause" sei. „Flause, das ist dummes Zeug." – „Aber meine Familie ist doch kein dummes Zeug! Das hat Tante Sidonie gesagt. Pah! Flause! Ich bin eine Flause!" – „Sie ist eine gestrenge Dame und hat Haare auf den Zähnen, sie beherrscht die ganze Familie. Selbst Karlchen hat Angst vor ihr!"

IN DER FREMDEN WELT

Bobik sollte nun eingekleidet werden. Karluscha schritt mit kleinen energischen Schritten voran, Bobik ging hinterher. Sicher erwartete Karluscha, daß Bobik mit ihm Schritt halten würde, aber Bobik war seit mehr als einem Jahr des Gehens ungewohnt und durch den anhaltenden Hunger entkräftet. Außerdem hätte er, wenn er an Karluschas Seite gegangen wäre, sich mit ihm unterhalten müssen. Die alte Angst vor diesem Mann schnürte ihm die Kehle zu, und es fiel ihm auch kein Gesprächsthema ein.

Seine Gedanken gingen nach Moskau; hier war ihm alles neu, fremd und beängstigend. Er schaute die Menschen an, die vorübergingen: sie hatten einen energischen, schweren Gang und konzentrierte, unfrohe Gesichter. Bobik trug seine Russenjacke. Alle, die ihm begegneten, verlangsamten den Schritt und musterten ihn erstaunt. Es war aber keine Freundlichkeit in dieser Betrachtung, eher eine Ablehnung. Er hörte, wie sie, als sie vorübergegangen waren, den Schritt plötzlich verhielten, stehen blieben und sich umdrehten. Auch Karluscha, der froh war, daß er voranging, so daß man ihn nicht unbedingt mit dem seltsamen Jungen in Verbindung zu bringen brauchte, merkte, was vorging und war davon peinlich berührt. Er drehte sich zu Bobik um und zischte ihn an: „Dieses verdammte Russenhemd! Du blamierst uns. Na, warte, in einer Stunde bist du eingekleidet, und dann hört dieser Popanz auf!" Bobik steckte diese Beleidigung seiner Person und seiner Heimat still ein, sie war wie ein Messerstich.

Sie gelangten in die Alleestraße, die voll von geschäftigen Menschen war. Die Frauen dominierten, die meisten Männer waren ja im Krieg. Es war wie ein Spießrutenlaufen. Karluschas Gang wurde immer schneller, es war fast schon wie ein Laufen. Bobik keuchte hinter ihm her. Endlich nahm sie die breite Tür eines Konfektionshauses auf. Bobik mußte sein geliebtes Russenhemd ablegen, und es wurden ihm Anzüge anprobiert. Noch nie im Leben hatte er einen europäischen Anzug getragen. Die Hosen waren natürlich die gleichen. Aber dann mußte er ein Hemd mit Kragen anziehen. Der Kragen wurde mit zwei Kragenknöpfen an dem Hemd befestigt. Das war, wenn man es bisher nicht gewohnt war, eine mühselige Prozedur. Bobik gelang es nicht auf das erste Mal, den Kragen zu befestigen. Karluscha, ungeduldig und geniert, herrschte ihn an: „Stell dich nicht so blöd an, du wirst doch noch das Hemd anziehen können!" – Bobik wurde blaß, er genierte sich vor den Verkäufern für den Ausbruch Karluschas. Seine Hände wurden von der Aufregung nur noch steifer und ungeschickter. Schließlich half ihm der Verkäufer. Nun wurde die Krawatte zwischen die beiden Kragenfalten gelegt und dann gebunden. Er schaute zwar angestrengt zu, wie der Verkäufer das machte, aber er begriff es nicht. Dann verpaßte man ihm die zum Hemd gehörenden Manschetten, Röllchen aus gestärktem Leinen, die mühsam am Hemdsärmel befestigt und durch einen Manschettenknopf zusammengehalten wurden. Bobik mußte an die schweren stählernen Rüstungen aus früheren Jahrhunderten denken, die er in der Granowótaja Paláta in Moskau und in Krasnoje Sselo bewundert hatte. Er fühlte sich in eine solche Rüstung eingezwängt. Nun kam die Weste an die Reihe. Sie schnürte ihm die Brust und den Magen ein. Er versuchte tief zu atmen, es gelang nicht, er konnte nur noch flach atmen. Schließlich zwängte man ihn in ein Jackett. Aus dem Spiegel schaute ihn ein schmaler, kleiner Junge mit traurigen Augen an. Ja, die Augen waren wohl noch seine, Bobiks Augen, aber alles andere war fremd. Der Verkäufer bot ihm an, ob er nicht noch andere Anzüge probieren wolle; aber Karluscha, längst ungeduldig geworden und verärgert, herrschte den jungen Mann an: „Wozu denn, Sie sehen doch, daß der Anzug sitzt, den nehmen wir!" – Bobik wurde, wie ein Hund, überhaupt nicht gefragt, ob er sich darin wohlfühle und ob er ihn nehmen wolle. Es wurde einfach über ihn verfügt. Ein manipuliertes Leben. Mit verzweifelter Sehnsucht dachte er an Jadwiga und Sascha. Jede Entscheidung wurde mit ihm, Bobik, und mit Wera besprochen, es wurde diskutiert, und wenn alle zum gleichen Ergebnis gekommen waren, erst gehandelt.

Wieder trottete er hinter Karluscha her. Er bedankte sich bei ihm, aber der Dank war zaghaft und nicht ehrlich. Er haßte diese neue Verkleidung. Unter dem Arm trug er sein Russenhemd. Er wußte, daß er es hier in dieser Stadt nie mehr tragen würde. Er drückte das weiche Paket zärtlich an sich, den Zeugen seiner Vergangenheit. Er hatte ein völlig neues, unbehagliches Körpergefühl in dem neuen Anzug. Er war nicht mehr er selbst. Jetzt sollten sie seinetwegen auch Woldemar zu ihm sagen, er war jetzt ein Woldemar oder Karl oder Hans, das blieb sich gleich. Er gab sich auf. Seine sonst geschmeidigen Bewegungen, die einer Wildkatze ähnelten (seine russischen Freunde hatten ihn scherzhaft den „Tiger" genannt), wurden gehemmt; er ging steif und ungelenk, er mußte sich sogar ein neues Gleichgewichtsgefühl zulegen, alles war anders in diesem neuen Gewand. Niemand sah sich mehr nach ihm um. Er war irgendein Junge.

Großvater musterte ihn von oben bis unten. „So, nun bist du einer von uns und siehst aus wie ein Mensch." – Ida fand den Anzug schön. Die alte Grandma schüttelte den Kopf: „Bist du derselbe Junge, der gestern hier ankam? Der andere war viel netter." – Wera kam hinzu, musterte Bobik und begann zu weinen. „Was flennst du denn, du dummes Mädchen?", schrie Karluscha. Wera weinte und konnte sich nicht beruhigen. „Das ist doch gar nicht mehr Bobik, ihr habt ihn ausgewechselt. Gebt ihm doch sein Russenhemd wieder!" – Bobik war ihr dankbar für diese Bemerkung. Wirklich, sie hatten ihn ausgewechselt, und er mußte jetzt seinen ganzen Mut zusammennehmen, um den Bobik in sich zu erhalten, um nicht im Strom des neuen, unbekannten Lebens hinweggeschwemmt zu werden.

Er ging hinauf in sein Zimmer. Er hatte das Bedürfnis, allein zu sein, mit sich selbst ins Reine zu kommen. Er ging vor dem Spiegel auf und ab und betrachtete sich. Irgendwo mußte doch der Bobik zu finden sein. Auf und ab ging er und mühte sich – trotz der Eingezwängtheit in den neuen Anzug, in die Weste, den albernen Kragen mit der Krawatte, in die harten Manschetten um die Handgelenke –, sein altes Körper- und Persönlichkeitsgefühl wieder zu erlangen. Der Bobik mußte doch durch jenen Woldemar, jenen irgendwer, hindurchscheinen können! Wenn ihm das nicht ganz schnell gelang, dann verlor er sich selbst.

Er war von dem Ereignis des Einkaufs, des Einkleidens, des Angegafftwerdens erschöpft. Er setzte sich auf den Stuhl vor den Schreibtisch, legte die Arme darauf und ließ den Kopf auf die Arme sinken. Auf dem Tisch stand eines der wenigen teuren Dinge, die er aus Rußland gerettet hatte, die uralte Ikone der Muttergottes aus der Kirche von Krasnoje Sselo. Er tastete mit der rechten Hand nach ihr, zog sie an sich heran und legte seine Stirn darauf. Die Ikone war kühl, sie roch dumpf nach altem Holz und nach Weihrauch, der sich jahrhundertelang auf ihr abgesetzt und sie dunkel gemacht hatte. Dieser vertraute Geruch nach Kirche und Hausaltar versetzte ihn sofort in seine Heimat; alles, was hier war, das schwarze Haus, Karluscha, Tante Sidonie rückten weit weg und wurden unwirklich. Was wirklich war, war seine Heimat: Jadwiga, Sascha, Njanja, Aleksandr, das Weiße Haus, das Schloß von Krasnoje Sselo, das nun in Asche lag, das Schloß Onkel Iwans in Staroje Girejewo und seine geliebte, über alles geliebte Eremitage. Er war nicht an einen Raum, an einen Ort gebunden; er konnte, wenn er nur wollte, da und dorthin gehen, den oder jenen besuchen. Diese Fähigkeit wurde ihm plötzlich bewußt und erfüllte ihn mit einem heißen Glücksgefühl. Er war also Herr darüber zu bestimmen, wo er sein und sich aufhalten wollte, und der gegenwärtige materielle Ort und die Umstände waren völlig irrelevant.

Er setzte sich auf das harte eiserne Bett seines Ahnen Iwan Petrowitsch im östlichsten Zimmer der Eremitage. Im Geiste besah er sich die vielen Ikonen, die an der Wand über dem Bett hingen, sah das Lesepult und die Wladimirskaja Muttergottes, unter der die rote Lampade brannte und der Rosenkranz seines Ahnen hing. Er verlor den Sinn für Zeit und Raum. Dann wurde er gewahr, daß seine Stirn auf der Ikone ruhte, und er erinnerte sich, daß Ilja Mikulitsch, der zur Zeit Johann des Grausamen Botschafter bei den Tataren in der Krim gewesen war, in Ungnade des Herrschers gefallen war; doch war ihm gelungen, vor dem Zorn des Zaren, der immer tödlich war, nach Polen zu fliehen. Dieselbe Ikone hatte ihn auf der Flucht begleitet. Auch er kam als Fremdling in ein fremdes Land zu fremden Menschen, die ihn nicht gerufen hatten. Und dann wußte er nicht mehr, war er der Bobik von heute, oder war er Ilja Mikulitsch von damals, dessen Stirn auf der Ikone ruhte. Er spürte mit seinem ganzen sensiblen Wesen, daß auch jener Ahne, in der Einsamkeit und Preisgegebenheit der Fremde, allein mit seiner Ikone gewesen war und daß sie jenem, wie Bobik, nicht nur ein Stück bemaltes Holz, sondern einen verbindenden Faden zu seiner fernen und verlorenen Heimat bedeutet hatte.

Der Gong erklang. Er schüttelte den Traum, die andere Wirklichkeit von sich ab. Er küßte dankbar die Ikone. Da fiel sein

Blick auf die vergilbte Photographie von Onkel Robert. Dieser war vor der Verfolgung durch die Polizei über den Ozean geflohen. Also war sein, Bobiks, Schicksal nichts Einmaliges, und es galt, es mit den ihm innewohnenden und ererbten Kräften zu gestalten. Das Bild des Vogels Phönix stand vor seinen Augen, wie er verbrennend zu neuer geistiger Form aufstieg. Seit diesen durchlebten Minuten oder Stunden wußte er, daß alles Erlebte in ihm unvergänglich drin war und er die Macht hatte, wann er nur wollte, sich in die andere Wirklichkeit zurückzuziehen. Er stand auf, wischte sich mit den Händen über das Gesicht, als ob er Reste einer verfallenen Bemalung wegwischen würde, und lächelte. Er ertappte sich dabei, daß er seit Oktober 1917 nie wieder gelächelt hatte, denn er war überzeugt gewesen, nachdem er einmal an der Schwelle des Todes gestanden hatte, nie wieder lächeln oder lachen zu können. Er lächelte wirklich. Er schaute sich im Spiegel an, es war keine Grimasse, was da aus dem Lächeln leuchtete, es war Bobik, der alte und doch ein neuer Bobik. Er sprang mit der Behendigkeit einer Wildkatze die breite Treppe hinunter und begrüßte alle heiter und fröhlich. Die kleine alte Lady Susan war wie vergoldet von seinem Gruß, unwillkürlich machte sie einen tiefen Knicks vor ihm, der sie anmutig erscheinen ließ. „O, now you are the same young man as yesterday, but still nicer!" (Nun bist du derselbe junge Mann wie gestern, nur noch netter.) Weras Augen leuchteten auf. Sie erkannte, daß irgend etwas in ihm vorgegangen war und daß er die europäische Verkleidung überwunden hatte. Sie ging auf ihn zu und gab ihm einen Kuß auf die Wange.

Selbst Karluscha war freundlich und bemerkte: „Du scheinst dich an deutsche Verhältnisse zu gewöhnen. Es ist gut so, der Mensch muß sich anpassen können, sonst steht er abseits vom Leben. Was meinst du, wie schwer es mir fiel, mich an das breite russische Leben anzupassen. Alles, was hier verboten war, war dort erlaubt und umgekehrt."

Nach Tisch lud Karluscha Bobik und Wera ein, mit ihm im Park spazieren zu gehen. Es war das erste Mal, daß er die Kinder wie Menschen, nicht wie unmündige Kinder behandelte. Sie dankten es ihm. Sie ergingen sich unter alten, ausladenden Buchen und einer Libanonzeder. Aber die zwei aneinandergewachsenen Birken waren Bobik am liebsten, sie waren wie ein verhaltener, stummer Gruß aus seiner Heimat. Ein kleiner graugetigerter Kater spielte mit seiner schildpattfarbenen Mutter. Er warf sich auf sie, umhalste sie; der Anprall war so gewaltig, daß sie das Gleichgewicht verlor und zu seinem größten Vergnügen hinpurzelte. Er rollte sie mit den Pfoten hin und her, und sie ließ es mit sich geschehen. Sie blieben stehen und schauten dem anmutigen Spiel zu. In seiner Heimat herrschte furchtbares Elend und Hungersnot, die Roten kämpften gegen die Weißen. Tod, Vernichtung und Haß waren allenthalben. Im Westen verbluteten Menschen in den Schützengräben, und diese Kreaturen Gottes wußten nichts von dem Elend, das die Menschen verursachten. Sie freuten sich bedingungslos am Leben. Dieser Anblick ließ sie ihr eigenes Leid und ihre Probleme vergessen und froh werden. „Man kann sich also doch freuen", sagte Bobik vor sich hin, er ahnte nicht, daß man ihn hörte. Karluscha beugte sich zu ihm: „Ja, das kann man, und ich habe im Gefängnis von Butýrki und später in den drei Jahren der Verbannung in der Kirgisensteppe mich oft an Kleinigkeiten mehr gefreut als während meines Lebens in Reichtum und Erfolg. Ich werde euch in den nächsten Tagen in der Schule anmelden. Sieh zu, Bobik" – er sagte „Bobik" und nicht Woldemar, bemerkte Bobik dankbar –, „daß du schnell das Abitur machst und Ingenieurwissenschaften studierst. Irgendwann wird doch wieder Ordnung herrschen drüben, und dann kannst du mir helfen, meine Industrie wieder aufzubauen." – Bobik hörte diese Verkündigung mit Betrübnis. Er wollte nicht Ingenieur werden und nicht in Karluschas Industrie mitarbeiten. Seit der Begegnung mit dem alten Doktor Ssorokin und mit Doktor Schumanoff, der in dem von ihnen eingerichteten Lazarett für Kopfverletzte gearbeitet hatte, hatte er sich vorgenommen, Arzt zu werden. Aber er wagte bei dieser ersten menschlichen Begegnung mit Karluscha nicht, ihm zu widersprechen. Er fürchtete sich vor seiner Ungeduld und vor einem Zornausbruch. Er sagte gar nichts, und Karluscha, gewöhnt, daß man seine Befehle widerspruchslos hinnahm, konnte sich keineswegs vorstellen, daß dieser schüchterne Junge etwas anderes wollen könnte als das, was er ihm vorschlug.

Karluscha begleitete Bobik am ersten Schultag. Er war denkbar schlechter Laune. Was hatte er sich mit den beiden Kindern aufgebürdet! In Girejewo hatte er sie abends und sonntags gesehen, wenn sie gemeinsam ausritten. Die Erziehung war der Njanja und den zahlreichen Gouvernanten und Lehrern überlassen, die ihm alle unsympathisch gewesen waren und denen er in Haus und Park immer begegnet war. Sie hatten einen besonderen Staat in dem kleinen Staate gebildet, eine Art von halbgebildeten Parias, die von den Herrschaften nicht geliebt und vom Personal verachtet wurden. Aber dennoch hatte man die elterliche Verantwortung auf sie abgewälzt. Glücklicherweise hatten die Kinder im Umgang mit den Hauslehrern eine gesunde Renitenz und Unverschämtheit entwickelt, so daß es keinem der Lehrer gelungen war, sie zu beherrschen. Dazwischen lagen drei Jahre der Trennung, der Entfremdung. Jetzt hatte er die Verpflichtung übernommen, die Kinder, die ihm völlig entwachsen waren, in einem für sie fremden Lande zu erziehen. Er fühlte sich überfordert. Er hatte genug eigene Probleme; er, der es gewohnt war, großzügig zu disponieren, mußte jetzt die Arbeit eines Abteilungsdirektors bei seinem Vetter versehen. Alles erschien ihm klein und eng in seiner Heimat. Es hatte sich trotz Krieg nichts verändert, die Menschen hatten einen beschränkten Horizont. In seiner Wahlheimat hatte er sich frei unter Fürsten und Aristokraten, unter Industriellen, Kaufleuten, Arbeitern und Bauern bewegt. Hier aber herrschte noch der alte Kastengeist. Die Patrizier verkehrten nicht mit reichen Bürgern und Industriellen, die „zugewandert" waren; alles im Leben war genau geordnet und eingeteilt. Seine Cousine Sidonie hatte ihm gleich bei der ersten Begegnung einen Sack voll gutgemeinter Ratschläge verpaßt. „Es ist nicht gut, daß du in deinem Alter allein bleibst. Sieh zu, daß du bald heiratest. Natürlich nur ein Mädchen aus unseren Kreisen, und bitte keine zu junge. Da ist doch unsere

Cousine Albertine, sie würde gerade zu dir passen; sie ist vierzig, eine vernünftige und resolute Person, sie hat auch Vermögen, und deine Kinder brauchen eine feste Hand." – Karluscha stellte sich die Cousine Albertine vor, eine dürre, steife alte Jungfer mit spitzer Nase und einem Schlitz von Mund, der wie die Öffnung eines Postkastens war. Sie fehlte auf keinem Kaffeekränzchen und kannte als erste alle kleinen und großen Skandalgeschichten in der Stadt. – „Liebe Sidonie, überlaß es mir, wen ich heirate. Aber Albertine ganz bestimmt nicht!" – „Du mußt es ja wissen, Karl; aber solltest du auf die Idee kommen, jemanden außer unserer Gesellschaft zu heiraten, so kannst du gewiß sein, daß unsere und die anderen Familien wie eine Mauer gegen dich stehen werden!" – Er stellte sich Albertine als Stiefmutter seiner Kinder vor. Sie würden sie mit ihrer Verachtung töten. Beim Vergleich mit Jadwiga mußte er laut auflachen. Sie waren geschieden, er hatte sie mit anderen, primitiveren, dranghaften Frauen betrogen, er hatte sich ihr immer unterlegen gefühlt, aber er hatte nicht aufgehört, sie zu lieben und zu verehren. – „Warum lachst du?", fragte Sidonie bissig. – „Ich verglich Jadwiga mit ihrer Schönheit und Anmut, mit ihrem gewinnenden Wesen – sie bezauberte alle, denen sie begegnete –, mit der farblosen steifleinenen Albertine – da mußte ich lachen." – „Da ist nichts zu lachen. Das ist nun vorbei, ihr seid geschieden, und Jadwiga war keine gute Hausfrau." – „Das brauchte sie auch nicht zu sein, wir hatten wahrhaftig Menschen genug, den Haushalt zu besorgen." – Er erschrak vor dieser seiner Bemerkung, denn gerade die mangelnde Fähigkeit, den Haushalt zu führen, hatte er Jadwiga oft genug vorgeworfen.

Sie gelangten zur Schule. Auf dem Hof tobten die kleineren Schüler, die größeren spazierten miteinander oder unterhielten sich in kleineren Gruppen. Sie wurden zum Direktor geführt. Karluscha verabschiedete sich nach kurzer Begrüßung, er müsse noch seine Tochter zum Lyzeum begleiten. Der Direktor war ein freundlicher Herr, es ging eine würdige Ruhe von ihm aus. Bobik stellte mit Erleichterung fest, daß er nicht den Direktoren aus den Witzblättern glich. – „Wie alt sind Sie?" – „Siebzehn werde ich bald." – „Sie heißen Woldemar L." – Bobik wollte aufbegehren, aber er ergab sich in das Unvermeidliche. Sollte sein Debüt mit einer Kontroverse beginnen? – „In Rußland nannte man mich Bobik oder Wolodja, Herr Direktor." – „Wissen Sie, das ist ein wenig kompliziert, und der fremde Name würde manche nur zu Neckereien veranlassen, und das würde Sie verletzen, nicht wahr; einigen wir uns doch auf den eingeschriebenen Namen Woldemar." – Bobik verneigte sich vor der Güte und Weisheit des Lehrers. – „Wie sind Ihre Kenntnisse? Werden wir Sie in die Unterprima aufnehmen können?" – „Ich spreche fließend Russisch, Französisch, Englisch, aber nur sehr schlecht Deutsch. In Mathematik und Physik bin ich sehr schlecht, ich bin darin sehr unbegabt. Seit der Revolution von 1917 habe ich die Schule fast nicht mehr besucht, und davor nur recht mangelhaft. Früher hatte ich Hauslehrer." – „Warum haben Sie die Schule nur mangelhaft besucht, waren Sie ernstlich krank?" – „Nein, ich habe sehr viel geschwänzt. Ich fuhr regelmäßig mit dem Zug nach Moskau und zurück. In der Zwischenzeit spazierte ich durch die Straßen, besuchte Museen oder ging in Bibliotheken. Die Schule, müssen Sie wissen, war sehr langweilig." – Der Direktor errötete. Noch nie hatte ihm ein Schüler so freimütig und unumwunden erklärt, daß er geschwänzt und sich in der Schule gelangweilt habe. Er besann sich eine Weile. – „Werden Sie diese Methode des Schwänzens auch bei uns beibehalten?" – Bobik überlegte. Konnte er das im voraus sagen? – „Wenn mehrere Lehrer so sind wie Sie, Herr Direktor, dann werde ich es nicht tun." – Der Direktor stand auf und reichte Bobik die Hand. „Ich hoffe, Sie werden sich bei uns einleben. Sie kommen in eine alte Gemeinschaft, die meisten Schüler gehören der Klasse seit Beginn an. Ich hoffe, sie werden es Ihnen nicht allzu schwer machen, in ihre Gemeinschaft hineinzuwachsen, aber das ist Ihre Sache. Wenn Sie etwas ernstlich bekümmert, dann melden Sie sich bei mir."

Als sie die Klasse betraten, sprangen die Schüler auf. Der Direktor stellte ihnen Bobik vor. Fünfzehn Augenpaare musterten ihn kritisch und neugierig, abschätzend, aber nicht unfreundlich. Neben Alfred Sch. war ein Platz frei. Bobik setzte sich. Alfred sah zu ihm hin und drückte ihm fest die Hand. Es war Französischstunde bei Dr. Zipp. Es wurde aus Corneille gelesen, und jeder Satz wurde grammatikalisch genau analysiert. Bobik hatte Corneille gelesen und war mit der französischen Literatur vertraut; aber er begriff nicht, warum man einen einzelnen Satz zerlegen mußte, wenn man nur die Sprache verstand. Es fiel ihm schwer, den Sinn dieser Stunde zu begreifen. Dem Lehrer fiel seine Ratlosigkeit auf. „Können Sie mir nicht folgen?" – Bobik zog es vor, französisch zu antworten – wozu war sonst die Französischstunde da? – „Je ne comprends pas, pourquoi c'est nécessaire d'analyser la sentence?" – Die Schüler staunten, er konnte ja französisch! Der Lehrer antwortete ihm in der gleichen Sprache. Es wurde ein kurzes Gespräch, das beiden Partnern Freude bereitete. Aber schließlich kehrte man zur Analyse zurück.

Nach der Stunde stellten sich die Kameraden ihm vor, drückten ihm die Hand, fragten ihn aus. Er begriff nicht alles, was sie ihm sagten, aber er bemühte sich, ihnen zu antworten. Er spürte erleichtert, daß er in ihren Kreis aufgenommen wurde. – „Mensch, du sprichst ja perfekt französisch, besser sogar als der Lehrer!", meinte Heinz G. – „Ich habe es auch von Kindheit an gelernt. Nur in Deutsch hatten wir immer schreckliche Gouvernanten, daher kann ich es nicht so gut." – „Du wirst sicher die beste Note in Französisch bekommen." – „Ich glaube nicht", meinte Bobik traurig, „ich kann überhaupt keine Grammatik, und das ist es, was bei euch verlangt wird."

Die nächste Stunde war die gefürchtete Mathematik. Der Lehrer, Dr. Lipps, war ein junger Mensch, er hatte im Gegensatz zu den anderen Lehrern ein besonders zugeschnittenes Hemd mit breitem offenem Kragen ohne Krawatte. Er war noch jung, war aber wegen irgendeines Leidens nicht eingezogen worden. Wie Bobik später erfuhr, gehörte er der Wandervogelbewegung an. Von diesem Mann ging eine heitere Gelassenheit aus; alle spürten, daß sein Beruf ihm nicht Routine war, daß er eine besondere Beziehung zu jedem einzelnen Schüler hatte und jeden als Individuum behandelte. Was da erklärt und auf die Tafel geschrie-

42

ben wurde, war Bobik völlig unverständlich. Der Lehrer merkte seine Verwirrtheit und fragte ihn, ob er ihm folgen könne. – „Nein, ich verstehe leider gar nichts, mir fehlt wohl die Grundlage." – „Melde dich nach der Schulstunde, wir werden überlegen, was zu tun ist." – In seinem Ton war so viel Herzlichkeit, daß Bobik sich in der Gegenwart dieses Menschen behütet fühlte. Nach der Stunde suchte er den Lehrer in seinem Arbeitszimmer auf. Dieser fragte ihn nach seiner Heimat und ließ sich die Ereignisse der Revolution erzählen. Bobik berichtete ihm in kurzen ungelenken Worten von seinen Erlebnissen und den Umständen der Flucht. Dr. Lipps hörte ihm schweigend zu. „Du bist durch die Umstände deines Milieus und durch die Erlebnisse, durch die du gegangen bist, viel reifer als die anderen hier. Deine Mitschüler sind junge Menschen, unbeschwert, aber sie sind gutartig, und sie werden dir gute Freunde sein, auch wenn du ihnen zunächst wie ein fremder Vogel erscheinst. Wenn es dir gelingt, Freunde zu gewinnen, dann verlierst du das Fremdheitsgefühl. Dann wächst du in die neue Heimat hinein." – „Ich will aber gar nicht hineinwachsen, ich habe nur einen Gedanken, dorthin zurückzukehren, und bald!" – Der Lehrer lächelte freundlich. – „Man kann das eine tun und das andere nicht lassen. Du gehörst mit deiner ganzen Person und der Geschichte deiner Familie zu jenem Land. Aber es ist nicht gut, sozusagen mit unausgepackten Koffern in der Fremde zu leben, man geht am Leben vorbei. Lebst du aber hier mit offenem Herzen und mit wachen Sinnen, dann hast du einen Gewinn davon, und dann gehst du bereichert in deine Heimat zurück. – Ich will dir einen Vorschlag machen. Komm Mittwoch nachmittag zu mir, dann bin ich frei, und wir werden versuchen, das Versäumte in Mathematik nachzuholen." – Bobik dankte dem Lehrer. – „Ich kann das aber kaum annehmen; ich könnte es nicht bezahlen, und ich wage nicht, meinen Vater darum zu bitten." – „Habe ich ein Wort über das Bezahlen gesprochen? Kann man nicht einem Fremdling eine Hilfe erweisen, ohne Geld dafür zu fordern? Gerade in deiner Heimat sollen die Menschen gar nicht so gierig auf Geld sein." – Bobik ergriff die Hand des Lehrers. Er wollte sie in Verehrung und Dankbarkeit küssen – oder ihn dreimal küssen, wie es zuhause Sitte war, aber er wagte es nicht. Die Pause war zu Ende, er ging, er schwebte wie auf Wolken in die Klasse. Er hatte einen Freund!

Der Physiklehrer war ein alter Mann, im Dienst müde geworden und offenbar an den Schülern nicht interessiert. Er rief Bobiks Namen auf in einem hessischen Dialekt, den Bobik nicht sogleich verstehen konnte. Er rief ihn noch einmal. Sein Hintermann schubste ihn in den Rücken, er möge aufstehen. „Sie hören wohl schwer, oder sind Sie starrköpfig? Sie sind wohl Bolschewik!" – „Wie kommen Sie darauf?" – „Wie ich darauf komme, das sehe ich Ihnen sofort an, rote Krawatte und widerborstige, schlecht gekämmte und viel zu lange Haare. Sie kommen doch aus diesem Lande, also sind Sie Bolschewik, dort gibt es doch nur Bolschewiken. Setzen Sie sich, kein Wort mehr!" Er beugte sich nieder und vertiefte sich in das Klassenbuch. Bobik stand noch verdutzt da; er wollte ihm empört entgegnen, ihn der Beleidigung bezichtigen, aber sein Hintermann zupfte energisch an seinem Rock. Er setzte sich und wandte sich um. Der Kamerad machte mit der Hand eine Bewegung, die so viel bedeuten wollte wie: „Laß es sein, mit dem lohnt es sich nicht."

Die letzten zwei Stunden wurde Zeichenunterricht von Herrn P. erteilt, einem älteren, vierschrötigen, gutmütigen Mann, der eine breite singende Mundart sprach. Bobik wußte, daß Zeichenlehrer meist Kunstmaler waren; aber nach der Art des Unterrichts und der dargebotenen Objekte war dies offensichtlich nicht der Fall; denn sie mußten Vasen, die auf einem Podest standen, nachzeichnen, selbstverständlich naturgetreu. Bobik dachte mit Ergötzen, was sein Lehrer Dovid Burliúk oder Koróvin dazu sagen würde. Neben ihm saß Heinz, der ihn unverhohlen interessiert anschaute, dann rückte er ihm näher und legte seine heiße Hand auf Bobiks Oberschenkel. „Er wird doch seinen Oberschenkel von meinem unterscheiden können?", dachte Bobik. Was sollte er tun? Er legte seine Hand auf die Hand des Jungen, nur eine kurze Weile, weil er ja mit der Rechten zeichnen mußte. Dann glitt die Hand von Heinz langsam, wie ein kriechender großer Käfer, hinweg. Ihre Augen waren auf die Zeichnungen geheftet.

Die Glocke ertönte. Die Schüler packten hastig ihre Sachen in Mappen und drängten sich zum Ausgang. Alfred fragte Bobik, ob er ihn begleiten dürfe. Bobik freute sich auf ein Gespräch, eine außerschulische Begegnung. Er fragte den Kameraden nach den Gepflogenheiten der Schule, den Eigenarten der Lehrer und nach den Schülern. Alfred wollte von Bobik möglichst alles über Rußland wissen. Er hatte in der Stadtbibliothek Bücher von Dostojewski und Tolstoi entdeckt und war von ihnen fasziniert. Er wollte wissen, ob es wirklich solche Menschen, wie sie dort beschrieben sind, gebe, oder ob sie nur ausgedacht wären. Bobik antwortete, soviel er wisse, hätten die meisten Romane einen historischen Hintergrund, Dostojewski habe den Stoff zum Raskolnikoff und ebenso zu den „Brüdern Karamasoff" Gerichtsakten entnommen, „Die Dämonen" seien aus eigenen Begegnungen mit Anarchisten entstanden, und Onkel Tolstoi habe eine Skandalgeschichte aus dem Hause des ersten Prokurors der Heiligen Synode, Pobjedonoszew und seiner Frau Prinzessin Obolenski mit dem Grafen Woronzow, für seinen Roman „Anna Karenina" verwertet. Die aristokratische Gesellschaft Rußlands habe darüber vor Wut gekocht, und man habe den großen Dichter seither in der Gesellschaft geschnitten. Alfred lauschte atemlos. „Zu welchem Typ gehörst nun du, bist du der Aljoscha oder der Fürst Myschkin?" – „Ich weiß es nicht, bisher war ich immer noch Bobik, nun soll ich Woldemar heißen; aber das gefällt mir absolut nicht, und ich werde mich nie daran gewöhnen. Aber ich muß zugeben, daß mir Aljoscha und auch Fürst Myschkin innerlich sehr verwandt sind, vielleicht Aljoscha noch mehr: er hat mehr Profil, in der Persönlichkeit von Fürst Myschkin ist keine Kontur, alles zerfließt."

Sie näherten sich dem schwarzen Haus. Da lief ein Kaninchen vor ihnen her. „Ein Chase, ein Chase!" rief Bobik aufgeregt. Hier in der Fremde gab es sie ebenso wie in seiner Heimat! Er wollte dem Tierchen nachlaufen und es streicheln, aber es war behender und verschwand unter einem Zaun. Wera, die aus der Schule zurück war, spähte aus dem Fenster. Sie gewahrte Bobik und lief die Treppe hinab und ihm entgegen. Sie umarmte ihn und wollte ihm Neuigkeiten berichten. Bobik stellte ihr Alfred vor: „Das ist mein Freund Alfred." – Sie wurde rot. „Ist er wirklich dein Freund?! Dann muß ich ihn umarmen!" Sie hob sich auf die Zehenspitzen, denn Alfred war recht groß und küßte ihn rechts, links, rechts, auf die Wangen. Er war ob des Ansturms sehr verwirrt und wußte nicht, wie er sich verhalten sollte. „Wenn Sie Bobiks Freund sind, werden Sie dann auch mein Freund sein?" – Alfred wurde über und über rot und verbeugte sich. „Das ist mir eine große Ehre, eine ganz große Ehre!" Sie verabschiedeten sich mit dem Versprechen, sich bald wieder zu sehen.

TANTE LUCIE

„Bobik, wir wollen Tante Lucie besuchen, die Schwester von Onkel Wassenka und die Schwägerin von Tante Hedi Paprika, sie hat uns oft in Moskau besucht, und Mami hat uns eindringlich auf die Seele gebunden, sie aufzusuchen. Wir sollten doch zu ihr gehen, sie würde uns gewiß helfen." – „Weißt du denn, wo sie wohnt?" – „Ja, ich habe im Telefonbuch nachgesehen und habe schon angerufen; wir sollen heute kommen." – „Weiß Karluscha davon?" – „Nein, er muß nicht alles wissen."

Tante Lucie bewohnte ein schönes altes Patrizierhaus in der Lindenstraße. Sie kam ihnen entgegen und schloß sie in die Arme. „Ich habe euch schon lange erwartet!" – „Wieso konntest du wissen, daß wir hier sind?" – Sie lachte. „Ihr Dummen, wir sind hier nicht in Moskau, hier erfährst du alles, was passiert ist, in wenigen Stunden, und manchmal sogar, ehe es passiert. Die Nachrichtentrommeln arbeiten ausgezeichnet." – Sie führte sie in ihren Salon. In der Ecke hing eine alte Ikone der Muttergottes von Kasan in silbernem Beschlag, mit goldenem Strahlenkranz. Wie in Rußland brannte vor ihr ein rotes Lämpchen. Das vertraute Antlitz der Gottesgebärerin und des Christkindes schauten durch das Gold und Silber hindurch auf Wera und Bobik. Beide bekreuzigten sich nach altem Brauch vor der Ikone. An den Wänden hingen Bilder und Landschaften aus Rußland, ein behäbiger silberner Samowar stand da, und die Möbel schienen Moskauer Biedermeier zu sein. Russische Atmosphäre umfing die Kinder, sie fühlten sich plötzlich in ihre verlorene Heimat versetzt. Eine Bedienstete brachte Tee und Kuchen herein. Tante Lucie forderte die Besucher auf, ihr von Rußland, von der Mutter und Passenka, von Babuschka und Njanja, von der Revolution und von ihrer Flucht aus der Heimat zu erzählen. Wera und Bobik erzählten hastig, Wichtiges und Nebensächliches, sie unterbrachen sich, und es ging nicht ohne Zank ab. Tante Lucie hörte geduldig zu.

„Ihr Armen, ihr habt es gewiß schwer, euch hier einzuleben." – „Furchtbar schwer. Aber wir wollen uns gar nicht einleben, wir wollen so bald als möglich wieder zurück. Dort ist unsere Heimat. Das ist kein Leben hier. Die Menschen lachen über einen, wenn man nicht so gekleidet ist wie sie, sie lachen, weil man ihre Sprache nicht spricht, sie sind nicht grundsätzlich freundlich und sind verschlossen, es ist keine Herzlichkeit in ihnen, sie umarmen sich nicht bei der Begrüßung, und sie wollen erst alles von einem wissen, ehe sie überhaupt Zutrauen zu einem fassen. Man hat das Gefühl, daß jeder für sich allein lebt. Ich halte es hier nicht mehr lange aus!" – „Du bist verbittert, Bobik, ungerecht und egoistisch. Du denkst nur an dich und deinen Kummer und vermagst nicht, dich in die Situation anderer Menschen oder anderer Völker hineinzuversetzen. Du hast wohl sehr schnell vergessen, was ihr in Rußland erlebt habt: die Hungersnot, den Haß, die radikale Vernichtung eurer Gesellschaftsklasse, das entsetzliche Elend. Du bist doch schließlich durch Karluschas Freundlichkeit vom sicheren Tode errettet worden; er hätte dich deinem Schicksal überlassen können, aber er hat es auf sich genommen, für dich zu sorgen, dich zu erziehen und auszubilden. Das zählt doch auch etwas! Und du kannst nicht behaupten, daß die Menschen hier häßlich gegen dich sind. Wenn sie anders sind als ihr Russen, so ist das ihr gutes Recht, sie haben eine andere Entwicklung und eine andere Geschichte. Aber sie sind viel zuverlässiger als ihr Russen, pünktlicher, fleißiger und ehrlicher. Und wenn sie nicht ihr Herz auf den Händen tragen wie ihr, so ist das nur gut, auch in einer Freundschaft soll man sich erst prüfen und bewähren. Man hat hier strengere Maßstäbe. Dazu lebt ihr hier in geordneten Verhältnissen, ihr habt ein Dach über dem Kopf, ihr bekommt zu essen. Seid dankbar, daß es euch unter vielen Millionen Russen gelungen ist, aus der Hölle zu entkommen. Versucht, das Gute, das euch hier widerfährt, zu würdigen und das Ungute nicht so tragisch zu nehmen." – „Aber Karluscha läßt uns nicht atmen. Wir fühlen uns von ihm unterdrückt!" – Tante Lucie wurde böse, ihre Augen funkelten. „Ich kann es nicht mehr hören, immer Karluscha und Karluscha; wenn man euch hört, stellt man sich unter ihm einen Ausbund von Unmenschlichkeit vor. Natürlich ist er ein vitaler, schnell reagierender und dynamischer Mensch, der ungeduldig, unbeherrscht und jähzornig ist, aber er ist darum nicht schlecht. Ihr seid ihm nur nicht gewachsen und habt Angst vor ihm. Würdet ihr ihm mutig entgegentreten, so würde er gar nicht wagen, euch zu bedrängen. Eure Angst ist der beste Nährboden für seine Ausbrüche." – „Aber er hat gegen Mami auch getobt und ihr das Leben vergiftet." – „Das tat er, aber leider hatte Jadwiga, ebenso wie ihr, eine panische Angst vor ihm. Habt ihr jemals erlebt, daß er gegen Babuschka oder Njanja, Onkel Iwan oder den Kutscher Aleksandr zornig geworden wäre? Er hat sich dafür immer nur die ängstlichen Gemüter ausgesucht. Eure Freunde habt ihr doch auch unter den Stärkeren und Begabteren ausgesucht, nicht unter den Schwachen und Dummen. Ihr beschwert euch, daß er nie mit euch spricht oder etwas mit euch berät. Aber wenn ihr aus Angst schweigt, dann seid ihr doch keine Gesprächspartner für ihn. Ihr wäret jetzt groß genug, nicht nur aus subjektivem Erleben zu urteilen, sondern sich auch in die Situation des Partners zu versetzen."

Sie verabschiedeten sich herzlich von Tante Lucie. Sie forderte sie auf, zu ihr zu kommen, wann sie wollten und wenn sie in Bedrängnis wären. Die Kinder gingen schweigend durch die abendlichen Straßen. „Sie hätte mit Karluscha verheiratet sein sollen, dann würde sie anders reden", brummte Bobik. – „Ich glaube nicht. Sie hat bei ihrer Güte und Weisheit etwas Bestimmtes im Auftreten, sie würde ihn in die Schranken weisen. Und du weißt, sie ist eine perfekte Hausfrau; sie hat sich auch in Moskau von ihrem Gesinde nie tyrannisieren lassen", sagte Wera.

Als sie heimkamen, war Karluscha schon zuhause. Er schaute sie mit seinen durchdringenden Augen fragend an. „Wo wart ihr?" – „Wir sind ausgegangen." – „Aber doch an einen bestimmten Ort?" – Sie antworteten nicht. – „Ihr wart bei Tante Lucie. Warum verbergt ihr es vor mir? Ihr könnt gehen, wohin ihr wollt, aber ihr braucht vor mir keine Geheimnisse zu haben." – Sie wurden rot und schwiegen schuldbewußt. Er ging verärgert in sein Arbeitszimmer.

Bobik spürte Schmerzen in der Magengrube. Er legte sich nieder. Er schämte sich vor sich selbst, vor seiner Angst und Feigheit. Sie wußten aus Erfahrung, daß Karluscha immer alles erfuhr oder erriet; es mußte ihn kränken, daß sie Geheimnisse, völlig unnütze Geheimnisse vor ihm hatten. Er schämte sich seiner Schwäche. Zwanzig Minuten nach einem klugen, aufrichtigen, klärenden Gespräch mit Tante Lucie fielen sie beide, trotz guter Vorsätze, in ihre gewohnte Verstocktheit zurück. Bobik hatte den Impuls, aufzustehen, bei Karluscha anzuklopfen und ihn um Verzeihung zu bitten. Er wußte, daß dieser Impuls richtig und männlich war. Er stand auf, aber an seiner Tür machte er kehrt und legte sich wieder hin. Die Schmerzen wurden unerträglich, es würgte ihn im Hals. Bittere Säure stieg ihm in den Mund und verbrannte seinen Rachen. Er lief in die Toilette und erbrach sich. Er spülte sich lange den Mund, um den Geschmack nach ätzender Säure und Galle loszuwerden.

Der Gong ertönte. Sollte er sich ins Bett legen? Aber dann würden sie heraufkommen, und er müßte Erklärungen abgeben und sich bemitleiden lassen. Er zog es vor, hinunterzugehen. Er war sehr blaß. „Du siehst schlecht aus, bist du krank?", fragte Karluscha. – „Nein danke, es ist nur der Magen, es wird gleich vorbei sein." Er versuchte zu lächeln. Verdrossen dachte Karluscha:

immer diese Krankheiten ... Als ich so alt war ... das haben sie von Jadwiga ... verhätschelt, degeneriert über Jahrhunderte ... Sport sollten sie treiben ... zum Militär, da vergehen einem die Flausen ... Dann wurde er inne, daß er selbst gar nicht Soldat gewesen war ... Na ja, trotzdem, Militär wäre am besten ...

„Du wirst bald siebzehn, sie ziehen diese Jahrgänge ein. Kommis täte dir gut, ist eine harte Schule, aber du wirst zum Mann. Da wird jeder gesund." – „Ich will nicht schießen, ich will keine Menschen umbringen. Außerdem bin ich kein Deutscher, ich kann nicht für etwas kämpfen oder etwas verteidigen, das nicht mein ist." – „Du bist jetzt Deutscher nach dem Papier, und du brauchst dich dessen nicht zu schämen. Und diese deine pazifistischen Ideen sind nichts als Blödsinn, deine Vorfahren haben alle gekämpft und sind für das Vaterland gefallen. Wenn man angegriffen wird, einem der Besitz oder seine Frau geraubt oder beleidigt wird, dann verteidigt man sich und sieht nicht lächelnd zu. Und du hast in Rußland auch gekämpft." – Wera war von der Idee entsetzt, daß Bobik eingezogen werden könnte. Die englische Großmutter verfolgte das Gespräch mit lebhaftem Interesse. „Oh, ich schäme mich zu sein Deutsche, ich bin Engländerin!" Ihr Nationalstolz brach durch. Karluscha wußte vor Entsetzen nichts zu sagen. Großvater, der wenig sprach, herrschte sie an: „Du hältst jetzt den Mund, wir sind im Krieg mit deinen sauberen, scheinheiligen Landsleuten, du bringst uns mit deinem dummen Gerede noch in des Teufels Küche!" – Sie schwieg betreten. Bobik sah sie dankbar an, daß sie ihn auf ihre Weise verteidigt hatte.

DIE FLUCHT

Seit sie in Remscheid waren, hatten sie kein Lebenszeichen von Jadwiga erhalten. Sie erkundigten sich insgeheim bei der Post, ob es Briefpost zwischen der Sowjetunion und Deutschland gebe. Man meinte, ja, aber man wußte es nicht genau. Sie hatten den leisen Verdacht, daß vielleicht Karluscha die Briefe beschlag-

nahme in der Meinung, die Kinder von der Mutter zu entfrem-
den und den Prozeß der Ablösung von der verlorenen Heimat
zu beschleunigen. Aber keiner der Postbeamten konnte ihnen
sagen, daß Briefe aus Rußland durch seine Hände gegangen sei-
en. Die Zeitungen waren voll vom Kriegsgeschehen, von sieges-
bewußter Zuversicht und von Berichten über schwerste Kämpfe an den Westgrenzen. Gelegentlich wurde über heftige Kämpfe
der Weißen mit den Roten berichtet, in der Mongolei, in der
Ukraine, in Südrußland.

Dann kam die Nachricht von der Ermordung der Zarenfa-
milie in Ekaterinburg, im Hause des Kaufmanns Ipatjew. Im
Ipatjewschen Hause endete die Romanow-Dynastie; im Ipatjew-
Kloster war dem jungen Michail Romanow 1613 die Nachricht
überbracht worden, daß die Bojarenduma ihn zum Zaren gewählt habe. Tante Ella, die Schwester der Zarin, die Großfürstin
Elisaveta Feodorowna, wurde mit einigen inhaftierten Großfürsten in gleicher Gegend lebendig in einen Erzgrubenschacht hin-
abgestürzt. Alles geschah einige Tage, bevor die Weißen sich Ekaterinburg näherten. Wera und Bobik waren über den heim-
tückischen Mord tief bestürzt, besonders über den Mord an Tante Ella, die eine Heilige gewesen und von allen in Rußland verehrt worden war.

Bobik besaß unter den wenigen aus der Heimat geretteten Sa-
chen ein Bild von Tante Ella, er tat es in einen Rahmen und stell-
te ein Väschen mit einer Rose davor. Ob Jadwiga, Passenka und
Babuschka noch lebten? Wera und Bobik stellten sich oft diese
Frage. Sie wagten nicht miteinander darüber zu sprechen.
Manchmal brachte Karluscha das Gespräch darauf. „Ob eure
Mutter und Passenka wohl noch am Leben sind? Die Hungers-
not ist, seit ihr weg seid, noch größer geworden, schreckliche
Krankheiten herrschen: Typhus, Dysenterie und Tuberkulose."
– Die Kinder antworteten ihm nicht und vermieden es, dieses
Gespräch fortzuführen. Sie trauten ihm nicht.

Eines Tages bat Karluscha, Bobik möchte einen wichtigen
Brief zur Post bringen, damit er noch am selben Tage expediert
werde. Irgend etwas kam ihm jedoch an diesem Nachmittag in

die Quere. Karluscha wartete auf Antwort, die nicht eintraf. Er fragte Bobik, ob er den Brief expediert habe. „Welchen Brief?", fragte Bobik ahnungslos. Er hatte ihn total vergessen. Er zog den verknüllten Brief aus seiner Rocktasche und betrachtete ihn fassungslos. Nun brach ein Gewitter los. Karluscha schrie, daß er heiser wurde; er warf Bobik alle Injurien an den Kopf, die durch sein erregtes Gehirn huschten: Dummheit, Unzuverlässigkeit, Lässigkeit, Verantwortungslosigkeit, Schlamperei, Verlogenheit, miesen Charakter. Es blieb kein weißer Fleck auf seiner Seele. Alle Anwesenden schlichen sich aus dem Raum, zuerst die erschrockene Großmutter, dann Ida, dann Wera. Der Großvater saß staunend da. „Hör jetzt auf, du hast genug getobt. Der Junge ist ja am Boden zerstört!", herrschte er Karluscha an. Nun wendete sich die angestaute Wut Karluschas gegen seinen Vater. „Was hast denn du mit uns gemacht? Weißt du nicht mehr, wie du wegen jeder Kleinigkeit gebrüllt hast? Und geschlagen hast du uns für nichts und wieder nichts, mit dem Stock, mit der harten Hand; mit Gegenständen hast du nach uns geworfen! War das besser? Sei lieber still! Ich habe meine Kinder nie geschlagen. Oder habe ich dich jemals angerührt, Bobik?" – Bobik schüttelte den Kopf, er hatte ihn tatsächlich nie angerührt; als ob schimpfen und toben nicht genug wäre!

Er stand auf und ging auf sein Zimmer. Was sollte er tun? Er konnte nicht mit einem Mann unter einem Dach leben, der ihn bis in die Wurzeln seines Seins beleidigte, der eine so vernichtende Meinung über ihn hatte. Gut, er hatte gefehlt, er hatte einen wichtigen Auftrag nicht ausgeführt; aber war er darum ein verworfener, ein schlechter Mensch? Was sollte er tun? Tante Lucie konnte ihm nicht helfen. Es gab nur eine Entscheidung: weg von Karluscha, weg von Remscheid, weg von Deutschland! Konnte er nach Rußland zurück? Er hatte keine andere Wahl. Oder sollte er sich zu den Truppen der Weißen durchschlagen? Aber wo sollte er sie finden in dem unermeßlichen, vom Bürgerkrieg zerrütteten Land?

Er konnte sich niemandem mitteilen, auch Wera nicht, sie würden ihn unbedingt verraten, und wenn nicht, so würde er ihr

Gewissen belasten. Er beschloß, zunächst nach Berlin zu fahren, wo seine ungeliebte Urgroßmutter Fürstin Rajewska Leszczinska seit Kriegsbeginn lebte. Was sollte sie, die ihr ganzes langes Leben nur an sich gedacht hatte, mit ihm tun? Vielleicht konnte sie sich mit ihren nahezu neunzig Jahren gar nicht mehr an ihn erinnern. Zuletzt hatte er sie als zwölfjähriger in Warschau und zuvor auf einer Schäre bei Viborg gesehen; immer hatte es unliebsame Auftritte gegeben. Aber sie war wenigstens ein neutraler Mensch, der ihn weiterweisen könnte. Er erkundigte sich auf dem Bahnhof nach einem Personenzug, der nach Berlin fahre; es gab einen Abendzug, der morgens in Berlin ankam. Sie würden zuhause sein Verschwinden erst am Morgen bemerken – in dieser Zeit war er weit weg, vielleicht schon unterwegs nach Rußland. Vielleicht würde es ihm gelingen, bis nach Moskau zu kommen und seine Mutter in die Arme zu schließen. Er würde irgendwelche Arbeit annehmen ...

Er schlief erschöpft ein. Im Traum sah er den Kommissar, der mit fürchterlichem Gebiß kleine Kinder zerriß und sie dann auf einen Haufen warf. Aleksandr, der Kutscher, dem er seine Errettung aus dem Gefängnis verdankte, schüttelte immerzu den Kopf und machte mit dem Zeigefinger eine drohende Bewegung. Dann erschien der Hausmeister Nikifor und stieß ihn mit Fäusten zurück; immer wenn er, Bobik, vorprellen wollte, wurde er von der starken Faust Nikifors zurückgeworfen. Schließlich erwachte er angsterfüllt und schweißgebadet. Es dämmerte. Er sah sich im Raum um, der ihm fremd vorkam; dann besann er sich und erinnerte sich, daß er im schwarzen Haus war, und diese Erkenntnis erfüllte ihn mit großer Traurigkeit.

Sonnabend war der rechte Tag für die Flucht. Karluscha hatte eine Einladung zu alten Schulkameraden. Die Großeltern gingen früh schlafen, und Ida verzog sich nach dem Abendessen in einen entlegenen Teil des Hauses. Als Karluscha gegangen war, holte er seine Schulmappe, packte zwei Russenhemden, sein Necessaire, einige ihm besonders liebe Bilder und einige Tagebücher ein. Die Tasche war prallvoll und platzte in einigen Nähten. Er verschloß sie mühsam. Dann bekreuzigte er sich vor seiner Ikone, küßte sie, bat um den Segen der Muttergottes und verließ das Haus. Er schloß behutsam die Tür, damit niemand ihn höre. In Weras Zimmer brannte kein Licht. Er winkte ihr symbolisch mit der Hand zu und bat sie im stillen um Verzeihung. Es war ein Verrat, sie allein in der Fremde zu lassen, aber er hatte keine andere Wahl.

Die Straßen waren dunkel und menschenleer. Der Weg zum Bahnhof war weit. Er schritt aus, so schnell er konnte; dann aber mäßigte er den Schritt: wenn er lief, konnte es Mißtrauen erwecken. Auf dem Bahnhof war um diese Zeit niemand, den er kannte, und niemand nahm Notiz von ihm. Er löste eine Karte vierter Klasse bis Berlin. Das Abteil war halbleer, es stank nach billigen Zigaretten und Zigarren. Es ekelte ihn. Er drückte sich in eine Ecke und schloß die Augen. Er schlief vor Erschöpfung bald ein. Im Raum nahm er undeutlich das Halten und Anfahren des Zuges wahr.

In Hamm mußte er umsteigen und auf dem kalten, zugigen Bahnsteig warten, bis der nächste Zug kam. Schließlich, im nebligen Oktobermorgen, rollte der Zug in Berlin ein. Die Stadt war grau und kalt und verschlafen. Auf dem Bahnhof bestellte er sich eine Tasse Kaffee. Die unfreundliche Bedienerin fragte ihn nach einem Lebensmittelabschnitt für das Brot. Mit Entsetzen stellte er fest, daß er keine Lebensmittelmarken hatte. Ida hatte sie in Verwahrung. Er trank den heißen Kaffee. Dann ging er in eine Telefonzelle, um die Adresse und Telefonnummer seiner Urgroßmutter herauszusuchen. Ihr Name stand nicht im Telefonbuch. Offenbar wohnte sie in einem Hotel.

Er erkundigte sich, wo man eine Adresse erfahren könne. Man sagte ihm, er solle das Polizeipräsidium auf dem Alexanderplatz aufsuchen. Er schlenderte langsam durch die Straßen. Im Tiergarten fiel ihm plötzlich ein, daß Tante Hella, Jadwigas Freundin, in der Sommerstraße wohnte. Ja, sie könnte ihm am besten helfen, besser als die Urgroßmutter. Er fand das Haus. Er klingelte. Der alte Diener von damals, noch älter und noch unfreundlicher, öffnete ihm. Er fragte, ob er Tante Hella sprechen könnte. „Frau Baronin ist seit Kriegsbeginn in der Schweiz." Und, bums, schlug er die Tür vor Bobiks Nase zu.

Er kam am Adlon-Hotel vorbei. Dort hatten sie 1912 und 1914 gewohnt. Ob er den freundlichen Herrn Adlon mit dem roten Gesicht und den lustigen Augen aufsuchen sollte? Aber dann dachte er, daß täglich Hunderte von Gästen das Hotel aufsuchten und es wieder verließen; außerdem war er damals Russe, und nach dem Krieg waren die Deutschen auf die Russen nicht mehr gut zu sprechen. Da war an der Ecke der Friedrichstraße das Kastanspanoptikum, in dem er eine unrühmliche Gastrolle gegeben hatte.

Unter den Linden war die russische Botschaft. Jeden Sonntag, wenn sie in Berlin weilten, war Jadwiga mit ihm in die orthodoxe Kapelle zum Gottesdienst gegangen. Damals hatte dort Graf Schuwaloff als Botschafter residiert, und die dicke Frau Arzybaschew hatte die widerspenstige Kammerzofe Agrafjona mit nach Moskau genommen. Ob der alte Priester wohl noch da wohnte? Vielleicht wurde gerade Gottesdienst gehalten? Er beschloß hinzugehen. Vor dem Portal standen zwei deutsche Polizisten. Sie verwehrten ihm den Eintritt. „Ich möchte in die Hauskirche zum Gottesdienst!" – „Sie sind wohl nicht recht bei Trost, Jüngelchen, hier gibt es keinen Gottesdienst, das ist die sowjetische Botschaft. Die haben doch den lieben Gott abgeschafft."

Er sei Russe, ob er den Botschafter sprechen könne. Dieser Gedanke war ihm blitzschnell gekommen. Vielleicht würde ein Wunder geschehen, und man würde ihn umsonst nach Moskau zurücktransportieren! Der Polizist klingelte. Ein Mann kam heraus. Bobik begrüßte ihn auf russisch und teilte ihm mit, daß er nach Moskau fahren wolle. Der Mann musterte ihn mißtrauisch. „Sind Sie Kurier?" – „Nein." – „Dann können Sie nicht nach Moskau fahren. Es gibt keine Verbindung nach Rußland, nur Kuriere können fahren. Vielleicht sind Sie ein Konterrevolutionär oder gar ein Attentäter; hier treibt sich viel lichtscheues Gesindel herum. Verschwinden Sie lieber, ehe ich Sie durchsuchen oder verhaften lasse." – Bobik wollte sich abwenden. – „Ich habe Hunger", flüsterte er. – „Das haben wir alle, in Rußland hungert dank der Burschúi das ganze Volk!" – Und er schlug die Tür zu.

Auf der Polizeiwache auf dem Alexanderplatz bedeutete man ihm unfreundlich, daß das Adressenregister geschlossen sei. Ob er vom Mond gefallen sei und nicht wisse, daß heute Sonntag sei. Er möge morgen früh wiederkommen.

Er schlenderte mit weichen Knien durch Straßen, die er nicht kannte. Bei Aschinger konnte er einen Teller Kohlrübensuppe essen, es war das einzige, was man ohne Lebensmittelmarken bekam. Inzwischen war es Nachmittag geworden. Wo sollte er hingehen? Er sah ein Kino; ohne nach dem Programm zu sehen, trat er ein und kaufte sich die billigste Karte. Er döste vor sich hin, er war zum Umfallen müde. Was gespielt wurde, interessierte ihn nicht, er war zu erschöpft, um der Handlung zu folgen. Als Schichtwechsel war, blieb er sitzen. Eine Frau leuchtete ihn mit einem Taschenlämpchen an. „Sie, junger Mann, wenn Sie weiter bleiben wollen, müssen Sie bezahlen!" Er stand mühsam auf und bezahlte. Vor der dritten Vorstellung tat er unaufgefordert desgleichen. Aber dann, am Schluß der Vorstellung, mußte er hinaus. Er hatte nicht mehr so viel Geld, um ein Hotel zu bezahlen. Er schleppte sich zum Bahnhof und setzte sich im Wartesaal vierter Klasse auf eine Bank. Eine übernächtigte, verhärmte Frau gab einem schreienden Baby die Brust. In einer Ecke spielten vier Männer Karten, sie schlugen mit den Fingerknöcheln hart auf den Tisch und riefen erregt „Contra", „Re!", „Bock!", „Hirsch" und wer weiß noch was, es schien aus dem Jagdvokabular zu stammen. Er döste ein. Jemand rüttelte ihn hart an der Schulter. Er wachte auf, es war ein Polizist. „Hier ist Feierabend, es geht kein Zug mehr! Verschwinde! Bist wohl durchgebrannt!" Er wußte nicht, was „durchgebrannt" bedeutete; er befürchtete, man würde ihn der Brandstiftung bezichtigen. Er stand auf und ging hinaus. Im Tiergarten setzte er sich auf eine Bank. Über ihm stand der Kanzler des Kurfürsten in weißem Marmor, Kopf und Schultern vom Kot anfliegender Tauben schwarz verschmiert. Bobik kauerte sich in die Ecke der Bank, er fror in seinem dünnen Mantel; wenn er sich noch so sehr in sich zusammenkroch, die Kälte erreichte ihn doch, bis er das Gefühl hatte, daß sie bis in das Mark der Knochen drang. Wozu lebte er noch, was würde aus ihm werden? Es wurde ihm bewußt, daß es ihm nicht gelingen würde, bis nach Moskau durchzukommen. Was sollte er aber hier in Berlin oder in Remscheid – ein junger Mensch in der Fremde, ganz auf sich allein geworfen, nackt und hilflos wie ein elternloser Säugling? Vielleicht würde er an Entkräftung sterben oder erfrieren. Der letzte eines großen Geschlechts verendet auf einer Bank im Tiergarten. Wen interessierte das noch angesichts der Millionen ermordeter Stammesgenossen? Schließlich schlief er ein, oder starb er?

Am Morgen trank er eine Tasse Kaffee in einem kleinen Restaurant auf dem Alexanderplatz und ging mit Herzklopfen in das Adressenregister. Vor einem Schalter sagte er einem Beamten sein Anliegen. Er hatte solch starkes Herzklopfen, daß er nicht flüssig reden konnte. Jener musterte ihn mißtrauisch. Er reichte ihm ein Formular, das er ausfüllen sollte. Viele Fragen konnte er nicht beantworten, so fiel ihm der Vorname seiner Urgroßmutter nicht ein (später wußte er es, sie hieß Eva). Das Geburtsdatum, den Geburtsort und die Adresse in Warschau wußte er auch nicht. Er mußte das Formular unterschreiben und seine Adresse daruntersetzen. Der Mann nahm das Formular entgegen, studierte es langsam, beanstandete, daß es ungenau ausgefüllt sei, stand auf und entfernte sich.

Bobik mußte lange warten. Andere Leute kamen und fragten, ob er sie vorlassen würde. Er setzte sich auf eine Bank. Plötzlich stand ein Uniformierter vor ihm. – „Sind Sie Woldemar L.?" – Bobik bejahte schüchtern. – „Dann kommen Sie mal mit." – Bobik stand auf und folgte dem massiven Mann wie ein Hündchen. Sie gingen durch viele Gänge, dann befanden sie sich in einem Zimmer, in dem mehrere Polizisten saßen. – „Da haben wir ihn." – Ein anderer Beamter stand auf und führte Bobik in einen kleinen dämmrigen Raum, in dem eine Holzpritsche, ein kleiner Tisch und ein Schemel waren. Ein vergittertes Fenster war hoch oben. Der Beamte ging hinaus, und Bobik hörte, wie der Schlüssel im Schloß herumgedreht wurde. Was war mit ihm geschehen, was hatte er verbrochen? Hatte man ihn mit irgendeinem anderen Jungen verwechselt? Er ging ein paar Schritte hin und her, aber er war derart erschöpft, daß er sich auf die harten Bretter der Pritsche niederlegte und in bleiernen Schlaf verfiel. Als er erwachte, stand ein Mann vor ihm und rüttelte ihn an der Schulter. – „Hier, iß etwas, du wirst hungrig sein." Es war ein sauberer Topf mit einem Blechlöffel. Die Suppe war nicht sehr einladend, aber er löffelte sie mit Vergnügen. – „Wissen Sie, warum ich hier festgehalten werde? Ich habe wirklich nichts verbrochen." – Der Mann schüttelte den Kopf. „Ich weiß es nicht, ist nicht meine Sache, es wird schon einen Grund haben." – Er war nicht unfreundlich, er sah vielmehr gleichgültig aus.

Zwei Tage und zwei Nächte vergingen, ohne daß Bobik einem Untersuchungsrichter vorgeführt oder einem Verhör unterzogen wurde. Es war ein dumpfes Vegetieren. Er hatte keine Gedanken mehr. Irgend etwas würde mit ihm geschehen, vielleicht einige Jahre Gefängnis. Es war ihm gleichgültig, er hatte sein Leben verspielt.

Am Vormittag des dritten Tages wurde die Tür geöffnet, und man bat ihn hinauszutreten. Was er am wenigsten erwartet hatte: vor ihm stand Karluscha. Bobik blieb wie angewurzelt stehen. Karluscha kam auf ihn zu, streckte ihm die Hand entgegen und umarmte ihn. – „So, da bist du. Komm nach Hause. Wera ist untröstlich ohne dich." – Er mußte etwas unterschreiben und bezahlen, und sie verließen das Polizeipräsidium. – „Du willst sicherlich etwas essen, aber du siehst so zerknautscht aus, in ein gutes Restaurant können wir nicht gehen." – Karluscha bestellte eine für jene Zeit üppige Mahlzeit, er hatte genug Lebensmittelmarken bei sich. Bobik hatte heftigen Durst, er trank zwei Humpen Bier, das ihn angenehm benommen machte. Dann nahmen sie eine Droschke zum Bahnhof. Diesmal fuhren sie erster Klasse. Karluscha war wortkarg, aber freundlich. „Mußte das sein, das Weglaufen?" – „Ich wußte mir keinen Rat mehr. Du hattest mich schwer beleidigt. Natürlich hatte ich Unrecht, aber ich bin doch darum kein Verbrecher und habe keinen miesen Charakter. Mich hat noch niemand so beleidigt, und da beschloß ich, koste es, was es wolle, nach Moskau zurückzukehren." – „Mein Gott, ich wollte dich nicht kränken. Ich war ärgerlich, weil es sich um einen lebenswichtigen Brief handelte. Ich gebe ja zu, daß ich heftig und jähzornig bin, das ist eine generationenalte Lindenbergsche Eigenschaft, man muß das nicht so tragisch nehmen. Ich habe doch auch den Kopf voll Sorgen, um die Zukunft, um euch. Ich habe noch nie Kinder erzogen, die Verantwortung drückt mich. Nun ja, alles wiederholt sich. Ich bin meinem Alten auch ausgebüchst. Ich wollte nach Amerika, bin aber nur bis Hamburg gekommen, dann hatten sie mich. Aber die Schläge, die ich bezogen habe, waren nicht von schlechten Eltern. Ich konnte tagelang nicht sitzen. Jetzt hat er das alles vergessen, der alte Herr."

Bobik begann hemmungslos zu schluchzen. Die Wendung durch die Begegnung mit Karluscha war so überraschend gekommen. Alles aufgestaute Leid und die ganze Verzweiflung machten sich Luft. Karluscha umarmte ihn und streichelte seinen Kopf.

„Du mußt gegen deinen Stolz und deine Empfindlichkeit ankämpfen. Stolz soll man sein, aber alles, was überspannt ist, ist vom Übel. Mein Gott, ich schreie und schimpfe, aber das vergeht; es ist ein Abreagieren, man läßt sozusagen den überschüssigen Dampf ab, dann ist es wieder vorbei und vergessen. Jähzornige Menschen sind selten nachtragend; die Empfindlichen sind es, die alles in sich hineinfressen, sie werden den Ärger nicht los. Du solltest dich davor hüten, nachtragend zu sein, das verdirbt den Charakter. Sag mir doch ehrlich, was dir an mir nicht gefällt, und ich werde dir Antwort stehen. Aber Heimlichkeiten führen zum Verlust des Vertrauens. Sieh, zum Beispiel, ihr bekommt beide jede Woche Taschengeld von mir, und ich glaube, es ist mehr, als eure Kameraden bekommen. Ich vergesse es nicht, daß Sonnabend ist; aber ich warte, ob ihr kommen würdet, um mich darum zu bitten. Aber nein, ihr seid zu stolz und zu feige, um mich zu bitten, und ich warte. Ihr seid den ganzen Tag verspannt und denkt, ob er es wohl merkt, daß heute Sonnabend ist. Und ich warte – ob sie wohl kommen und dich um das Geld bitten werden. So, wie man danken muß, muß man auch bitten können. Ich kann bei meiner Arbeit nie erraten, was ihr braucht. Ihr aber kommt nie mit einer Bitte, oder ihr schickt Ida vor, die mir es sagen soll. Lernt es doch, selbst zu mir zu kommen, und ihr könnt sicher sein, daß eure Bitten erfüllt werden."

Bobik begriff und war ihm für das klärende Gespräch dankbar. Sie hatten Karluscha in ihrer Angst verteufelt. – Wera empfing ihn mit Umarmungen und Tränen. Ida wischte sich die Augen. „Eine richtige Rückkehr des verlorenen Sohnes ist das! Ich werde euch gleich etwas ganz Köstliches zurechtmachen, wie es sich bei diesem biblischen Ereignis gehört."

Nun war er wieder im schwarzen Haus und in Onkel Roberts Raum, der ihn freundlich umfing. Onkel Robert war nach seiner Flucht nicht mehr heimgekommen. Bobik wußte, in welche Fährnisse man gelangte, wenn man die Brücken hinter sich abbrach. Am Freitag suchte er den freundlichen Dr. Lipps auf. Er war vorige Woche in Vorbereitung der Flucht nicht hingegangen und hatte sich nicht entschuldigt. „Ich muß Sie um Verzeihung bitten, daß ich mich vorige Woche nicht entschuldigt habe. Ich war krank." – Dr. Lipps lächelte. „Durchgebrannt!" – „Wieso wissen Sie das, das sollte ein Geheimnis sein! " – „Ich will es dir sagen, es ist keine Zauberei. In einer kleinen Stadt läßt sich nichts verbergen, es ist alles interessant, was passiert, und natürlich besonders, wenn es die ersten Familien des Ortes betrifft. Nicht umsonst umgeben sich die Menschen mit Mauern, hohen Zäunen und Hecken. In meinem Haus wohnt der Polizeibeamte, der die Meldung erhielt, daß du verschwunden seist, und da er dich von Ansehen kannte und wußte, daß du zu mir kommst, erzählte er es mir, natürlich unter dem Siegel der Verschwiegenheit. Nichts ist durchlässiger als ein solches Siegel. Na, ich freue mich, daß du wieder da bist. Die Welt ist kalt und böse gegen Menschen, die von irgendwo herkommen und irgendwohin gehen. Das Gleichnis Christi von den Vögeln stimmt nicht mehr in unserer Zeit. Besser ist es schon mit den Lilien auf dem Felde, sie haben einen Standort, sie sind verwurzelt." – Bobik besann sich eine Weile. „Ich bin entwurzelt." – „Das stimmt nicht, man hat dich mit Wurzeln ausgerissen und verpflanzt. Aber das geschah, wenn du gerecht sein sollst, nicht hier, sondern bereits in Rußland. Die Revolution hat dich entwurzelt, hat dich aus der alten Ordnung, die sie zerstörte, herausgerissen, weil sie neue Ordnungen zu schaffen beabsichtigt, aber ohne euch. Da du überlebtest, hast du noch deine Wurzeln, und sie sind sehr kräftig. Ich sah bisher noch keinen Menschen, der seine geistige Nahrung und seine Lebenskraft so intensiv aus dem Erbe seiner Ahnen, aus dem Glauben und aus der Heimaterde bezieht. Sei dir dieser deiner Wurzeln bewußt! Für dich bleibt es sich gleich, wo du bist, du bist immer du. Darum jammere nicht, daß du in eine fremde und dir nicht angepaßte Kultur verpflanzt worden bist. Du wirst nie ein Deutscher werden, und das sollst du auch nicht. Aber du wirst als der, der du bist, als Russe uralten Geschlechts und orthodoxen Glaubens und Kraft deiner Vitalität denen, in deren Land oder Umkreis du bist, von deinem Erbe viel schenken können. Betrachte dieses Ausgerissensein mit Wurzeln als einen Auftrag Gottes. Wenn du das lernst und begreifst, dann wirst du dort zuhause sein, wo du gerade bist, und von diesem Standort aus wirst du als Bobik, wohlgemerkt als Bobik wirken." – Bobik faßte seine Hand und küßte sie. Es war ihm gleichgültig, ob es in diesem Lande Sitte war oder nicht.

IKA SORGE*

1895 – 7. 11. 1944

Aus den Gesprächen mit Dr. Lipps schöpfte Bobik Kraft zum Leben und zum Überleben. Dieser außergewöhnliche Mann mit einem weiten Horizont und einer hervorragenden Universalbildung begriff den Fremdling wie kein anderer. Trotz des Altersunterschiedes schien es, als ob er durch die Unterhaltung mit Bobik bereichert würde. Neben dem Mathematikunterricht ließ er sich zu langen Gesprächen Zeit. Er fand in Bobik einen

---

* Richard Sorge wurde wegen Spionage für die Sowjetunion 1944 in Japan zum Tode verurteilt.

Gesprächspartner über die russische Literatur und die Widersprüchlichkeiten und Abgründe in der russischen Seele. Er war es, der Bobik „Tristram Shandy" von Sterne und „Demian" von Hermann Hesse in die Hand drückte. In dem Knaben Sinclair fand er sich selbst wieder, und diese Identifizierung half ihm zu leben.

Bobik beschloß, daß er ein Recht dazu habe, seine Russenhemden zu tragen. In einem günstigen Augenblick, als Karluscha guter Stimmung war, teilte er es ihm mit. „Du hast sicherlich nichts dagegen, daß ich gelegentlich meine Russenhemden trage; ich werde es natürlich nicht in der Schule tun, und nicht wenn ich mit dir ausgehe." Wider Erwarten hatte Karluscha nichts dagegen, und Bobik zog nachmittags, wenn er durch die Alleestraße promenieren und in das Café Siegel einkehren oder mit Kameraden in die Wälder gehen wollte, seine Heimattracht an.

Gelegentlich traf er in der Stadt einen großen, kräftigen jungen Mann, dessen Gesicht eine ungewöhnliche Intensität ausdrückte. Er war schön, aber es war nicht seine Schönheit, die faszinierte. Er hatte große graue Augen und einen durchdringenden Blick. Er wich dem Blick des Begegnenden nicht aus, sondern blieb auf ihm haften. Seine Nase war edel und groß, er hatte ein kräftiges Kinn, breite Backen und buschige Augenbrauen. Immer wenn er Bobik begegnete, verlangsamte er den Schritt. Bobik wollte ausweichen, aber er mußte dem Blick des Unbekannten standhalten.

Eines Tages, als Bobik allein an einem runden Marmortisch im Café Siegel saß und Eiskaffee schlürfte – es machte ihm Vergnügen, die Gäste zu beobachten, die jungen und die alten, die schönen und die häßlichen, ihr aufgeputztes Wesen und ihren maskenhaften Gesichtsausdruck; wie selten begegnete man einem gelassenen Menschen, der in Haltung und Gebärde natürlich war –, da stand plötzlich der Unbekannte vor ihm. Das heißt, er betrat das Café, blieb in der Tür einen Augenblick stehen, überschaute den Raum, entdeckte Bobik und ging unbeirrt auf ihn zu. „Ich möchte Sie gerne kennenlernen", sagte er leise und streckte Bobik seine große Hand entgegen. Bobik erhob sich und gab ihm die Hand. Er forderte ihn auf, sich zu setzen. „Sie wissen aber doch gar nicht, ob ich Sie kennenlernen will?" – Der Unbekannte lachte verlegen. – „Doch, ich weiß es. Es gibt Begegnungen im Leben, die älter sind als man selbst, auf die man unbewußt viele Jahre gewartet hat. Und wenn einem dann eine solche Begegnung zuteil wird, durchfährt es einen wie ein Blitz. Man weiß sofort, das ist das, worauf du so lange gewartet hast. Es bedarf dann keiner großen Vorstellungen, innerlich ist man über den anderen orientiert, es ist wie eine Begegnung mit dem zweiten Ich. Darum kann Ihnen die Bekanntschaft, oder sagen wir lieber, die Freundschaft mit mir nicht gleichgültig sein. Ich will ehrlich sein, ich habe Ihnen aufgelauert. Ich wußte, daß Sie öfters allein ins Café gingen und allein herauskamen, und da nahm ich die Gelegenheit wahr. Sie brauchen sich nicht vorzustellen, ich weiß vieles über Sie: daß Sie Bobik sind und nicht Woldemar, woher Sie kommen, und wo Sie wohnen, und ich glaube, ich kenne Sie auch von innen her recht genau.

Ich bin Ika Sorge, Deutscher, Kriegsfreiwilliger, schwer verwundet und als kriegsverwendungsunfähig entlassen. Nach der Genesung werde ich mein Studium wieder aufnehmen. Ich sagte, ich sei Deutscher – ich muß mich berichtigen. Eigentlich bin ich Russe. Sicherlich war ich in einem früheren Leben Russe, und das haftet mir an. Alles Russische bedeutet mir ungeheuer viel, ist mir ganz nahe, ganz verwandt. Ich spreche die Sprache nicht, ich kann sie nicht einmal lesen; aber wenn ich sie höre, glaube ich, aus dem Ton allein alles zu verstehen. Ich rede so viel, weil ich erregt bin, Ihnen endlich wirklich begegnet zu sein. Oder vielleicht träume ich es nur? Ich wohne einige Monate hier in R., ich habe eine kleine, recht ungemütliche Bude, ich hatte noch nicht die Zeit, sie einzurichten. Wenn Sie Zeit haben sollten, dürfte ich Sie bitten, mir russischen Unterricht zu erteilen? Ich verspreche Ihnen, ich werde in kürzester Zeit mit Ihnen in Ihrer Sprache reden und Dostojewski lesen können. Ich brenne darauf. Ich habe nur eine einzige Sehnsucht, in jenes Land zu gehen. Diese Sehnsucht ist so alt wie ich selbst. Irgendein Verwandter brachte mir, als ich ein Kind war, eine hölzerne Matrjona, eine Puppe in der Puppe, und ein russisches Märchenbuch. Ich kann Ihnen daraus jedes Bild aufzeichnen, und ich kann noch einige Liedchen (und er deklamierte mit verklärten Augen ein Kindergedicht)

> Sídit Wóron na dubú
> on igrájet wo trubú,
> wo serébrjanuju.

Diese Holzpuppe ist mir das, was anderen Kindern ihr geliebter Teddybär ist. Lachen Sie nicht, ich habe sie den ganzen Krieg über in meinem Tornister gehabt."

Bobik bestellte ihm einen Eiskaffee, er war tief ergriffen von dem übersprudelnden Ausbruch des Unbekannten. Aber trotz der überschwenglichen Gefühle wirkte er echt. – „Ich bin noch Schüler und muß hart arbeiten, aber wenn ich freie Zeit habe, will ich Ihnen gerne etwas Russisch beibringen. Nur dürfen Sie von mir keine Systematik und auch keine grammatischen Kenntnisse verlangen, Grammatik war immer mein schwacher Punkt." – Er schaute auf die Uhr. Es war Zeit heimzugehen. – „Darf ich Sie begleiten?" – „Wenn Sie wollen, aber bitte nicht bis nach Hause. Ich weiß nicht, ob Sie es verstehen, man fragt mich zuhause aus, und sie sind mir doch im Wesen fremd." – „Bin ich Ihnen auch fremd?" – „Nein, Sie sind mir nahe." – Ika ergriff Bobiks Hand und schüttelte sie heftig. Sein Griff war wie aus Eisen. Dann trennten sie sich. Ika humpelte schnell davon. Bobik schaute ihm nach. Es war etwas Unmenschliches, fast Gorillahaftes an ihm – ein Vulkan. – „Heimat in der Fremde", dachte Bobik beglückt.

Am nächsten Nachmittag besuchte ihn Bobik in seiner Studentenbude. Es war ein elendes, kleines schmales Zimmer mit einem Bett, einer Kommode mit Marmorplatte, auf der ein Waschbecken mit Krug aus Porzellan stand, und einem Schreibtisch. Aus dem einzigen Fenster sah man auf eine graue Hauswand. Zwar hatte Bobik nach dem Ausbruch der Revolution viel Scheußliches, ja fast nur Scheußliches gesehen; doch war er von der Kahlheit und Trostlosigkeit dieses Raumes, der nur dem Aufenthalt eines Menschen dienen sollte, entsetzt. Ika lag in dem zerwühlten Bett. Er richtete sich auf und rieb sich die Augen. Er setzte die nackten Füße auf den Bettvorleger. Am Unterschenkel war eine große Wunde mit frischem Granulationsgewebe; Blut und Eiter glänzten in den tiefen Stellen, der Verband hatte sich gelöst und lag auf dem Boden.

„Haben Sie mich nicht erwartet, wir waren verabredet." – „Verzeih mir bitte, mein verwundetes Bein schmerzte mich heute, und um den Schmerz zu lindern, legte ich mich hin und bin wohl eingeschlafen." – „Soll ich Ihnen helfen, das Bein zu verbinden?" – Ika bejahte. – „Haben Sie eine neue Binde?" – „Nein, leider nicht, ich müßte ins Lazarett gehen und mir eine neue besorgen." – Bobik ergriff die mit Blut und Eiter beschmutzte Binde und begann sie aufzurollen. Er ekelte sich sehr, es wurde ihm übel. Aber wenn er daran dachte, daß er Arzt werden wollte, so durfte er vor dem bißchen Blut nicht kapitulieren. Er versuchte die Gedanken des Ekels umzupolen: es war doch eine hilfreiche Handlung, ein Dienst am leidenden Menschen! Die biblische Geschichte vom Samariter fiel ihm ein. Er bekam wieder Mut, und die Arbeit des Aufrollens ging ihm besser von der Hand. Ika bat ihn, ein Mulläppchen zurechtzuschneiden und es mit einer Salbe zu beschmieren. Bobik legte das Läppchen auf die Wunde und begann die Binde vom Knie abwärts zu wickeln. Ika wurde ungeduldig. „Mensch, man fängt von unten an, mach es wieder ab und wickle vom Fuß nach oben!" – Bobik war über seinen unbeherrschten Ton verärgert, aber er sah ein, daß er es falsch gemacht hatte. Behutsam wickelte er das Bein ein. Ika dankte ihm. Während er sich anzog, ging Bobik diskret an den Schreibtisch, auf dem Haufen von Büchern, Schreibpapier und Kladden durcheinander lagen. Er griff sich einige Bücher: Karl Marx, Engels, Bakunin, Kropotkin. Er war entsetzt.

„Interessiert Sie das, beschäftigen Sie sich mit dem Kommunismus?" – Ganz arglos sagte Ika: „Ja, natürlich, ich beschäftige mich nicht nur damit, ich bin Kommunist. Nur von einer radikalen Veränderung erwarte ich ein menschenwürdiges Leben. Man muß mit allen Traditionen brechen, man muß sozusagen am Punkte Null wieder anfangen. Nur so können wir zu einer neuen Gesellschaftsordnung gelangen." – „Und die in Jahrtausenden gewachsene Kultur?" – „Pah! Kultur, wer hat sie gemacht – die Könige, die Pfaffen und die Aristokraten nur zu ihrem eigenen Nutzen! Die Masse der Völker hatte daran nicht teil, sie waren nur die Sklaven, die für die Macht und Pracht der wenigen arbeiten mußten. Endlich wird das aufhören, und dein Land hat den ersten Anfang gemacht." – „Haben Sie eine Ahnung! Zunächst fließt nur Blut, Millionen werden vernichtet, und dem Volk geht es auch nicht besser als vorher. Finden Sie das richtig?" – „Warum nicht? Niemand findet es falsch, daß im Namen des Vaterlands vernichtende Kriege geführt werden, daß die Angreifer Hab und Gut des vermeintlichen Feindes vernichten und die Frauen und Kinder töten. Die siegreichen Heerführer werden verherrlicht. Ist es ein Unterschied, wenn nun endlich das Volk selbst aufsteht und seine Unterdrücker vernichtet? Im Krieg wird nicht danach gefragt, ob Gerechte oder Ungerechte draufgehen, und so ist es auch hier. Kompromißlos wird eine Klasse, die früher alle Privilegien besaß, zunichte gemacht." – „Und Sie würden sich dazu hergeben, Menschen, die Ihnen persönlich nichts getan haben, umzubringen?", fragte Bobik entsetzt. Ika lachte, sein Lachen klang böse. „Das ist eine dumme Frage. Ich komme soeben aus dem Krieg, ich bin davongekommen, weil ich von einem feindlichen Soldaten verwundet wurde. Ich habe zwei Jahre auf Menschen geschossen, die ich nicht kannte und die mir nichts zuleide getan hatten. Wo ist da ein Unterschied? Ich kämpfte gezwungen für ein imaginäres Vaterland, für einen Kaiser, den ich nicht haben will. Wenn ich für den Kommunismus kämpfe, kämpfe ich für die Idee einer vereinten Menschheit, die nicht mehr an Nationen gebunden ist. Mein großer Führer Lenin sagte am 14. Januar 1918 in einer Versammlung: Solange wir nicht den Terror und die sofortigen Erschießungen fortsetzen, erreichen wir nichts. Es ist besser, hundert Unschuldige zu vernichten, als einen Schuldigen entkommen zu lassen!" – „Gemäß der Bibel hat Gott wegen eines Gerechten eine ganze Stadt mit Ungerechten verschont!" – „Das ist ein elendes Pfaffengeschwätz!", rief Ika zornig. „Lenin hat gesagt: Wenn man für die Sache des Kommunismus neun Zehntel der Bevölkerung vernichten müßte, so dürften wir auch davor nicht zurückschrecken ... Und: In unserem Kampf um die Macht dürfen wir uns an keine Prinzipien halten. Man muß bereit sein zu jeder Gesetzlosigkeit, Schlauheit und Lüge." – „Glauben Sie wirklich, daß Sie, nachdem Sie die Menschheit zu neun Zehntel vernichtet haben, im Blut erstickt haben, daß Sie auf diesem Dünger des Blutes Ihrer Brüder ein neues, schöneres und besseres Leben aufbauen können? Ich bin eben von dort gekommen, ich habe all das am eigenen Leibe erfahren. Ich bemühe mich, Christ zu sein – ich bin kein kirchentreuer Christ, aber für mich gibt es keine erhabeneren und großartigeren Lebensregeln als die, die Christus uns gelehrt hat. Und in dieser Lehre ist die klassenlose Gesellschaft mit enthalten; Christus jedoch lehrt Gewaltlosigkeit, Liebe, Fürsorge, Ehrfurcht und Rücksicht. Allerdings: was haben die Christen aus seiner Lehre gemacht, das ist furchtbar. Aber eine Lehre, die zur Verwirklichung ihrer Ideen Vernichtung predigt, die lehne ich mit meiner ganzen Person ab. Zugegeben: Despotie, Mißbrauch der Macht der Kirche, Intoleranz, Religionskriege, totale Vernichtung der Andersgläubigen, der Waldenser und Albigenser, die Scheiterhaufen, auf denen Ketzer verbrannt wurden – das alles ist entsetzlich und absolut unchristlich; das hat Christus nie gelehrt, und er hätte sich dem mit seinem Leben widersetzt. Aber wenn etwas mit Vernichtung und Lüge beginnt, dann kann es niemals bei der Achtung vor dem Eigensein jedes Menschen, bei der Achtung vor dem Leben enden." – Bobik war dem Weinen nahe. Der Mensch Ika Sorge war ihm sympathisch, er faszinierte ihn, aber seine Gesinnung konnte er nicht teilen. Was sollte er tun? Sein erster Impuls war: fortgehen, wortlos fortgehen; aber er blieb. Einige Minuten saß er still und verzweifelt da, dann erhob er sich. „Es wird Zeit für mich zu gehen, darf ich mich verabschieden?" – Ika sprang auf und hielt mit beiden Händen Bobik an den Schultern fest. „Du kannst so nicht weggehen, ich brauche dich, du weißt es gar nicht, wie sehr ich dich brauche. Ich bin in dieser Stadt ganz allein, ohne einen Menschen, du bist mir wirklich der Nächste, und du wolltest mir doch Russisch beibringen. Bitte geh jetzt nicht!"

Die Verzweiflung, die aus ihm herausschrie, war echt. War aber auch die mörderische Gesinnung echt? „Ich habe schon einiges gelernt, ich kann lesen; hier habe ich ein Heft von Lenin, könnten wir es nicht gemeinsam lesen und übersetzen?" – Bobik bäumte sich dagegen auf. „Nein, das lese ich nicht, wenn Sie wollen, können wir etwas aus Puschkin oder Tolstoi oder Dostojewski lesen. Verstehen Sie bitte, daß ich jetzt nicht etwas von den Mördern meiner Familie und meiner Freunde lesen kann. Sie würden es bestimmt auch nicht tun. Ich stehe mit meiner ganzen Person, mit meiner Tradition im anderen Lager. Noch kann ich nicht glauben, daß aus dem, was dort geschieht, etwas Gutes werden kann. Das muß noch bewiesen werden. Ich kann mir nicht denken, daß Sie mit Ihrer Gesinnung mich zu überzeugen vermögen!" – Ika las mit falscher Aussprache, und Bobik verbesserte ihn gewissenhaft. Er schaute in das ernste, konzentrierte und fanatische Gesicht seines Freundfeindes und dachte: Jeder von uns beiden ist ein Einsamer, ein Heimatloser, aber jeder steht in einem anderen Lager. Daraus kann keine Freundschaft entstehen, für eine Freundschaft muß man aufeinander eingestimmt sein. – Als Bobik sich kühl verabschiedete, umarmte Ika ihn und drückte ihn fest an sich. „Nicht wahr, du kommst wieder, um mein Bein zu verbinden, du kannst es so gut, und mir fällt es sehr schwer." Bobik nickte stumm und entfernte sich. Auf der dunklen Treppe mußte er weinen, er wußte nicht warum. Wohl, weil er keinen Ausweg aus dem Problem fand, zwischen der natürlichen Sympathie für den Menschen Ika und der Ablehnung seiner politischen Gesinnung.

Aber Ika war verwundet, hilflos und einsam und bedurfte des Beistands von Bobik. Als er am nächsten Tag in das dunkle ungemütliche Zimmer trat, war es sauber geputzt und aufgeräumt. Sogar die Bücher auf dem Schreibtisch lagen geordnet da. Auf der Kommode lagen die Binden, der Mull und die Salbe bereit. Ika schaute ihn erwartungsvoll und ängstlich an. „Ich habe für

„Spion des Friedens"

Spione leben und arbeiten im Dunkel, das gehört zu ihrem Metier. Die Auftraggeber, Geheimdienste, Regierungen und Generalstäbe, sorgen in der Regel dafür, daß sich dieses Dunkel auch nach Ende ihrer Tätigkeit, nicht einmal nach dem Tode lichtet. Um so bemerkenswerter ist es, wenn ein Spion noch ein Vierteljahrhundert nach seinem Tod groß gefeiert wird: Dr. Richard Sorge. Er arbeitete für die Sowjetunion zunächst in China, dann in Japan, wo freundschaftliche Beziehungen zum deutschen Botschafter und zum Militärattaché ihm zu wichtigen Informationen verhalfen. Schon Wochen vor Hitlers Angriff auf die Sowjetunion konnte er den Termin nach Moskau melden, und — was wichtiger ist — er konnte Stalin vom Alptraum eines Zweifrontenkrieges befreien, indem er mitteilte, Japan habe nicht die Absicht, sich an einem Krieg gegen den ersten Arbeiter- und Bauernstaat zu beteiligen. Die Umstände, die zu seiner Entlarvung führten, sind bis heute unbekannt. Am 7. November 1944 wurde Sorge hingerichtet, ohne daß die Sowjetunion auch nur den geringsten Schritt unternommen hätte, ihren „Kundschafter des Friedens" gegen japanische Spione auszutauschen. Gerade vor dem Hintergrund dieses Versäumnisses ist es erstaunlich, daß sie ihn später öffentlich als großen kommunistischen Friedensfreund und Antifaschisten feierte. Auf seinem Grab in Tokio errichtete sie einen Gedenkstein, und 1944 verlieh sie ihm posthum die Auszeichnung eines Helden der Sowjetunion. Eine Straße in Baku trägt seinen Namen, und dieser Tage feierte ihn auch das Zentralorgan der SED, „Neues Deutschland", an seinem 75. Geburtstag als „deutschen Patrioten und Internationalisten im weltweiten Dienst der Arbeiterbewegung".   *LSR* dich Ordnung machen lassen, ich habe gesehen, daß du gestern schockiert warst. Gefällt es dir jetzt besser?" – „Ja, was macht Ihr Bein, sollen wir es verbinden?" – Ika hielt Bobik das Bein hin. Er wickelte den Verband behutsam ab. Er zwang sich, den Ekel zu überwinden. Er säuberte die Wunde und legte ein neues Pflaster auf. Ika nahm behutsam Bobiks Hand in die seine und betrachtete sie aufmerksam. „Ist daran etwas Besonderes?" – „Das will ich ja ergründen, es ist eine feine Hand. Aber es ist noch etwas Besonderes: wenn du mich anfaßt, dann wird der Schmerz geringer. Woher kommt das?" – „Ich weiß es nicht, aber ich freue mich, daß es so ist." – Er verband das Bein, diesmal viel geschickter als gestern, und war froh darüber, daß er keinen Ekel empfand. Es fiel ihm die Geschichte vom Heiligen Julian dem Gastfreien ein, der einen Aussätzigen in sein Bett aufgenommen und seine schrecklichen Wunden gereinigt hatte, ohne sich zu ekeln. Wie weit war er noch von dem Heiligen Julian entfernt!

Bobik wollte politischen Gesprächen aus dem Weg gehen und begann sogleich mit dem Unterricht. Zu seinem Erstaunen stellte er fest, daß Ika in dem einen Tag ernstlich gearbeitet hatte. Sein Wortschatz war um etliches größer geworden. Das gab Bobik Auftrieb. Sie arbeiteten den ganzen Nachmittag. Zum Abschluß bat Ika ihn, einige Gedichte von Puschkin oder von Jessenin zu deklamieren. „Sie können sie doch gar nicht verstehen!" – „Nein, aber die Sprache, die Musik berauschen mich, bitte lies mir etwas vor." – Und Bobik las. Er war glücklich, die Sprache seiner Heimat, seiner geliebten Dichter hier in der Fremde zu hören. Wem anders hätte er sie darbringen können?

Fast täglich besuchte er den Freund, verband sein Bein, das zusehends abheilte, und unterrichtete Ika mit Vergnügen. Schließlich lasen sie gemeinsam Gedichte oder Passagen aus Dostojewski oder Tolstoi. Bobik trug das Gedicht Aleksandr Blocks „Die Zwölf" vor, das er so sehr liebte – ein Revolutionspoem, Krieg und Zerstörung, Haß und Vernichtung, Naturkatastrophen . . . Die Rotarmisten marschieren mit festem, hallendem Schritt, hinter ihnen ein hungriger Köter, vorne die blutige Fahne. Aber hinter dem Sturm, unsichtbar, unverletzbar durch Kugeln, von

Schneeflocken wie in ein Gewand gehüllt, bekränzt von weißen Rosen, schreitet Jesus Christus . . . Dieses Gedicht hatte Millionen von verzweifelten, hungernden, frierenden, todgeweihten Russen Kraft und Glauben gegeben.

Ika war von dem Gedicht, soweit er es verstehen und Bobik ihm den Sinn erklären konnte, ergriffen. Lange schwiegen sie. Dann drückte er Bobik die Hand. – „Wunderbar, wunderbar ist es. Daß ein Mensch solche Dinge ausdrücken kann! Aber eines verstehe ich nicht, was hat Christus damit zu tun?" – Bobik war entsetzt. „Das ganze Gedicht gipfelt doch darin, daß trotz allem Entsetzlichen, das geschieht, Christus dabei ist: mit den Ermordeten und mit den Mördern, mit ihnen allen, daß also nichts ohne ihn geschieht und daß seine Gegenwart mitten in all dem Schrecklichen, in der Hölle, die die Menschen bereiten, uns eine Wandlung, eine Katharsis verspricht." – „Du bist ein unverbesserlicher Romantiker, Bobik! Wir werden diesmal die Welt ohne die Religion und ohne Christus verändern. Wenn wir das Ziel erreicht haben, werden die Menschen von selbst gut und gerecht werden, ohne euren Kinderschreck: Gott, die Engel, Christus, die Heiligen und die Pfaffen, die aus alledem ein Geschäft machen und das Volk durch ihren Aberglauben verdummen." – „Du bist einfach durch deine marxistische Literatur verhetzt und kannst das Wesentliche vom Unwesentlichen nicht unterscheiden, wenn du dich auch noch so klug und erhaben dünkst! Hast du denn irgendwann das Evangelium gelesen, außer im Religionsunterricht in der Schule?" – „Nein, ich hatte vollkommen genug davon, lauter übernatürliche Dinge, Wunder über Wunder, Drohungen und Versprechungen. Alles, was hier im Leben nicht erreicht werden kann, wird in ein paradiesisches Jenseits oder in die ewige Qual der Hölle projiziert. Wir aber wollen auf dieser Erde leben und hier die Erfüllung erreichen, wir pfeifen auf die leeren Versprechungen!"

„Hast du nicht begriffen, daß Christus fast zweitausend Jahre vor Marx eine klassenlose Gesellschaft, Gleichheit von allen, Besitzlosigkeit, Liebe und Freundlichkeit, Verzeihen und Langmut gepredigt hat? Das sind doch seine zentralen Anliegen! Daß sein Werk mißlang, liegt nicht an ihm, es lag an der Unreife, der Machtgier, dem Geltungsdrang der Menschen. Letztlich waren sie alle wie der reiche Jüngling, der wohl gerne nachgefolgt wäre, den aber sein Besitz und dessen Macht in seinen Klauen hielt. Christi Weg verlangt von uns ein unentwegtes Arbeiten an uns selbst, ein Reif- und Gütig-, Liebend- und Weisewerden. Ihr aber, mit eurem historischen Materialismus, ihr wollt alles Bestehende und die Gesellschaftsstruktur verändern; aber ihr seid nicht gewillt, an euch zu arbeiten, euch zu liebenden, dienenden Menschen zu gestalten. Lieber wollt ihr alles, was euch vermeintlich im Weg steht, zerstören, und ihr glaubt auch an Wunder: an das Wunder, daß diese Welt durch Vernichtung aller Andersdenkenden zu einer besseren Welt wird. Aber auch bei euch wird der Mensch bleiben, wie er ist, ihr werdet ihn zu einer Ameise machen, einer arbeitenden und gehorchenden Ameise!" – „Wenn ich dich höre, glaube ich alte Ammenmärchen zu hören, Ammenmärchen und nichts weiter, lauter nicht existierende Dinge: ein Christus, der wahrscheinlich nie gelebt hat, ein Gott, den es nicht gibt, und lauter hochtrabende Ideen von Güte, Liebe, Reife und Weisheit. Was soll dieser Humbug? Nicht umsonst haben wir die Klöster aufgelöst und die Mönche vertrieben oder vernichtet, diese Umsonstfresser, die durch Beten Wunder bewirken wollen – Betrüger und Scharlatane sind sie. Bei uns wird gearbeitet: Weise Faulenzer braucht unser neuer Staat nicht. Du bist doch kein dummer Mensch, daß du dich für so etwas ereifern kannst!" – Bobik wurde still, er begriff, daß das Gespräch keinen Sinn hatte. Sie redeten verschiedene Sprachen, und keiner war gewillt, den anderen zu verstehen. Genausogut hätte er mit einem Marsmenschen sprechen können. Er stand auf und reichte Ika die Hand. „Leb wohl, verzeih bitte, daß ich heftig wurde. Wir haben uns nichts mehr zu sagen." – „Aber du wirst doch morgen wiederkommen? Wir werden den Unterricht fortführen?!" – „Nein, ich werde nicht wiederkommen." – Ika stürzte sich auf Bobik, umklammerte ihn, daß die Rippen krachten, küßte ihn, streichelte seinen Kopf. „Verstehst du denn nicht, daß ich dich brauche, du mußt wiederkommen, du mußt!" – „Sei mir nicht böse, aber ich kann nicht, ich bin überfordert. Es tut mir zu weh, daß wir uns nicht verstehen können, es ist aber besser, wir begegnen uns nicht mehr. Ich bin dir ja nicht böse, daß du in deiner Gesinnung beharrst, aber es führen keine Brücken von dir zu mir." – „Was habe ich dir denn Schlimmes angetan, hältst du mich für schlecht oder böse?" – „Nein, du bist nicht böse, aber wir sind beide Werkzeuge. Ich würde dir nie etwas Böses antun; aber du, wenn die Parteidisziplin es von dir verlangt, würdest gehorchen und mich umbringen, das müßtest du, und diese Vorstellung allein ist mir unerträglich." – „Das ist ungeheuerlich!", schrie Ika. Bobik riß sich los und lief wie gejagt die Treppe hinunter; er lief weiter, bis er vor der Tür des schwarzen Hauses stand.

Es gab keinen Menschen, dem er sich hätte anvertrauen können, der ihm hätte sagen können, ob er recht oder unrecht gehandelt habe. Sicherlich hatte er den Freund tödlich verletzt. Sein stilles Zimmer nahm ihn auf. Er schaute in die großen Augen seiner Mutter auf dem Photo. „Was würdest du dazu sagen? Intolerant, heftig, grausam? – Oder: man muß konsequent sein . . . wenn deine Hand dich ärgert, wirf sie weg . . .?" Er wußte nicht, was recht war; es war geschehen, und er wollte kein Zurück.

GOTT IN ANDEREM GEWAND

Sonntags rüstete sich die ganze Familie zum Gottesdienst. Die Vorbereitungen dazu waren eher ärgerlich. Um acht Uhr wurde gemeinsam gefrühstückt. Karluscha war übelster Laune und suchte nach einem Objekt, um sie abreagieren zu können. Objekte boten sich in solchen Fällen geradezu an. Wera hatte eine rote Schleife im Haar, und Bobik hatte Trauerränder unter den Nägeln. „Was soll diese verrückte Schleife, die Leute werden denken, du seist Bolschewistin. Du ziehst sie sofort aus. In die Kirche geht man in Schwarz; außerdem ist Krieg, da ist es nicht angebracht, bunte Farben zu tragen!" – „Ich dachte, Christus sei fröhlich gewesen und hätte bunte Farben den dunklen vorgezogen", meinte Wera schnippisch. – „Vielleicht, aber hier und jetzt ist es anders, und du wirst dich nicht nach Christus, sondern nach unseren Bräuchen richten!"

Lady Susan hatte noch ihren Schlafrock an. „Willst du dich nicht anziehen, du weißt doch, daß heute Sonntag ist", sagte Großvater streng. – „I have such headache, I cannot go to church" (ich habe solche Kopfschmerzen, ich kann nicht zur Kirche gehen), flüsterte sie. – „Seit wir verheiratet sind, das sind nun fünfzig Jahre, hast du sonntags immer Kopfschmerzen. Du ziehst dich sofort an und kommst mit uns!" Großmutter wußte, daß jeder Widerstand vergeblich war, sie trottete, etwas Unverständliches murmelnd, in ihr Zimmer.

Schließlich, viel zu spät, waren sie zum Abmarsch bereit. Karluscha ging mit schnellen, kleinen Schritten voran, hinter ihm gingen Wera und Bobik – Wera ärgerlich, daß sie ihre Schleife wegtun mußte, und Bobik beengt in seinem dunklen Anzug mit den aus den Ärmeln heraushängenden Manschettenröllchen. Hinter ihnen gingen Grandma und Großvater. Ein englisches Prayerbook, dessen schwarzer Deckel eine Lederschlaufe hatte, hing ihr über dem Arm. Ida und ihr Mann trotteten hinterher.

Sie gingen in die Kirche der Pfarrei Hasten, wo die uralten Häuser der Familie standen und wo manche von ihnen auf dem Friedhof lagen. Von überall strömte das Volk her. Bobik mußte an die schwarzen Pinguine denken, sie hatten den gleichen langsamen watschelnden Gang. Kurz vor dem Eingang trafen sie auf Onkel Julius, einen alten Herrn mit großem zweigeteiltem weißem Bart, und Tante Felicitas. Karluscha stellte ihnen die Kinder vor, man begrüßte sich freundlich. Dann kamen Onkel Richard und Tante Sidonie mit den drei Kindern Herbert, Lucie und Wolf. Die Kinder betrachteten sich neugierig und wollten Bekanntschaft schließen, aber Tante Sidonie, die ihrer Verwandtschaft nur flüchtig und hoheitsvoll zunickte, hatte es eilig. Sie betraten die Kirche. Grandma wollte unbedingt im Hin-

74

tergrund bleiben, aber Großvater schubste sie wie ein unartiges Kind nach vorne. „Go on!" – Ihre Sitze waren ganz vorne in der Nähe des Altars, ganze vier Reihen, die der Familie vorbehalten waren, streng nach der Rangordnung: Onkel Richards Familie in der ersten Reihe, Onkel Julius in der zweiten, und Großvater, der älter war als sie alle, aber von einem jüngeren Sohn abstammte, nahm mit Karluscha und den Kindern die dritte Reihe in Beschlag.

Die Kinder hatten Zeit, sich die Kirche anzusehen, sie war so ganz anders als die Kirchen, die sie gewohnt waren. Es war ein großer gotisierter Backsteinbau aus dem letzten Jahrhundert. Auf dem Altar stand ein Kreuz ohne Korpus, flankiert von zwei mächtigen Leuchtern und Vasen mit bunten Herbstblumen. Wera beugte sich zu Bobik: „Die Blumen haben sie wenigstens bunt gelassen." – Da waren keine Ikonen, keine Ikonostase, die den Altarraum vor dem Laienraum verschloß, kein Weihrauch und kein Chor. Der Pastor schritt mit festem Schritt zum Altar, die Gemeinde stand auf. Er machte das Zeichen des Kreuzes und betete. Es gab keine Ministranten in bunten Gewändern und keine Diakone. Die Menschen saßen in ihren Bänken; sie standen nicht vor Gott, sie gingen nicht umher, um vor den Ikonen niederzuknien, sie zu küssen und vor ihnen Kerzen anzuzünden. Die Gemeinde sang schöne, zum Herzen gehende geistliche Lieder. Plötzlich horchten Wera und Bobik auf: das war eine bekannte und ihnen vertraute Melodie, sie fühlten sich plötzlich in die Kirche von Staroje Girejewo versetzt. Sie versuchten die deutschen Worte zu verstehen. „Ich bete an die Macht der Liebe, die sich in Jesus offenbart . . ." – Ja, das war es, das war das Lied von Bortnjanski: „Kol sláven nasch Gospód w Sióne", ein ganz anderer Text, ein Psalm, aber es war ihr Lied, ihre Musik. Das war so versöhnlich, bekannte Melodien im fremden Kirchenraum zu hören.

Dann predigte der Pastor von der Kanzel. Er las aus dem Lukasevangelium Kapitel 15 das Gleichnis vom verlorenen Sohn, das Bobik aufhorchen ließ. Bei der Stelle: „Und er machte sich auf und kam zu seinem Vater. Da er aber noch ferne von dannen war, sah ihn sein Vater, und es jammerte ihn, lief zu ihm und fiel ihm um den Hals und küßte ihn" . . . kamen ihm die Tränen. Die Ereignisse seiner Flucht und die unerwartete Begegnung mit Karluscha standen lebhaft vor seinen Augen. Der Pastor erzählte die Geschichte von dem leichtsinnigen Tunichtgut und seinen vielen Entgleisungen, die wie eine Kettenreaktion ihn immer tiefer ins Elend und in die Verderbnis hinabzogen. Schließlich, ganz am Boden, entschließt er sich heimzukehren und sich als niedrigster Knecht beim Vater zu verdingen, bangend, ob ihm dies gelingen würde. Und dann, das Unerwartete, das Überwältigende – der Vater erkennt ihn aus der Ferne, läuft auf ihn zu und nimmt ihn in Freude und Gnaden wieder auf. Bobik mußte sich die Tränen aus den Augen wischen und sich schnäuzen. Er schämte sich sehr seines Gefühlsausbruchs. Vor sich sah er den breiten Rücken von Onkel Richard und die verspannten Nackenmuskeln von Tante Sidonie. Karluscha schnäuzte sich auch die Nase. Bobik schaute sich um. Die Gesichter der Männer waren streng und ungerührt, die der Frauen waren gerötet, sie hörten mit Anteilnahme zu. „Ob sie einen solchen Sohn mit so viel Liebe wieder aufnehmen würden?" Sie sahen nicht danach aus.

Wera stellte mit Bedauern fest, daß die Rede immer nur von mißratenen Söhnen und nie von Töchtern sei, ob sie denn eine gefallene Tochter mit gleicher Freundlichkeit wieder aufnehmen würden? Großvater dachte, daß sein Sohn Karluscha nach langer Abwesenheit wieder in seine Heimatstadt heimgekehrt sei, aber er fühlte keine Freude darüber. Karluscha war ihm fremd, es war nicht möglich, mit ihm ins Gespräch zu kommen. Großvater stand an der Schwelle des Todes, aber es gab niemanden, mit dem er darüber sprechen konnte. Mit Pastoren konnte er sich nicht unterhalten, sie verfielen in ein falsches Pathos, er aber wollte ein einfaches, stilles, besinnliches Gespräch. Grandmas Kopf hatte sich auf die Brust gesenkt, sie schnarchte leise vor sich hin. Bobik saß neben ihr, aber er wollte sie nicht wecken; die alte Dame tat ihm leid, sie blieb zeitlebens einsam und fremd im Lande ihres Mannes. Der Satz aus der Bibel fiel ihm ein – wo du hingehst, da will auch ich hingehen –, sicherlich hatte sie als junge Frau versucht, so zu denken, aber sie war eine zu ausgeprägte Persönlichkeit, um nur zu dienen und sich widerspruchslos unterzuordnen. Sie war alt geworden und einfältig; aber einmal in einem kurzen vertrauten Gespräch sprach sie einen Satz aus, der Bobik aufhorchen ließ. Sie sagte, ihr Vater hätte ihr den Leitsatz für das Leben mitgegeben: „Bear to bear, and bear to forbear" (lerne zu ertragen, und ertrage in Geduld). Er begriff, warum sie jeden Sonntag Kopfschmerzen hatte. Die Menschen waren ihr fremd, sie verstand die Sprache der Predigt nicht, und es war ihr zuwider, nur in die Kirche zu gehen, weil „man" in die Kirche ging und damit man gesehen werde. Sie wachte auf und schaute sich erschrocken um. „Has he not yet finished?", fragte sie Bobik. Er nahm ihre Hand und streichelte sie. „Not yet, grandma, do not worry."

Karluscha war von der Predigt gerührt. Es war gerade die Predigt, die er sich gewünscht hatte. An diesem Beispiel konnte Bobik ganz deutlich erkennen, daß er ein guter Vater sei und ihm seine Flucht und all die damit verbundenen Unannehmlichkeiten verzieh. Karluscha schielte auf seinen Vater; dieser hatte sich im Alter verschönt, er hatte den Kopf eines Propheten. Er würde sicherlich nie so gehandelt haben wie der biblische Vater des verlorenen Sohnes. Die Predigt näherte sich dem Ende. Bobik wartete von Satz zu Satz, daß der Pastor aufhören würde. Er hatte alles ausgesprochen, was zu sagen war; was jetzt noch gesagt wurde, waren unnötige, ermüdende Wiederholungen. Bobik hatte einen ganz anderen Gottesdienst erwartet: feierliche Gewänder, hymnische Gesänge, das Mysterium der Wandlung und die Austeilung der Sakramente, das allgemeine Küssen des Kreuzes und die Agape, das Liebesmahl der ersten Christen. Hier war alles anders. Das Wort, die Predigt stand im Mittelpunkt des Gottesdienstes. Der lehrende Christus begegnete einem.

Nach dem Segen ging der Pastor schnell zum Ausgang. Wera sagte: „Er hat es aber eilig!" – Die Menschen verließen schweigend ihre Bänke. Wera und Bobik, die vorne saßen, waren die letzten. Der Pastor stand am Ausgang und drückte jedem die Hand. Als Wera und Bobik an die Reihe kamen, leuchtete sein

Gesicht auf, er schüttelte ihnen mit beiden Händen die Hand und lachte und freute sich, daß sie in die Pfarre ihrer Vorfahren gekommen waren. Er fragte, ob sie alles verstanden hätten. Wera meinte, ob es denn heute noch viele Eltern gäbe, die ihren Kindern verzeihen würden. Der Pastor freute sich über ihre Frage und meinte, ja er glaube, es würden viele verzeihen. Wer sollte schon, wenn nicht die Eltern, einen Gestrauchelten wieder aufnehmen. Vielleicht täten die Mütter es eher als die Väter, fügte er mit einem kleinen Schmunzeln hinzu. – Ob denn aber gestrauchelte Töchter auch so freundlich aufgenommen würden wie die Söhne, fragte Wera. Ein Schatten huschte über sein Gesicht, und er antwortete nicht sogleich, dann aber sagte er: „In mancher Hinsicht ist es bei einer Tochter schwieriger, weil die Menschen einem jungen Mann Verfehlungen leichter verzeihen als einer Frau. Aber Sie haben natürlich recht, man muß jedem verzeihen, jedem."

Sie verabschiedeten sich von ihm und hatten das Gefühl, einen Freund gewonnen zu haben. Auf dem Rückweg ergriff Ida Weras Hand. „Was machst du nur für dumme Geschichten! Du hast ihn ins Herz getroffen. Weißt du denn nicht, daß er eine ungeratene Tochter hat, die aus dem Haus weggegangen ist. Mußt du denn so etwas fragen?" – „Ich konnte das doch nicht wissen, ich kenne die Menschen hier nicht. Ich will gleich zu ihm hinlaufen und mich entschuldigen!" – Ida hielt sie fest. „Um Gottes willen, du bleibst da und sagst kein Wort mehr! O diese Kinder aus der Fremde; unsereins hat in diesem Alter den Mund gehalten, und sie benehmen sich, als ob sie erwachsen wären!"

MADAME POTIPHAR

In der kleinen Industriestadt erlebte man den Krieg nur am Rande. Man las in den Tageszeitungen von den großen Siegen, von gewaltigen Materialschlachten, von Frontverschiebungen. Die Männer gebrauchten das Wort „Wir müssen durchhalten" sehr oft. Bobik wunderte sich, was eigentlich Karluscha, Onkel Richard und Onkel Julius, Onkel Bruno oder Herr Knieriem durchzuhalten hätten? Sie waren nicht im Krieg, sie gingen ihrer Arbeit nach, niemand trachtete nach ihrem Leben, und dennoch mußten sie „durchhalten". Die Zeitungen waren ein besserer Seismograph der Geschehnisse. Die vorderen Seiten waren wie immer großsprecherisch und voller Optimismus, die „Frontverschiebungen" wurden bagatellisiert; aber auf der letzten Seite mehrten sich die schwarzumrandeten Todesanzeigen von jungen Männern, die „für das Vaterland" gefallen waren. Sie wurden immer jünger, und die Eltern signierten: „In stolzer Trauer".

Bobik kannte diese Anzeigen von seiner Heimat her, auch dort war das Heldentum gepriesen und die Trauer in Stolz verkleidet worden. In Wirklichkeit war es nur eine Maskierung. Der Verlust eines geliebten Sohnes war ein schreckliches Unglück und traf die Familie mit ganzer Wucht, und immer war dieser Verlust etwas Unbegreifliches. Niemand war bereit, sein Liebstes herzugeben, hingeschlachtet zu wissen von einer anonymen Kugel oder einem Granatsplitter, ohne Konfrontation Mann gegen Mann. Deutlich stand vor seinen Augen sein Onkel Iwan, der greise Kosakengeneral, als er die Nachricht vom Tode seines einzigen Sohnes Sascha erhielt. Er sah den großen Mann zum erstenmal weinen. Er schämte sich nicht seiner Tränen. Er war gebrochen, er war ehrlich verzweifelt. Von Stolz konnte keine Rede sein. Er hielt seinen schönen Kopf mit beiden Händen und wollte das Unbegreifliche begreifen. „Warum er, und nicht ich, er, der jung war und das Leben noch vor sich hatte, er, der unser Geschlecht fortgesetzt hätte . . ."

Am 10. November 1918 kehrte Karluscha früher als gewöhnlich nach Hause zurück. Er war blaß, und seine hellen Augen sahen noch heller aus, sein Gesicht zuckte. „Ist etwas passiert?" fragte Wera. „Ja, etwas Furchtbares!" – Wera erschrak. „Hast du etwas von Mami gehört, ist ihr etwas passiert?!" – „Nein, es ist noch viel furchtbarer, es betrifft die ganze Nation. Die Revolution ist ausgebrochen! Wir sind von den eigenen Leuten hinterrücks verraten worden. Der Kaiser und der Kronprinz haben abgedankt. Jetzt kommen die Sozis, und dann haben wir bald den Schlamassel." – „Werden die Bolschewiken hierher kommen?", fragte Wera ängstlich. – „Man weiß das nicht, aber es ist alles möglich."

Bobik freute sich, daß der Krieg zu Ende war, daß das sinnlose Töten aufhören würde; diese Idee allein beherrschte ihn. „Ich habe es immer erwartet, aber nun kommt es doch ganz plötzlich; es ist wie ein Kind, das plötzlich sein Spielzeug aus der Hand wirft." – „Du verstehst das nicht, es war absolut nicht zu erwarten. Wir waren stark und hatten noch gute Reserven, die anderen waren schon am Ende. Wir hätten gesiegt, denn die Moral unserer Truppen war gut; aber die Sozis, unterstützt von den Bolschewiken, die haben die Etappe aufgeweicht. Die deutschen Soldaten sind unbesiegbar!" – Bobik hatte keine Lust, das Gespräch fortzusetzen. Er war überzeugt, daß in der gleichen Stunde in vielen Familien ähnliche Gespräche geführt wurden. Enttäuschung, Unsicherheit und Angst griffen um sich und Verachtung für das Oberhaupt des Reichs, das sich ohne Widerstand zur Abdankung hatte zwingen lassen. Wenn er von seinem Gottesgnadentum überzeugt gewesen wäre, dann hätte er darum bis zum letzten Atemzug kämpfen müssen. Das gleiche hatte Bobik Nikolai Aleksandrowitsch, dem Zaren, vorgeworfen. Diese Monarchen von Gottes Gnaden wurden offenbar von der Ehrfurcht und der Gnade des Volkes getragen, und wenn dieses Fundament ihnen entzogen war, dann waren sie nichts mehr als ganz gewöhnliche Menschen. Darum war es nicht recht, ihnen so viel unumschränkte Macht und das Gefühl der eigenen Größe, Unantastbarkeit und Unfehlbarkeit zu verleihen . . .

Bei Tisch herrschte eine gespannte Stille. Karluscha war bedrückt. Großvater war wenig beeindruckt. Er war alt und am

Ende seines Lebenswegs, und die Geschehnisse berührten ihn nur noch am Rande. Grandma dagegen war bester Laune, die sie nicht zu verbergen vermochte. Nach Tisch beugte sie sich zu Bobik und flüsterte: „We have won! (Wir haben gewonnen!)" – Bobik fand ihre Bemerkung lästig, aber er konnte sich vorstellen, daß die Demütigung ihrer Wahlheimat, in der sie eine Fremde geblieben war, sie freute. „Das ist Schadenfreude, Grandma, wir sitzen alle im gleichen Schiff!"

Da nun die Revolution ausgebrochen war, erwartete Bobik Unruhen und Aufmärsche mit roten Fahnen, brennende Gefängnisse und flüchtende Polizeibeamte, wie er es von seiner Heimat kannte. Nichts dergleichen geschah, die Menschen waren nur noch niedergedrückter und mürrischer, in der kleinen Stadt blieb alles beim alten. Er wollte Karluscha fragen, ob denn die Glockenwerke noch weiter Stahl für Kanonen und Kriegsausrüstung fabrizierten, so schnell würde man den Betrieb doch nicht umstellen können. Aber er hielt lieber den Mund. In das Einerlei des Alltags kam Abwechslung. Karluscha verkündete, daß er eine junge Dame engagiert habe, die Ida im Haushalt und Wera bei den Aufgaben helfen solle. Wera fand, daß sie keiner Hilfe bedürfe, und Ida beteuerte, daß sie den Haushalt nach wie vor allein und ohne fremde Hilfe besorgen könne. Karluschas Entschluß war unwiderruflich, und eines Tages war die „Person" da. Es gibt Menschen, die man nicht gut beschreiben kann, weil sie farblos und nicht bemerkenswert sind. Fräulein Luise war etwa Ende der Zwanzig, rötlich blond, nicht groß und nicht klein, etwas füllig. Bobik diagnostizierte sogleich, daß sie dumm sein müsse. Sie machte einen ungeschickten Knicks vor Grandma und schüttelte Großvater fest die Hand. Sein Gesicht blieb unbeweglich. Sie versuchte Wera zu umarmen, aber Wera hielt sich steif und entzog sich der Intimität. Fräulein Luise tat Bobik leid, er mochte sie nicht, aber er konnte ihr nachfühlen, wie einem zumute ist, wenn man von den Hausgenossen abgelehnt wird. Er fand, es verstoße gegen die Gesetze der Gastfreundschaft. Er fragte sie, ob sie eine gute Reise gehabt habe. Sie errötete und lachte albern, sie sei ja gar nicht gereist, sie komme aus der Stadt.

Bei Tisch saß sie zwischen Wera und Bobik. Ida überging sie konsequent beim Bedienen. Sie war beleidigt, daß die „Neue" mit bei Tisch saß. Bobik machte ihr ein Zeichen, sie möchte die Dame bedienen, aber Ida übersah es konsequent. Erst als sie die Runde um den Tisch gemacht hatte, zögerte sie, als ob sie etwas vergessen hätte, und ging und bediente mit eiserner Miene ihre Rivalin. Bobik wagte zu sagen: „Es ist ein runder Tisch, es geht nach der Reihe." – Ida konterte beleidigt: „Ob rund oder nicht, ich habe gelernt, daß zuerst die Herrschaften bedient werden, und dabei bleib ich." – Großmutter schaute die junge Frau mit erstaunten Eulenaugen an. „Who is this young woman, I have never seen her?!" – „Sie hat sich dir vorgestellt, Grandma", sagte Bobik. Grandma schüttelte den Kopf. Karluscha, der bisher still geblieben war, herrschte seine Mutter an. „Aber Ma!" – Da griff Großvater ein. „Wie wagst du mit deiner Mutter zu sprechen?!" Es wurde ein Krieg jedes gegen jeden. Zuerst verließ Großvater den Raum, dann Karluscha, der durch eine andere Tür verschwand. Großmutter tat ganz unschuldig. „Was ist los, sie sind alle böse und laufen davon? Ich habe nichts gesagt!"

Nach und nach gewöhnte man sich an Luise. Wera weigerte sich, Aufgaben unter ihrer Aufsicht zu machen, sie könne es alleine. „Hast du bemerkt, sie schaut die Männer, Papa, Großvater und dich, mit Samtaugen an, sie will sich an euch heranschmeicheln, sie ist gefährlich. Vielleicht hat sie es sich in den Kopf gesetzt, Papas Frau zu werden, stell dir vor, unsere Stiefmutter!" Bobik mußte lachen. – Es passierte bei Tisch, daß Luise unauffällig Bobiks Hand ergriff und sie mit dem Daumen streichelte. Es war ihm sehr peinlich. Ihre Hand war mollig warm und trocken. Die Berührung war Bobik teils angenehm und prickelnd, teils ekelte er sich vor ihr. Außerdem wäre es ihm sehr peinlich gewesen, wenn jemand es bemerkt hätte. Wera saß nebenan, Idas Augen entging nichts, und von Grandma war man es gewöhnt, daß sie alles aussprach, was sie sah oder dachte.

Großvater war sichtlich verändert. Fräulein Luise erwies sich sehr aufmerksam gegen ihn. Sie bemerkte, daß ein Knopf an seiner Jacke lose war. Sofort und in Gegenwart der Grandma holte sie Nadel und Faden und begann, an Großvaters Körper sozusagen, den Knopf anzunähen. Großvater dankte ihr überschwenglich und nickte mehrmals der Großmutter zu, was so viel heißen sollte als: „Siehst du, du machst es nie freiwillig, ich muß erst wer weiß wie lange betteln und schimpfen, bis du dich herabläßt, mir einen Knopf anzunähen." Luise war auch zur Stelle, um ihm die Haare und Schuppen vom Kragen zu bürsten. Er fühlte sich beachtet und umsorgt. Auch Karluscha verhielt sich ritterlich, was den Kindern zugute kam.

„Diese dumme Gans", flüsterte Wera Bobik ins Ohr, „und die Männer machen Kulleraugen vor ihr, es ist zu dumm! Ich kann sie nicht ausstehen. Sie hat nichts anderes im Sinn als sie zu verführen." – Bobik staunte, was Wera alles wußte und wieviel sie beobachtete.

Karluscha war einige Tage geschäftlich verreist. Ida benutzte die Gelegenheit, um besonders garstig zu Luise zu sein. Großmutter versuchte nur einmal eine giftige Bemerkung: „Wie alt sind Sie, Fräulein, ich habe Ihren Namen vergessen?" – „Fünfundzwanzig", sagte Luise kleinlaut. – „O, haben Sie die Jahre lange nicht nachgezählt?" – Luise wurde rot. Großvater schlug mit der Hand auf den Tisch und sah Grandma streng an; das genügte, sie kroch in sich zusammen und war still. Abends spielten Wera, Luise und Bobik „Schafskopf". Wera war sehr müde und gähnte, sie wollte aber nicht schlafen gehen, um Bobik nicht allein mit Luise zu lassen. Schließlich standen sie auf. „Ich will nachsehen, ob eure Betten gut gemacht sind." Wera wehrte sich. „Sie sind immer gut gemacht, Ida macht sie." – Aber sie verschwand mit Wera in ihrem Zimmer. Bobik begann sich auszukleiden. Da ging seine Tür leise auf. Luise erschien. Sie besah sich sein Bett und setzte sich darauf, was ihm unangenehm war. „Hart schlafen Sie, das ist doch sicher nicht bequem, ich könnte so nicht schlafen." – Sie stand auf, ging auf Bobik zu, umarmte ihn und gab ihm einen Kuß auf den Mund, einen sehr langen Kuß. Er war sehr erregt, noch niemals hatte ihn jemand in dieser Weise geküßt. Und wie war es ihr gelungen, sogleich auf seinen Mund zu zielen? Sie flüsterte in sein Ohr, was ihn kitzelte und noch mehr erregte: „Kommst du zu mir auf mein Zimmer?" – Er gab keine Antwort, aber er glaubte, daß er unwillkürlich mit dem Kopf genickt habe.

Er kleidete sich aus, löschte das Licht und schlich sich behutsam zum Zimmer von Luise. Als er an ihrem Bett war, umklammerte sie seine Taille und zog ihn zu sich ins Bett. Sie löschte das Licht und küßte ihn heiß, auf den Mund, die Augen, die Ohren. Er war außer sich, er umarmte sie seinerseits und war eins mit ihr. Er war nicht mehr der Bobik, den er kannte, es war ein brünstiger Mann, jemand anders, der die leibliche Vereinigung genoß und an ihr litt. Er hörte sein eigenes Stöhnen, das sich mit ihrem Stöhnen mischte. Dann fiel er müde und ermattet zur Seite, sie versuchte ihn weiter zu liebkosen; aber er hatte plötzlich genug, ein Ekel ergriff ihn, er befreite sich gewaltsam aus ihren Umarmungen, stieß ihre sich klammernden Hände von sich und stand auf. – „Wohin gehst du, bleib, bitte bleib!" – „Nein, ich muß zu mir, ich muß mit mir allein sein." – Er wollte laufen, so schnell er konnte, aber er mußte vorsichtig sein, um von den Hausgenossen nicht entdeckt zu werden. Er tastete sich ängstlich zur Tür, durch den Korridor, zu seiner Tür. Er knipste das Licht an. Er hatte das Bedürfnis, ein Bad zu nehmen, aber er wagte es nicht. Er warf das Pyjama von sich, als ob es etwas Ekles wäre. Er betrachtete seinen schmächtigen Körper im Spiegel, ob er nicht voller Aussatz sei; dann wusch er sich aus dem Waschbecken mit dem Schwamm ab. Nackt wie er war, warf er sich auf sein Bett.

Alles, was geschehen war, war unerwartet und schnell und ohne sein aktives Zutun geschehen. Er war nicht mehr unschuldig. Er hatte wie Adam vom Baum der Erkenntnis gegessen. War er jetzt noch derselbe Bobik, oder war er jetzt ein erwachsener Mann? Natürlich hatten ihn alle geschlechtlichen Dinge sehr interessiert, und er hatte Lexika und Gesundheitsbücher zu Rate gezogen; doch das war ein abstraktes Wissen. Nun wußte er es. Aber er hatte sich eine solche Vereinigung als Vereinigung zweier Liebender vorgestellt, als den Zustand des „Siebten Himmels", von dem er in Romanen und Liebesbriefen gelesen hatte. Was ihm geschehen war, erinnerte ihn an die Erfahrungen auf dem Bauernhof, an die kopulierenden Hähne und Schweine. Er erinnerte sich, wie ein Hund und eine Hündin sich ineinander verfangen hatten und nicht voneinander loskamen; Wera und er hatten in Verkennung der Lage einen Eimer kalten Wassers nach dem anderen auf die armen Tiere geschüttet. Er dachte an die Vereinigung der Pferde zuhause, der er zufällig beigewohnt hatte, wie der mächtige Aleksandr dem Hengst geholfen hatte, in die Stute einzudringen; er hatte über das komische Bild gelacht, das ihm grotesk schien und dessen Sinn er nicht begriffen hatte. Er erinnerte sich des Skandals, als sein Freund Wassenka von der Kammerzofe seiner Mutter verführt worden war, an die dumme Mutter, die wie ein erregtes Huhn überall die Geschichte herumtelefonierte, an die schadenfrohen und bissigen Bemerkungen der Nachbarn, an das Entsetzen von Tante Ella, die verlangt hatte, daß der Junge sofort in ein Internat und die Sünderin in ein Kloster gesteckt würden. Bei diesem Gespräch war sein Patenbruder, der Zögling von Tante Ella, Großfürst Dimitri Pawlowitsch, der elf Jahre älter war als Bobik und den er sehr bewunderte, zugegen gewesen. Er rauchte lässig eine Papirossa und wandte sich leise zu Bobik: „Ein Theater machen sie, Bruder, als ob die Welt unterginge; dabei ist es die gewöhnlichste Sache von der Welt, als ob nicht alle jungen Männer durch diese Erfahrungen gingen!"

Alle diese Bilder und Reden schwirrten durch seinen Kopf. Er glaubte sich sündig, verkommen und beschmutzt. War er jetzt nicht vielleicht verpflichtet, Luise zu heiraten, vielleicht hatte sie es darauf abgesehen? War es eigentlich eine Todsünde? Weit und breit gab es hier keinen orthodoxen Priester, dem er beichten konnte. Sollte er diesen Makel immer mit sich herumtragen?! Hatte er jetzt ein Kainsmal – vielleicht würden alle, auch seine Schulkameraden es ihm ansehen? Er stand wieder auf und ging an den Spiegel. Er konnte nichts sehen, er holte sich ein Vergrößerungsglas und besah sich seine Stirn; sie war glatt wie sonst, einige Falten deuteten sich an, aber die waren schon lange da. Unter den Augen waren tiefe Schatten. Er legte sich wieder hin.

Wenn doch die Mutter oder Sascha da wären! Aber würde er sich ihnen offenbaren? Nein, er würde es nicht wagen, als Beschmutzter vor ihre Augen zu treten. Irgendwann schlief er erschöpft und schwer ein.

Als er aufwachte, war hellichter Sonntag. Er badete, versteckte das Pyjama im Geheimfach des alten Schrankes bei den Sachen des verschollenen Onkel Robert. Ob dieser auch so verrucht war wie er, Bobik? Dann ging er ins Eßzimmer hinab. Alle saßen beim Frühstück. Alle schauten ihn eindringlich an. Er konnte ihnen nicht in die Augen schauen. Ob sie alles wußten, ob sie etwas gemerkt hatten? Er gab jedem die Hand. Mußte er Luise auch die Hand geben, der großen Hure Babylon? Sie lächelte ihn an, er errötete; die Berührung ihrer Hand ekelte ihn, er riß seine Hand schnell aus der ihren. Als er saß, wischte er sie unauffällig am Tischtuch ab. Das Frühstück verlief ohne Zwischenfälle. Er vermied es, Luise zu begegnen.

Auch die Kameraden seiner Klasse merkten nichts, oder taten so, als ob sie nichts merkten. Er schaute in ihre knabenhaften Gesichter, manche waren naiv, andere waren von geheimen Sehnsüchten und Lastern gezeichnet; aber sicherlich hatte niemand von ihnen solche Erlebnisse gehabt wie er. Der Mittwoch kam heran, der Tag, an dem er zu Doktor Lipps zum Nachhilfeunterricht gehen sollte. Durfte er es wagen, vor die Augen des verehrten Lehrers zu treten? Aber er durfte ihn, der gütig zu ihm war, nicht warten lassen. Er ging klopfenden Herzens hin. Er war unaufmerksam in der Stunde. „Du hast doch nicht wieder vor, zu türmen? Irgend etwas geht in dir vor, willst du es mir nicht sagen, oder kannst du es nicht?" – Was sollte er tun, er wollte es ja gerne sagen, aber durfte er es? Er war nicht allein an dem Geheimnis beteiligt! Doch er mußte darüber sprechen, und es gab keinen Menschen auf der Welt, zu dem er hier in der Fremde mehr Vertrauen hatte als zu diesem Lehrer. – „Ich wage es nicht auszusprechen, es ist etwas Furchtbares passiert, und ich weiß, ich darf nie wieder zu Ihnen kommen." – „Mein Gott, mach es nicht so spannend, du hast doch niemanden umgebracht; wenn man euren Dostojewski liest, hält man nichts für unmöglich." –

„Nein, ich habe niemanden umgebracht, aber es ist doch etwas sehr schlimmes: ich habe mit einer Frau geschlafen!" – „War es ein Kind oder ein Mädchen, und hast du sie vergewaltigt oder verführt?" – „Nein, Gott bewahre, es war eine erwachsene Frau, und eigentlich hat sie mich verführt." – „Na, Gott sei Dank, ist das alles? Oder hast du jetzt ein Verhältnis mit ihr, bist du ihr hörig?" – „Nein, es war nur einmal." – „Warum regst du dich denn darüber so auf? Schließlich bist du fast achtzehn, in dem Alter macht man seine ersten sexuellen Erfahrungen." – „Aber das ist doch eine furchtbare Sünde!" – „Mensch, Junge, bleib auf dem Parkett, dramatisiere die Dinge doch nicht so! Nun, es ist passiert, gut, nun weißt du es; aber belaste dich nicht damit. Du hast niemanden umgebracht, niemandes Ruf zerstört, du bist nicht geschlechtskrank geworden, und es wird wohl kein Kind daraus werden, also ist alles glimpflich abgegangen. Vielleicht läßt du dich ein anderes Mal nicht verführen und wartest, bis eine echte Liebe über dich kommt. Aber merk dir eins: du bist danach nicht schlechter oder böser oder verworfener als zuvor, und laß dir von moralinsauren Betschwestern nichts vormachen!"

„Herr Doktor, Sie sprechen, als ob Sie ähnliche Erlebnisse gehabt hätten. Verzeihen Sie, es soll keine Indiskretion sein. Ich bin Ihnen dankbar für Ihre Worte." – „Lieber, das sind Dinge, über die man nicht spricht. Die Menschen tun nach außen scheinheilig, und dahinter versteckt sich mancher Schmutz. Schmutz eigentlich nicht, weil die Handlung an sich nicht schmutzig ist; höchstens die Phantasie und die unsichtbaren Sünden; aber die Versündigungsbegriffe, die wir von den Kirchen beziehen, sind nicht lebensnah und treiben die Menschen in die Versündigung hinein. Mach dich frei von solchen Vorstellungen. Setz keine falschen Akzente auf Handlungen, die es nicht wert sind. Andere junge Menschen holen sich ihre ersten Erfahrungen im Bordell, was noch viel ungünstiger ist; denn dort wird der Geschlechtsakt zu einer geschäftlichen Angelegenheit degradiert.

Ich habe von dir die Vorstellung als von einem sauberen Jungen, und ich rate dir, es zu bleiben. Hast du gesehen, wie die Gänse aus dem Wasser steigen: sie schütteln sich und sind im Nu trocken. Schüttle dieses Erlebnis von dir ab, und behalte trotz der Erfahrung, um die du reicher oder ärmer geworden bist, deine ursprüngliche Kindlichkeit." Lipps drückte ganz fest Bobiks Hand und entließ ihn. Draußen ging die Sonne rot unter. Bobik befolgte seinen Rat, er schüttelte sich, und es wurde ihm leichter, er konnte sogar wieder lächeln. Wenn Doktor Lipps ihn verstand und ihm verzieh, dann mußte er es ihm glauben.

Als er heimkam, war eine seltsame Stimmung im Hause. Der Gong erklang, man versammelte sich zum Essen. Karluscha war wieder da, er war sehr schlechter Laune und schaute vor sich hin. Es war ein Zeichen, daß man ihn nicht anreden sollte. Der Platz von Fräulein Luise war leer. Nach Tisch flüsterte Wera ihm zu: „Stell dir vor, sie ist weg, ganz plötzlich. Papa kam zurück, ließ sie gleich rufen, es gab eine erregte Unterhaltung. Danach ging sie hinauf, kam mit ihren Koffern herunter und fuhr fort, ohne jemandem adieu zu sagen." – Bobik atmete tief auf.

DIONYSISCHER FRÜHLING

Der Frühling kam in Remscheid viel früher als in Girejewo. Dort lag sicherlich um die gleiche Zeit der Schnee noch meterhoch. Hier wurde es warm, und die dünne Schneedecke schmolz schnell dahin. Als ob sie keine Zeit zu verlieren hätten, schauten schon die Schneeglöckchen und die Anemonen über den schwindenden Schnee hinaus. Das entzückte Wera und Bobik, und sie sammelten im Park ein Sträußchen, um Grandma zu erfreuen. Dann ging alles sehr schnell, der Seidelbast blühte, und die Forsythien strahlten goldgelb an den Zäunen, die kleinen Margeriten, rosa und weiß, duckten sich an den Rasen, und der Löwenzahn begann sich zu entfalten. Ida war im Garten beschäftigt. Immerzu bückte sie sich und schnitt etwas aus dem Rasen heraus. Abends gab es einen Salat aus gezahnten Blättern, der den Erfolg hatte, daß man nachts mehrmals aufstehen mußte, um seine Blase zu entleeren. Bobik war ernstlich besorgt, daß er sich eine Blasenentzündung zugezogen habe. Er überlegte, ob er nicht verfrüht auf dem kalten nassen Rasen gesessen sei. Natürlich war er darauf gesessen. Die Grandma hatte ihn aus dem Fenster erspäht und ihm zugerufen, er möge sofort aufstehen, sonst würde er sich erkälten. Was sollte er tun? Er war erzogen worden, nicht über seine Krankheiten zu sprechen, und er haßte es, zu Ärzten zu gehen.

Beim Frühstück beklagte sich Wera über die unruhige Nacht. Ida lachte: „Das ist gesund, das kommt von dem Löwenzahnsalat, der treibt, er entgiftet den Körper. Im Frühling, wenn er jung ist, muß man ihn essen." – Also, das war des Rätsels Lösung. Bobik atmete erleichtert auf. Die Sonne schien, es wehte ein fröhlicher, warmer Wind, und sogar sonst mürrische Menschen wurden heiterer und freundlicher.

Doktor Lipps, der zum Wandervogel gehörte, fragte Bobik, ob er zu einem Frühlingsfest mitkommen wolle, er könne Wera und andere Freunde mitbringen. Wera wollte nicht ohne Alfred, mit dem sie sich angefreundet hatte, kommen. Sie trafen sich am Nachmittag vor dem Barockhaus. Alfred brachte zwei Kameraden mit, die Klampfen hatten. Bobik hatte ein hellblaues russisches Hemd angezogen, es war ihm egal, was die Leute dachten oder sagten. Sie marschierten, gitarrespielend und alte deutsche Lieder singend, durch die Straßen, aus der Stadt hinaus in die bewaldeten Berge, an einzelnen Gehöften vorbei.

Bobik konnte den Sinn der Lieder nur unklar verstehen, sie waren im Inhalt und in der Melodie ganz anders als die Lieder seiner Heimat. Große Traurigkeit überfiel ihn, er erlebte deutlich seine Fremdheit. Er konnte nicht mitsingen, er kannte die Bräuche des Landes nicht, und wenn er sie angenommen hätte, würden die anderen darüber gelacht haben, weil sie deutlich fühlten, daß es etwas Angelerntes und nicht Gewachsenes sei. Er war ein Fremder.

Wera blieb etwas zurück und pflückte Margeriten; Alfred, der sich freute, mit ihr allein zu sein, gesellte sich zu ihr. Sie machten eine Verschnaufpause auf einer Lichtung. Wera flocht drei schöne Kränze. Sie setzte sich den einen auf, den anderen bekam Bobik, und mit dem dritten wollte sie Alfred schmücken. Alfred wehrte sich. „Warum genieren Sie sich, gefällt er Ihnen nicht? Schauen Sie doch, Bobik sieht wie ein junger Grieche aus." – „Griechen waren nicht blond, sie waren schwarz", sagte Alfred trocken. – „Na ja, das meine ich nicht, ob schwarz oder blond, ich meine die Haltung und das Geistige!" – Alfreds Widerstand war gebrochen, er ließ sich von Wera den Kranz aufsetzen. Sie war sehr stolz darauf und fand ihn schön.

Sie gelangten zu der Waldwirtschaft „Die Grüne", in der die dicke freundliche Aline wie eine Fee herrschte. Viele junge Menschen saßen an einem langen Tisch vor der Wirtschaft. Sie spielten Gitarre und sangen. Vor ihnen standen Humpen mit Bier. Aline bediente gerade. Als sie Wera und Bobik gewahr wurde, stellte sie die Bierkrüge mit einem Knall auf den Tisch und lief ihnen, so schnell ihre Körperfülle es erlaubte, mit ausgebreiteten Armen entgegen. „Da sind ja meine lieben Paradiesvögelchen wieder!" Und sie umarmte sie. In ihrer Umarmung erlebte Bobik die Seligkeit der frühen Tage, so beschützend und warmherzig hatte ihn seine Njanja umarmt. Die anderen standen auf und begrüßten sie laut. Einer rief: „Die haben Kränze auf, woher habt ihr die schönen Kränze?!" – „Wera hat sie gepflückt und geflochten", sagte Alfred. – „Wir wollen auch Kränze haben!", schrien einige. Sie sprangen auf und zerstreuten sich auf der Suche nach Blumen. Die Mädchen mußten ihnen Kränze winden. Dann wurde auf der Wiese getanzt. Sogar die dicke Aline tanzte laut jauchzend mit. Es waren andere Tänze, als Bobik sie gewohnt war. In den Dörfern seiner Heimat wurde viel gemeinschaftlich getanzt. Aber diese ausgelassenen Tänze gefielen ihm sehr.

„Ihr habt so schöne Tänze und Lieder in eurer Heimat, wollt ihr uns nicht etwas vorsingen und -tanzen? Ich habe einiges als Soldat in Rußland gesehen", sagte Doktor Lipps. Bobik konnte nicht singen, aber Wera ließ sich nicht zweimal bitten. Doktor Lipps ergriff die Klampfe, Wera gab ihm die Melodie an, und dann sang sie mit Bobik den „Roten Sarafan": „Wdol da po

rétschke, wdol da po Kasánke" (Längs des Kasan Flüßchens ...).
Und schließlich zeigten sie, wie man „Kasatschók" und „Prissjádka" und „Chrowód" tanzt. Unter viel Gelächter und Hin-
fallen tanzten sie, die Beine aus der Hockstellung von sich wer-
fend, die Prissjádka. Aline stand in der Tür, die festen Hände in
die Hüften gestemmt, und schaute dem lustigen Treiben zu. Solange sie sich erinnern konnte, hatte sie noch kein so fröhliches
und ausgelassenes Frühlingsfest erlebt. Und alles das durch die
fremden Paradiesvögel, die sie in ihr Herz geschlossen hatte.

In einer Pause hatte Bobik das dringende Bedürfnis, allein zu
sein, sich zu besinnen, an seine lebende oder tote Mutter, an Vater und Passenka und den Freund Aljoscha zu denken und für
ihr Heil zu beten. Es kam ihm wie ein Verrat an ihnen vor, daß
er hier lustig war, während sie hungerten oder andere schreckliche Dinge erleben mußten. Er lief weg hinter das Haus. Er warf
sich bäuchlings auf eine mit Margeriten und Löwenzahn bedeckte Wiese und atmete tief den Duft der feuchten Erde ein –
einer fremden Erde, die aber genau so roch, genau so blühte und
die gleiche Erde Gottes war. Das wunderbare Gebet des Heiligen Dimitri von Rostow (17. Jh.) fiel ihm ein, und er sagte es auf,
halblaut, jedes Wort kostend, soweit er sich daran erinnern konnte: „Durchdringe mich, o himmlisches Licht, tritt in mich ein
und erleuchte meine Finsternis! Tritt ein, o mein Leben, und be-
lebe meine müde, flügellose Seele. Tritt ein, o Heiler, und heile
meine Plagen. Tritt ein, o göttliches Feuer, verbrenne die Wurzeln meiner Sünden und entzünde mein Herz mit der Flamme
deiner Liebe! Komm, o mein König, nimm Platz auf dem Thron
meines Herzens und regiere über mich, denn du allein bist mein
Herr und mein Erretter! O du Erheber meiner Seele, Freude meines Geistes, Wonne meines Herzens – Jesus –, bleibe immer und
beschütze mich in dir mit deiner mächtigen Hand!" – Wort für
Wort sprach er mit seinem ganzen Wesen in diese Erde, in das
Gras und die Blumen, in dieses ihm bisher fremde Land, und mit
jedem Wort fühlte er, daß Christus ihm aus seinem zerrissenen
und leidgeprüften Land die Hand ausstreckte und ihn mit der
Fremde versöhnte, ihn zum Sohn dieser Fremde machte. Hier

auf den Wellen dieser Worte des Heiligen Demetrius begriff er, daß es vor Gott gar keine Fremde gibt, daß alles und jedes nur eine der ungezählten Spielarten Gottes ist, und er wurde froh.

Er hörte wie von weitem Stimmen, und jemand beugte sich zu ihm; er drehte ihm sein tränenüberströmtes Gesicht zu. Es war Doktor Lipps. „Ist dir nicht gut? Du hast doch gar nicht viel getrunken, sollen wir dich auf eine Bank legen?" – Es war Bobik, als ob er aus weiter Ferne zurückgerufen würde, er mußte sich erst besinnen. Das war sein lieber Lehrer und Freund Doktor Lipps, und er, Bobik, lag mit dem Gesicht auf der Erde und hatte sicherlich überall grüne und braune Flecken. Er strahlte. – „Nein, mir ist nicht schlecht. Ich war nur ganz weit weg, irgendwo in meiner Heimat oder in märchenhaftem Land, in der wunderbaren Stadt Kitesch, die nirgendwo oder überall ist, und von dort bin ich soeben zurückgekehrt." – „Was ist das für eine Stadt Kitesch, erzähle uns davon!", schrien alle durcheinander. Bobik sammelte sich, er erhob sich, wischte sich die Erde von Gesicht und Hals und setzte sich den herabgefallenen Kranz auf.

„Es ist eine uralte Geschichte, die den Kindern erzählt wird und an die alle Erwachsenen glauben, und alle haben die Sehnsucht, zu dieser Stadt zu pilgern und sie zu finden. Viele gehen auf die Suche, Rußland ist voll von Pilgern nach Kitesch, aber nur wenigen wird es vergönnt, sie zu finden. Dort in dem Bereich der ‚weißen Wasser', auf fernen Inseln ist ein Reich des Friedens und der Glückseligkeit. Es gibt sogar alte Landkarten aus dem siebzehnten Jahrhundert, auf denen dieses Land aufgezeichnet ist. Man durchquert ungezählte Städte, Dörfer, Flüsse, Seen, Berge und Täler, und schließlich gelangt man in ein Dorf Ustjbá, wo sich eine kleine Kapelle befindet. Man muß nach einem Peter Korniloff fragen, der wird einen beherbergen, und er zeigt einem auch den weiteren Weg. Ihr müßt große Schneeberge übersteigen. Jenseits der Berge gibt es einen Ort Damas und wieder eine Kapelle. Dort wohnt der Mönch Joann, bei dem bleibt ihr. Dann wandert ihr vierzig Tage bis zum Land Kigissa, und von dort noch vier Tage bis nach Tatania, dann seid ihr dort. Ihr findet einen großen tiefen, blauen See, auf dessen Grund liegt die sagenhafte Stadt Kitesch, in der Gerechtigkeit, Güte und ewiger Friede herrschen. Dort herrscht der Heilige Fürst Georg mit seiner Familie, seinem Gefolge und mit der gerechten und friedfertigen Bevölkerung. Als die Tataren die Stadt Kitesch berennen wollten, versenkte Gott sie, um sie vor ihnen zu retten, auf den Boden des Sees.

Man kann mit den Bewohnern der Stadt in Verbindung treten. Wenn man sich nachts auf den Boden am Ufer des Sees niederlegt und das Ohr fest an die Erde preßt, dann hört man unten die Glocken läuten, und manchmal sieht man im See ein wunderbares Licht. Eines Tages verschwand ein Knabe im See. Aber er ist nicht tot. Seine Eltern bekamen einen Brief von ihm, in dem er schreibt: ‚Ich bin in der unsichtbaren Stadt Kitesch am Boden des Sees, mit den Heiligen Vätern, auf einer Insel der Schönheit und des Friedens. Glaubt mir, liebe Eltern, dieses Reich ist ein Ort der Heiterkeit und der Freude. Die heiligen Väter, unter denen ich mich befinde, sind wie blühende Lilien der Täler, wie Palmbäume oder Zypressen, von ihren Ästen strömt ein ewiges Gebet zu unserem Herrn. Und wenn es Nacht wird, werden diese Gebete sichtbar, sie leuchten wie Flammen von Tausenden von Kerzen.‘ ... Seht ihr, aus dieser Stadt Kitesch bin ich soeben zurückgekehrt, ich habe die Glocken läuten gehört und die Gebete emporsteigen sehen, und das alles auf dem Grund und Boden der ‚Grüne‘, auf Alines Grund.“

Sie waren ganz still, Wera, die die Legende kannte, weinte leise. Ein Mann kam auf Bobik zu. Dieser hatte ihn unter den Gästen nicht bemerkt, er war groß und schlank mit dunklen Haaren und hatte große dunkle Augen. Er umarmte Bobik und preßte ihn heftig gegen sich. „Diese Geschichte ist wunderbar. Sie hat mich ergriffen! Du mußt bald zu mir kommen und sie mir, meiner Frau und meinen Kindern erzählen. Und ich darf sie mir aufschreiben?“ – Bobik nickte. – „Ich bin Friedrich Wolff, Stadtarzt und im Nebenberuf Schriftsteller. Ich zeig dir mein neues Theaterstück: ‚Das bist du‘; ich bin neugierig, was du dazu sagen wirst. Wie wäre es, wenn Bobik uns einige Gedichte aus seiner Heimat sprechen würde. Ihr habt doch sicherlich diese Sprache noch nie gehört!" – Sie klatschten Beifall. Bobik genierte sich, aber er war auch glücklich, den fremden Freunden russische Dichtung zu vermitteln. Er sprach Gedichte von Aleksandr Block und von Jessénin, soweit er es vermochte, übersetzte er sie. Sie waren ganz still, eine Weihe war ausgegossen über der abendlichen Landschaft. Dann wurden Lampions angezündet, und sie sangen in der Stille ihre Lieder. Wera und Bobik sangen mit, auch wenn sie die Worte nicht kannten, summten sie die Melodie mit.

Der Mond ging groß und goldgelb am Waldrand auf. Friedrich Wolff erhob sich und bat um Gehör. „Wir haben nicht erwartet, daß unser Frühlingsfest unter dem versöhnenden Zeichen zweier Völker, der Deutschen und der Russen, stattfinden würde. Aber ich glaube, daß ich für uns alle spreche, wenn ich sage, daß wir alle tief angerührt und dankbar für diesen Abend sind und daß wir hoffen, solcher Begegnungen weiter teilhaftig zu werden."

Aline erschien und verabschiedete sich mit Handschlag von den Gästen. Sie umarmte Wera und Bobik. „Kommt wieder, ihr Paradiesvögel, ihr habt uns einen schönen Abend bereitet. Es ist noch nie so wenig bei mir getrunken worden. Sonst blieben abends manche unter dem Tisch liegen, oder sie gingen schwankend und gröhlend davon. Ihr habt sie berauscht mit anderen Mitteln. Und daß du, Bobik, auf meinem Fleckchen Erde eure Wunderstadt Kitesch gefunden hast, dafür danke ich dir ganz besonders, das vergesse ich dir nie!" Sie wischte sich eine Träne aus dem Auge.

Alfred ging mit Wera Hand in Hand. Bobik ging zwischen Friedrich Wolff und Doktor Lipps. Er war müde, und es fiel ihm schwer, seine Gedanken in der fremden Sprache zu formulieren. Die beiden Männer redeten nur gelegentlich ein Wort miteinander. Bobik dachte an die dörflichen Feiern in seiner Heimat, an Ostern und Pfingsten und das Sonnwendfest. Das Frühlingsfest hier war ihm zum Markstein seines Lebens geworden. Über einen Abgrund wurde eine Brücke geschlagen. Die märchenhafte Stadt Kitesch, die Stadt der Freude und des Friedens, die wahrhaft christliche Stadt, die jeder Russe mit seiner Seele sucht:

hier, auf Alines Grund, wurde sie von ihm entdeckt, und hier und jetzt wurde ihm freudevoll bewußt, daß es gar keine Fremde gab, daß er selbst es war, der durch ständige Vergleiche und Abwertungen die Fremde in sich erzeugt hatte.

Der Pilger Makar Iwanowitsch aus der Geschichte „Der Jüngling" von Dostojewski fiel ihm ein: „Das große Mysterium der Schöpfung ... Was ist ein Mysterium? Alles, mein Freund, ist ein Mysterium, in allen Dingen ist Gottes Mysterium verborgen. Daß ein kleiner Vogel singt oder die Sterne leuchten in einem immensen Chor im Himmel, das ist immer das gleiche Mysterium ... Alles ist in dir, Herr, auch ich bin in dir, nimm mich auf!"

EIN WUNDER GESCHIEHT

An einem milden Sommernachmittag 1919 saßen die Großeltern, Wera und Bobik unter der alten ausladenden Rotbuche im Park und tranken Kaffee. Er hatte mit Kaffee nur den Namen gemein, eigentlich war es ein braunes Gebräu aus geröstetem Malz, den man „Muckefuck" nannte. Ida verstand es aus nichts etwas zu machen, auf silbernem Teller lagen Plätzchen aus Haferflocken, Wasser und Sacharin. Sie knabberten mit Genuß daran. Ida kam heran und flüsterte dem Großvater geheimnisvoll etwas ins Ohr; sie schaute sich um, ob auch niemand sie höre. Die Kinder konnten sie hören, sie konnte nämlich nicht so leise reden, wie sie wollte, denn Großvater war schwerhörig. Ungeduldig fragte er mehrmals, was sie denn meine. „Das Butterschwein ist da!"

Wera und Bobik hatten den Ausdruck noch nie gehört und stellten sich darunter ein mythisches, noch nie gesehenes Tier vor. „Was ist denn das für ein Tier, das Butterschwein; wir wollen es sofort sehen, wo ist es, Ida?!" – „Seid still, ihr Naseweise, das geht euch gar nichts an. Haltet den Mund, wir kommen sonst in des Teufels Küche! Das ist ein Mann, der heimlich Butter bringt, ein Schwarzhändler; es ist zwar streng verboten, aber was sollen wir tun: mit dem, was man auf die Lebensmittelmarken bekommt, kann man nur verhungern. Ihr habt es doch in eurer Heimat erlebt, habt ihr es schon vergessen?"

Sie ertappten sich dabei, daß sie es bereits vergessen hatten; vergessen, wie böse und hungrig sie gewesen waren, wie sie die Großmutter beneidet hatten, die insgeheim an einem Stück Knochen nagte, wie Passenka mit seinen fünf Jahren auf den Ssucharewkamarkt gelaufen und Stockfisch gegen Zigaretten eingetauscht hatte, die er beim Untermieter stahl, und wie schwer es Mami gefallen war, ihm zu erklären, daß das Diebstahl sei und daß man nicht stehlen dürfe. „Wir haben doch Hunger, Mami, und er hat die Zigaretten, sollen wir verhungern?", hatte sich Passenka verteidigt, und Jadwiga hatte gegenüber seinen zwingenden Argumenten schweigen müssen. Hier war der Tisch immer festlich gedeckt, und jemand war da, der sie bediente. Wenn die Speisen auch dürftig waren, so lagen sie doch nicht mit quälenden Schmerzen in der Magengrube schlaflos im Bett. Sie schämten sich, daß sie die Zeiten des Elends so schnell vergessen hatten, während ihre Mutter, ihr Bruder, Sascha und Großmutter immer noch darben mußten.

Bobik ging in die Küche, wo Ida dabei war, die appetitliche, wie ein Brotlaib geformte Butter in einen Topf zu pressen. Die Butter roch frisch und gut, Bobik wurde der Mund wäßrig. „Du willst wohl etwas davon haben, Bobik?", fragte Ida. „Ich schmier dir ein Stückchen aufs Brot, aber nur dies eine Mal." – Wie gerne hätte er die frische Butter, die er seit Jahren nicht mehr gekostet hatte, gegessen! – „Nein, Ida, ich wollte gerade ganz etwas anderes sagen. Ich möchte die Butter nicht. Wenn ich daran denke, wie schnell wir das Elend vergessen haben und daß unsere Mutter dort noch hungert und Millionen meiner Landsleute, dann möchte ich nichts extra haben, das ist ein Unrecht. Diese Butter wird doch jemand anders weggenommen, und nur weil wir mehr Geld haben, können wir sie zu einem hohen Preis kaufen. Ich möchte wirklich darauf verzichten." – Ida wußte nicht, was sie ihm antworten sollte, sie wurde rot und dachte lange nach. „Es liegt nicht am Geld, Bobik. Die Menschen, die auf dem Lande Verwandte haben, fahren dorthin und holen sich Kartoffeln, Gemüse, Eier und ein Stück Speck, und andere, wie wir, die das nicht können, die müssen solche Ware schwer bezahlen. Aber wer wirklich nur von den Lebensmittelmarken lebt, der kann verhungern, und es gab einige Rechtschaffene, die es ihren Frauen oder Dienstboten verboten haben, etwas schwarz zu kaufen, die sind wirklich an Hunger zugrunde gegangen. Meistens aber haben ihre Frauen, die in solchen Situationen klüger sind als die Männer, ihnen, ohne daß sie es wußten, etwas zugeschoben. Der Mensch will leben, Bobik, und wenn der Staat ihm alles nimmt und immer nur fordert: Steuern, Gehorsam, unsere Söhne als Kanonenfutter, dann ist es kein Wunder, daß der Mensch beginnt nach Wegen zu suchen, um dem auszuweichen und um zu überleben. Du und Wera habt doch auch bisher nicht gefragt, wo wir all die Lebensmittel für euch besorgen. Laß es meine Sorge sein, und belaste dein Gewissen nicht damit. Wie du auch mit deinem klugen Kopf darüber nachdenkst, du kommst zu keiner Lösung!"

Er ging nachdenklich und innerlich beunruhigt in den Garten zurück. Die Grandma saß auf dem Sessel zurückgelehnt, sie hatte die Augen geschlossen und genoß die Wärme der Sonne. Ihr runzeliges Gesicht war entspannt und heiter wie das eines Kindes. Bobik sah sie mit Verwunderung an. „Sie ist unbekümmert und weiß nichts davon, und ihr Gewissen ist frei von solchen Skrupeln. Wie seltsam. Wie wunderbar und wie schrecklich!", dachte er.

Plötzlich kam Ida atemlos durch den Garten gelaufen und schwenkte ein Papier in der Hand. „Wera, Bobik, ein Telegramm für euch!" – Wera lief ihr entgegen und riß ihr das Papier aus der Hand. „Was ist passiert, wer schickt uns denn ein Telegramm?!" Sie riß es hastig auf und las: „Hurra! Passenka und ich sind in Deutschland! Auf Wiedersehen in einigen Tagen. Mutter." – Wera lief in die Halle und rief dem Postboten, er möge einen Augenblick warten. Dann lief sie die Treppe hinauf und holte ihr Portemonnaie. Sie öffnete es und ließ den Inhalt in die Hand des verdutzten Mannes fallen. Dann umarmte sie ihn und küßte ihn auf beide Wangen. „Mein Engel, mein Engel!", schluchzte sie. – Der Mann war völlig verwirrt. „Aber Fräulein, fassen Sie sich doch, ist Ihnen nicht gut? Sind Sie krank?" – „Nein, ich bin gesund, ich war noch nie so gesund wie jetzt, ich bin überglücklich! Unsere Mutter, die wir tot geglaubt hatten, sie kommt hierher!" – Der Mann freute sich mit, aber er zog es vor, schnell zu verschwinden. Ida hatte sprachlos diesen Auftritt vom Treppenabsatz aus beobachtet. „Mädchen, bist du denn wahnsinnig geworden? Wer küßt einen wildfremden Mann ab, so benimmt sich keine junge Dame!" – Wera rannte die Treppe hinauf, umfaßte die alte Ida und vollführte wilde Tänze mit ihr. Ida keuchte. „Laß mich los, ich kriege einen Herzschlag!"

Bobik war schneeweiß geworden. Er drehte das Telegramm in den Händen, er schaute durch es hindurch, wie man es mit Banknoten macht, um sie auf ihre Echtheit zu prüfen, er roch sogar daran. Immer wieder las er es. Er konnte es nicht fassen. Seine Mutter, von der er ein Jahr lang getrennt war, von der er nichts gehört und die er totgeglaubt hatte, verhungert oder erschossen, sie war lebendig und bereits in Deutschland, und er würde sie in einigen Tagen umarmen können. Konnte es nicht ein böser Streich sein von irgend jemand, der sich mit ihnen einen Schabernack erlaubte. Wie entsetzlich, wie uferlos würde dann seine Enttäuschung sein! Er schlich sich in den entferntesten Winkel des Gartens, zu der Rosenpergola, und setzte sich auf die Bank. Er beschloß, sich nicht zu freuen bis zu dem Augenblick, da er seine Mutter und seinen Bruder vor sich sehe.

In seiner Erinnerung sah er seine Mutter als eine strahlende, schöne Frau. Was mochten die Jahre der Not, des Hungers, der Entbehrungen aus ihr gemacht haben? Würde er jetzt einer vom Elend gezeichneten, gealterten, vergrämten Frau in Lumpen und ausgetretenen Schuhen begegnen? Er hielt es für unmöglich, daß sie ihre Heiterkeit und Seelengröße durch alles, was sie durchzumachen hatte, hinüberretten konnte. Und er hatte Angst vor dieser Begegnung. Wera fand ihn unter der Pergola und setzte sich zu ihm. „Freust du dich? Ich bin toll vor Freude!" – „Ich wage es nicht, ich warte erst ab, bis es Wirklichkeit wird." – „Aber, wie sagen wir es Karluscha? Er wird außer sich sein. Er hat uns doch immer erzählt, daß sie tot seien." – „Er weiß es schon jetzt, glaub doch nicht, daß Ida ihm diese Neuigkeit nicht sofort telefonisch übermittelt hat. Und der Postbote wird es auch überall erzählen. Morgen weiß es die ganze Stadt."

Karluscha hatte natürlich die Neuigkeit erfahren. Er wußte nicht recht, wie er sich gegenüber den Kindern verhalten sollte. Er konnte keine Freude heucheln. Er war still und bedrückt. „Nach alledem, was sie erlebt hat, wird sie eine gebrochene Frau sein. So etwas geht nicht spurlos an einem Menschen vorbei. Passenka nehmen wir auf, er bekommt das Südzimmer. Seid nett zu ihm, er wird es schwer haben, sich an normale Verhältnisse und an unsere Ordnung, verwildert wie er sein wird, zu gewöhnen. Die Mutter wird sicher eine Weile bei Tante Lucie wohnen, ehe sie sich entscheidet, was sie tun will."

Nach dem Abendessen ging er weg, was nicht seine Gewohnheit war. Bobik lag lange wach, tausend Gedanken und Erinnerungen schwirrten durch seinen Kopf. Er konnte keine Ordnung hineinbringen, es war, als ob die Gedanken nicht ihm, sondern er ihnen gehörte; sie sprangen umher, zankten sich miteinander, stritten, und keiner ließ sich unterordnen, sie spielten mit ihm wie mit einem Ball. Er stellte sich vor, daß es so sei, wenn man verrückt werde: man würde von seinen selbständig gewordenen Gedanken verrückt. Die Mutter erschien ihm als eine alte, gebeugte Frau mit einem unbeschreiblich verfilzten Fuchspelz um den Hals. Sie hatte eine krächzende Stimme und erinnerte an die Hexe aus Hänsel und Gretel. Bobik hatte Angst und Abscheu vor ihr. Der schöne Onkel Iwan wurde plötzlich mager und verwandelte sich in den Großvater, und Grandma hatte plötzlich ein leeres Lächeln, wie man es auf den bemalten hölzernen Puppen in der Puppe sieht. Passenka tanzte auf Eselsfüßen und mit unerhört abstehenden Ohren um sie herum und machte alle nervös; aber es war unmöglich ihn einzufangen, er entwischte ihnen und lachte hämisch. Dann hörte Bobik schwere unsichere Schritte die Treppe heraufkommen. Er wußte, daß es Karluscha war, der getrunken hatte. Bobik begriff es; wie gerne hätte er getrunken, um aus all den Verwirrungen herauszugelangen, um sich selbst zu vergessen. Aber er verwarf im gleichen Augenblick den Gedanken. Schließlich schlief er ein.

Zehn Tage später gab Jadwiga ihren Ankunftstag bekannt. Karluscha erbot sich, sie am Bahnhof abzuholen. Bobik und Wera legten Wert darauf, die Mutter in diesem wichtigen Augenblick allein für sich zu haben. Bobik griff zu einer List. „Du bist doch geschieden, und du weißt, wie viel Klatsch es in dieser Kleinstadt gibt. Die Menschen würden nicht begreifen, daß geschiedene Eheleute sich in Freundschaft begegnen. Laß uns lieber allein gehen." – Karluscha willigte erleichtert ein.

Wera und Bobik standen auf dem zugigen Bahnhof. Bobiks Herz klopfte zum Zerspringen. Die schwarze bedrohliche Masse des Zuges rollte geräuschvoll heran. Nun hielt er, die Türen wurden aufgerissen, Menschen kletterten heraus. Da war eine ältliche Frau mit Kopftuch, die unbeholfen ausstieg. Die Kinder rannten hin. „Mami, Mami!", riefen sie. Die Frau schaute sie fassungslos an. „Mami, wir sind es doch!" – Aber dann hörten sie aus der Ferne eine bekannte, geliebte Stimme: „Werotschka, Bobik!" Sie drehten sich um und sahen die Mutter auf sie zukommen. Sie war dieselbe Jadwiga, die sie von früher kannten, eine junge, elegante, strahlende Frau, neben ihr ging Passenka, der sich gestreckt hatte. Sie umarmten sie stürmisch und küßten sie. Passenka schrie: „Ich bin auch da, warum begrüßt ihr mich nicht?" – Sie lachten und umarmten ihn. „Kennst du uns noch?" – „Natürlich, ihr seid genauso frech wie früher." – Dann setzten sie sich auf eine Bank auf dem Bahnsteig und betrachteten sich stumm. „Das ist der größte Augenblick unseres Lebens", sagte Bobik feierlich. „Wir hatten dich für tot gehalten, und nun hat Gott dich uns wiedergeschenkt." – „Ich konnte nicht ahnen, daß ihr nichts von mir hörtet, denn ich habe euch regelmäßig geschrieben. Ich habe auch eure Briefe erhalten. Da Bobik seine Briefe numerierte, wußte ich, daß einige verloren gegangen sind. Ihr seid groß geworden, Wera ist jetzt eine junge Dame, und du, Bobik, ein junger Mann. Habt ihr mir auch keine Schande gemacht?" – „Nein, Mami, aber es war sehr schwer ohne dich, wir fühlten uns sehr verlassen."

„Tante Lucie hat dich eingeladen, bei ihr zu wohnen, du wirst dich bei ihr wohlfühlen, es ist etwas von der russischen Atmosphäre in ihrem Haus drin. Passenka wird wohl zu uns ziehen, wir haben ihm ein schönes Zimmer hergerichtet." – „Ihr müßt ihn selber danach fragen, er soll allein entscheiden." Passenka schaute seine Mutter unschlüssig an. Er war in seinem kurzen Leben noch nie von seiner Mutter getrennt gewesen, und er fühlte sich als ihr Beschützer. „Kannst du denn ohne mich auskommen, soll ich nicht doch lieber bei dir bleiben, Mami?" – „Sieh, Passenka, ich bin bei Tante Lucie zu Gast, und bei Wera und Bobik und deinem Vater seid ihr zuhause, habt ihr euer eigenes Heim." – „Aber ich kenne den Vater doch gar nicht!" – „Das läßt sich ändern, du wirst ihn kennenlernen." Passenka fügte sich. Alles war ihm zunächst fremd hier, aber er, der mit dem weiträumigen Ssucharewkamarkt vertraut war, jeden Schwarzhändler beim Namen kannte und von den einzelnen Milizionären wußte, ob sie streng durchgriffen oder nachsichtig waren, er hatte keine Angst, sich den Verhältnissen hier anpassen zu können.

In Tante Lucies Salon summte der Samowar, auf dem Tisch stand Warenje aus Erdbeeren und Bublitschki, kleine gebackene Brote. Jadwiga blieb in der Tür erstaunt stehen und betrachtete mit Befremden das luxuriöse Zimmer. Seit sie im Herbst 1917 aus dem Palais ihrer Mutter auf dem Arbat vertrieben worden waren, in dem roten Haus auf der Dominikowka, unter Chinesen, Schwarzhändlern, Prostituierten und Agitpropkommunisten gelebt und ihre kärgliche Nahrung mit Ratten hatten teilen müssen, hatte sie nichts dergleichen mehr gesehen. Die Welt der Kultur und Ästhetik, der Schönheit und Verwöhnung war für sie versunken. Sie konnte es sich nicht vorstellen, daß irgendwo auf der Welt noch ein Fleckchen existiere, auf dem es solche Dinge noch gab. Passenka war hochgradig aufgeregt; er ging von Gegenstand zu Gegenstand, betastete die silbernen Döschen und Flacons, Zigarettenetuis und Aschenbecher, wog sie in seiner Hand und schaute seine Mutter bedeutungsvoll an. Sie gab ihm einen warnenden Blick, sie wußte, was in ihm vorging. Er berechnete, was er alles auf dem schwarzen Markt für diese Gegenstände einhandeln könnte. Der Begriff des unantastbaren fremden Eigentums existierte für ihn nicht. Wenn Tante Lucie so dumm war, all diese Köstlichkeiten hier herumliegen zu lassen, um so schlimmer für sie; er würde sie schon gewinnbringend an den Mann bringen. Er war dazu fest entschlossen. – Jadwiga streichelte liebevoll das spinnwebdünne Spitzentischtuch und genoß den köstlichen Tee und Warenje und Bublitschki. Wie durch ein Wunder war sie in eine unversehrte, heile Welt versetzt worden.

Onkel Bruno und Tante Lucie baten sie, zu erzählen, wie sie aus der Hölle herausgekommen sei. „Als Wera und Bobik ihre Heimat verlassen hatten, wurde mir leichter. Ich brauchte mich um das gefährdete Leben von Bobik nicht mehr zu ängstigen und hatte zwei Menschen weniger zu ernähren. Unsere gute Njanja, die jetzt Kinder von einem kommunistischen Kommissar betreute, kam treu einmal in der Woche und brachte Reste von Lebensmitteln, die sie gesammelt hatte. Babuschkas Haushofmeister, der getreue Nikifor, wohnte jetzt bei uns und beschützte uns. Er reparierte die baufällige Wohnung, weißelte sogar die Wände und setzte Pappe oder Glas in die zerschossenen Fenster ein. Er konnte sich nun wirklich darauf berufen, Proletarier zu sein. Er fand Arbeit, aber unser beider Verdienst reichte nicht aus, um uns zu ernähren. Passenka stahl bei den Mietern der anderen Zimmer, wenn sie nicht da waren, alles, was er für des Tausches würdig hielt. Wenn ich ihm Vorhaltungen machte, hatte er immer das gleiche Argument: wir hungerten, und er wolle selbst nicht verhungern und mich nicht verhungern lassen. Was sollte ich ihm entgegnen? Er streunte von morgens bis abends auf dem Ssucharewkamarkt und in den umliegenden Gassen herum, er kannte alle Schlupfwinkel und Verstecke, und er brachte immer etwas mit: ein paar Stockfische oder Heringe, etwas Mehl oder ein Stück Speck. Zum Glück hatte er sich noch keiner der gefährlichen jugendlichen Diebes- und Räuberbanden, den Besprisórnye, angeschlossen, die die Stadt terrorisierten. Aber ich mußte jeden Tag befürchten, daß er in eine Razzia oder Schießerei gerate oder daß man ihn verhafte.

Ab und zu mußten wir kostbaren Schmuck gegen Mehl oder Sonnenblumenöl tauschen. Oft wußten wir nicht mehr, wo wir den Schmuck versteckt hatten; denn es gab häufig nächtliche Razzien, die Miliz suchte nach Personen, die sich versteckt hielten, und durchsuchten dabei jeden Winkel. Glücklicherweise wußte Passenka immer, wo der Schmuck war. Eines Tages, auf der Suche nach Schmuck, kramte ich in einer Hutschachtel und fand dort einen alten Paß von mir, von 1912, damals waren Bobik und ich nach Deutschland und Italien gefahren. Er war auf Karluschas Namen ausgestellt. Ich drehte ihn unschlüssig in der Hand, eigentlich wollte ich das wertlose Ding vernichten, aber dann kam mir eine absonderliche Idee. Mit Hilfe dieses Passes könnte ich vielleicht der Hölle hier entrinnen und nach Deutschland zu euch gelangen. Ich besprach die Angelegenheit mit Nikifor, der der Vernünftigste von uns allen war. Er fand die Idee gut, er versprach auch, sollte es mir gelingen, hier wegzukommen, Babuschka zu heiraten, damit wäre sie eine Proletarierfrau und würde hoffentlich den Verfolgungen nicht mehr ausgesetzt sein. Passenka war gar nicht begeistert, er sah seine Freiheit davonschwimmen, und vielleicht würde man ihn sogar zwingen, die Schule zu besuchen. Aber als er erfuhr, daß es dort Mehl und Kartoffeln, Schokolade und Marmelade gebe, da wurde er weich und willigte ein.

Ich ging mit dem Paß zu Karluschas Verwandten, Herrn Hilgers, der Botschaftsrat in der deutschen Botschaft war. Graf Mirbach, der Bobik gerettet hatte, war ein halbes Jahr zuvor von einem Fanatiker niedergeschossen worden. Herr Hilgers behandelte mich als Cousine und stellte mir die nötigen Visa aus. So war der Weg geebnet. Wir fuhren in überfüllten Zügen, unter häufigem Umsteigen, bis zur litauischen Grenze. Dort hieß es, daß es keinen Grenzverkehr gebe. Was sollten wir tun? Zurückfahren? Da schlich sich ein Bauer an mich heran, der meine Ratlosigkeit sah, und erbot sich, mich mit einer Gruppe von Flüchtlingen nachts schwarz über die Grenze zu bringen; es sei zwar gefährlich, da man über ausgedehnte Sümpfe fahren müsse, aber einen anderen Ausweg gebe es nicht. Passenka und ich wurden in eine kleine, halb zerfallene Hütte am Rande der Stadt gebracht, wo wir einige Tage bis Neumond warten mußten. Andere Flüchtlinge befanden sich schon dort. Ich war ahnungslos, aber Passenka, mißtrauisch durch den Umgang mit Gaunern und Schwarzhändlern, befürchtete einen großangelegten Betrug. Vielleicht würden die Bauern uns in den Sumpf fahren, uns dort ertränken und unser Hab und Gut an sich nehmen. Durch die Warnungen des kleinen Kerls wurden die anderen Menschen hellhörig. Alle fanden es richtig, nicht so vertrauensselig zu sein. Als es finster geworden war, fuhren wir in einigen Kibitki (Bauernwagen) los. Wir durften keinen Lärm machen, bald waren wir in einem Krüppelwald, man sah die Hand nicht vor den Augen. Aber wir durften kein Licht anmachen. Nach einer Weile geriet ein Wagen in den Sumpf und begann zu sinken, das Pferd kämpfte verzeifelt mit den Beinen im Morast, je mehr es sich werte, um so tiefer versank es. Den Leuten gelang es, abzuspringen und ihre Koffer herabzuwerfen; aber in der Dunkelheit übersahen sie ein kleines Kind, das im Wagen lag. Plötzlich fiel ihnen auf, daß sie es nicht bei sich hatten. Dem Kutscher war es unmöglich, an den Wagen heranzukommen. Ich konnte doch nicht mit ansehen, daß das Kind ertrank. Es gelang mir, einen Balken des Wagens zu ergreifen, aber schon rutschte ich aus und begann zu versinken. Der arme Passenka schrie und jammerte, ich sollte doch nicht nur an das versinkende Kind denken, er sei doch auch noch da, er brauche mich. Einigen Leuten gelang es, mich am Kleid zu fassen und mich herauszuziehen. Wir mußten mit angehaltenem Atem zuhören, wie das versinkende Kind leise jammerte, dann hörte man bloß noch das blob, blob, blob der Luftblasen, die sich an der Oberfläche des Morastes bildeten, und nach einer Weile war alles still. Die Eltern waren vor Entsetzen wie versteinert. Nur der Kutscher jammerte um sein Pferd und seinen Wagen. Die anderen Kibitki kamen unversehrt durch den Sumpf und erreichten die litauische Grenze. Dort brachten uns andere Bauern bis zum Bahnhof. So kamen wir bis Wilna.

Wir hatten kein Geld, das russische Geld hatte hier keinen Wert. Aber wir hatten Kleider, Pelze und Schmuck. Alles weitere organisierte Passenka. Er erlaubte mir nur wenige Kleider und Unterwäsche mit auf den Markt zu nehmen. Wir waren im Nu von schreienden und keifenden Frauen umringt. Passenka handelte wie ein alter Orientale. Er erzielte die höchsten Preise, er verjagte die Weiber, die etwas stibitzen wollten. Nun hatten wir Geld. In den Läden gab es hier Brot, Fleisch und Zucker. Wir waren ausgehungert, und ich war bereit, alles für Lebensmittel auszugeben. Aber Passenka ermahnte mich, sparsam zu sein, wir brauchten doch das Geld für die Reise nach Deutschland. Er nahm das Geld an sich. In den nächsten Tagen verkauften wir wieder etwas, bis wir das Reisegeld beisammen hatten. Ich habe es Passenka zu verdanken, daß wir bis hierher gekommen sind."

Tante Lucie umarmte Jadwiga. „Du wirst dich bei uns erholen und alle Schrecken, die du erlebt hast, vergessen. Die Kinder haben ohne dich sehr gelitten. Du bedeutest ihnen die Heimat, nun in deiner Gegenwart werden sie sich besser anpassen." – „Ich danke dir, Lucie, danke, daß du den Kindern die Mutter vertreten hast. Wir sind durch eine Hölle gegangen, und ich kann mir nicht vorstellen, daß man so etwas je vergessen wird. Aber wenn diese Erlebnisse uns gereinigt haben, dann haben sie ihren Sinn gehabt. Wir sind dadurch wesentlicher, einfacher, bescheidener, demütiger geworden. Wir haben erfahren, daß das Leben Tag für Tag an einem seidenen Faden hängt und daß wir nicht aus eigener Kraft, sondern immer durch die Hilfe und Güte anderer Menschen leben. Ehe ich über die Grenze ging, habe ich die russische, blut- und leidgetränkte Erde geküßt und ihr gedankt für alle Fülle, alle Freuden und für alles Leid."

PASSENKA

Wera und Bobik führten Passenka ins schwarze Haus. Sein Deutsch war sehr kümmerlich. Keine Gouvernante und kein Hauslehrer hatten ihn unterrichtet. In den letzten zwei Jahren war der schwarze Markt seine einzige Schule gewesen. Jadwiga und Babuschka hatten ihn notdürftig unterrichtet, soweit es ihre Zeit erlaubte. Er hatte sich dem Unterricht widersetzt, wie er sich jedem Zwang widersetzte; er wollte nicht begreifen, wozu er lesen und schreiben, andere Sprachen und Geschichte lernen sollte. Das Wichtigste war doch, daß er seinen Mann im Leben stand, daß er zu handeln verstand und sich von niemandem betrügen ließ. Alles andere war, wie er meinte, ein Überbleibsel der kapitalistischen Gesinnung.

Sie klopften an der Barocktür. Ida öffnete. In der Tür zu seinem Arbeitszimmer stand Karluscha. Er atmete schwer vor Aufregung, seine hellen Augen sahen fast weiß aus. „Wer ist dieser Mann?", fragte Passenka auf russisch. – „Das ist dein Vater, geh hin und umarme ihn." – Passenka sperrte sich. Karluscha wartete vergebens, daß sein Sohn ihm entgegenkomme. Passenka wußte nicht, was er tun sollte, dieser Mann war ihm fremd und ein wenig unheimlich. Bobik nahm ihn bei der Hand und führte ihn dem Vater zu. Dieser umarmte ihn heftig und hielt ihn in seinen Armen fest. Vor Aufregung wußte er nichts zu sagen. – „Willkommen, junger Herr!", sagte Ida, um die peinliche Stille zu brechen. Passenka schaute sie fassungslos an, er wußte nicht, was „Willkommen" bedeutete. – „Guten Tag", sagte er und reichte Ida die Hand. – „Ich heiße Ida." – „Ida", wiederholte er, der Name bedeutete ihm gar nichts.

„Komm, wir zeigen dir dein Zimmer", sagte Wera. Sie führten ihn in die helle, gemütliche Mansarde. Er blieb unschlüssig stehen, betrachtete die Wände, das Fenster, die Baumwipfel im Park, betastete die Plüschdecke auf dem Tisch. – „Daraus kann man eine Jacke nähen oder sie gegen Zigaretten umtauschen", meinte er. – „Du brauchst hier nichts umzutauschen, hier wird nicht getauscht." – „Aber ich brauche eine Jacke, meine ist schon zerschlissen und zu kurz." – „Du wirst in den nächsten Tagen eine neue Jacke oder einen Anzug bekommen." – „Ist das wahr, betrügst du mich auch nicht?" – „Du wirst es sehen, hier betrügt man nicht." – "Wer wohnt denn hier in diesem Zimmer?" – „Du!" – „Und wer noch?" – „Du allein!" – „Aber es hat doch vorher hier jemand gewohnt?" – „Ja, aber das ist lange her, Onkel Albert Frohn, als er ein Junge war. Er lebt nicht mehr, er ist schon lange tot." – „Stand denn das Zimmer seither immer leer?" – „Ja, natürlich." – „Das ist gar nicht natürlich, daß ein Zimmer, das zum Wohnen da ist, leer steht. Bei uns steht nichts leer, und es lebt nie nur ein Mensch in einem Zimmer. Bedeutet es etwa, daß ich ganz allein hier wohnen soll, daß es meins ist und daß ich hier machen kann, was ich will?" – „Wenn du es nicht gerade anzündest oder die Möbel zerstörst oder eine fürchterliche Unordnung veranstaltest, darfst du darin wohnen!" – „Dann werde ich all die vielen unnützen Dinge, die hier herumliegen, auf dem Markt verkaufen oder umtauschen." – „Nein, das darfst du nicht, denn diese Dinge gehören dir nicht. Freue dich an ihnen, sie verschönern dir das Leben." – „Bah, sie sind doch vollständig unnütz, wie können sie mir das Leben verschönern, ich brauche sie doch nicht! Wieviele Menschen wohnen denn in diesem großen alten Haus?" – „Vater, Großmutter, Großvater, Ida, Herr Knieriem, Bobik, du und ich. Das sind acht Personen." – „Acht Personen in solch einem großen Haus?! Das ist fürchterlich, es hat doch mindestens zwanzig Zimmer oder noch mehr, dann kommen ja auf jeden Menschen drei Zimmer. Was sind das für Zustände!"

„Aber, Passenka, du bist doch als Kind auch auf einem Schloß aufgewachsen, und da waren noch viel mehr Zimmer, hast du das denn ganz vergessen?" – Passenka dachte nach, er erinnerte sich nicht mehr genau. „Ja, das war in der Zeit, als die Burschui, die Kapitalisten, regierten, aber das ist doch längst vorbei!" – „In Rußland, aber nicht hier." – „Das ist eine ungeheure Ungerechtigkeit. Es leben doch nicht alle so, und es wird Menschen geben, die zu mehreren in einem Zimmer wohnen, dann muß man ihnen doch abgeben. Man kann die großen Zimmer aufteilen, damit es alle besser haben!" – „Du wirst dich daran gewöhnen." – „Ich habe noch nie allein in einem Zimmer gewohnt, das ist furchtbar! Ich werde Angst haben!" – „Wir wohnen hier alle in unseren Zimmern allein, und wir finden es sehr angenehm." – Passenka wurde blaß, er schrie erregt: „Nie, nie werde ich mich an eure kapitalistischen Zustände gewöhnen, nie, versteht ihr das?!" – Wera und Bobik sahen sich bekümmert an. So tief saß die neue Gesinnung in ihm drin.

Der Gong ertönte. „Was ist das, es ist wie im Kino oder im Theater. Was wird denn nun wieder gespielt?!" – „Es wird zum Abendessen gerufen, wasch dir die Hände und kämme dein Haar." Bobik goß das Wasser aus dem Porzellankrug in die Schüssel und gab Passenka einen kleinen Stoß. – „Wozu soll ich mir die Hände waschen, ich habe sie schon heute morgen gewaschen." – „Tu es bitte, es ist hier so üblich." – „Man ist ja hier wie in einem Gefängnis, immerzu muß man etwas tun, was man nicht will!", brummte er und hielt widerwillig die Fingerspitzen ins Wasser.

Die Großeltern und Karluscha waren im Eßzimmer versammelt. Passenka mußte der Großmutter die Hand reichen, sie hob gewohnheitsmäßig ihre kleine Hand bis zur Höhe seines Mundes. Er zog die Hand herunter und schüttelte sie brutal. Das gleiche tat er mit Großvater. Grandma machte große runde Augen, schaute Passenka streng an und sagte spitz: „You are a naughty boy!" – „Hat sie etwas zu mir gesagt?", fragte Passenka auf russisch. – „Ja, sie meint, du hättest wohl etwas absonderliche Manieren", sagte Wera. Passenka warf der Großmutter einen giftigen Blick zu. „Bei uns wären so unnütze alte Leute längst erschossen worden, was sollen sie noch?!" – Glücklicherweise verstand Karluscha die Bemerkung nicht. „Es wird bei Tisch deutsch gesprochen, versteht ihr! Ich verbiete euch, Wera und Bobik, mit ihm russisch zu reden, er muß endlich deutsch lernen!"

Ida trug die Suppe herein. Passenka plumpste, während die anderen noch neben ihren Stühlen standen, auf seinen Platz. Bobik zog ihn unsanft am Kragen wieder hoch. Alle falteten die

Hände und Wera betete: „Komm, Herr Jesu, sei unser Gast, und segne, was du uns bescheret hast." – Bobik bekreuzigte sich unauffällig. – „Mit wem hat sie eben gesprochen?", fragte Passenka. – „Sie hat gebetet, das ist eine uralte Sitte hier, wir haben zuhause still gebetet und uns bekreuzigt", erklärte Bobik und übersetzte den Sinn des Gebets. – „Wie dumm, noch einen Gast zu rufen, wo sowieso nicht genug da ist. Und außerdem, es gibt gar keinen Gott, das sagen alle, die Schwarzhändler und die Miliz."

Er schlürfte die Graupensuppe mit lautem Schmatzen. Die Großeltern sahen ihm erstaunt zu. Ida fragte ihn, ob er noch einen zweiten Teller wolle. Er schob ihr den Teller wortlos zu und aß gierig die zweite Portion. Dann wurden die Teller weggeräumt. Passenka stand auf und wollte weglaufen. „Du bleibst jetzt sitzen und stehst erst auf, wenn wir aufstehen, verstanden?", fauchte Karluscha ihn an. Er setzte sich verschüchtert wieder hin. Es gab Fleisch, Kartoffeln und Mohrrüben. Passenka betrachtete diese Fülle mit Befremden. „Wir haben doch schon gegessen, was soll denn das?", fragte er schüchtern. – „Das ist der zweite Gang, und es gibt noch eine Süßspeise." – „Wir aßen nur einmal am Tag, wenn es überhaupt etwas zu essen gab, und natürlich nur eine Speise."

Er war müde nach der anstrengenden Reise und den vielfältigen Eindrücken des Tages. Wera forderte ihn auf, gute Nacht zu sagen und schlafen zu gehen. Sie half ihm sich auszuziehen und wusch ihm Gesicht und Hände mit dem Waschlappen. Er wehrte sich: „Ihr seid wohl wahnsinnig, wie oft wird denn hier gewaschen?" – „Sooft, wie es nötig ist. Du solltest nicht so grantig sein und bedenken, daß du in geordnete Verhältnisse gekommen bist. Und merk dir: wir alle küssen der Grandma die Hand, sie ist eine alte vornehme Lady und ist es gewohnt." – „Bah, diese alte runzlige Hand, was hab ich davon? Ich tu es nicht! Bei uns tat man es auch nicht!" – „Du wirst es tun, und je eher, desto besser für dich. Du bist nichts anderes und Besseres als wir und brauchst deine Verwahrlostenmanieren nicht hierher zu importieren." – Er schwieg. „Kann ich morgen ganz früh auf den schwarzen Markt gehen, je früher, um so besser, dann bekommt man am ehesten etwas. Ich nehme diese Decke vom Tisch mit und einige unnütze Gegenstände." – „Wir haben hier keinen schwarzen Markt. Man kann gegen Geld auf dem Markt und in den Geschäften kaufen, aber es wird nicht getauscht." – „Was macht ihr denn den ganzen Tag, wenn ihr nicht auf Jagd nach Lebensmitteln seid?" – „Wir gehen zum Beispiel in die Schule, Vater geht in die Glockenwerke, die seinem Vetter gehören und wo er Direktor ist. Nur die Großeltern bleiben zuhause, weil sie alt sind und nicht zu arbeiten brauchen. Morgens um acht gibt es hier ein Frühstück, mittags ein Mittagessen. Um vier Uhr trinken wir Tee, und abends essen wir wieder, wie du gesehen hast." – „Dann eßt ihr viermal am Tag, das ist doch die reinste Schlemmerei! Das kann doch kein Mensch verdauen. Wenn man bedenkt, daß andere Völker hungern, dann finde ich das ein Unrecht. Ihr könntet doch die Hälfte eures Essens den anderen schenken, dann gäbe es weniger Hunger auf der Welt. Tut ihr denn nichts anderes als essen?" – „Wir alle arbeiten, und die Deutschen sind ein fleißiges, ordnungsliebendes und arbeitsames Volk. Du wirst bald eingeschult werden, nur mußt du besser deutsch sprechen können." – „Was sagst du da, zur Schule soll ich auch, und dafür habe ich mich all den Strapazen unterworfen, um am Ende in die Schule gehen zu müssen! Das ist ja das reinste Zuchthaus. Ich renne weg, ich gehe zurück nach Moskau. Ich bin in einem Zuchthaus gelandet, in einem Haus ohne Menschen, in einem Zimmer allein. Händewaschen, Händeküssen, beten zu jemand, den es gar nicht gibt, und essen ohne Ende ... Na ja, das Essen ist nicht das Schlimmste." – Er wurde müde, Wera hüllte ihn in die Decke und gab ihm einen Kuß auf die Stirn. Er fiel in tiefen Schlaf.

Passenkas Einordnung in die veränderten Verhältnisse vollzog sich unter vielen Widerständen. Er, der auf dem schwarzen Markt groß geworden war, wehrte sich gegen den Zwang der Ordnung, der Pünktlichkeit und des guten Benehmens. Wenn ihm etwas nicht paßte – und das meiste paßte ihm nicht –, versuchte er, seinen Willen durchzusetzen und seine Meinung den anderen aufzuzwingen. Man konnte ihn nicht bewegen, sich mehrmals am Tage die Hände zu waschen oder sich mit dem Taschentuch die Nase zu putzen; er wischte sich die fettigen Hände am Tischtuch ab, obwohl seine Serviette neben ihm auf dem Tisch lag. Er weigerte sich, der Grandma die Hand zu küssen; aus Nichtsnutzigkeit schüttelte er ihre Hand so kräftig, daß sie vor Schmerz aufschrie. Vielleicht schrie sie demonstrativ lauter, als nötig war. Darauf versetzte der sonst zurückhaltende Großvater ihm eine schallende Ohrfeige. Passenka geriet in Rage und boxte den Großvater gegen den Bauch. Zum Glück war Karluscha nicht zugegen. Bobik stürzte hinzu, ergriff den kleinen Kerl und schleppte ihn auf sein Zimmer. „Du bleibst jetzt hier, bis du dich abgekühlt hast. Wir dulden solch ein Benehmen nicht. Du bringst Schande über uns alle!" – „Wenn man mich haut, dann haue ich wieder!" – Bobik verbiß ein Lächeln, er erinnerte sich, daß auch er es sich nicht gefallen ließ, daß man ihn angriff. „Ich verlange von dir als dein älterer Bruder, daß du dich vor Grandma und Großvater entschuldigst. Andernfalls werden sie den Vorfall deinem Vater berichten; du kennst ihn noch nicht, in seinem Jähzorn schlägt er dich zum Krüppel. Ich warne dich!"

Er ließ den Knaben allein, er war nicht sicher, ob sein Eigensinn oder die Angst vor Strafe siegen würden. Nach einer Weile kam Passenka hinunter. Er küßte Grandma züchtig die Hand und bat sie um Verzeihung, dann reichte er Großvater die Hand. „Ihr habt ja schon angefangen zu essen ohne mich?!" – „Es ist ein Wunder, daß du uns überhaupt mit deiner Gegenwart beehrst. Wir sind tief gerührt", sagte Großvater mit bissigem Humor. Passenka errötete. – „Als ich so alt war wie du jetzt, hätte ich es nicht gewagt, auch nur eine Sekunde zu spät zu kommen, wir wagten bei Tisch nicht ein Wort zu sprechen. Wir hätten solche Dresche bezogen, daß wir eine Woche nicht auf unserem Allerwertesten hätten sitzen können. Es wurde damals viel mehr gedroschen als belehrt. Man hielt es nicht für nötig, einem Jungen zu erklären, warum er dies oder jenes nicht tun oder sagen dürfe. Und es war nicht einmal das Schlechteste. Ja, mein Sohn, so war es damals." – Passenka wagte nicht zu widersprechen, er schielte den Großvater wie ein Hund, der Schuldgefühle hat, von der Seite an.

JADWIGA

Es war ein seltsames, beglückendes und doch beunruhigendes Gefühl, Jadwiga lebend, gesund und unversehrt von allen schrecklichen Erlebnissen zu wissen. Sie wohnte getrennt von ihren Kindern bei Tante Lucie, die sie umsorgte und verwöhnte. Die Nachricht von der Ankunft Jadwigas hatte sich wie ein Lauffeuer in der ganzen Stadt verbreitet. Man sah die schöne, extravagante Frau am Arm von Bobik oder Wera auf den Straßen, im Café Siegel oder bei Einkäufen. Karluscha war über die Anwesenheit Jadwigas tief beunruhigt. Hatte er doch, weil er es selbst gerne glauben wollte, im Bekannten- und Verwandtenkreis die Vermutung ausgesprochen, daß Jadwiga, Babuschka und Passenka umgekommen seien, so daß in der Stadt die Auffassung herrschte, die armen Kinder seien Waisen und Jadwiga sei tot. Und plötzlich, wie aus dem Zylinder eines Zauberers lebendige Kaninchen herausfallen, war sie da, jung und schön und strahlend. Man mußte sich von diesem Schock erst erholen – dann kam das Befremden: Wieso, wenn sie wirklich so Furchtbares erleiden mußte: Verlust des Besitzes, Hunger, Elend, Verfolgung, wieso sah sie denn trotzdem jung und attraktiv aus, war fröhlich und ungebrochen? Das paßte nicht zu der Vorstellung, die man in Romanen las und im Kino sah! Sie hätte anstandshalber um Jahrzehnte gealtert, gebrochen und vergrämt aussehen sollen.

Karluscha befand sich in einer schwierigen Lage. Natürlich wurde er von den Menschen, die ihm begegneten, auf Jadwigas Ankunft angesprochen. Er machte eine verlegene Miene. Er konnte unmöglich Freude vortäuschen, die er nicht empfand. Einmal entschlüpfte ihm im Gespräch das Wort „leider". An den erschrockenen Gesichtern merkte er, daß er etwas Falsches gesagt hatte. Er besuchte Jadwiga im Haus von Tante Lucie. Beim Hinausgehen traf er in der Halle Onkel Bruno. Dieser bat ihn in sein Arbeitszimmer. „Lieber Karl, ihr seid doch geschieden, da gehört es sich nicht, daß ihr euch öffentlich zeigt, die Menschen zerreißen sich das Maul darüber." – „Sie reden doch so oder so, es geschieht so wenig in dieser Stadt, daß sie über jedes Ereignis, über das sie reden können, froh sind. Wenn es nichts gibt, dann erfinden sie Klatsch. Würdest du es nicht menschlicher und natürlicher finden, daß zwei Menschen, die lange miteinander verheiratet waren und gemeinsam Kinder haben, wenn sie sich auch haben scheiden lassen, dennoch in Achtung und Freundschaft zueinander stehen?" – „Das ist deine private Angelegenheit; aber verstehe es bitte recht, mir ist es peinlich, daß du Jadwiga in meinem Hause triffst. Ich mag nicht ins Gerede kommen." – „Gut, ich danke dir für deine Offenheit, ich werde deinen Wunsch respektieren. Dann werde ich mich mit Jadwiga im Café Siegel treffen." – Onkel Bruno faßte sich dramatisch an den Kopf.

Wera und Passenka bedrängten Jadwiga, ihr Zimmer anzusehen. Wie sollte sie den Kindern erklären, daß sich so etwas nach den herrschenden Anschauungen nicht schicke. Sie zögerte. Wera sagte: „Du bist doch unsere Mutter, du hast die Pflicht dich zu überzeugen, wie wir leben." Sie war entwaffnet und ging mit.

Ida öffnete die Tür. Beim Anblick der fremden Dame, die in Weras Begleitung war, verlor sie alle Fassung; sie schrie erschreckt auf und stellte sich vor die Tür, als ob sie das Haus gegen den Eindringling verteidigen wollte. Wera schob sie zur Seite. „Ida, das ist meine geliebte, wiedergeschenkte Mama." – Jadwiga lächelte Ida an und reichte ihr die Hand. „Ich weiß schon, Sie sind Ida, ich danke Ihnen von Herzen, daß sie meine Kinder wie eine Mutter betreuen. Ohne sie hätten sie in der Fremde sehr gelitten." – Ida lächelte verlegen.

Wera führte die Mutter in den Salon. Großvater stand mühsam auf und verneigte sich steif. Grandma strahlte, hielt Jadwigas Hände in ihren kleinen runzeligen, rührend unbeholfenen Fingern, streichelte ihre Wangen und fragte sie, ob sie nun für immer bei ihnen bleiben werde. Jadwiga schüttelte verlegen den Kopf. Schließlich besichtigte sie die schönen Zimmer von Wera, Passenka und Bobik. Passenka hatte sich inzwischen eingelebt und war stolz, einen eigenen Raum zu bewohnen. Wera schaute die Mutter verlangend an. „Es wäre alles noch viel, viel schöner, Mami, wenn du bei uns bleiben würdest." – Jadwiga antwortete ihr nicht.

Bobik besuchte seine Mutter täglich nach der Schule. Er hatte das Bedürfnis, mit ihr allein zu sein, er mußte sich aussprechen. Alle drei Kinder wollten sie für sich haben, so mußte sie ihren Tag einteilen, um ihnen gerecht zu werden. Sie war sich ihrer schiefen Situation in dieser Kleinstadt bewußt und litt darunter, aber sie brauchte Zeit, um sich an das fremde Land zu gewöhnen. Sie wußte, daß Karluscha auf sie, als Mutter seiner Kinder, eifersüchtig war und daß er es deutlich spürte, daß die ganze Liebe der Kinder der Mutter galt.

Er wußte auch, daß es sein Versagen war, daß die Kinder keine Liebe und kein Vertrauen zu ihm faßten. Aber schließlich war er der Vater, das Oberhaupt der Familie, und die geheiligte Ordnung war wichtiger als ein gutes Einvernehmen, das viel Zeit erforderte. Es hieße die Welt aus den Angeln heben und ihre Tradition verdrehen, wenn man als Vater sich nach seinen Kindern richten sollte. Soweit er um sich und in die alten Zeiten zurückblickte, wurden die Kinder in der Ehrfurcht der Eltern erzogen – es war allerdings mehr Furcht als Ehre. Und es war einfacher so. Er ertappte sich bei der Erinnerung, wie er in manchen Nächten seiner Jugend schlaflos mit von väterlicher Züchtigung wundem Hinterteil gelegen und wie sehr er von widerstrebenden Gefühlen gepeinigt worden war – von dem Wunsch, seinem Vater möge als Strafe Gottes etwas Ungutes widerfahren, und zugleich von der Sehnsucht nach einem guten Gespräch, nach einer zärtlichen Geste der Eltern. Er sah die erschrockenen Augen der kleinen Mutter vor sich, wie sie sich feige wegschlich, um nicht Zeuge der jähzornigen Züchtigungen zu sein. Er hatte seine Kinder nie geschlagen, er war stolz darauf. Aber war das wirklich genug?

Die eine Stunde, die Bobik in Gegenwart seiner Mutter verbrachte, wurde ihm zum Mittelpunkt des Tages, zur Mitte des Seins. Er freute sich alle Stunden darauf, und die Erfüllung machte ihn hinterher beschwingt und glücklich. Er durchforschte mit suchenden Augen jeden Winkel ihres Gesichts, ihrer Gestalt, jede Falte, und er fand darin keine Spur von Gram, Verbitterung oder Vergröberung, wie sie die primitiveren Lebensumstände zu erzeugen pflegen. „Ich muß dir gestehen, Mami, ich hatte Angst, dich völlig verändert vorzufinden. Als der Zug am Bahnhof hielt, suchte ich nach einer gealterten, verwahrlosten, gramgebeugten Frau in schäbiger Aufmachung. Ich war zunächst wie gelähmt, als ich dich in deiner alten Schönheit und Fröhlichkeit sah." – Jadwiga lächelte. „Weißt du, Bobik, ein Mensch kann viel mehr, als er zu können glaubt. Die Grenzen seines Vermögens sind viel weiter gespannt, als er ahnt. Er wird von so vielen anerzogenen Vorurteilen, alten Gewohnheiten und Bräuchen, Tabus eingeengt, daß er in normalen Verhältnissen gar nicht wagt, die Grenzen der Schicklichkeit zu überschreiten. Wagt er es aber doch einmal oder werden die Schranken durch ein Ereignis zerbrochen, dann steht er jenseits der Barrikaden aus festgefügten Gehirngespinsten. Er ist plötzlich auf sich selbst gestellt ohne die Stützen, die die Gesellschaft ihm aufzwingt, und dann erst beginnt er, jenseits der festgefügten Welt eine andere, größere, gewaltigere Welt zu sehen. Aber um in ihr zu bestehen, bedarf es einer Befreiung von sich selbst, von allem Ererbten und Anerzogenen. Man erlebt an sich selbst das Goethesche ‚Stirb und Werde‘, das ist wie eine Einweihung, es fällt einem wie Schuppen von den Augen, und man wird frei für das Leben und für den Tod. Scheinbar bleibt alles beim alten, und dennoch wird alles neu. Du weißt, daß bei manchen Veränderungen des Menschen – wenn er ein Mönchsgelübde ablegt beispielsweise, oder bei den Pubertätsriten der Afrikaner – der Mensch zum Zeichen seiner Verwandlung aus einem seelisch-geistigen Zustand in einen anderen einen neuen Namen erhält. Ich habe keinen neuen Namen, aber ich bin durch die Erlebnisse ein neuer Mensch geworden. Sieh, gemäß einem eingefahrenen Denkklischee glauben die Menschen hier, ich müßte ein gebrochener Mensch geworden sein, und begreifen weder meine Haltung noch meine Heiterkeit. Ich aber habe mich wie ein Phönix aus der Asche meines verbrannten Ichs zu einer neuen Daseinsform durchgerungen.

Ich sehe die Aufgabe des Menschen darin, sich Tag um Tag auf Gott hin, auf den Geist hin zu formen und das triebhafte, egoistische Ich Stufe um Stufe abzubauen, sich selbst, wie Buddha es ausdrückt, hinter sich zu lassen. Schau dir die Gesichter der meisten Menschen hier an, es sind häßliche, verknautschte Masken, aller Verdruß, alle Unlust, alle Enttäuschungen zeichnen sich darauf ab. Sie haben noch nicht erkannt, daß etwas Kostbares in sie hineingelegt worden ist, das sie zum Wachsen und Erblühen bringen sollen; sie bleiben in den Mauern ihrer Konventionen wie in einem engen Zauberkreis befangen, die Töchter werden wie ihre Mütter und ihre Großmütter, und alles bleibt beim Alten. Das ist schrecklich, und manchmal fühle ich mich nicht wie unter lebendigen Menschen, sondern unter leblosen Marionetten, die nur die festgefügten Bedingtheiten ihres vegetativen Seins ausleben. Man muß die Eltern ehren, man muß die Feinde hassen, man muß die Andersdenkenden verachten, man muß sonntags zur Kirche gehen, man muß bei Trauer schwarz tragen. Man muß und muß und muß, und das gewinnt Macht über die Menschen; doch das wirkliche Leben beginnt erst hinter all diesen ‚muß‘.

Manchmal denke ich, daß mein Entschluß, nach Deutschland zu kommen, überstürzt war. Ich weiß nicht, wo Sascha ist und ob er überhaupt noch lebt, und wenn er lebt, wie soll er uns hier in der Fremde finden? Für Passenka war es dringend erforderlich, daß er herauskam; er hatte sich zu einem gefährlichen Schwarzhändler entwickelt, er war wie ein Wolf, mutig und rücksichtslos, und die Sehnsucht nach euch gab mir den Mut wegzugehen.

Aber hier entstehen lauter Probleme. Karluscha will ein junges Mädchen heiraten. Tante Sidonie hat Wind davon bekommen und drangsaliert ihn. Bei den hiesigen Patrizierfamilien ist es seit Generationen üblich, daß sie untereinander heiraten, das gibt eine tolle Inzucht. Sidonie empfahl Karluscha einige sauertöpfische Cousinen, glücklicherweise setzt er sich über diese Vorschläge hinweg. Aber nun sind unsere Scheidungspapiere verloren gegangen, und das bedeutet: er kann nicht heiraten, er muß erst hier gerichtlich geschieden werden. Das bedeutet, daß wir diese Prozedur noch einmal über uns ergehen lassen müssen. Nach deutschem Gesetz kann aber nur wegen ehelicher Untreue geschieden werden. Man muß sie beweisen. Also muß Karluscha in flagranti ertappt werden, und ich muß deswegen klagen. Verstehst du, daß mich das anekelt; es zeigt die ganze Verlogenheit und Unaufrichtigkeit unserer Gesellschaft. Ich muß also so lange hier bleiben, bis diese schändliche und entwürdigende Prozedur vorbei ist. Ich habe vor, später nach Berlin zu gehen." – „Kann ich dann mit dir kommen, Mami?" – „Nein, Bobik, das kannst du nicht. Du mußt schnellstens die Schule beenden. Du wolltest doch Arzt werden?" – „Was soll ich nur tun, Karluscha verlangt, daß ich Ingenieur werde, um in seine Firma in Moskau oder in Onkel Richards Fabrik einzutreten. Was soll ich da tun?" – „Was du tun sollst? Du sollst Arzt werden, wie es deine Absicht ist. Du wirst dir doch von Karluscha nicht gegen deinen Willen etwas vorschreiben lassen! Habe den Mut, es ihm zu sagen! Ich sehe mit Bekümmerung, daß du so viel Angst vor ihm hast. Ein Mensch darf und soll vor einem anderen Menschen keine Angst haben!"

„Außerdem wird es Zeit, daß du dich von mir ablöst. Du weißt, wie ich dich, wie ich euch drei liebe – zwischen uns bleibt alles, wie es immer war –; aber du mußt dir dein Leben selbst bauen, und die Zeit ist dazu reif. Geh und mach dich frei, frei von Karluscha und von mir und von den allzu festen Traditionen deiner Familie. Benutze die Tradition als ein gutes Fundament, aber nur als Fundament und nicht als Mauer, die dir zum Gefängnis wird."

Bobik begriff. Es klingelte, Wera kam zu Besuch.

UMBRUCH UND WENDE

Passenkas Einordnung vollzog sich nicht ohne Störungen. Ihm fehlten die Aufregungen des schwarzen Marktes. Seit er in das Barockhaus eingezogen war, verwandelte sich die Straße in ein Bedlam*. Passenka wurde unbeschränkter Führer. Natürlich

---

* Tollhaus

spielten die Remscheider Kinder nun Schwarzmarkthändler und Miliz. Die Luft war erfüllt von durchdringenden Schreien und dem Quietschen der kleinen Mädchen. Einerseits fürchteten sich die Kinder vor Passenka, andererseits bewunderten sie ihn. Ida erzählte Bobik, daß täglich Telefonanrufe kämen und die Leute sich über den unerträglichen Lärm beschwerten. Sie hatte Angst, es Karluscha zu berichten. Es gelang Bobik aber nicht, seinen ungestümen Bruder zu zähmen. Er erinnerte sich, wie er und Wera, als sie zu ihrer Großmutter auf den Arbat übersiedeln mußten, die ganze Gegend rebellisch gemacht hatten, wie sie die artigen Stadtkinder mit ihrer Wildheit geängstigt und wie Babuschkas Nachbarn sich täglich bitter über den Lärm, den sie erzeugten, beschwert hatten. Sie hatten sich aber über die Klagen der dummen unverständigen Nachbarn hinweggesetzt. Das gleiche tat Passenka jetzt. Konnte er, Bobik, ihm Vorhaltungen machen?

Eines Abends, auf dem Heimweg, begegnete Karluscha seiner Cousine Albertine. Er war in Gedanken versunken und merkte nicht, daß er ihr schnurstracks in die Arme lief. Er konnte ihr nicht mehr ausweichen. Sie war eine sauertöpfische, dürre ältere Dame, die nur drei Tage verheiratet gewesen war. Sie hatte sehr viel Geld. Der Ehemann, den ihr Geld mehr interessiert hatte als ihre Person, hatte es vorgezogen, sich auf englisch zu verabschieden; kein Ozean war groß genug, um ihn von ihr zu trennen, so ging er nach Java, wo er in der Blüte seiner Jahre an zu viel genossenem Alkohol ruhmlos zugrunde ging. In der Gesellschaft nannte man Tante Albertine zum Spott „die Javanerin", aber man fürchtete sich vor ihrer Zunge. Sie war die approbierteste Klatschbase der Stadt. Sie fehlte bei keinem Familienfest und bei keinem Kaffeekränzchen, es war unmöglich, sie nicht einzuladen, da sie zu den vornehmsten Patrizierfamilien gehörte und mit ihnen allen verwandt war. Sobald ein Gast den Salon verließ, wußte sie die interessantesten Geschichten über ihn zu erzählen. Menschen mit „Vergangenheit" oder mit „Gegenwart" taten gut, so lange zu bleiben, bis Albertine wegging, nur so blieben sie ungeschoren. War aber einer krank oder bedurfte er der Hilfe, so war wiederum Albertine die erste, die ihre Hilfe anbot, sie opferte sich geradezu auf. Gleichzeitig lernte sie aber die Verhältnisse und die Probleme ihrer Schützlinge kennen, und nach dem berühmten Witzwort: „Agathe ist bereits damit unterwegs" tratschte sie alles, was sie wußte, bei nächster passender Gelegenheit aus. In Afrika hätte man sie zu einer prämierten Palavertrommlerin gemacht, und Heinrich Heine, dem offenbar Exemplare dieser menschlichen Gattung über den Weg gelaufen waren, hatte nicht gerade die beste Meinung von ihnen: „Und ein Maul, das eine Guillotine war für jeden guten Namen. In der Tat, für einen guten Namen gab es keine leichtere Hinrichtungsmaschine als Madame Piepers Maul; sie ließ ihn nicht lange zappeln, sie machte keine langen Vorbereitungen; war der beste Name zwischen ihre Zähne geraten, so lächelte sie nur, aber dieses Lächeln war wie ein Fallbeil, und die Ehre war abgeschnitten und fiel in den Sack."

Karluscha, nichts ahnend, landete also wie ein Hecht im Netz in ihren ausgebreiteten Armen. Sie ergriff seine Hand und ließ sie nicht mehr los. „Wie gut, daß ich dich treffe, Karl! Man erzählt sich so viel von dir. Deine ausländische Frau ist wie eine Rakete hier erschienen, und ich habe gehört, daß ihr euch sogar öffentlich trefft, und zwar im vornehmsten Restaurant der Stadt, wo alle dich kennen. Ihr seid doch geschieden, wo gibt es denn so etwas, daß geschiedene Eheleute miteinander verkehren! Das ist ein Skandal. Du solltest dir lieber eine neue Frau suchen, aber keine Schönheit und Fürstlichkeit wie Jadwiga, sondern eine aus unseren gediegenen Kreisen, eine gute Hausfrau. Da ist doch zum Beispiel die Gisela, in voller Blüte, Mitte Vierzig, das wäre die Richtige für dich." – „Ich danke dir für deine überschwengliche Güte und Fürsorge. Ich ahnte, daß du ein halbes Dutzend alte Jungfern auf Lager hast. Warum bietest du dich nicht selbst an? Wenn ich mir eine Frau wähle, liebe Albertine, so sei versichert, daß ich dich zuletzt um Rat fragen werde."

Darauf war sie nicht gefaßt; sie wurde erst blaß, dann zeigten sich häßliche rote Flecke in ihrem Gesicht, darauf aber ging sie zum Frontalangriff über. „Ihr liefert mir ja das Material, ich brauche mir nichts auszudenken. Zum Beispiel spricht die ganze Stadt von deinem jüngsten Sproß, einem wilden, ungehobelten Burschen, der die ganze Gegend tyrannisiert. Na ja, der Apfel fällt nicht weit vom Stamm, du warst ja auch solch ein Raudi. Du weißt doch, wie sie dich in der Fabrik nennen: ‚den scharfen Rittmeister‘ nennen sie dich!“

Karluscha war außer sich vor Wut, er ließ die Klatschbase verdutzt stehen und rannte davon. Er rief Bobik zu sich. „Man hat mir hinterbracht, daß der Bengel sich schlecht benimmt. Ist das wahr?“ – „Ja, er ist ein richtiger Junge, er ist neun Jahre alt und ist dazu noch verwildert. Das wird sich wieder geben. Er hat ein überschäumendes Temperament und erfindet wilde Spiele, da gibt es halt Schlägereien und viel Lärm. Die Leute beklagen sich über ihn.“ – „Warum erfahre ich als Vater nichts davon; ich will davon unterrichtet werden, was in meinem Haus passiert, verstanden!“ – „Ich glaube, es gibt Dinge, die wir Kinder untereinander ausmachen können.“ – In dem Augenblick ertönte der Gong. Man versammelte sich im Eßzimmer. Man sah Karluschas erhitztes Gesicht, und alle wurden still, weil sie einen Ausbruch befürchteten. Nur Passenka blieb ungerührt. Er fand ein Haar in der Suppe, wortlos, mit weit aufgerissenen Augen, zog er es langsam und demonstrativ aus dem Mund. Es war eher komisch, aber niemand lachte. Karluscha, der in seiner Wut nur auf einen Vorwand gewartet hatte, sprang auf, lief zu Passenka und schlug ihm mit aller Kraft auf die Hand, die das Haar hielt, die Hand klatschte in den Teller. Passenka schlug durch den unerwarteten Stoß mit der Stirn gegen den Tisch, so heftig, daß es krachte und er sich eine Platzwunde auf der Stirn zuzog. Karluscha brüllte weiter unartikuliert und rang nach Luft. Passenka war zu Tode erschrocken. Blut rann ihm von der Stirn, er sackte in sich zusammen und fiel vom Stuhl. Bobik und Wera sprangen hinzu, Wera tupfte ihm das Blut mit der Serviette ab. Sie trugen ihn in ein anderes Zimmer und lagerten ihn auf ein Sofa. Nach einer Weile kam er zu sich und begann leise vor sich hin zu weinen. „Was habe ich denn getan, was hat er gegen mich?“ – Bobik beruhigte ihn und streichelte seinen Kopf. „Sei ruhig, man hat dich verklatscht, du seist sehr wild und tyrannisiertest die Kinder."

Karluscha blieb nach dem Vorfall erschöpft an seinem Platz sitzen, er hielt den Kopf gesenkt. „Du bist wie ein Irrer, wie kann man sich einem Kind gegenüber so gehen lassen!", sagte Großvater, stand auf und faltete sorgfältig seine Serviette. Grandma trottete hinter ihm drein. Karluscha ging in sein Arbeitszimmer. Er bat Ida, sie möchte Bobik bitten, zu ihm zu kommen. Er fühlte sich wie ein Aussätziger, den alle mieden. Sein Ausbruch tat ihm leid, aber er hatte nicht den Mut, sich zu entschuldigen. – „Setz dich bitte. Magst du ein Glas Wein mit mir trinken?" – Bobik setzte sich, noch nie hatte er ein Gespräch mit Karluscha geführt. – „Wie geht es dem Jungen, es ist hoffentlich nichts Ernstliches?" – „Er hat eine Platzwunde auf der Stirn, die noch blutet, Wera hat sie verbunden, und er erlitt einen Schock. Es traf ihn völlig unvorbereitet, und er ahnte auch nicht, warum du ihn züchtigtest. Du darfst wirklich nicht so mit ihm umgehen, er wird einen Schaden fürs Leben davontragen." – Bobik hörte seine eigene Stimme solche strengen Worte sagen und war erstaunt, daß plötzlich alle Angst und Beklemmung vor Karluscha gewichen war. „Wenn du dich beruhigt hast, bitte geh behutsam zu Passenka und sei nett mit ihm, bitte ihn um Verzeihung." – Karluscha nickte; aber er war unsicher, ob er denn als Vater seinen Sohn um Verzeihung bitten müsse. Doch er fühlte sich erleichtert, daß er endlich einen Gesprächspartner hatte, und er fand, daß Bobik gar nicht so dumm war, wie er geglaubt hatte.

„Du machst nächstes Jahr Abitur. Hast du schon mal die Glockenwerke und das Walzwerk von Onkel Julius besichtigt?" – „Nein." – „Wir verabreden einen Termin, und ich werde dir alles zeigen. Wir machen den edelsten Stahl in der Welt. Ich zeige dir auch die ältesten Hämmer und Höfe meiner Vorfahren, die hier schon im siebzehnten Jahrhundert im Kleinbetrieb Stahl produzierten. Diese Stahlklingen gingen und gehen in die ganze Welt, bis nach Afrika, Asien und Amerika. Du wirst die Fertigung von ihren Anfängen bis zu den kompliziertesten technischen Vollkommenheiten erfahren. Wir sind stolz auf unsere Arbeit." – „Werden in den Glockenwerken Glocken gegossen?" – „Nein, sie sind so genannt nach unserem Wappen, wir haben drei Glocken im Wappen. Willst du lieber in Aachen oder in Göttingen studieren, dort gibt es Technische Hochschulen." – „Darf ich dich um etwas bitten? Ich hatte es schon mehrmals angedeutet. Ich habe weder Begabung noch Interesse für den Ingenieurberuf. Ich habe seit meiner Kindheit nur einen Wunsch, und das ist, Arzt zu werden. Es ist ein ehrbarer Beruf, und ich will den Menschen helfen." – „Du kannst ihnen auch als Techniker helfen." – „Nein, das ist etwas anderes, ich will die unmittelbare Beziehung von Mensch zu Mensch, ich will körperliches und seelisches Leid lindern. Und schließlich hast du doch Passenka, der sicherlich technisch begabt ist und als dein Erbe dein Werk fortsetzen kann." – Karluscha verweilte stumm. „Gut, wenn es dir ein wirkliches Bedürfnis ist, dann studiere in Gottes Namen Medizin. Ich weiß, du wirst mir keine Schande machen." – Bobik ergriff vor Rührung Karluschas Hand und küßte sie. Karluscha hatte Tränen in den Augen und wischte sie wie lästige Fliegen mit der Hand ab. „Geh jetzt schlafen, und ich gehe hinauf und schaue nach Passenka. Und wenn du magst, so wollen wir gelegentlich eine Flasche zusammen trinken, es läßt sich so manches besprechen. Ich bin hier sehr allein. Wenn man das weite und volle russische Leben und seine Menschen kennengelernt hat, findet man sich in der Enge der Kleinstadt mit ihren kleinlichen Menschen nicht mehr zurecht. Warum haben wir nicht schon längst miteinander gesprochen?" – „Wolltest du es denn?" – „Ich weiß nicht, gewollt habe ich es wohl, aber ihr, Wera und du, wart immer ablehnend mir gegenüber, das habe ich deutlich gespürt. Auch habe ich euch als unmündige Kinder betrachtet, und plötzlich merkt man, daß man echte Partner hat. Aber sei ehrlich, du wolltest doch auch nicht?!" – „Wie sollte ich es auch, ich hatte doch seit meiner Kindheit Angst vor dir. Alle hatten Angst vor dir, alle, Mami am meisten. Nur Babuschka, Njanja und Aleksandr nicht." – Karluscha lächelte verschmitzt. „Vielleicht ist es gar nicht so schlecht, wenn die Menschen Angst vor einem haben." – „Schlecht vielleicht nicht, aber wie viel besser ist es, wenn man Vertrauen zu einem Menschen haben kann, dann fühlt man sich durch ihn beschützt." – Karluscha schloß Bobik zum erstenmal in seine Arme und küßte ihn auf die Stirn. „Wir werden Freunde bleiben." – „Danke dir, danke!", sagte Bobik aus vollem Herzen.

Er ging in seine Stube. Er kniete sich vor der alten Tschelistschewschen Ikone der Muttergottes nieder; er wartete, bis er sich beruhigt hatte. „Herr der Welt!", sagte er leise. „Ich danke dir. Du hast mich errettet von Hunger und Gefängnis, vor dem gewaltsamen Tode, und weil ich hier fremd war, habe ich es unterlassen, dir zu danken. Ich empfand diese Wende als ein Unglück. Aber du überschüttest mich mit deinen Gnaden. Du schenktest mir meine Mutter und meinen Bruder wieder, du machtest mich satt, du schenktest mir Freunde und väterliche Lehrer, und du ließest mich heute die lähmende Angst vor Karluscha überwinden. Heute führtest du die Wende herbei, mein sehnlichster Zukunftswunsch wird erfüllt, ich darf Arzt werden. Ich danke dir, ich danke dir. Nun werde ich durch den Frieden mit Karluscha auch die Deutschen besser kennen und achten lernen. Heute hast du meinem Sein einen neuen Sinn gegeben." – Er blieb lange liegen. Irgendwo tickte eine Uhr, und er hörte den rhythmischen Schlag seines Herzens. Ab und zu knarrte eine Diele im alten Haus. Er war glücklich, gelassen und dankbar. Und dann hörte er nichts mehr, er schlief ein.

DEMIAN

Bei einer ihrer Zusammenkünfte schob ihm sein väterlicher Freund, Doktor Lipps, ein Buch zu. „Du solltest es lesen! Mich hat es mehr beeindruckt als die meisten Bücher, die ich bisher gelesen habe, vielleicht, weil ich mich selbst in diesem Buch wiederfand. Ein Buch wird einem nur dann zum Freund, wenn es Antwort gibt auf Fragen, die man stellt, oder wenn es Erlebnisse oder Probleme schildert, die man selbst hat. Nicht nur Menschen und Tiere, auch ein Buch, gerade ein Buch, kann einem zum treuen Freund werden. Du weißt gar nichts von seinem Autor, es kann sogar sein, daß er bereits seit Jahrhunderten oder Jahrtausenden tot ist. Sein Geist aber lebt, er beeinflußt und befruchtet die Menschen, die ihm begegnen. Aber nur solche Menschen nehmen das geistige Geschenk an, die auf den gleichen Ton mit dem Autor gestimmt sind, die anderen legen es achtlos aus der Hand. Manchmal liegt ein Buch nahe bei dir auf dem Tisch oder im Regal und wartet, daß du es zur Hand nimmst; du aber tust es nicht, weil du anderweitig abgelenkt oder noch nicht reif dafür bist. Und wenn du es gelesen hast, fragst du dich erstaunt und beglückt: Warum habe ich es nicht schon früher gelesen? – Vielleicht warst du vorher noch nicht reif dazu. Du kannst ein Buch viele Male im Leben lesen, und du wirst, je nach dem Stand deiner Reife, immer neue Weisheiten, Feinheiten und Köstlichkeiten darin entdecken. Du hast den Eindruck, daß das Buch mit dir gewachsen und gereift sei. In Wirklichkeit war alles in ihm drin, doch vermochtest du nur so viel daraus herauszulesen, als es deinem Reifezustand entsprach. Zwinge dich nicht, es sogleich zu lesen, verwahre es dir für eine stille Stunde. Später würde ich gerne wissen, was es dir bedeutet hat."

Bobik ging mit dem Buche nach Hause, er war neugierig auf die Gabe, die sein verehrter Lehrer ihm anvertraut hatte. In seinem kurzen Leben hatte er sehr viel gelesen, alles durcheinander und ganz ohne System. In der großen Bibliothek von Girejewo und in der noch größeren des Schlosses von Onkel Iwan hatte er sich aus den langen, altmodischen, verglasten Schränken manche Köstlichkeit herausgegriffen. Da waren die französischen Philosophen: Pascal und Montesquieu, Montaigne, Larochefoucauld, Voltaire, J. J. Rousseau gewesen, alle in braunen, verschlissenen Ledereinbänden mit Goldprägung. Bobik hatte sie alle, langsam und gewissenhaft, gelesen. Allerdings hatte er nicht sehr viel davon verstanden. Die jüngsten Ausgaben waren 1835 datiert. Bobik hatte sich darüber gewundert und Onkel Iwan befragt. Er erfuhr, daß in jenem Jahr sein Großvater gestorben war und sein Vater kein allzu lebhaftes Interesse an französischen Büchern gezeigt hatte. Außerdem habe unter Nikolaus I. eine sehr strenge Zensur von ausländischen Büchern eingesetzt, und man wurde sogar nach Sibirien verbannt, wenn man verbotene Bücher besaß. Entzückende französische Ausgaben von Robinson Crusoe von Daniel Defoe, von Bernardin de Saint-Pierre „Paul et Virginie" und Onkel Toms Hütte von Harriet Beecher Stowe, alle diese rührenden Geschichten von gedemütigten und verfolgten guten Wilden hatten Wera und Bobik zu Tränen gerührt, und sie hatten sich geschworen, niemals andersfarbige Menschen schlecht zu behandeln. Das geschah zur gleichen Zeit, als Njanja, die Köchin Frossja und die Stubenmädchen in laute Schreie ausgebrochen und sich in panischem Schrecken bekreuzigt hatten, wenn ein farbiger Gast, ein Neger, Abessinier, Inder oder Perser das Weiße Haus betrat.

Unter den vergilbten Bändchen gab es einen Roman, von dem sie besonders angetan waren. Es war die französische Übersetzung eines deutschen Romans: „Le baron Sigfried de Lindenberg" von Müller von Itzehoe. Der Held des Romans war ein pommerscher Landedelmann. Die Figur war Karluscha wie ein Spiegelbild nachgebildet. Das konnte jedoch nicht der Fall sein, denn jener hatte im achtzehnten Jahrhundert gelebt. Jadwiga, Onkel Iwan, Wera und Bobik lasen das Buch mit Ergötzen, auf jeder Seite fanden sie Entsprechungen im Charakter des cholerischen, tyrannischen Gutsbesitzers.

In Girejewo, dessen Bibliothek moderner war als die Onkel Iwans, hatte er Guy de Maupassant und Paul de Cocque, das Decamerone von Boccaccio und das Heptameron der Königin von Navarra sowie die Contes Drôlatiques von Balzac gelesen. Er hatte die Dinge hingenommen, wie sie beschrieben waren; vieles war ihm neu und befremdlich. Aber er hatte gelernt, daß das Leben so sei; überall um ihn her gab es ein Hin und Her von Verliebtheit, Liebe und Haß, Krankheit und Tod, Glück und Traurigkeit, und das Gute wie das Böse hatte keinen langen Bestand.

Als Babuschka einmal in Girejewo zu Besuch gewesen war, lag sie des Nachmittags meist auf einer Causeuse, deren Ende eine erhöhte Lehne hatte. Sie las in einem Buch, offenbar mit großem Vergnügen, denn sie antwortete zerstreut und unrichtig auf Fragen, die Bobik ihr stellte. Beim Lesen hatte sie immer das linke Auge zugekniffen; das sah komisch aus. Als Bobik sie fragte, ob es interessant sei, was sie lese, meinte sie, ja, aber das sei nichts für kleine Knaben. Wenn es nichts für kleine Knaben war, dann mußte es interessant sein. Also hatte Bobik auf den Moment gewartet, bis seine Großmutter aufstand und das Buch unter einem Kissen versteckte. Nun las er es, es war einer der unzähligen frivolen Romane von Paul de Cocque. Was Babuschka daran interessant fand, hatte er nicht recht begriffen. Es war eine ganz oberflächliche, alberne Liebesgeschichte, die allerdings recht deutlich war, so deutlich wie das Leben.

Im schwarzen Haus fand er keine Bücher, die ihn interessierten. Er konnte die gotische Schrift nur schlecht lesen, immer verwechselte er die Buchstaben C und G und E sowie M und W. Die ersten drei waren mit komplizierten Kringelchen versehen, er konnte nie recht herausfinden, welcher Buchstabe gemeint sei. Die Art, wie ihm Goethe, Lessing, Schiller in der Schule beigebracht wurden, entsetzte ihn derart, daß er seither nur mit Vorbehalt ein Buch dieser großen Meister zur Hand nehmen konnte. Am schlimmsten fand er die Aufsätze über die Werke dieser Dichter. Die gestellten Fragen waren entweder banal oder absurd, und er fühlte sich im Namen der Dichter gekränkt.

Nun lag ein Buch eines deutschen Autors, Hermann Hesse, mit dem unauffälligen Titel „Demian" vor ihm. Schon das Vorwort ergriff ihn: „Ich wollte ja nichts als das zu leben versuchen, was von selber aus mir herauswollte. Warum war das so sehr schwer?" Hier erzählte der Autor, in wie verschleierter und verwandelter Form auch immer, sein eigenes Leben, seine verworrene, angstvolle, von Unruhe und Drang geprägte Jugend. Das war kein nur erdachter Roman, sein eigenes Schicksal war beschrieben.

In seltsamer Weise bezog Bobik die Gestalt des Jungen Sinclair auf sich selbst; dann aber erkannte er sich auch in dem zeitlosen, mystisch weisen Freund Demian und seine Mutter Jadwiga in der Mutter Eva. Viele nie genannte Ereignisse und Gedanken wurden in dem Buch ausgesprochen – Dinge, von denen

Bobik wie jeder geglaubt hatte, daß nur er allein von solchen Gedanken oder Gefühlen geplagt werde. Die Worte, die hier standen, wirkten wie eine Erlösung. Plötzlich war er mit seinen Sünden, mit Dingen, die er für verächtlich oder schmutzig hielt, nicht allein. Ein anderer hatte unter den gleichen Ängsten, Spannungen, Schmerzen gelitten, und er begriff, daß er – wiewohl ein Einzelner – teilhatte an Erlebnissen, die jedem Menschen widerfahren; nur hatten die in der Kindheit gesetzten Tabus so viele persönliche Erlebnisse unaussprechlich gemacht – man hatte sie in sich verschlossen, als alleinigen Besitz betrachtet. Aber wie erlösend war es, in der Konfrontation mit den gleichen Erlebnissen sich selbst in einem anderen, fremden Menschen wiederzufinden; plötzlich war dieser einem brüderlich nah und verwandt. Wenn Doktor Lipps ihm dieses Buch so bedeutungsvoll in die Hand gegeben hatte, war es wohl deswegen, weil auch er sich mit Sinclair identifizierte? Bobiks Herz schlug ganz laut bei diesem Gedanken. Sollte sein verehrter, gütiger Lehrer eine innere Ähnlichkeit mit ihm, Bobik, haben? Dann könnte auch aus ihm, mit Gottes Hilfe, eine reife, gütige Persönlichkeit werden?!

Eine andere Erfahrung beglückte ihn. Sinclair berichtete über mancherlei Zeichen und Begegnungen, die auf Fragen echte Antworten gaben, die wie gewünscht eintrafen. Auch Bobik hatte zahlreiche solche Zeichen erlebt; manche hatte er übersehen, andere waren ihm erst viel später eingefallen, und bei manchen war er erschrocken, weil er allzu deutlich das Eingreifen einer großen unbekannten Macht gespürt hatte. Wenn das wirklich so war, dann stand sein kleines, persönliches Leben unter einer Führung. Was war er aber unter den vielen Milliarden von Seinesgleichen? Natürlich glaubte er an diese Macht und zweifelte nicht an ihr; aber hier, in diesen Zufällen war mehr als nur Glaube, man konnte sie beweisen. Auch einer, der nicht an dergleichen glaubte, konnte überzeugt werden, oder zumindest konnte er sich der Logik solcher Geschehnisse nicht entziehen.

Und dann erschrak er, denn er begegnete einem Wort, einem geheimnisvollen Namen Gottes: „Abraxas", von dem er nicht geahnt hatte, daß ihn jemand außer Sascha und ihm kannte. Er hatte diesen Namen und geheimnisvolle kabbalistische Zeichen dazu in den alten Manuskripten seines Ahnen Iwan Petrowitsch in der Eremitage gefunden. Dieser geheimnisvolle Name hatte ihn fasziniert. Er stammte von den griechischen Gnostikern. Die griechischen wie auch die hebräischen und slawischen Buchstaben hatten zugleich auch die Bedeutung von Zahlen. Wenn man die Zahlenwerte von Abraxas zusammenrechnete, ergaben sie 365, also die Zahl der Tage im Jahr. Er wird in einem Sechseck mit einem leuchtend hellen und einem dunklen Antlitz dargestellt. Er ist der Gott ohne Gegenpart, ohne Teufel – der Gott, der Licht und Dunkel, das Gute und Böse in sich vereinigt. Also, wenn Hermann Hesse hundertfünfzig Jahre nach Iwan Petrowitsch von der Existenz des geheimnisvollen Gottesbegriffs der griechischen Gnostiker wußte, dann war anzunehmen, daß noch Menschen im zwanzigsten Jahrhundert lebten, die sich in den geheimen Lehren der Gnostiker auskannten. Bobik fühlte, daß ein verborgener Strom aus uralter Zeit, über seinen Ahnen Iwan Petrowitsch, den Erbauer der Eremitage, über dessen Sohn Aleksandr Iwanowitsch und weiter über seinen Vater Sascha und über ihn selbst, in zahlreichen geistigen Flußbetten in die Gegenwart und in die Zukunft hinein fließt. Wenn es aber hier in einem fremden Lande einen Dichter wie Hermann Hesse gab, und einen Knaben Sinclair und einen Jüngling Demian, der bereits ein Eingeweihter war, dann konnte dieses Land für ihn, Bobik, kein fremdes Land sein. Er klappte das Buch zu, faltete die Hände und dankte für das Geschenk der neuen großen Erfahrung.

SASCHA

Jadwiga rief an. Ihre Stimme klang erregt. Bobik hatte seine Mutter nie erregt gesehen. „Bóbinka, kannst du gleich kommen? Ich muß dir etwas erzählen." – Er beeilte sich, hinzugehen. Tante Lucies Haus war nur zehn Minuten entfernt. Hoffentlich ist ihr nichts Unangenehmes zugestoßen, dachte Bobik. Er betrat das Zimmer seiner Mutter. Sie reichte ihm einen schäbigen, abgegriffenen blauen Umschlag hin. Der Brief kam aus Rußland, er hatte eine ukrainische Marke drauf. Bobik untersuchte ihn näher. Die Adresse war von Saschas Hand geschrieben. Wie konnte so etwas möglich sein? Wie konnte denn Sascha wissen, daß Jadwiga und Bobik in Deutschland seien?

„Lies den Brief, er ist soeben gekommen. Ich kann es nicht fassen, ich lache und weine und kneife mich, ob ich es wirklich bin und ob ich nicht träume." – Bobik las den Brief. „Geliebte Jadwiga. Es ist unsinnig und vermessen von mir, diesen Brief an Dich zu schreiben. Ich tu es auf die Gefahr hin, daß er Dich nie erreicht und daß das Ganze nur eine Täuschung ist. Wenn das so sein sollte, dann habe ich wenigstens einige Minuten der beglückenden Hoffnung erlebt, mit Dir, mein Herz, in Verbindung zu treten. Ist es aber keine Täuschung, und Du bist wirklich an jenem Ort, an den ich diesen Brief adressiere, dann bin ich auch sicher, daß Gott es so fügen wird, daß Du den Brief erhältst. Das Ganze ist phantastisch, und als vernünftiger Mensch sollte ich darüber lachen. Aber ich habe so viele Dinge zwischen Himmel und Erde erlebt, von denen ich später erfuhr, daß sie Sendungen waren, daß ich es für vermessen hielte, diesem seltsamen Wink nicht zu gehorchen. Gott strafte immer die Menschen, die seine Botschaft nicht annahmen. Ich arbeite hier als Kulturkommissar im Ministerium des Hetman Skoropadski. Wir bemühen uns, eine ukrainische eigenständige Kultur aufzubauen ... sic! Die Arbeitsbedingungen sind gut, und die Menschen sind freundlich zueinander.

Stell dir vor, vor einigen Tagen gab es hier ein Judenpogrom. Niemand kennt die Ursache, aber plötzlich flammte dieser unbegreifliche, immer wieder schwelende Haß auf. Die Kiewer plünderten die Häuser und die Geschäfte der Juden und mißhandelten sie. Die Polizei stand umher und schaute untätig zu. Ich erfuhr es, rannte wie von Sinnen auf den Markt, mobilisierte die Polizei, und es gelang mir schließlich, die Menge auseinanderzutreiben, ehe allzuviel Unheil angerichtet war. Die Juden, denen so etwas jahrelang nicht mehr widerfahren war, waren verängstigt und schlugen ihre Stände auf dem Markt nicht mehr auf. Insgeheim sandten sie mir eine Abordnung mit Geschenken und einer Dankadresse. Ich schlug die Geschenke natürlich aus. Ich kann dir gar nicht sagen, wie ich all diese Ausbrüche eines tierischen, elementaren Hasses verabscheue, ich schäme mich für meine Landsleute. Welche Schmach ist es, Minderheiten, Andersgläubige, fremde Rassen zu verachten und zu überfallen!

Aber nun denk dir, was weiter geschah. Vorgestern gehe ich durch den Markt, da läuft immer ein alter blinder Jude mit seinem Enkel umher, den sie Meisele Meschuggele nennen. Er ist so etwas wie ein Jurodivyi bei uns, halb verrückt, halb Hellseher, halb Weiser. Ich habe nie gesehen, daß er bettelte. Die Leute waren immer ehrerbietig gegen ihn. Sein Enkel sieht mich, grüßt mich und erzählt es wohl dem Großvater. Jedenfalls kommen die beiden auf mich zu. Meisele Meschuggele ergreift meine Hand, schüttelt sie lange und dankt mir für das, was ich für sein Volk getan habe. Dann sagt er: ‚Wenn du etwas wissen willst, was dir verborgen ist, dann frag mich, ich sag es dir.‘ – Ich wurde sehr verlegen. Was sollte ich ihn fragen, was konnte er schon besser wissen als ich? Aber eine brennende Frage hatte ich doch auf dem Herzen. Eigentlich sagte ich es mehr zu mir selbst: ‚Ob wohl meine Frau und mein Sohn noch leben?‘ – Er horchte auf. ‚Sie leben‘, sagte er. Ich erschrak über eine so bestimmte Antwort. Er beugte sich zu mir. ‚Schreib es dir auf: Remscheid. Lindenstraße 11.‘ – ‚Das ist doch in Deutschland! Wie sollen sie denn dahin gekommen sein?!‘ – ‚Schreib es dir auf‘, sagte der Jude streng. – ‚Ich behalte es schon so‘, meinte ich, denn es kam mir doch recht grotesk vor. Aber er zwang mich, die Adresse aufzuschreiben. Ich steckte den Zettel in die Manteltasche.

Ich wollte diese Geschichte vergessen, warum sollte ich mich solch vagen Hoffnungen, die dazu noch absurd sind, hingeben? Aber im Traum sah ich wieder den alten blinden Meisele, und er bedrängte mich, ich solle endlich dorthin schreiben. Ich schlief sehr unruhig und dachte an den Erzengel, der dem Bischof erschienen war und ihn aufgefordert hatte, auf dem Mont St. Michel eine Kathedrale zu erbauen. Das war ein ebenso verrücktes Unterfangen. Der Engel mußte dreimal erscheinen, und schließlich tippte er dem ungehorsamen Bischof mit dem Finger auf die Stirn. An dieser Stelle entstand eine Wunde, die nicht heilte, nicht eher heilte, als bis der erste Stein auf den Fels gemauert war. Ich wollte nicht ungläubiger sein als der Bischof. Und deshalb schreibe ich heute diesen Brief. Sollte er wirklich eine Weisung sein, dann ist niemand glücklicher als ich und als Du und Bobik, meine geliebtesten Menschen. Schreib ich es in den Wind, na gut, dann werde ich um eine Illusion ärmer, und alles bleibt, wie es war; die Trauer, die Sehnsucht, die Ungewißheit."

Bobik las den Brief wieder und wieder. Er konnte ihn nicht kontinuierlich lesen, die Tränen verschleierten seine Augen. Dann küßte er ehrfürchtig den Brief.

Jadwiga sagte: „Wie sollen wir Gott danken, daß er uns Sascha wiedergeschenkt hat! Wie steht doch unser aller Leben so sichtbar unter seiner Führung. Solche Erlebnisse zeigen uns deutlich, daß wir, wenn wir uns noch so einsam oder verlassen glauben, von einer unsichtbaren Hand gelenkt werden. Das Wissen aber um solche Führung ist eine ungeheure Verpflichtung. Bei jedem Denken und Tun sollten wir überlegen, tue ich es nur zu meinem eigenen Wohl, oder tue ich es für andere Menschen oder Geschöpfe. Meine Zeit, Bobik, geht hier zur Neige. Ich werde nach Berlin gehen und mir dort Arbeit suchen. Dort sind viele Russen, die in Not sind, und sie werden meine Hilfe brauchen. Du aber, wenn du das Abitur geschafft hast, geh nach Bonn und studiere Medizin."

DER JUNGVOGEL BAUT SICH
SEIN ERSTES NEST

Mit einem Minimum an Geld, hundertfünfzig Mark für den Monat, mit zwei vollgepfropften Koffern und von ungezählten Umarmungen, Segenswünschen und Ratschlägen begleitet, verließ Bobik Remscheid, um sich in Bonn für das Studium der Medizin zu immatrikulieren. Als er im Zug saß und später aus dem Bahnhof auf den belebten Platz heraustrat, war es ihm, als ob er zum erstenmal im Leben in einen weiten Trichter geworfen und am anderen, engen Ende in ein großes bewegtes Nichts hinausgeschleudert würde. Wie sollte er sich, fast unkundig der Sprache, der Sitten, aber auch der gewöhnlichen Vorgänge des Lebens, in diesem fremden Dasein bewähren? Sogar der Umgang mit Geld war ihm fremd geworden – von Karluscha hatte er fünf Mark monatlich erhalten, die im Café Siegel und für Schokolade ausgegeben wurden.

Achtzehn Jahre war er alt, achtzehn ganze Jahre! So lange lebte kein Hund und keine Katze, und er war in dieser langen Zeit – mit so vielen Erlebnissen, Reisen, Gefährdungen – noch ein absoluter „Niemand" geblieben. Ein Mensch mit einem Namen, mit zwei Namen sogar, aber ohne Zeichen, ohne jegliche Bedeutung. Er konnte sagen: „Ich bin Wladimir Lindenberg oder Wladimir Tschelistscheff Krasnoselski." Und jeder würde ihm fassungslos antworten: „Na und?" – oder „Was soll das?" Mehr konnte man dazu nicht sagen. In Rußland hätte man gesagt: „Aha, jaja, ein Rurikide." Und in Deutschland: „Ach so, Glockenstahlwerke." – Aber beides waren nur Gattungsbegriffe, er selbst war noch ein Nichts.

Er erkundigte sich nach der Universität, die nur wenige Minuten vom Bahnhof entfernt war. Es war Fronleichnam, die Geschäfte waren geschlossen, überall aus den Fenstern hingen goldrote und weißrote Fahnen, die lustig im Wind flatterten. Er mußte vor der Prozession stehen bleiben. Voraus gingen kleine, dann immer größere Ministranten mit weiten roten Gewändern und weißen Spitzenhemden darüber. Sie trugen große Kerzen. Unter einem Baldachin gingen zwei Priester in weißen Gewändern mit schwarzen Mützen, die der Form einer geschlossenen Fürstenkrone nachgebildet waren; sie trugen feierlich und ehrfürchtig den Leib des Herrn in einer großen goldenen gotischen Monstranz. Das Volk kniete nieder. Bobik bekreuzigte sich und versuchte, auf den kantigen Pflastersteinen zu knien. Die Knie taten ihm weh, und er befürchtete, seine beste Hose zu beschmutzen oder zu zerreißen. Er schämte sich seiner weltlichen Gedanken im Angesicht des Leibes unseres Herrn. Er, Jesus, war für ihn in den Tod gegangen, und dieser unbedeutende Junge, Bobik, dachte nur daran, seine Hose nicht zu beschädigen. Er stand auf, wischte sich den Sand mit der Hand von den Knien, reckte seine Beine und schaute, ob nicht noch ein Baldachin vorbeigetragen werde. Es kam keiner mehr. Nach dem Volk kamen Abordnungen von Studentenkorporationen. Bobik staunte; er merkte nicht, wie ihm der Unterkiefer herabfiel. Ein Junge rempelte ihn an: „Jung, mach die Kiemen wieder zu, hast et noch nie gesehen?!" – Bobik schloß seinen Mund, er wurde rot und schaute verlegen seinen Nachbarn an. „Nein, noch nie. Was soll diese karnevalistische Verkleidung?" – „Weißt du dat nich? Et sind Studenten, dat ist ihre Tracht. Bist du denn nit von hier?" – „Nein, ich bin Russe, bei uns tragen die Studenten schlichte Uniformen, blau, grün, schwarz oder grau." – Der Junge wollte offenbar das Frage- und Antwortspiel zu einem Gespräch ausarten lassen, aber Bobik entwand sich ihm und ging einige Schritte weiter. Von seinem neuen Standort aus konnte er die marschierenden Studenten besser betrachten. Die verschiedenen Studentenkorporationen hatten unterschiedliche Kostüme. Sie trugen farbige, enganliegende und mit Schnüren verzierte Litevkas, über die breite bunte Bänder von der Schulter bis zur Hüfte befestigt waren, die Ordensbänder imitieren sollten – Bobik wurde an die Portraits seiner Ahnen erinnert, hie und da auch an die Gewichtigkeit ihrer Gebärden. Die jugendlichen Häupter der Studenten waren mit zum Teil abenteuerlichem Federschmuck geziert, der an Helmtrachten aus der Zeit der ritterlichen Turniere erinnerte. Ihre Gesichter waren ernst und würdig, gar nicht jungenhaft, vielmehr wie die von Soldaten, die in den Krieg ziehen. Sie gingen für etwas, sie standen für etwas ein, sie waren bereit, etwas mit ihrer Person und mit ihrem Leben zu verteidigen. Sicherlich mußte solche Verkleidung ein alter Brauch sein. Doch jetzt, so meinte Bobik, in dieser Zeit, in dem allgemeinen Elend des verlorenen Krieges, in dem Schmerz um Millionen von gefallenen Vätern und Söhnen gab es eigentlich keinen Anlaß zu solch prachtvoller Aufmachung. Er dachte an die Studenten seiner Heimat, die sich der Revolution verschrieben hatten, die aufs Land gegangen waren, um die Bauern aufzuklären und zum Kampf aufzurufen, die Volksaufruhr provoziert und Bomben gegen Minister und Gouverneure geworfen hatten in der Vorstellung, eine neue, glücklichere Ära von Gleichheit und Brüderlichkeit herbeizuführen. Doch dann waren sie von denselben Bauern und Arbeitern, die sie beglücken wollten, an die Ochrana, die Geheimpolizei ausgeliefert worden.

In dem Imbißraum der Universität, der voll von Studenten war, stellte Bobik seine Koffer hin und setzte sich erschöpft an einen kleinen Tisch. Eine dunkelhaarige Frau mit schönen Augen fragte ihn, was er wolle. Er bat um eine Tasse Kaffee. Sie brachte ihm den Kaffee und dazu eine dicke, saftige, braungebackene Schnecke mit Rosinen. „Essen Sie nur, Sie sind erschöpft. Was wollen Sie studieren?" – „Medizin", sagte Bobik schüchtern; er lächelte sie an, sie flößte ihm Vertrauen ein, sie strahlte Mütterlichkeit aus. „Wieso wissen Sie, daß ich neu bin?" – „Ach, Jüngelchen, das sehe ich doch, sie kommen ja alle zuerst zu mir, ich bin so etwas wie eine Studentenmutter, Frau Linzbach. Kommen Sie nur immer zu mir, wenn Sie etwas auf dem Herzen haben." – Bobik dankte, er schlürfte mit Genuß den Kaffee, der sicherlich nicht viele Kaffeebohnen gesehen hatte, und biß in das saftige Gebäck. Dann fragte er Frau Linzbach, ob sie, die doch sicherlich alles wisse, ihm nicht ein Zimmer besorgen könne, es müsse aber billig sein. Sie wandte sich an einen jungen Mann, der neben ihm saß: „Graf Tripps, haben Sie etwas vor, könnten Sie nicht den jungen Herrn in die Breitestraße begleiten? Wissen Sie, gleich neben dem ‚Gequetschten', da ist ein

Zimmer frei. Der junge Herr ist fremd hier." – Graf Friedrich Tripps erhob sich, verbeugte sich förmlich vor Bobik und nannte seinen Namen. Zunächst dachte Bobik an einen Witz von Frau Linzbach. Tripps hörte sich so unseriös an. Die großen Namen in Rußland, die Galítzin, Trubezkói, Scheréméteff, Gagárin, Ánnenkoff, Schachowskói, Woronzóff, Tschelístscheff, hörten sich gewichtig an, man wußte sofort, daß sie etwas Besonderes waren.

Sie gingen nebeneinander her. Die Gassen wurden immer enger, und man mußte immer mehr den Menschen ausweichen. Schließlich standen sie vor einem uralten Haus. Daneben war eine Eckkneipe, über der Tür prangte ein Schild „Zum Gequetschten". Bobik staunte. Graf Tripps erklärte es ihm. Im Mittelalter habe es dort schon eine Kneipe gegeben. In der Ecke über der Tür war eine Nische, in der eine Figur des gefesselten Heilands stand, ein „Ecce-homo". Einmal sei eine Hauswand auf den Heiland gestürzt und habe ihn gequetscht. Seitdem habe jenes Haus diesen Namen im Volksmund erhalten. Sie verabschiedeten sich, Bobik dankte seinem freundlichen Begleiter für die Hilfe.

Das Zimmer, das man über sehr steile und enge Stiegen erreichte, war sehr dunkel und muffig. Er schaute sich scheu um. Ein Messingbett, eine Waschkommode mit der obligaten Marmorplatte, mit Waschbecken und Krug, ein wackeliger Schrank, ein Tisch mit roter Plüschdecke mit Troddeln, eine schwere Plüschgardine mit Troddeln und Pompons. Er fühlte sich in das Reich der Tante Lisaweta Petrowna Fürstin Gagárina auf dem Arbat versetzt und erinnerte sich, wie er mit seinem Freund und Vetter Aljoscha Galítzin insgeheim die Pompons von den Gardinen und Sesseln abgerissen hatte. Jetzt verspürte er keinen Drang danach, doch überlegte er bereits, auf welche Weise er diese Gardinen und das Tischtuch verschwinden lassen könnte. Bobik zahlte der Wirtin für 10 Tage im voraus. Es schauderte ihn bei der Vorstellung, in dieser pseudoluxuriösen Höhle eines vergangenen Jahrhunderts die Jahre seines Studiums verbringen zu müssen. Er zog die Gardinen zur Seite; was er da erblickte, ließ ihn an das Dantesche Inferno denken, über dessen Eingang die Worte standen: „Lasciate ogni speranza, voi ch'entrate" (Laßt alle Hoffnung fahren, ihr, die ihr eintretet). Wenige Meter vor ihm war die abgeblätterte Wand eines alten Hauses, darin große verschnörkelte Eisenhaken eingelassen waren. Unten waren zwei Türen, deren Farbe seit Jahrzehnten abgeblättert war, sie sahen aus, wie wenn sie bösen Ausschlag gehabt hätten. Die rechte Tür führte offenbar zu einem Männerpissoir, man konnte noch zwei große schwarze Nullen darauf erkennen. Die Luft war erfüllt vom eklen Geruch nach altem Urin. Das drei mal drei Meter große Gärtchen war eine Parodie auf sich selbst, schüttere Buchsbaumrabatten umrahmten den Weg zum Klo. Bobik dachte an die Geschichte vom bösen Zwerg aus seiner Heimat. Er glaubte wirklich, daß unter dem Zauberspruch dieses schreckliche Stückchen Erde von keinem menschlichen Wesen betreten werde. Aber da hörte er eine melodische Mädchenstimme. Eine bildhübsche schwarzhaarige Jungfrau mit großen sprechenden Augen trat aus dem Klo. Sie konnte nur eine Süditalienerin sein. Sie schlug die Tür heftig zu, klopfte den Besen gegen den Boden und rief jemand Unsichtbarem etwas zu: „Weißt du waaas, du kannst mich am Aaarsch lecken!" Bobik war begeistert, er konnte die Worte zwar nicht verstehen, aber nach dem singenden Tonfall konnte es nur Italienisch sein. (Erst viel später erfuhr er aus dem Munde eines Schlosserlehrlings die wahre Bedeutung dieser Worte, und er mußte über sich selbst lachen, daß seine romantische Einstellung sogar solcher Aufforderung einen goldenen Glanz zu verleihen vermocht hatte.) Dieses schöne und ländliche Wesen, das völlig frei und ungeniert war, faszinierte ihn. Sie erblickte ihn, er lächelte ihr mit der ganzen Fülle seiner russischen Zähne entgegen. Sie winkte ihm ab mit der Hand: „Du doch nit, du nit, die Mamma!" – Also galten diese süßen freundlichen Worte gar nicht ihm, sondern ihrer Mutter. Es war wirklich wie im Märchen. Der böse Zwerg hielt in seinem gräßlichen Garten ein zauberhaftes Geschöpf, eine fremdländische Prinzessin, gefangen, und Bobik gelang es, eine Verbindung mit der schönen Jungfrau aufzunehmen. Nun war sie verschwunden, und der Hof fiel in seine alte trostlose Häßlichkeit zurück. „Wie kann doch ein so gräßlicher Ort durch die Anwesenheit eines schönen Wesens verschönert werden!", dachte er und beschloß, wachsam zu sein, um das Wiedererscheinen der Prinzessin nicht zu verpassen.

Bobik packte seine Sachen noch nicht aus. Es grauste ihm, seine wenigen Dinge, Zeugen einer großen Vergangenheit, in dieser Familiengruft auszubreiten. Seine Kleider würden in dem muffigen Schrank, in dem es nach verharztem Schweiß ungezählter Studenten, die diese Bude bewohnt hatten, roch, sofort diesen fremden Geruch annehmen. Eine Weile saß er im Pseudorenaissancestuhl, an nichts denkend. Dann riß er sich los und beschloß, auf die Straße zu gehen. Das Wort „Budenangst", das er gelegentlich gehört hatte, ohne dessen Sinn recht zu begreifen, wurde ihm zuinnerst verständlich. Er schlenderte in der Menge, besah sich die Geschäfte. Manche Dinge lockten ihn, doch waren sie jenseits der Grenzen des Erreichbaren. Er fühlte sich wie ein Wassertropfen in einem Fluß. Zuerst hatte er gedacht: wie eine Ameise, aber er verwarf diesen Gedanken; er hatte gemeint: so klein wie eine Ameise. Aber eine Ameise handelte in einem kollektiven Auftrag, sie ging wohin und tat etwas und kehrte zu ihrem Bau zurück, sie traf andere, berichtete ihnen etwas, half irgend etwas schleppen. Er jedoch war allein; wenn er durch irgendein Wunder aus dem Gedränge der Straße verschwinden würde, würde niemand in der Welt dessen gewahr, so nutzlos war er und unwichtig. Er sah in die Gesichter und auf die Kleider der Leute und hörte ihre Sprache. Er befand sich nur etwa fünfzig Kilometer von Remscheid entfernt, aber sie waren anders. Ihre Bewegungen waren lockerer und lebhafter, sie warfen sich spaßige Bemerkungen oder Neckereien zu, oder sie rempelten sich gutmütig an. Ihre Sprache war singend, sie liebten lebhafte Farben. Die Remscheider bewegten sich gehemmter und gewichtiger, ihr Gesichtsausdruck war ernster und verschlossener, sie sprachen nicht mit Menschen, die sie nicht kannten, sie bevorzugten dunkle Kleidung, sie waren im ganzen farbloser, mißtrauischer, nicht geneigt zur Kommunikation. Wie war es bei ihm zuhause gewesen, früher, in Moskau? Die Reichen und Vornehmen betraten die Straße nicht, sie fuhren in Equipagen oder Autos, die gerade aufgekommen waren. Die Masse der Arbeiter, Bauern, Beamten, Studenten war schwerfälliger, es fehlte ihnen der Sinn für Eleganz; ihre Gesichter, besonders die der älteren Frauen, waren gütig, gelassen, konzentriert. Schön war es, wenn die Menschen sich, gingen sie an Kirchen oder Kapellen oder Begräbnisprozessionen vorbei, bekreuzigten. Für Sekunden leuchtete ihr Antlitz und bekam einen überirdischen, transzendenten Ausdruck. Wenn man mit ihnen ins Gespräch kam, hatte man das Erlebnis, daß sie sich ganz auf den Fragenden einstellten, daß es niemanden auf der Welt mehr gab als den, mit dem sie sprachen, und für diese Sekunden des Gesprächs, der Antwort, war der Fragende nicht mehr allein. Wenn er in Remscheid jemanden ansprach, dann spürte er ein Erstaunen, ein Mißtrauen, eine Zurückhaltung, und nicht selten geschah es, daß der Angesprochene einfach weiterging, ohne Reaktion – er wollte keinen Kontakt. Hier in Bonn war es anders, die Menschen strahlten auf, beschauten einen neugierig, fragten, wer man sei, woher man komme, und verwickelten einen in ein Gespräch, oder sie erklärten einem weitschweifig den Weg oder gingen gar ein Stück Wegs mit. Und dennoch hatte Bobik das Gefühl, daß solche Begegnungen, so nett und freundlich sie waren, ganz an der Oberfläche des Menschlichen blieben und das Herz nicht betrafen. Er dachte mit verhaltener Sehnsucht daran, wie oft er in Rußland vor einer alten, sitzenden, sich ausruhenden Frau stehengeblieben war, es als junger Mensch wagte, zärtlich ihre runzligen Wangen zu streicheln, und wie ganz ohne Worte, einfach aus der Geste heraus, etwas von dem einen Menschen auf den anderen übersprang, das beglückend war und eine lange leuchtende Spur in den Tag hinterließ.

Plötzlich stand er vor dem herrlichen romanischen Portal des Münsters. Die untergehende Sonne spielte mit dem Grau des Basaltsteins, sie schenkte ihm viele schillernde Pastellfarben und machte ihn fast überirdisch transparent. Bobik stand davor, hingerissen von dem Wunder der Verwandlung, daß ein fester, aus

Lava kristallisierter Stein bei der leisen Berührung durch die schrägen Sonnenstrahlen seine Form auflöste und zum Widerschein des Lichts wurde. Menschen gingen durch das offene Portal ein und aus. Ihre Gesichter waren nicht die Gesichter des Alltags, sie waren schön, gesammelt und würdig. Bobik trat ein und wartete. Er wollte nichts falsch machen. Eine Stille und Kühle empfing ihn und ein feiner Duft nach Weihrauch, der ihm aus den russischen Kirchen vertraut war. Mildes farbiges Licht strömte aus den schmalen, hochgezogenen gotischen Fenstern am Altar. Die Menschen griffen mit der rechten Hand in ein steinernes Weihwasserbecken und bekreuzigten sich, dann knieten sie oder knicksten zum Altar hin. Bobik tat das gleiche. Dann aber fiel sein Blick auf eine russische Ikone, sie hing an einem dicken linken Pfeiler des Mittelschiffs. Vergessen war Deutschland, vergessen seine Preisgegebenheit in Bonn. Er stand vor dem vielgeliebten Bild der byzantinischen Muttergottes von der immerwährenden Hilfe, und ein Gefühl der unauslöschlichen Geborgenheit, das er in russischen Kirchen oder vor den Altären der Häuser empfand, war wieder in alter Lebendigkeit da. Es bedurfte keiner Worte, keiner Gebetsformeln – hier, vor diesem vertrauten Bild war er zuhause. In süßer Versunkenheit ging er mit seinem ganzen Wesen in das Bild ein und verweilte dort, bis er fühlte, wie sein Herz von dem tröstenden Atem erwärmt wurde. Dann erhob er sich, verbeugte sich vor der Ikone. „Spasíbo!" (danke) – flüsterte er.

Als er sich in den Strom der Passanten einfügte, war er nicht mehr wie ein Wassertropfen in einem Fluß; er war wie eine Ameise, er wußte, wohin er ging, die Gesichter der Mit- und Vorübergehenden erschienen ihm vertraut und freundlich, und er war voll Mut für all das Neue und Unbekannte, dem er begegnen würde.

Er kehrte in seine Familiengruft zurück. Beim Schein des elektrischen Lichts schien ihm die Bude nicht mehr so abstoßend wie vorher. Er ging an jede der vier Wände und berührte sie mit seinen Handflächen: es war eine Art Begrüßung „Wir werden uns schon verstehen!" – Es klopfte an die Tür. Die Hauswirtin trat herein, auf einem Tablett trug sie einen Teller mit Wurst und Käsebroten und einen großen Becher mit Milch. Bobik staunte. „Heute ist Fronleichnam, da konnten Sie doch nichts einkaufen, und ich dachte, Sie hätten Hunger. Lassen Sie es sich gut schmecken!" – Bobik dankte ihr von ganzem Herzen.

Das alte Bett seufzte und krachte bei jeder Bewegung, er versuchte sich mit seinem schmalen Körper ihm anzupassen. Er schlief bald ein. Der Traum war bedrückend und angstvoll. Häßliche Gnome oder Waldschratte stachen mit langen Nadeln auf ihn ein. Er versuchte sie abzuwehren, aber sie waren behender und geschickter als er, und es gelang ihnen immer, ihn schmerzlich zu treffen. Am Morgen wachte er müde und zerschlagen auf. Sein Laken war voll von kleinen dunkelroten Flecken. Er betrachtete seinen Körper, es war, als ob er Masern hätte. Voll Entsetzen beschloß er, die Wohnung sofort zu verlassen. Er suchte die Wirtin auf und erklärte ihr schüchtern den Grund. Sie war machtlos: „Es ist ein uraltes Haus, da sitzen sie in allen Ritzen. Mich beißen sie nicht." – Aber sie ließ ihn wortlos und ohne Groll gehen.

Obwohl es Sonntag war, wagte er es, zu Mutter Linzbach zu gehen. Sie gab ihm bereitwillig eine andere Adresse, und er nahm das Zimmer. Es war freundlich und hell, zwei Fenster öffneten sich auf den Park und die barocken Dächer des Poppelsdorfer Schlosses. Die Tapeten waren hell und sauber; die Hauswirtin, Frau Pietsch, hatte ein strenges Gesicht, aber einen guten und warmen Blick. Bobik packte diesmal seine Sachen sofort aus. Dieser Raum, der ihn für längere Zeit beschirmen sollte, sollte ihm zur Heimat werden. Die Möbel waren langweilig, aber nicht häßlich; es kam nun darauf an, daß er sich der Wände bediente, damit sie ihm das Erlebnis der Heimat vermittelten. In Gedanken stellte er sich all die vielen Räume vor, die er bewohnt hatte. Manche hatte er innig geliebt, sie hatten ihm ein Gefühl der Geborgenheit vermittelt, andere waren ihm gleichgültig gewesen. Es gab Räume, in denen er ruhig und gelassen war, er konnte sich dort gut konzentrieren, arbeiten, lesen, zeichnen und einfach stille sein. Andere Räume erzeugten eine innere Unruhe, ein Getriebensein, er vermochte nicht lange Zeit dort zu verweilen, er suchte Zerstreuung, die Träume waren von Angst geprägt. Zwei Räume hafteten besonders in seinem Gedächtnis: das selbsterschaffene Meditationszimmer in einer Mansarde des Weißen Hauses in Girejewo, das er unter dem Eindruck der Asienreise gestaltet hatte. Es zeichnete sich durch große Leere aus. Eine Matratze lag am Boden und einige kleine Taburettischchen standen darin. Die Wände waren weiß, ein Kakimono hing an der einen Wand, ein großer Buddha stand vor der anderen und eine Vase mit wenigen Zweigen. Es war für russische Begriffe jener Zeit höchst ungewöhnlich, und er hütete sich, es irgend jemandem zu zeigen, um nicht abfällige Kritik zu provozieren. Als einmal Frossja, die Köchin, den Raum betrat, erschrak sie; sie hatte sich gerade vor der Ikone, die für gewöhnlich in der östlichen Ecke hing, bekreuzigen wollen, als ihr Blick auf den großen Buddha fiel. Sie schrie laut auf, spuckte dreimal über die Schulter, bekreuzigte sich unzählige Male und behauptete, Bobik habe sich dem Teufel verschrieben. Sie wolle sofort das Haus, in dem unchristliche Götzen versteckt seien, verlassen. Jadwiga und Sascha mußten sie beschwichtigen. – Der andere Raum befand sich in dem kleinen Schloß „Eremitage" im dichten Wald in der Nähe der Stadt Rybinsk. Es war das Wohn- und Schlafzimmer seines Ahnen Iwán Petrówitsch Tschelístscheff, der dort gelebt hatte und 1779 gestorben war. Später wohnte dort dessen Sohn Aleksandr Iwánowitsch. Der Raum blieb unverändert. Er, der kleine Bobik, der darin leben durfte, spürte die konzentrierte geistige Ausstrahlung, die von dem Raum ausging, und es wurde ihm bewußt, daß Gedanken und Gefühle Wirklichkeiten waren, die die Atmosphäre eines Raums ausmachten. Wie belastend waren dagegen die konventionellen Räume der Barock- und Rokokoschlösser, in die man keinen persönlichen Gegenstand stellen oder hängen konnte, weil er dem Stil nicht entsprach. Dort war man nichts anderes als ein zeitweiliger Statthalter. Die Portraits der Vorbesitzer hingen an den Wänden, sie hatten majestätische Gesten, trugen ein geschwollenes Wesen zur Schau, und man fühlte sich unter ihren Blicken klein und elend.

Bobik orientierte sich nach dem Stand der Sonne und fand heraus, wo Osten war. In diese Ecke hängte er ein von Tante Ella gesticktes russisches Handtuch; er hatte es aus Pietät mitgenommen, weil solche Handtücher als Hintergrund für Hausaltäre dienten – oder sie wurden unter den Samowar gelegt; mit ihnen über den Händen empfing man die Gäste mit Brot und Salz. Jetzt war dieses Handtuch so viel wie eine kostbare Reliquie, weil Tante Ella durch die Bolschewiken den Märtyrertod erlitten hatte. Über das Handtuch hängte er die alte Tschelistscheffsche Ikone der Muttergottes und das alte Kreuz von 1380, mit dem der Heilige Sergius von Radonesch seinen Ahnen Brenko gesegnet hatte. So, nun war die Kontinuität mit seiner Heimat und mit seiner Familie wiederhergestellt, hier in der Dürftigkeit, in der Fremde. Aber war nicht zu allen Zeiten Macht und Reichtum gepaart mit Kriegen, Entbehrungen, Verbannung und Gefangenschaft. Der eine wurde von den Tataren gefangengenommen und floh barfuß von der Krim bis nach Moskau; dem anderen hatten die Polen einen Ring durch die Nase gezogen und führten ihn wie einen gefangenen Bären durch die Straßen und Plätze Warschaus. Ein anderer floh vor dem Haß Johann des Grausamen nach Litauen. Einige landeten zu Fuß, mit zehnpfündigen eisernen Kugeln am Knöchel, in Sibirien, weil sie 1825 an der Dezemberrevolte teilgenommen hatten! Und die Brüder seiner Mutter, Stassiek und Pawlik, verbrachten die besten Jahre ihrer Jugend in Sibiriens Zuchthäusern. Andere hatten als Mönche in der Eingeschlossenheit der Klöster in Askese gelebt. Nein, er, Bobik durfte sich nicht beklagen, er war dem sicheren Tod entronnen, und irgend etwas hatte Gott mit ihm vor, wenn er ihn errettete. Er traf auf hilfreiche Menschen, und er hatte einen schönen kleinen Raum für sich allein. Er dachte daran, wie er im roten Haus in Moskau im großen ungeheizten Zimmer gelegen war, die Fensterscheiben waren herausgeschossen. Die Ratten huschten über die Bettdecke. Gegenüber lag Jadwiga mit dem kleinen Passenka, der vor Hunger jammerte. Sie unterhielten sich mit leiser Stimme. Das immer wiederkehrende Thema war eine Utopie: ein Zimmer mit sauberen Tapeten, mit einem heizbaren Ofen und einem Petroleumkocher, und ein Sack Mehl, ein Stück Speck und vielleicht ein Kanten Brot. Weiter wagte sich ihre Phantasie nicht vor. Waren nicht alle diese Träume durch die Wirklichkeit überflügelt worden?

Nun wollte er in diesem Raum seine geliebte Heimat einfangen. Auf die alte Kommode stellte er die Photos von Jadwiga und Sascha, von Onkel Iwan und Tante Ella, vom Schloß von Krasnoje Sselo und vom Weißen Haus und eine Zeichnung der Eremitage. Aber was sollte er mit den Wänden tun? Über dem Bett hing einer der Drucke, die so oft in kleinbürgerlichen Schlafzimmern hängen: sich tummelnde Najaden, süßlich, unaufrichtig und sentimental. Er nahm ihn ab und trug ihn zu seiner Wirtin – er wollte sie nicht verletzen. Er bat, ob er das Bild ihr geben dürfe, er wolle etwas Russisches, etwas aus seiner Heimat hinhängen. Frau Pietsch war fassungslos: „Das Bild hängt schon seit vierzig Jahren an derselben Stelle, es war das Schlafzimmer von meinem Mann und mir. Und alle Studenten, die hier wohnten, fanden es schön, denn niemand hat etwas dagegen gesagt. Aber wenn Sie es nicht wollen ..." Er händigte ihr das Bild aus und war erleichtert.

Am liebsten hätte er, wie die Malermönche in den Klöstern, Ikonen gemalt. Er hatte sich viel mit der Geschichte und der Kunst der Ikonenmalerei befaßt. Aber es erschien ihm vermessen, sein Zimmer ganz mit sakralen Dingen zu schmücken. Er sollte in diesem Raum nicht nur beten und meditieren, sondern auch arbeiten, Menschen zu Gast haben, mit ihnen manchmal auch über banale Dinge sprechen. Das ging nicht im Angesicht von Ikonen! Er dachte an die weitausladenden, große Wandflächen ausfüllenden Tapisserien von Aubusson und Antwerpen mit den barocken Darstellungen aus der griechischen Götter- und Heldensage. Sie hatten ihn immer gelangweilt. Wie schön waren dagegen die gotischen Teppiche mit religiösen Motiven, vermischt mit Gräsern, Blumen und allerlei Getier, wie tief inbrünstig, heiter und märchenhaft zugleich. Anders, doch ebenso innerlich, waren die alten russischen Bildwirkereien der Schulen der Godunows und der Stroganows und der vielen Frauen-

klöster. Auch hier verwoben sich Märchenmotive und das Heils-
geschehen in ein klingendes, farbiges Ganzes. Er hatte in Moskau bei den Malern Miginadjan und David Burljuk Mal- und Zeichenunterricht genommen. Er entschloß sich, jene alte Tradition der byzantinischen Bildwirkerei in veränderter, moderner
Form, aber aus dem alten Geist aufzunehmen. Er holte sich Papier und begann zu skizzieren. Viele Bilder aus der Heiligen Geschichte schwebten ihm durch den Kopf. Es wurde spät. Er sah
die gezeichneten Blätter durch, sortierte die guten von den
schlechten und freute sich auf die künftige Arbeit des Bildwirkens. Er war sehr müde. Er schaute zu seiner geliebten Ikone der
Muttergottes hinauf und dankte. Ein neuer Lebensabschnitt begann für ihn.

Zum erstenmal mußte er für sich selbst sorgen. Bisher hatte
er keine rechte Beziehung zum Geld gehabt. In Rußland konnte er darüber verfügen, ohne zu fragen, woher es kam, und ohne
sich darüber Rechenschaft zu geben, daß er für die Erfüllung eines Wunsches so viel auszugeben vermochte, wie eine Arbeiter-
familie in einem Monat verdiente. In Remscheid hatte ihm Karluscha fünf Mark Taschengeld im Monat gegeben. Nun mußte
er mit dem ihm zur Verfügung stehenden Geld – es waren 150
Mark, die der kinderlose Onkel Julius ihm freundlich für die Zeit
seines Studiums gewährte – auskommen.

Er war allein in der heiteren, lebensfrohen Stadt. Er schlenderte an den Restaurants vorbei und besah sich die Preislisten.
Die Preise überstiegen die Kapazität seines Portemonnaies. Das
Essen in der Mensa war dagegen sehr billig, aber er erschrak vor
der großen Menge von Studenten und Studentinnen, die sich um
die Theken, an denen Essen ausgegeben wurde, drängten. Er glie-
derte sich in die Reihe der Wartenden ein. Die jungen Menschen
waren nicht sehr diszipliniert, sie drängten sich vor und versuchten, schneller an den Ausgabeplatz zu gelangen. In dem
großen Raum ging es sehr lärmig zu. Er forschte in den Gesichtern der jungen Menschen. Sie waren vom Leben noch nicht beschrieben. Unter den vielen fand er niemanden, mit dem er hätte Freundschaft schließen mögen. Das Essen war ein typischer

144

Kantinenmassenfraß. Bobik beschloß, fürderhin keinen Gebrauch von der Mensa zu machen. Er kaufte sich einen Spirituskocher, einige Teller, Tassen, Gläser und Kasserolen und beschloß, sich selbst zu verpflegen. Er kaufte Obst und Zucker und kochte verschiedene Warenje, deren Machart er von der Köchin Fossja abgeschaut hatte. Das idyllische Bild des Landlebens stand lebhaft in seiner Erinnerung! Beim Warenjekochen war die ganze Familie, die Gäste und das Gesinde friedlich versammelt. An heißen Sommertagen stellte man einige primitive Holzkohlenöfen ins Freie. Erdbeeren, Himbeeren wurden gesäubert. Zucker wurde in großen breiten offenen Kupferpfannen geschmolzen, dann wurde das Obst hineingeschüttet. Beim Kochen bildete sich weißer Schaum, den die Köchin oder Njanja mit einem Holzlöffel abnahm. Alle schleckten mit Vergnügen daran. Der Riese Aleksandr, der Kutscher, ergriff von Zeit zu Zeit den Griff der Kupferpfanne und schüttelte sie; das Warenje durfte nicht gerührt werden, weil die in Zucker gekochten Früchte nicht beschädigt werden sollten. Nach der Prozedur des Einmachens saßen alle ohne Unterschied des Ranges am langen Tisch, tranken Tee, aßen frisches süßes Brot und schleckten das frischgekochte Warenje. Jede Familie war stolz auf ihr Rezept, das jahrhundertealt war. Bobiks auf dem Spirituskocher fabriziertes Warenje hatte die gleiche Qualität wie das von Girejewo oder Krasnoje Sselo oder vom Gut von Onkel Iwan.

Mit zwei oder drei belegten Brötchen, mit Buchweizengrütze, einem gelegentlich in die Pfanne geschlagenen Ei, und nachmittags Tee mit Warenje und Weißbrot, würde er sich billig und nahrhaft ernähren können, und es würde ihm keine geldlichen Schwierigkeiten bereiten, Gäste, wenn solche sich je einfinden sollten, einzuladen. Er kaufte sich ein Stück schwarzen Leinens, bunte Woll- und Seidenfäden und einen runden Stickrahmen. Die Formalitäten der Immatrikulation und der Einschreibung in die medizinische Fakultät waren erledigt. Er erkundigte sich nach dem für das erste Semester üblichen Arbeitsplan und belegte die Fächer.

Es zog ihn nach Hause zu seiner Bildwirkerei. Sein erstes Bild war die Darstellung des Heiligen Abendmahls. Er zeichnete die

Figuren mit harter Kreide auf den schwarzen Leinenstoff und sortierte die Wollfäden für die Gewänder. Christus als Heiland und König wurde natürlich nach der Tradition des byzantinischen Kaiserhofs in Purpur gekleidet. Der Jünger Johannes, der in zärtlicher und hingebender Gebärde an seiner Brust lag, trug die Farbe des Heiligen Geistes – Grün – nach dem Wort: „Siehe, ich mache alles neu." – Die anderen Jünger hatten fröhliche, farbige Gewänder. Es waren ihrer nur acht auf dem Teppich, mehr Platz hatte er nicht. Er überlegte lange, wieviele er denn hineinkomponieren sollte. Er kam auf die kabbalistische Zahl neun, die den Menschen repräsentiert, und Christus war das Urbild des von Gott gedachten Menschen, des indischen Puruscha, oder des kabbalistischen entsühnten und verklärten Adams, des Adam Kadmon. Er hatte den Judas Ischariot aus dem Bild herausgelassen. Das erregende und unheimliche Gespräch über den Verrat war vorüber, Judas war wie von Teufeln gejagt davongerannt. Man spürte geradezu die gespannte Stille, die im Raum herrschte. Jeder hatte seine Gedanken an den Auftritt geheftet. Jesus war gesammelte Ruhe. Nur Johannes hatte unerschütterliches Vertrauen zu seinem Meister. Solange er ihn spürte und in seiner Nähe war, konnte ihm nichts passieren.

Stich um Stich bohrte die Nadel sich durch den Stoff, und es entstand immer sich ausbreitend eine farbige Fläche auf dem dunklen Hintergrund. Es gelang Bobik, indem er die Stichrichtung änderte, aus der gleichen Farbe hellere oder dunklere Nuancen zu erzeugen. Es war still in der Stube, manchmal jauchzte draußen ein Kind, oder ein Vogel sang, und er wurde aus seiner Meditation gerissen; aber dann versuchte er, sich das Kind vorzustellen, ob es ein Junge oder ein Mädchen sei, wie alt es sei, was ihm begegnet war, das es aufjauchzen ließ, und dann fühlte er sich jenem unbekannten, unsichtbaren Wesen ganz nah und begriff es vom Herzen her. Bei der intensiven künstlerischen Beschäftigung mit dem Thema erlebte er ganz neu und intim das gewaltige Geschehen jenes Abends. Zwei Männer in dem Kreis des österlichen Lammessens wußten um die Dinge, die sich bald ereignen sollten – Christus und Judas. Alle anderen elf waren mit

146

ihren Gedanken beschäftigt, brüteten über die Befreiung Israels von dem harten römischen Joch, über die Neubelebung der in starrem Formalismus erstickten Religion und fragten sich, ob Jesus genug Anhängerschaft haben würde, um sich zum König der Juden ausrufen zu lassen. Sie gestanden es sich nicht ein, aber insgeheim dachten sie auch, daß sie bei gewonnenem Spiel zu großen Ehren und Verantwortungen kommen würden. Es war Bewunderung, Angst und Zweifel in ihnen. Und sie konnten sich schwerlich vorstellen, daß gerade dieses heutige Mahl eine Wende bringen sollte. Johannes, der jüngste und schönste, der unbestrittene Lieblingsjünger des Herrn, war derart eingebettet in seine große Liebe und Bewunderung, daß er die geheime Spannung, die in der Luft lag, kaum wahrnahm. Seine Antennen waren auf die Seele des Meisters eingestellt, und er spürte, daß dieser traurig und beunruhigt war; aber seine Seele war frei von Zweifeln und Ängsten, vom Gefühl des Nationalismus und vom Haß gegen die Usurpatoren. Er allein unter all den anderen ahnte, daß Jesus nicht die Römer und nicht die Juden und nicht einmal die Gegenwart meinte, sondern über alle Zeiten und Welten den Menschen und alle Kreaturen mit Gott versöhnen wollte, um die aus der Welt verbannte Liebe zum Bindeglied von Mensch zu Gott, von Mensch zu Mensch, von Mensch zu Geschöpf zu machen.

In die Freude und gespannte Friedlichkeit des Mahls platzte die Ankündigung Jesu, daß irgend etwas Fatales geschehen und er von einem von ihnen verraten werden würde. Eine furchtbare Unruhe entstand, wie wenn in einer Gesellschaft ein Ding gestohlen wird und jeder jeden verdächtigt, und jeder glaubt sich verdächtigt, er wird sogar unsicher in sich selbst, ob nicht er der Dieb sei. Aus der Gemeinschaft entsteht im Nu eine Diabolie, ein Durcheinandergeworfensein, ein allgemeines Mißtrauen und eine Aggression jedes gegen jeden. Freunde werden zu Fremden oder zu Feinden. Und da, in die allgemeine laute Erregbarkeit, fällt das Wort des Herrn: „Jener, der das Brot mit mir taucht, der wird es sein." – Es ist gerade der Jünger Judas, der das Brot mit ihm eintaucht in die Sauce. Es ist unbegreiflich; denn er ist einer von ihnen, genau so vertrauenswürdig, genau so treu und zugleich so zweifelnd und unsicher wie sie alle. Alle gehässigen, erstaunten, abschätzigen Blicke wenden sich ihm zu, dem bezeichneten Verräter. Judas steht auf und geht, und keiner erhebt sich, ihn zu hindern, ihm beizustehen oder eine Erklärung zu fordern. Plötzlich wird er aus einer Fülle des Vertrauens und der Freundschaft zu einem Ausgestoßenen.

Wie war, wie mußte dieser Mensch, auf den zweitausend Jahre hindurch der Haß und die unversöhnliche Verachtung fällt, sein? War er wirklich ein Verräter, ein Spitzel der Hohepriester und der Pharisäer? Wie unwahrscheinlich ist es, daß Jesus, der Fischer der Menschenherzen, einen Lumpen unter die Träger seiner Lehre aufgenommen haben sollte. Es ist auch kaum anzunehmen, daß hier alte Vorstellungen einen Deus ex machina wieder aufleben lassen: Gott sendet einen Verräter unter die zwölf, um seinen Sohn als Opferlamm für die Sünden der Menschen abschlachten zu lassen. Nein, diese Version lehnte Bobik ab.

War es nicht vielmehr so, daß der ungestüme Jüngling – und das waren sie alle – ehrgeizig und ergeben, um sein Volk leidend, Jesus verehrend, darauf brannte, daß nun endlich jene so oft ausgesprochene und verheißene Prophezeiung vom König der Juden Wirklichkeit werde. Ungeduldig warteten das jüdische Volk und die Jünger Jesu auf jene Wende, die auch sie bisher ganz pragmatisch als ein Politikum verstanden. Da der Meister immer wieder andeutete, daß eine solche Wende nur durch eine persönliche Katastrophe, durch Gefangennahme, Gericht, Erniedrigung und Leid sich vollziehen werde, mußte sich nicht also einer seiner Freunde dazu hergeben, um den Stein ins Rollen zu bringen? Wurde nicht Judas vielleicht erst in jenem fatalen Gespräch am Heiligen Abendmahl von Jesus dazu ausersehen, diese Tat des Verrats zu vollziehen? War es nicht möglich, daß er, wie alle Jünger, bis zu jenem Augenblick ahnungslos war und überwältigt und doch aufatmend den Auftrag annahm? Im gleichen Augenblick wurde ihm bewußt, daß er in der Geschichte als Verräter, als Verfehmter gelten würde, aber einer unter ihnen mußte es werden. Natürlich wollte er nicht die Demütigung, die Gefangennahme und vielleicht den Tod seines Meisters und den Zerfall seiner Gemeinde; er wollte auch nicht der Anlaß dazu werden, daß die Tore der Hölle aufgerissen wurden. Er wollte, wie sie alle, daß nun endlich der Stein ins Rollen käme, daß Israel seinen angestammten, von den Propheten verheißenen König bekäme. Ohne Gruß, ohne sich umzuwenden, ging er hinaus in die Nacht . . .

Die Verknüpfung des stillen besinnlichen Aneinanderreihens von farbigen Fäden, die sich zu Flächen ausbreiteten, mit den immer sich vertiefenden, hin und her gehenden Gedanken, die beunruhigend und zugleich beglückend waren, war ein faszinierendes Sein und Tun. Bobik war in die Geschichte längst vergangener Tage derart versponnen, daß er nicht mehr unterscheiden konnte, ob er es alles wirklich erlebte, oder ob es Phantasie sei. Er sah sie vor sich: den eigensinnigen Fischer Petrus und den feinsinnigen Thomas, den harten und ungestümen Judas, den gerechten Jakobus, den bezaubernden Johannes, dessen Liebe zum Herrn wie eine reine Flamme glühte und leuchtete, und den Herrn – den Herrn, der wie ein seraphisches Wesen hoch über ihnen allen stand, vor dessen unerschütterlicher Ruhe, Weisheit, strenger Sanftmut und Mut sie alle eine heilige Scheu empfanden. Sie verstanden seine Worte und seine Gleichnisse nicht; noch waren sie an ihre jüdische Erde und deren Geschichte gebunden. Aber sie spürten, daß in den Aussagen des Meisters gewaltige überirdische Kräfte waren, die weit über die Wirklichkeit ihres Alltags hinauswiesen.

Bobik beeilte sich nicht, den Wandteppich zu vollenden. Viele andere Motive aus der Heilsgeschichte reiften in seinem Herzen. In dem Maße, in dem er die Nadel in den Stoff hineinstach und das Bild wuchs und Gestalt annahm, nahm bei ihm auch das Verständnis für die Geschehnisse jener Tage zu. Ein durchaus anderes Verständnis als das, das er im Religionsunterricht oder in der Liturgie oder beim Studium theologischer Schriften empfangen hatte. Es war alles ganz anders, aber es bekam Leben in ihm, und darum wurde es für ihn zur Wahrheit.

Als sein erster Wandteppich fertig war, erbat er sich von Frau Pietsch ein Bügeleisen. Er bügelte den Wandteppich sorgfältig auf der Rückseite. Er hatte Scheu, ihn anzusehen. Bisher hatte er ihn nur fragmentarisch gesehen. Nun befestigte er ihn provisorisch an der Wand und setzte sich davor. Es entsprach dem, was er sich vorgestellt hatte. Vordergründig würden die Betrachter es begreifen. Wer aber würde je all die hineingewirkten Gedanken und Empfindungen, Ängste und Freuden herauslesen? Er verneigte sich tief. Wochen waren seither vergangen. Er ging studieren, er kochte sich sein Essen, er fand keine Kameraden, er suchte sie auch nicht; er fürchtete sich vor lauen, banalen Gesprächen, vor derben Späßen, vor indiskreten Fragen. Er war wie ein Malermönch in einem entlegenen Kloster. Er versenkte sich in Meditation während, vor und nach der Arbeit. Kein unruhiger, abgelenkter Gedanke wurde in das Bild eingestickt. Und die Luft in seiner Kammer atmete Stille und Weihe. Er fühlte sich geborgen und war glücklich.

FUROR TEUTONICUS

An einem Sonntagvormittag klopfte jemand laut an Bobiks Tür. Außer seiner Wirtin klopfte sonst niemand an seiner Tür, und sie klopfte leise und zaghaft. Dieses Klopfen erinnerte ihn fatal an die nächtlichen Besuche der Miliz, die kam, um die Wohnungen nach nicht gemeldeten Personen und schwarzen Waren zu durchsuchen. Bobiks Herz klopfte; er mußte sich sagen, daß er in Deutschland sei und daß hier solche Dinge nicht vorkämen. Er beruhigte sich und rief: „Herein." Vor ihm standen zwei stämmige junge Männer mit bunten Studentenmützen und einem bunten schmalen Band schräg über die Brust. Sie schlugen die Hacken laut zusammen und nahmen die Mützen ab, die sie mit eckigen Bewegungen, wie aufgedrehte Puppen, gegen ihre geschwellte Brust hielten. Sie verbeugten sich steif und schnarrten: „Gestatten! XY, XZ von der Korporation XYZ!" – Bobik grüßte verlegen. Er hatte eigentlich keine Lust, sie in seinen Raum hereinzulassen. Er machte mit der Hand ein Zeichen, sie möchten sich setzen. Sie schauten sich befremdet im Raum um. Über der Stuhllehne hing eine unfertige Bildwirkerei. „Sehr interessant, hm, bemerkenswert. Anhänger der modernen Kunst, ich würde sagen, hypermodern. Macht es Ihr Schwesterchen?" – „Einiges, was Sie da sehen, stammt aus dem vierzehnten und fünfzehnten Jahrhundert; es ist also nicht alles hypermodern, und die Teppiche haben ihre Tradition in byzantinischer Kunst, achtes bis zwölftes Jahrhundert. Darf ich Sie fragen, was Sie zu mir führt?" Er schaute in ihre leeren, aufgedunsenen Bubigesichter mit den blauen Kinderaugen und rötlichen Narben quer über die linke Backe. Ihre martialische Haltung war reine Angabe, sie sollte eine Gewichtigkeit vortäuschen, die ihnen nicht zukam. Bobik reagierte darauf automatisch mit innerer Abwehr. Er kannte das von sich, von seinem Vater und von Onkel Tolstoi und Onkel Iwan Tarletzki. Sobald jemand ihnen gegenüber plump vertraulich oder distanzlos wurde, wurden sie ganz unnahbare Grandseigneurs; der Besucher bekam das Empfinden, daß sie ganz weit, weit, ganz oben hoch und dazu noch hinter einer dicken gläsernen Wand seien, so daß er immer entmutigt wurde. Bobik fühlte diese Haltung in sich aufsteigen, er hinderte sie nicht. Es fiel ihm die Geschichte von Stevenson, Dr. Jekill and Mr. Hide, ein – der Arzt, der sich in eine andere Person verwandelte. Aber er hörte seine Mutter sagen: „Dieser unerträgliche Stolz und Hochmut von euch. Seid doch menschlich! Warum müßt ihr auf kleine Anlässe so überschießend reagieren? Das sind doch auch nur schwache Menschen." – Das brachte ihn zur Raison, und er wurde schnell wieder der Bobik, der er immer war. Aber den Vorwitz in sich konnte er nicht bändigen. Er benutzte den Ausspruch Christi an seine Jünger: „Gürtet eure Lenden." – Die Studenten wurden rot, sie begriffen die Anzüglichkeit. „Wie meinen Sie das?" – „Na ja, wie Christus es gemeint hat: Sie haben doch ihre Lenden gegürtet, als Sie hierherkamen." – „Wir handeln nur im Auftrag, wir sind Abgesandte der Korporation, wir vertreten sie, und hoffentlich tun wir es würdig."

– Bobik wollte sagen: „Zu würdig", aber er verkniff es sich. – „Wir laden Sie im Namen unserer Korporation ein, zu unserer Kneipe zu kommen, sicherlich wird es Ihnen Vergnügen bereiten." – „Ich danke Ihnen sehr und fühle mich geehrt, aber ich habe nicht die Absicht, in eine Korporation einzutreten. Ich bin von Geburt Russe, und das alles ist mir sehr fremd." – „Sie sind doch aber neu hier in Bonn und kennen wahrscheinlich wenig Menschen. Eine Korporation erzieht einen jungen Menschen zu einem Mann; er erfährt, was Kameradschaftsgeist ist und wie man sich richtig benimmt, und lernt Mut vor dem Gegner zu beweisen. Außerdem ebnet unsere Korporation dem Mitglied den Weg in die Gesellschaft, ins Leben und in den Beruf. Unsere alten Herren, die die schützende Hand über uns halten, sorgen später für die nötige Protektion. Ein junger Mann allein wird nicht beachtet. Kommen Sie, und Sie werden sehen!" – „Aber meine Herren, ich bin nicht sicher, ob ich noch einer Erziehung bedarf, das haben meine Eltern schon besorgt. Und was die Protektion angeht, da habe ich die Hoffnung, daß ich durch meine eigenen Leistungen etwas werde und nicht durch die Freundlichkeit der alten Herren." – Sie wußten nicht, wie sie sich verhalten sollten; dieser kleine, schmächtige Bursche im fremdländischen schwarzen Russenhemd war ein harter Brocken. Sicherlich war er ein Bolschewist. Um die jungen Männer nicht länger in seiner Behausung zu haben, sagte Bobik zu.

Zur bestimmten Stunde erschien er im besagten Lokal. Er hatte aus dem Schrank seinen guten dunklen Anzug herausgeholt, um nicht aufzufallen. Junge Leute in bunten Uniformen und andere in Zivil, die schüchtern und verängstigt aussahen, betraten den Saal. Ein langer Tisch stand in der Mitte des Raums. Darauf standen zahlreiche Bierseidel und metallene Ständer, auf denen bunt gestickte kleine Standarten befestigt waren, offenbar die Wappen der Korporation. Man stellte sich gegenseitig vor und setzte sich an den Tisch. Ein Neuer saß immer zwischen zwei Angehörigen der Korporation. Es herrschte eine für Bobiks Begriffe gezwungene laute Heiterkeit. Bier wurde gereicht. Der junge Mann am Tischende, offenbar der Präsident, der sich sehr wichtig fühlte, gab den Ton an. Er kommandierte, wann getrunken wurde; alle sprangen mit großem Lärm auf, hielten den Oberarm unnatürlich waagrecht und hoben den Krug mit angewinkeltem Unterarm zum Mund. Es wurden Studentenlieder mehr gegrölt als gesungen. Bobik, des Biers ungewohnt, wollte eigentlich schon längst nicht mehr trinken. Er wurde, ob er es wollte oder nicht, dazu gezwungen. Er fühlte sich wie ein Schaf in einer Schafherde, und ein Hund biß die Schafe in die Beine, wenn sie aus der Reihe tanzten. In diesem barbarischen Eingepfercht-Aneinandergepreßtsein konnte man nicht ausscheren. Sein uniformierter Nachbar zeigte sich nachsichtig mit ihm. „Trinken Sie nur aus, so erziehen wir unsere Kommilitonen zu Trinkfestigkeit." – Bobik hörte ihm bereits verblödet zu. Seine Augen gehorchten ihm nicht mehr; er versuchte sie auf einen Punkt zu richten, alle Gegenstände, die er fixierte, tanzten vor ihm her und waren doppelt, sie verschwammen in ihren Formen und sahen aus wie Quallen. Die rauhen lauten Stimmen waren mal ganz nahe an seinem Ohr, mal entfernten sie sich, und er hörte nur ein Rauschen. Es wurde ihm übel. Aber nun befand er sich bereits in einem solchen Stadium der Müdigkeit, daß er nicht mehr die Initiative ergreifen konnte, aufzustehen und sich zu entfernen. Es dauerte noch eine Unendlichkeit, bis sie auseinandergingen. Die Trinkfesten und die Neulinge waren gleichermaßen betrunken. Wie Bobik nach Hause gefunden hatte, wußte er später selbst nicht; daß er sich die zwei Treppen im Dunkeln hatte hinaufschleppen können, erschien ihm wie ein Wunder. Irgendein sicheres und trinkfestes Ur-Ich in ihm mußte ihn wohl geleitet haben. Oder war es sein bewährter Schutzengel?

Als er aufwachte, sah er das liebe breite Gesicht von Frau Pietsch über sich gebeugt. Sie mühte sich redlich, ihn vom Boden zu heben und ins Bett zu bringen. In dem schönen Raum stank es nach der Kneipe, nach kaltem Zigarrenrauch, nach Bier und nach Erbrochenem. Als sie ihn endlich ins Bett gebracht, ausgezogen, sein Gesicht und das verklebte Haar mit einem nassen Handtuch gesäubert hatte, wusch sie den Fußboden und den

Teppich mit einem Lappen, den sie oft in einen Eimer tauchte, aus. Dann schlief er wieder ein.

Es war schon Abenddämmerung, als er aufwachte. Sein Kopf war wie eine riesige, mit heißer Luft gefüllte Montgolfière ohne einen einzigen Gedanken darin. Er hatte Angst, sich im Spiegel zu betrachten; welche gräßliche Fratze würde ihm da entgegenglotzen? Auf dem Tisch stand ein Teller mit einem sauber präparierten Hering, eine Scheibe Schwarzbrot und ein Glas Milch. Er setzte sich hin und aß mit Vergnügen und Dankbarkeit. Wie sollte er Frau Pietsch vor die Augen treten? Er wusch sich, zog sich schnell an und lief auf die Straße. Seine Beine waren immer noch wie aus Gummi. Er kaufte eine Tafel Schokolade. Als er heimkam, stand Frau Pietsch in der offenen Tür, sie war freundlich wie immer. Er reichte ihr mit gesenkten Augen die Schokolade. „Nicht doch, nicht doch, das kommt Sie zu teuer! Wenn das jeden Tag so geht, wer soll das bezahlen?!" – „Aber das war doch das letzte Mal, Frau Pietsch!" – „Das sagen sie alle beim erstenmal, und nachher wird es zur lieben Gewohnheit." – „Ich denke, man wird trinkfest?" – Frau Pietsch schüttelte den Kopf. „Sie sind alle gleich!"

Dieser Saufabend mit der hintergründigen Absicht zur Erziehung zu guten Manieren, zu Kameradschaftssinn und Trinkfestigkeit hatte Bobik gründlich überzeugt. Er hatte genug davon. Jedesmal, wenn er einen oder Gruppen von bunt uniformierten jungen Menschen, mit martialischen Schmissen auf den Wangen, mit zackigen Bewegungen, schnarrenden Stimmen und abgehacktem Kommandoton sah, wich er einer Begegnung mit ihnen aus. Er war bereit, ihre „alte" Tradition, die nicht weiter als bis zu den napoleonischen Befreiungskriegen reichte, anzuerkennen, aber er begriff nicht, daß die studentische Jugend, die prätendierte die Elite zu sein, sich zur Aufgabe machte, aus natürlichen, lebensfrohen, bescheidenen, gelassenen Menschen aufgeblasene, leere, schablonierte Popanze zu machen.

UNIVERSITÄT

Bobik hatte sich im Vorzimmer des Dekans der Medizinischen Fakultät beraten lassen, welche Vorlesungen und Übungen er im ersten Semester belegen sollte. Er besuchte die Vorlesungen regelmäßig. Sein Verständnis der deutschen Sprache vervollkommnete sich. Aber er war völlig allein in der Stadt. Er wußte, daß die alte Exzellenz, die Witwe des Generalfeldmarschalls Walter Loë, Baronin Franziska Loë, geborene Gräfin Hatzfeld, noch in der Poppelsdorfer Allee wohnte; er sah ihr Namensschild an der Tür. Auch die Schwester Kaiser Wilhelms, Prinzessin Viktoria Schaumburg-Lippe, lebte noch im Palais Schaumburg. Gelegentlich machte er einen Spaziergang am Ufer des Rheins und schaute durch die Gitter hindurch. Er war zwölf gewesen, als er beide Damen mit seiner Mutter auf Empfehlung seiner Patin, Tante Ella, besuchte. Jetzt war er neunzehn. Ob sie sich an jenen kleinen unartigen Jungen noch erinnerten? Und was sollten die alten Damen mit einem Jungen von neunzehn? Er beschloß, diese Besuche, die sicherlich nur ein einmaliges Gastspiel abgeben würden, bis zu einem späteren Zeitpunkt aufzuschieben.

Er fühlte sich in seinen vier Wänden beglückend geborgen. Er schrieb alle paar Tage einen Brief an Jadwiga, die jetzt in Berlin lebte und eine auskömmliche Beschäftigung hatte. Bisweilen kamen Briefe von Sascha, die mehrere Wochen unterwegs gewesen waren. Tragische Briefe, voll Sehnsucht und voll Ablehnung gegen seine Heimat. Er schrieb: „Wenn meine Schwester eine syphilitische Hure wäre, würde ich mich ihrer schämen und sie verleugnen. Ebenso verleugne ich mit meinem Herzen und mit dem Verstand meine geliebte Heimat. Nun frage ich Dich: kann ein Mensch leben, wenn er seine Heimat verleugnet? Er kann es nicht. Denn wenn er diese seine Heimat preisgegeben hat, oder wenn sie ihn verstoßen hat, wie es mit uns der Fall ist, dann kann er unmöglich auf dieser Erde eine neue Heimat finden. Kein anderes Land kann und will ihm Heimat werden. Also lebe ich hier, in ungeheurer Dürftigkeit und Armut, ohne Kultur – denn eine

Kultur ohne ein Stück Papier und ohne Bleistift, ohne ein Buch, ohne Musik und Kunst und ohne differenzierten Kontakt zu Menschen, ohne ein gutes Gespräch, ist keine Kultur. Ich lebe noch, besser, ich vegetiere, eigentlich aber bin ich toter als tot. Denn von jenen heißt es, sie ruhen in Gott und bei den Heiligen, wo es nicht gibt Schmerz noch Trauer noch Seufzer, sondern ewige Freude. Gott und die Heiligen und ihre Priester sind hier abgeschafft. Also bin ich in der Hölle. Aber auch die Hölle wurde uns nie so vollkommen reizlos geschildert. Ich lese Deine und Jadwigas geliebten Briefe jenseits der Schwelle, ich erfahre, das jeder von Euch ein schönes Zimmer besitzt, daß Ihr warm habt und ein gutes, natürliches und schmackhaftes Essen zu Euch nehmt, Ihr könnt in eine Bibliothek gehen, gute Bücher lesen und ein Gespräch mit einem Freund führen. Ich lese es, aber ich begreife es nicht mehr, ich habe nicht die Vorstellungskraft, das mitzuerleben. Es bleibt für mich eine Utopie, wie ein Bericht von der Venus oder vom Mond. Die Bolschewiken werden über kurz oder lang uns überrennen, und dann ist es für uns, die die Regierung bilden, sowieso aus. Keiner von uns wird überleben, das wissen wir genau. Meine Sehnsucht nach Euch ist gewaltig. Und doch könnte ich mir nicht vorstellen, in einem fremden Land zu leben. Alle meine Wurzeln sind in Rußland, und ohne Wurzeln kann kein Baum, kann auch ich nicht leben . . . Entwurzelt. Ich bewundere Euch, Ihr seid Kosmopoliten, Euer Ahn war Herzog in Lothringen, Jadwigas Urgroßmutter war Portugiesin, Euer Blut läßt es zu, Euch woanders anzusiedeln, ich, ich bin nur Russe . . ."

Es war Bobik gelungen, sich einen elfenbeinernen Turm aufzubauen, der ihm zum Symbol der Heimat wurde. Die Bildwirkereien gingen gut voran. Er wählte Themen, die ihm zuinnerst vertraut waren. Da war die Szene von Gethsemane: Auf der Spitze des Hügels der Heiland in seiner schwersten Stunde, allein, allein mit Gott, oder vielleicht allein ohne Gott; denn es gibt Stunden im Leben jedes Menschen, auch des gläubigen Menschen, da er Gottes Hauch nicht mehr um sich fühlt. Das sind die Stunden der größten Verlassenheit und Verzweiflung, denn dann erst weiß er sich allein. Allein ohne Menschen, das ist zu ertragen, aber allein ohne Gott, das ist der Zustand der größten Leere, der Welt- und Selbstentfremdung. Und Christus war allein, wissend um den tragischen Entscheid der Stunde, um alle Qual der Demütigung und der Verlassenheit, und er wußte nicht, ob er, ohne Gott, der ihm fern erschien, die Kraft haben würde, es zu bestehen. Und er bat: „Laß diesen Kelch des Leids an mir vorübergehen." – Er wußte aber, daß dieser Kelch ihm beschieden war. Und wie immer in solchen Situationen bat er seine nächsten Freunde, die Jünger, unter denen der großsprecherische Petrus und der seinem Herzen Nächste, Johannes, waren, bei ihm zu bleiben, ihn im Gebet beizustehen und bei ihm zu wachen. Aber sie übermannte der Schlaf. Und so zeichnete Bobik sie im großen Vordergrund, schlafend und schwer benommen vom Traum. Und ganz weit, ganz oben, ganz klein die Figur des leidenden Gottmenschen, der, schuldfrei, sich der Menschheit zum Opfer brachte. Um sie zu entsühnen. Um sie zu entsühnen?

Was aber hatte seine Lehre wirklich der Menschheit gebracht? Was haben sie davon angenommen, außer daß sie sich nach ihm Christen nannten? Die Kirchen, die aus seinen Gemeinden entstanden, wurden zu Instrumenten der Alleinseligmachung und der Macht, sie vernichteten jede abweichende Auffassung von der dogmatisierten Lehre mit Feuer und Schwert. Menschen wurden gefoltert, in stinkende Gefängnisverliße geworfen, lebendig verbrannt, enthauptet, gestäupt, gerädert, gehenkt. Kriege hörten nicht auf, die Welt zu erschüttern und die Bevölkerung zu dezimieren. Es gab weiter Sklaven, die von Bluthunden zerrissen wurden, und Reiche und Arme. Gewiß, es wurden Krankenhäuser, Waisenhäuser, Armenhäuser und Altersheime gebaut, aber immer, bis heute, zu wenige und zu unmenschlichen Bedingungen. Und es wurden auch weiterhin Gefängnisse, Zuchthäuser und Besserungsanstalten gebaut. Und für Waffen wurde in der ganzen Welt das Hundertfache ausgegeben wie für die Fürsorge der Elenden. Die Minister und Würdenträger standen sonntags in ihrer Kirche mit gutem Gewissen, denn sie dünkten sich gute Christen. Und die Menschen, der Jedermann, waren sie anders als die berüchtigten Heiden? Lebten sie in Frieden und in brüderlicher Liebe miteinander, in Eintracht und Rücksichtnahme? Oder waren sie neidisch, mißgünstig und mißtrauisch, aggressiv und selbstsüchtig? Waren sie wirklich das, was Christus aus ihnen machen wollte? Bobik dachte an das schreckliche Gespräch zwischen Iwan und Aljoscha Karamasoff von Dostojewski über den Großinquisitor. Sie würden ihn immer wieder, wenn er wiederkäme, verhaften und unschädlich machen. Es war schrecklich. Erstarrtes, unduldsames Christentum, aufgeteilt in viele Facetten, Konfessionen, Sekten, die alle von sich glauben, daß sie die Vertreter des wahren Christus seien, und die andere anathemisieren. Er, Bobik, bemühte sich, ein Christ zu sein, aber was war das, ein Christ? Gut, er versuchte, weder böse über Menschen zu denken noch ihnen Böses zu tun. Er übte Freundlichkeit gegen jedermann, er half, wo er konnte. Daß er den Beruf des Arztes ergreifen wollte, war, weil er glaubte, daß er so am meisten den leidenden Menschen helfen könnte. Aber war er darum schon ein Christ? Er liebte seine orthodoxe Kirche, weil seine Ahnen diesen Glauben in Kiew eingeführt hatten, weil sie alle treue und demütige Diener dieser Kirche gewesen waren. Er liebte die überirdische Schönheit der Liturgie, und er verehrte die Heiligen seiner Kirche, deren Leben und Sein ihn mit demütiger Bewunderung erfüllte. Aber er, Wladimir Tschelistscheff, der neunzehnjährige junge Mann, Erbe eines alten Geschlechts, wagte es als Einzelner, gegen jede Intoleranz von seiten der Kirche zu protestieren? Dann nur stünde er auf seiten Christi und nicht auf seiten der Kirche.

Dieses Tun des meditativen Bildwirkens verursachte eine seltsame Zweigleisigkeit seines Seins. Er ging ernsthaft und pflichtbewußt seinem Studium nach, er pflegte sein Äußeres und bereitete sorgsam sein Essen, das er mit Freude und Andacht verzehrte; aber der beglückendste Teil des Tages gehörte der Bildwirkerei. Es war ein immer tieferes und innerlicheres Hineinsteigen in die Gesinnungen und Ereignisse der Heilsgeschichte. Die Gestalten der Jünger, der späteren Apostel, und Jesu wur-

Bobik mit 20 Jahren

den ihm derart vertraut, daß er, wenn er das bestickte Leinentuch weglegte, weil seine Augen vor Anstrengung brannten, in die Wirklichkeit seines Zimmers zurückkehrte wie von einer langen Reise in die Vergangenheit. Er lebte immer noch in völliger Einsamkeit, ohne jede Kommunikation mit anderen Menschen, mit Ausnahme einiger Worte, die er mit Frau Pietsch oder den Verkäufern in den Läden wechselte. Seine dürftige Nahrung: einige Brötchen, Margarine, Käse, Tee, Warenje und Obst, war für ihn, der er durch Hunger und alle Entbehrungen gegangen war, wie ein Geschenk des Himmels, und weil er um den Hunger in der Welt wußte, bedeutete diese Nahrung für ihn nicht nur eine Füllung des Leibes, es war ein Mysterium der Kommunikation, eine Heiligung der Gaben der Erde, eine lebendige Teilnahme an dem Prozeß des Wachstums und der Reifung, der Saat und Ernte, und er dankte den Tieren, deren Leben geopfert wurde, den Pflanzen, die gepflückt wurden, und den unbekannten Brüdern in der ganzen Welt, die an dem Wachstum dieser Gaben beteiligt waren. Mit Ehrfurcht gedachte er der drei vertrockneten Ähren am Altar in der Eremitage, deren Sinn war: „Ich bin das Brot des Lebens."

Inzwischen war in mühsamer abendlicher und nächtlicher Arbeit ein großes Triptychon auf schwarzem Leinengrund fertig geworden. Es hing an der längsten Wand und nahm fast die ganze Fläche ein. In der Mitte stellte es die Kreuzabnahme Jesu dar, an den Seiten die Begegnung mit Maria Magdalena am Ostermorgen, und Thomas, der die Hand in die Wunde des Heilands versenkt. Der Leib des gemarterten Herrn hängt steif wie ein Stock am Kreuz. Maria und Johannes flankieren den geliebten Toten, vor Schmerz und Entsetzen selbst erstarrt und unfähig zu jeglicher Aktion. Neben ihnen zwei ganz andere, geheimnisvolle Gestalten: der Ratsherr Joseph von Arimathia, der seine Freundschaft zu Jesu verborgen hatte, und der Partner stiller, einsamer Gespräche, Nikodemus. Beide Angehörige der Essener, einer esoterischen Gruppe von Juden, die ein strenges mönchisches Leben in Arbeit, Gebet und Meditation führten und strenge Sitten befolgten. Von diesen beiden Männern wird nun alles abhängen, was folgt. Joseph erreicht die Abnahme des Leichnams viel früher, als es sonst bei gekreuzigten Verbrechern üblich war: nach drei Stunden des Hängens. Er stellte ihm sein eigenes Grab zur Verfügung, das ganz in der Nähe des Richtplatzes Golgatha ist. Er ermahnt die Frauen, ein Leichentuch und bestimmte, von ihm angegebene Spezereien zu besorgen. Jesus wird vom Kreuz herabgeholt, behutsam einbalsamiert und in das Leinen gehüllt, und dieses Leinen wird fest zugebunden. Dann wird er in die Gruft gelegt, und ein großer Stein wird vor die Gruft geschoben. Die Jünger hatten sich aus Angst vor Verfolgung und vor Entsetzen in alle Winde zerstreut und versteckt. Es ist anzunehmen, daß Joseph und Nikodemus allein das Werk des Einbalsamierens vorgenommen haben; denn in den Evangelien steht, daß Maria und Magdalena in einiger Entfernung zugesehen haben. Aber wie war es möglich, daß ein berühmter Kaufherr und Mitglied des Rates mit eigenen Händen den Leichnam eines Staatsverbrechers einbalsamierte und daß er ihm sein Grab zur Verfügung stellte? Ohne das Eingreifen von Joseph und Nikodemus würde es keine Auferstehung Christi gegeben haben. Die Umstände waren sehr mysteriös. Zugegeben, daß es während der Kreuzigung ein fürchterliches Erdbeben und einen Sturm gegeben hat und daß alle in Jerusalem dadurch verwirrt waren. Aber Jesus wurden die Gebeine nicht zermalmt, wie es Usus war, und er wurde sehr viel früher als üblich vom Kreuz gehoben.

Bobik erinnerte sich eines denkwürdigen Abends 1915. Sascha war heimgekommen, er war aufgeregt und zeigte Jadwiga ein Schriftstück, das ihm einer seiner geistigen Freunde gegeben hatte. Es war eine Abschrift eines angeblichen Briefes, den ein russischer Gelehrter in Alexandrien gefunden hatte. Er soll ihn 1845 dem Papst anvertraut haben. Seither soll dieses Manuskript, ein Brief eines Esseners an einen Geistesbruder, der die Tragödie der letzten Tage Jesu berichtete, spurlos verschwunden sein. Eine Veröffentlichung wurde entweder eingestampft oder aufgekauft. Im wesentlichen ging der Brief mit den Berichten der Evangelisten konform. Aber es wurde darin gesagt, daß infolge der kurzen Hängedauer Christi am Kreuz und durch die List Josephs, durch die er erreicht hatte, daß Jesus abgenommen wurde, ehe seine Gebeine gebrochen wurden, noch ein Fünkchen Leben in ihm war und daß die Essener, die gute Ärzte waren und über viele stark wirkende Drogen verfügten, ihn wieder ins Leben zurückbrachten. Für alle anderen war er medizinisch tot, denn es bestand bereits die bekannte Totenstarre bei ihm.

Sascha nun war über diesen Bericht, an dessen Echtheit er zweifelte, sehr aufgebracht. Als orthodoxer Christ könne er so etwas nicht annehmen. Christus sei am Kreuz gestorben, sei in die Hölle hinabgestiegen und am dritten Tage auferstanden. Diese neue Auffassung würde das Dogma völlig durcheinanderbringen. Jadwiga blieb ruhig und gelassen. „Was willst du? Du weißt genau, daß er im Leib auferstanden ist, daß Thomas seine Wunden angefaßt hat, daß er mit ihnen dort und am See Genezareth gemeinsam gegessen hat. Also hatte er einen Leib und keinen Licht- oder Astralleib. Und ist es nicht ein Wunder, daß der wunderbare Arzt Joseph mit Hilfe des Nikodemus ihn, der in der Todesstarre war und seinen Geist aufgegeben hatte, zum Leben wieder erweckt hat? Das ist doch genau so ein Wunder wie das andere, daß er auf irgendeine Weise auferstanden ist. Für mich ist es nur eine Haarspalterei. Die Vorstellung, daß er nach all dem Leid wieder leiblich da war, ist mir vertrauter als die eines Lichtleibs. Du weißt genau, daß Christus keine Wunder liebte, daß sie für ihn auch keine Wunder waren. Warum verlangen wir denn wie die Juden jener Zeit, daß unbedingt Wunder geschehen müßten? Du bist ein kluger Mann, Saschenka, du weißt so vieles. Ist es dir denn nicht aufgefallen, daß in dem Nicänischen Glaubensbekenntnis vom Jahre 325, bei dem 280 Bischöfe der damals noch ungeteilten Kirche zugegen waren, ein seltsamer Glaubenssatz steht: ‚Der auch gekreuzigt worden ist für uns, unter Pontius Pilatus gelitten hat und begraben worden ist. Und auferstanden am dritten Tage der Schrift gemäß. Und aufgefahren gen Himmel, sitzend zur Rechten des Vaters.' Ist es nicht auffallend, daß das Wort ‚gestorben' dort fehlt? Wenn ich über den Vorgang jener Geschehnisse nachdachte, über dieses seltsame Dazwischentreten eines Würdenträgers, habe ich mir immer Gedanken gemacht, was da eigentlich in der Nacht im Grabe wirklich geschehen ist." – Sascha schüttelte unwillig seinen Kopf, er wollte sich nicht so leicht überzeugen lassen. Diese andere Version beunruhigte ihn zutiefst. Er war eingebettet in seiner orthodoxen Kirche. Er glaubte von Kindheit an einfach, was er gelernt hatte, und sein Traditionalismus ließ keine Änderungen zu. Bobik war mit weit aufgerissenen Augen dabei gesessen. Er liebte seine Mutter und seinen Vater; er hatte so etwas wie Ehrfurcht ihm gegenüber, Verehrung gemischt mit ein wenig Furcht. Aber die Argumente seiner Mutter gingen ihm ein. Auch er hatte sich über die Bibel und das Evangelium vielerlei Gedanken gemacht, oft waren es eigene Gedanken, die er besser nicht in Gegenwart seines Priesters aussprach. Er würde ihn der Häresie, der Eigenwilligkeit und des Ungehorsams beschuldigt haben. Bobik aber, obwohl er seine Kirche innig liebte, wollte seine eigene Meinung über manche Dinge und Anschauungen behalten. Es ging ihm immer um Christus, und er hatte oft den Eindruck, daß die Kirche Christus zu eng auffaßte. Für ihn, Bobik, stand fest, daß Christus für alle, wörtlich für *alle* gekommen war, sonst wäre er nur ein Teilchristus gewesen – das ließ er sich nicht nehmen!

Rechts von der Kreuzabnahme war die Magdalenenszene dargestellt. Magdalena schweift schon im Morgengrauen in der Umgebung des Grabes umher in der Absicht, die provisorische Grablegung zu verbessern und den Leichnam nun nach den Bräuchen der Juden einzubalsamieren. Sie weiß, daß ihr Herr tot ist. Das Grab aber ist leer. Verzweifelt über diese Leichenschändung irrt sie umher, bis sie einem Gärtner begegnet. Sie befragt ihn flehentlich, ob er denn nicht beobachtet habe, wohin man den Leichnam ihres Meisters verschleppt habe. Und da, plötzlich, erkennt sie ihn. In ihrer aufbrechenden, vitalen Freude wirft sie sich vor ihn nieder und will seine Knie umarmen, ihn an sich drücken. Aber er weist sie ab, einen Schritt zurückweichend. „Wage es nicht mich anzurühren!", denn er war noch schwach von der erlittenen Qual. Sie aber glaubte, was sie sah, und lief eilends und berichtete es den anderen.

Links davon die andere ergreifende Szene nach der Auferstehung. Christus war den Jüngern erschienen. Aber Thomas der Zwilling war nicht dabei. Sie erzählten es ihm. Er konnte nicht daran zweifeln, daß sie ihn wirklich gesehen hatten, denn sie waren mehrere. Er war aber von dem Geschehenen derart bestürzt, daß er es nicht glauben konnte, wenn er es auch mit allen Fasern seines Seins wollte. Und da, acht Tage später, erscheint Christus wieder unter ihnen, und diesmal ist Thomas dabei. Christus schaut ihn an und sagt: „Gib deine Hand, und schau auf meine Hände, leg deine Hand in meine Seitenwunde, werde aus einem Ungläubigen ein Gläubiger!" Thomas ruft überwältigt aus: „Mein Herr und mein Gott!" Und Christus erwidert: „Du hast geglaubt, weil du mich sahst, selig, die nicht sehen und doch glauben!" – In dieser ersten leiblichen Berührung ist das ganze Wunder der leiblichen Auferstehung eingefangen, und es gibt keinen Zweifel, daß Christus in seiner alten Gestalt vor seinen Jüngern erschien. Erst diese Begegnungen machten sie zu dem, was sie wurden: Nachfolger Christi, Verbreiter seiner Lehre und Bekenner, Bekenner bis zum Martertod.

Wenn Bobik in der Stadt war, versäumte er nie, in das Münster zu gehen und still in großer Dankbarkeit vor der Ikone der Muttergottes der immerwährenden Hilfe zu verweilen. Er wollte nach alter Gewohnheit beten, aber die Worte formten sich nicht in seinem Mund; er kniete oder saß nur davor, er war nur ergriffen und gab sich ganz hin. Es war kein Wunsch in ihm, den er vortragen wollte, es war nur Dank; wie wenn man einem überaus schönen Menschen begegnet und sich von diesem Glanz ergreifen läßt, ohne ihn besitzen zu wollen. Auf einer Postkarte fand er einen Plan der Stadt Bonn. Er zeichnete drei Sterne hinein: das Münster, die Universitätsinstitute in Poppelsdorf und seine Behausung und verband sie zu einem Dreieck. Das war sein derzeitiger Lebensbezirk: die Wissenschaft und die Lehre, das Gebet und das Geborgensein, das kleine Zuhause, das wie ein Mantel ihn umhüllte, und der weite Raum des Münsters, in dem seit tausend Jahren die Menschen zu Gott sprachen, seine Lehre vernahmen, ihr Gewissen erforschten, Gott lobpriesen, in dem ihr zweites, transzendentes Sein seine Erfüllung fand.

Aus Moskau hatte er vier seidene russische Hemden mitgebracht. Er steckte die aus Remscheid stammenden Anzüge in den Schrank und trug nur seine Russenhemden. Hier war gottlob niemand, der ihm das verbieten konnte. Er trug dazu seinen alten, mit Tulasilberplatten verzierten Gürtel. Eigentlich gehörte dazu der kaukasische silberne Dolch, der Kinjal, aber er fand ihn zu martialisch und legte ihn beiseite. In seiner Verträumtheit merkte er gar nicht, daß er in der Stadt der Einzige war, der eine solche Kleidung trug; dann aber fiel ihm auf, daß, wenn er ein Schaufenster betrachtete oder in die Kirche ging, sogleich mehrere Menschen um ihn herum waren, die interessiert die Auslagen betrachteten oder vor der Muttergottes knieten. Es kam ihm nicht in den Sinn, dieses seltsame Geschehen mit sich selbst in Verbindung zu bringen, und er blieb ganz naiv und gelassen.

Zu seinen Professoren hatte er das rechte Verhältnis vom Schüler zum Lehrer. Sie waren große Lehrer in ihrem Fach, und jeder von ihnen hatte auf seinem Gebiet Beachtliches und Bahnbrechendes geleistet – der Physiologe Verworn, der Anatom Sobotta, der Chemiker Anschütz und andere. Es ging von ihnen eine Würde und eine väterliche Zuneigung zu den Studenten aus, die alle spürten. Bobik hatte sich zu Beginn des Semesters seinen Professoren vorgestellt, und er war von manchen von ihnen sehr freundlich ins Haus eingeladen worden.

Professor Sobotta, der berühmte Anatom und Verfasser eines anatomischen Lehrbuchs, hatte einen interessanten Mephistokopf: eine hohe Stirn, eine Adlernase, wollüstige, sarkastische Lippen, buschige Augenbrauen und eine gepflegte Glatze. Er war ein schöner und interessanter Mann. Wie erschrak Bobik, als er anläßlich eines Besuches bei ihm im Arbeitszimmer ein Portrait erblickte, das ihn in seinen besten Jahren darstellte. Er hatte dichtes dunkles Haar, das ihm tief in die Stirn gewachsen war. Bobik haßte Glatzen, aber hier fand er, daß sein geliebter Professor mit Glatze sehr viel besser aussah. Er hatte eine bezaubernde Art, auf Bobik einzugehen, so daß der junge Fremde alle Schüchternheit verlor und dem alten Herrn Geschichten aus Rußland erzählte, die dieser mit Vergnügen goutierte.

Professor Verworn war ein würdiger, wohlgepolsterter alter Herr, der seine Studenten aufrichtig liebte. Er sprach gemessen und langsam, nie machte er einen anzüglichen Witz oder mokierte sich über die Studenten. Wenn sie irgendwelche Fragen nicht beantworten konnten, wartete er geduldig und half ihnen, den richtigen Gedanken zu finden. Als die Nachricht durchdrang, daß er einen Schlaganfall erlitten habe, waren seine Studenten bestürzt und trauerten um ihn wie um einen Vater. In den ersten Tagen seiner Krankheit umstanden immer mehrere Studenten seine Wohnung und schauten bange zu seinem Schlafzimmerfenster hinauf. Das war ein großer Trost für seine arme Frau, die öfters das Fenster öffnete, den Studenten zuwinkte und über den Zustand ihres Mannes berichtete. Schließlich erholte er sich wieder. Kaum konnte er sich mühsam am Stock bewegen und sprechen, so stand er schon wieder auf dem Katheder und lehrte. Bei seinem ersten Auftritt brachten ihm seine Studenten eine so stürmische Ovation, daß der alte Mann sein Gesicht mit den Händen bedeckte und weinte. Er mußte sich vor Rührung und Schwäche setzen. Es herrschte absolute Stille im Raum. Die Zunge gehorchte ihm kaum, er fand nicht gleich die passenden Worte. Aber alle hatten nur den einen Wunsch, diesen Mann, der schon einige Generationen von Ärzten und Physiologen ausgebildet und menschlich geführt hatte, zu behalten. Jeder dachte insgeheim: wenn ich nur das Glück hätte, ebenso verehrt und geliebt zu werden – und jeder wußte, daß Prof. Verworn diese Liebe nur erworben hatte, weil er ein Weiser und ein Liebender war.

Professor Junckersdorf, der chemische Physiologe, begeisterte seine Schüler durch seinen ausgesprochenen Nonkonformismus und seinen sarkastischen Humor. Im Gegensatz zu den wirklich würdigen und den mit Würde wie mit einer dünnen Cellophanschicht überzogenen Professoren verhielt er sich ganz unkonventionell, kleidete sich salopp, duzte manche Studenten, die er mochte, und hielt mit Kritik vor alten verstaubten Zöpfen, von denen die Universitäten immer voll sind, nicht zurück. So betitelte er den Dekan oder den Rektor einfach als Kollege, obwohl er selbst nicht einmal Ordinarius war, und mokierte sich über die verschimmelten Anreden wie Magnifizenz oder Spektabilität. Wieviele bis dahin noch nicht entdeckte medizinische Vorgänge wurden damals mit mysteriösen und hochtrabenden Theorien erklärt, die die armen Studenten für das Examen auswendig lernen mußten, weil sie logisch nicht zu begreifen waren. Junckersdorf wagte es vor den Studenten, sich über solche medizinischen Mystifikationen lustig zu machen, zum größten Mißvergnügen seiner Kollegen, die sein Verhalten als Untergrabung der Autorität und Lächerlichmachung des Lehrkörpers empfanden. Wenn er die Theorie über den Vorgang der Blutgerinnung erklärte, so hob er gewichtig den rechten Zeigefinger in die Luft und sagte: „Paßt auf, Jüngelchens, jetzt kommt der Augenblick, da der weiße Elefant ins Wasser steigt. Kinder, die nicht sehen, und Damen, die nicht schwimmen können, steigen auf die Kisten!" Alle krümmten sich vor Lachen, und er zerpflückte die Theorie als baren Unsinn. Von ihm lernten sie, Dinge nicht sklavisch und autoritätsgläubig anzunehmen, ehe man sie nicht selbst auf ihre Richtigkeit geprüft hat.

Ein origineller Kauz war der Vorgänger von Professor Sobotta, der emeritierte Professor Freiherr Lavalette de St. George. Er trug wie manche Professoren einen breitkrempigen Hut, einen Spitzbart à la Henri IV, einen weiten dunklen Umhang und erinnerte an den Capitano aus der italienischen Buffo-Oper. Bei der Feier der Rektoratsübernahme ist es üblich, daß der neue Rektor einen feierlichen Vortrag aus seinem Fach hält, vor geladenem Publikum, versteht sich. Nun, Lavalette war Anatom. Warum sollte er Laien mit anatomischen Kenntnissen langweilen? Also hielt er zur allgemeinen Belustigung des Publikums und zum ebensogroßen Entsetzen der Professoren und Dekane einen Vortrag über das Leben der Forellen. Er war zum Rektor gewählt, und man konnte den Spaßvogel nicht absetzen. Seine Studenten liebten ihn wegen seiner Schlagfertigkeit und seines nie versiegenden Humors. Er war ein scharfer Prüfer, aber auch seine Prüfungen gestaltete er elegant wie das Florettfechten.

Eines Tages reiste er irgendwohin zweiter Klasse. Er fand: wozu für die gleiche Entfernung, die gleiche Fahrzeit und das gleiche Landschaftsbild mehr Geld bezahlen? Ein aufdringlicher Commis Voyageur verwickelte ihn in ein langweiliges Gespräch über den Vertrieb von Strümpfen, Absatz, Gewinn, Konkurrenz. Lavalette schwieg gelangweilt. Schließlich fragte der aufdringliche Jüngling: „Und in was reisen Sie?" – Lavalette blinzelte ihn dämonisch an und brummte: „In Leichen!" Der verdutzte Jüngling ergriff schleunigst seine Koffer und verschwand aus dem Abteil.

Einmal stieg Bobik die breite Treppe zum Chemischen Institut hinauf, vor dem das Denkmal des Entdeckers des Benzolrings, Kekulé von Stradonitz, stand. Jemand ging hinter ihm und zupfte ihn am Ärmel. Bobik war solche Vertraulichkeiten nicht gewöhnt. Empört schaute er sich um. Es war der wohlbeleibte und gemütliche Professor Schönburger, der ein unverfälschtes Rheinisch sprach: „ich" wurde zu „isch" und „Fisch" wurde zu „Fich". – „Mensch", sagte er, „Ihr Jeld möchte ich haben!" – Bobik war sprachlos. „Wieso, Herr Professor, ich habe doch gar keins!" – „Na, mir können Sie doch sowat nisch erzählen, ich sehe Sie doch fast alle Tage. Jeden Tag ein neues seidenes Hemd, und die Unbekümmertheit, die Nonchalance, mit der Sie auftreten – Ihnen kann doch keiner! Das kann nur einer, der auf Geldsäcken buchstäblich sitzt!" – Was sollte er ihm antworten, er würde es doch nicht begreifen, da er ja bei seinem Alter innere Sicherheit nur auf dem Hintergrund von Banknoten wähnte. Bobik lachte und nickte. „Sie haben es ganz genau erraten, Herr Professor, aber sagen Sie es niemandem, die Leute würden es Ihnen nicht glauben." – Der Professor war froh, daß er es erraten hatte. „Mich kann man nicht so leicht hinters Licht führen. Wir haben unter Kollegen darüber gesprochen. Die einen sagten, er ist Emigrant, wo soll er Geld her haben? – Ich aber habe Sie gleich durchschaut, ich sagte: ‚Glaubt mir, der sitzt mit seinem A . . . auf Geld!'" Beide lachten fröhlich und gingen auseinander.

Von Zeit zu Zeit gab es im großen Saal der Anatomie eine Demonstration. Mikroskope mit Organschnitten wurden aufgestellt, auch in Wachs nachgebildete Organe oder in Spiritus eingelegte Körperteile. Bobik graute es vor dieser Demonstration; abgetrennte Teile vom Ganzen des Menschen ängstigten ihn und erzeugten in ihm Ekel. Er ging, ganz in Betrachtung versunken, von einem Präparat zum anderen und sah sich die Organteilchen im Mikroskop an. Er versuchte zu erkennen, um welche Organe es sich handle. Der Saal war voll von Studenten. Er sah sich diese selten an, sie waren ihm fremd und etwas unheimlich in ihrer Forschheit und Lautheit. Die jungen Männer hatten zackige Bewegungen, sie klappten die Hacken beim Gruß laut zusammen. Bobik mußte dabei an die Offiziere unbedeutender Regimenter denken, die das gleiche taten im Glauben, daß es elegant sei. Kein Funke sprang von ihnen zu ihm, es war wie eine gläserne Wand zwischen ihnen.

Zuhause in Rußland schaute man sich an, man lächelte sich zu, ob man einen kannte oder nicht, es gab so viele liebe, spontane Gesten, die Umarmung mit dem dreifachen Kuß, das Streicheln der Wange oder des Kopfes, den langen Händedruck, bei dem die Hände ineinander verweilen, ein sich Umfassen und die vielen freundlichen und zärtlichen Anreden: mein Engel, mein Täubchen, mein Lieber – es verpflichtete zu nichts, aber es erzeugte eine Atmosphäre von Wärme und Zärtlichkeit, und man war nicht einsam und fühlte sich geborgen. Bobik spürte neugierige, forschende Blicke auf sich gerichtet. Manchmal kam ein Student nahe an ihn heran und fragte ihn etwas, immer mit der stereotypen Einleitung: „Gestatten Sie?" – Bobik schaute den Fragenden befremdet an, meist verstand er, der Sprache noch ungewohnt, den Sinn der Frage nicht recht. Er hatte den Verdacht, daß dem Fragenden nicht an der Frage gelegen war, daß sie nur Mittel zum Zweck war, um ein Gespräch mit ihm einzuleiten. Bobik stammelte: „Ich kann es Ihnen nicht sagen, ich weiß es nicht", und wendete sich ab.

Fünfzehn Jahre später begegnete er einem Kollegen aus jener Zeit. „Wissen Sie noch, was für eine Aufregung entstand, als Sie nach Bonn kamen? Ich war viel in Ihrer Nähe, ohne daß Sie es ahnten; Sie schauten damals niemanden an, als ob Sie kein Mensch etwas anginge. Es war ein Geheimnis um Sie, und jeder wollte es ergründen, und man machte noch mehr Geheimnisse dazu. Irgend jemand hatte eine alte Münze von Kaiser Paul I. und wies auf die Ähnlichkeit mit Ihnen hin. Wir versuchten, Kontakt mit Ihnen aufzunehmen, aber es gelang nicht, Sie schauten einfach durch uns hindurch, und niemand hatte den Mut, sich Ihnen zu nähern. An den Tagen der Demonstrationen liehen die Mediziner ihre Teilnehmerkarten an die Angehörigen anderer Fakultäten, weil diese die Gelegenheit suchten, sich Ihnen zu nähern. Wetten wurden abgeschlossen: ganz Wagemutige brüsteten sich damit, daß sie Sie ansprechen würden; aber wenn sie in Ihre Nähe kamen, verloren sie den Mut und zogen sich zurück. Professor Sobotta wunderte sich über den ungewöhnlichen Besuch und die vielen fremden Gesichter, die er nie bei seinen Vorlesungen gesehen hatte, aber bald bemerkte er die Ursache und lächelte sein sarkastisches Lächeln; er machte sich den Spaß, einen Eindringling nach dem Demonstrationsobjekt zu fragen und setzte ihn in tödliche Verlegenheit. ‚Wozu kommen Sie zur Demonstration, wenn Sie nichts gelernt haben?' "

Eines Tages gab Bobik bei einer Demonstration Anlaß zu allgemeiner Heiterkeit. Er saß vor einem Präparat, das mit einer Glasglocke, wie ein Stück Käse, überdeckt war; es war eine in Formalin eingelegte weibliche Brust. Um die Ausgänge der Milchdrüsen zu demonstrieren, hatte man in die Öffnungen der Drüsen schwarze und rote Schweinsborsten hineingesteckt; das Ganze sah aus wie ein kurzgeschorener Igel. Sicherlich hätte Bobik bei näherer Betrachtung begriffen, wozu die Schweinsborsten da waren, aber der Anblick der gespickten Brust war absonderlich und abstoßend. Er saß lange vor dem Präparat und schüttelte unentwegt seinen Kopf. Professor Sobotta, der in der Nähe stand, beobachtete Bobik, er legte seine Hand auf Bobiks Schulter und fragte: „Was befremdet Sie, mein Freund?" – Traumverloren, ohne zu realisieren, wer ihn fragte, sagte er: „Die armen Babies, sie müssen sich verletzen!" – Professor Sobotta lachte schallend und sagte laut, so laut, daß alle Neugierigen, die nähergekommen waren und einen dichten Kreis um Bobik gebildet hatten, es hören konnten: „Lieber Freund, haben Sie noch nie eine weibliche Brust in vivo gesehen? Das sind doch Borsten, die man hineingesteckt hat." – Alle lachten schallend, es lag mehr jugendliche Ausgelassenheit als Schadenfreude darin. Bobik wurde rot und bat verlegen um Entschuldigung. Wie sollte er dem Professor erklären, daß er den Gegenstand lediglich ganz vordergründig, von seiner äußeren Form her erfaßt hatte, ohne darüber nachzudenken. Es war zu dumm. In der Folge geschah es, daß kesse Kommilitoninnen, die zugegen gewesen waren oder von dem Vorfall gehört hatten, wenn sie ihm auf der Straße begegneten, ihn herausfordernd anschauten und sich demonstrativ an die Brust faßten. Er wendete sich verschämt lächelnd ab, teils ärgerte es ihn, teils amüsierte er sich. Aber der Bann der Fremdheit war gebrochen. Bobik beschloß, sich nicht mehr so abweisend zu verhalten und Kontakt aufzunehmen. Er wagte es, Studenten nach Dingen zu fragen, die er nicht begriff; die Angeredeten strahlten auf, gaben ihm bereitwilligst Antwort und verwickelten ihn in ein Gespräch, und schließlich wagten sie es, persönliche Fragen an ihn zu richten, die er allerdings sehr zurückhaltend beantwortete. Es geschah, daß der eine oder andere ein Stück Wegs mit ihm gemeinsam ging und sie ernste Gespräche miteinander führten. Wenn er in den überfüllten Hörsaal hereinkam, hatte irgendein Student oder eine Studentin einen Platz für ihn frei gehalten. Er dankte erfreut. Von nun an grüßten ihn fast alle Studenten, die Mediziner und die anderen, die ihn vom Sehen her kannten. Er erwiderte freudig und erstaunt den Gruß.

FAST EIN VERZICHT

Im Wintersemester schrieb Bobik sich für den anatomischen Präparierkurs ein. Zusammen mit einer hübschen Studentin betrat er den Saal. An der Tür schlug ihm ein widerlich süßlicher Geruch nach Fäulnis und Formalin entgegen, der bei ihm Übelkeit erregte. Bobik blieb wie angewurzelt stehen. Auf Tischen lagen unbekleidete Leichen von Männern und Frauen, junge und alte. Plötzlich sah er sich in den Winter 1917 nach Moskau versetzt. Er war Hand in Hand mit seiner Mutter durch die Fabrikhallen am Rande der Stadt gegangen und hatte Freunde und Angehörige gesucht, die in den Oktobertagen der bolschewistischen Revolution in den Kämpfen gefallen waren. Die Toten wurden hier niedergelegt, oder besser gesagt, achtlos in endlosen Reihen hingeworfen. Er schaute in die starren Gesichter der Menschen; hier und da erkannten sie Freunde oder Nachbarn oder Menschen, denen sie irgendwo begegnet waren. Er hatte öfters feierlich aufgebahrte Leichen im offenen Sarg in den Kirchen oder Privathäusern gesehen. Eine ungeheure Würde und Feierlichkeit ging von ihnen aus, man ahnte etwas von der Majestät des Todes. Aber hier hatte der Tod die Menschen mitten im Tun, im Kampf, im Schießen, beim Gehen auf einer Straße überrascht.

Die Studentin stieß ihn an: „Bleiben Sie doch nicht mitten in der Tür stehen, gehen Sie weiter!" – Bobiks erster Impuls war: fliehen, diesen Ort des Schreckens weit hinter sich lassen. Ein Student blieb neben Bobik stehen und sagte leise: „Kommen Sie, überwinden Sie sich; das hat jeder von uns erlebt, schließlich gewöhnt man sich daran. Es ist wie mit dem Mikroskop, man kann verschiedene Tiefen einstellen. Fragen Sie nicht viel nach dem Schicksal der Toten, es sind sicherlich schreckliche Schicksale. Aber wie sollten wir anders lernen als an Leichen. Wir müssen doch den Bau der Muskeln und Knochen, der Gefäße und Nerven kennenlernen; wie soll ein Chirurg operieren, wenn er nicht an Leichen gearbeitet hat?" – Bobik ergriff die Hand des Studenten und drückte sie. „Ich kann nicht", stammelte er. Jener hielt ihn fest an der Hand und stieß ihn sanft weiter in den Saal. Sie gingen stumm nebeneinander her. Alte Männer lagen da, mit welker, faltiger Haut und Stoppelbart, ab und zu eine alte Frau. Woher stammten sie? Kamen sie aus den Armenhäusern, oder wurden sie auf der Straße aufgelesen? Auf dem dritten Tisch lag ein junger Mann ohne Kopf. Im Schnitt des Halses konnte man die Luftröhre, die Speiseröhre, den Wirbel, die großen Schlagadern erkennen. Der Mann hatte gepflegte Hände mit langen Fingern, keine Schwielen. Die Füße waren schmal und schön geformt. „Er muß lange im Gefängnis ohne Arbeit gewesen sein, daß seine Hände und Füße so glatt sind. Natürlich, die zum Tode Verurteilten sind in der Einzelzelle und bekommen keine Arbeit", dachte Bobik. Dann schaute er sich um, ob er den Kopf finden könnte. Zwei Mädchen arbeiteten schweigend an einem kleinen Tisch, sie präparierten den Kopf. Das Gesicht war bereits zerschnitten, die Oberlippe war angehoben worden und zeigte eine Reihe blendend weißer Zähne. Andere Studenten arbeiteten an anderen Leichen, einige von ihnen waren ernst, andere schwatzten munter drauf los, erzählten sich Witze und lachten laut. Ein hübsches Mädchen entfaltete, neben der Leiche stehend, ein Butterbrot und biß kräftig hinein. Bobik erschauerte. Er ging an einem Tisch vorbei, an dem eine etwas ältere, ernste Studentin arbeitete. Sie hob den Kopf und erblickte Bobik, sie lächelte ihm zu und winkte ihn zu sich. „Schauen Sie, das ist der Pectoralis major. Man muß die Haut fein säuberlich abtrennen, dann die Fascie, die den Muskel umhüllt; unter ihr sehen Sie schon die Fasern der Muskeln, jede Fascie umhüllt einen ganzen Muskel. Später, in einem fortgeschrittenen Kurs, lernen wir die Gefäße, die Arterien und Venen und die Nerven erkennen, die die Muskeln und die Haut durchziehen. Unsere Hand lernt dabei, feinste und differenzierteste Arbeit unter der Leitung des Auges zu leisten." – „Ja, aber genauso zogen sie bei uns zuhause die Hasen und Rehe ab, die sie auf der Jagd geschossen hatten", meinte Bobik. – „Sie haben recht. Jene Tiere waren ebenso tot wie die Menschen hier. Im Mittelalter war das Sezieren von Leichen verboten, und einer, der forschen wollte, machte sich strafbar. Andreas Vesalius stahl sich die frischen Leichen von den Galgen, um den Bau des menschlichen Körpers zu studieren. Ohne ihn wüßten wir heute noch nichts Genaues über den Menschen und wären auf schematische Darstellungen angewiesen. In der Medizin und in der Biologie gibt es viele Dinge, die weder ästhetisch noch appetitlich sind, man muß da hindurch." – „Ich kann nicht, ich kann nicht, mir ist einfach übel, ich kann mich von dem Gedanken nicht lösen, welche Schicksale diese Menschen hatten, und nun sind sie leblose Objekte für die Übung von unreifen Studenten. Ich weiß, ich komme darüber nicht hinweg. Ich habe mir das Studium so schön und erhaben vorgestellt, aber das kann ich nicht. Ich muß es mir überlegen, ich werde umsatteln."

Er nickte der freundlichen Dame zu und verließ eilig die Anatomie. Seine Haare, seine Kleidung hatten den widerlichen Geruch nach Formalin und Fäulnis des Fleisches angenommen, er konnte sich selbst kaum noch ertragen. Er lief wie gejagt nach Hause, warf die Kleidung von sich – sein erster Gedanke war, alles zu verbrennen –, dann besann er sich aber und hing die Sachen zum Fenster hinaus. Er wusch sich und rieb seinen Körper, um den Leichengeruch von sich zu entfernen. Dann legte er sich verzweifelt auf das Bett. Was sollte er tun? Nie wieder würde er die Anatomie betreten. Aber er war mitten im Semester, im zweiten, er konnte sich erst im dritten ummelden, und zu welcher Fakultät? Lehrer wollte er nicht werden, er hatte mit den meisten Lehrern keine guten Erfahrungen gemacht. Theologie? Nein! Er wollte sein unmittelbares Verhältnis zu Gott nicht durch ein vermeintliches Wissen um Gott einbüßen. Philosophie war ihm zu abstrakt. Kunstgeschichte hätte ihn interessiert; aber sein ganzes Streben ging dahin, Menschen zu helfen, Krankheiten und seelische Leiden zu lindern, und dazu mußte er das Studium der Medizin absolvieren. Er blieb den ganzen Tag in tiefer Niedergeschlagenheit und Entschlußunfähigkeit liegen. Er versuchte die Gedanken und Bilder wegzuscheuchen. Es schmerzte ihn tief, daß ein mit so viel Begeisterung begonnenes Studium ein so schnelles und unwürdiges Ende nehmen sollte.

Als er am nächsten Tag erwachte, schien die Sonne, die Vögel zwitscherten, irgendwo spielten Kinder und schrien mit schrillen Stimmen, in denen Angst und Wonne zu gleichen Teilen gemischt waren. Die Natur war heiter und harmonisch, nur Bobik befand sich in einer Sackgasse. Er breitete ein großes Stück schwarzes Linnen aus und beschloß, einen neuen Wandbehang zu sticken. Das Thema: Christus treibt die Dämonen aus einem Knaben aus. Der Knabe, geschüttelt und getrieben von den Dämonen, mit verrenkten Gliedern, wie im epileptischen Anfall – so wie er die Kranken in Moskau auf dem Roten Platz vor der Kapelle der Iberischen Muttergottes gesehen hatte, die von weither kamen, Heilung suchend, und die er in Krämpfen, schreiend und tobend, den Kopf herumwerfend oder sich um sich selbst drehend, bestaunt hatte. – Aus dem weit offenen Mund des Knaben entfliehen Dämonen. Christus, groß und mächtig, treibt sie mit zwingender Gebärde aus. Er versenkte sich in die Arbeit. Wenn Er doch käme und triebe seine Dämonen der Unentschlossenheit, der Angst und des unüberwindlichen Ekels aus. Er, Bobik, war ebenso wie dieser Knabe besessen von Kleingläubigkeit und mangelndem Vertrauen zu Gott und zu sich selbst. Wenn das Studium ihn durch manche ekelhaften Dinge führte, war es nicht sein vorgeschriebener Weg, auch durch dieses Ekel unbeschadet hindurchzugehen? Bei der Arbeit des Stickens wurde er ruhiger und gelassener. Diese und viele andere Heilungsgeschichten von Christus und von den Jüngern und später von vielen Heiligen gingen ihm durch den Kopf und erfüllten ihn mit Begeisterung. Innerlich wußte er, daß das Bildwirken gerade dieses Teppichs eine Flucht vor der Entscheidung war, aber da er etwas Schöpferisches tat, beruhigte sich sein schlechtes Gewissen. So vergingen mehrere Tage. Der Teppich, nur mit den zwei Gestalten und den Dämonen, ging der Vollendung entgegen.

An einem Nachmittag klingelte es dreimal. Das war das Zeichen für Bobik. Wer konnte das sein? Es klingelte nur der Postbote, der ihm Geld oder einen eingeschriebenen Brief brachte. Sonst besuchte ihn niemand. Er lief die Treppe hinunter und öffnete die Tür. Die Dame, die er in der Anatomie gesprochen hatte, stand vor ihm. „Ich bin Lene Müller. Fassen Sie es bitte nicht als Aufdringlichkeit auf. Ich sah, daß Sie in Not waren, und nun waren Sie nicht mehr in die Anatomie zum Präparierkurs gekommen, und da nahm ich mir das Herz, Sie aufzusuchen." – Bobik bat sie zu sich herauf. Sie blieb mit einem „Ah!" vor der Tür stehen. „Was ist das für ein wunderbarer Raum? Von wem sind die Teppiche?" – Bobik zeigte ihr den Teppich, an dem er arbeitete. Sie schaute sich alles an, die Teppiche, die Ikonen, die Photographien von Rußland. Bobik fragte, ob sie eine Tasse Tee mit ihm trinken würde. Sie sagte einfach und ohne Umschweife „ja". Er zündete den Spirituskocher an, stellte den kupfernen Kessel darauf, schüttete Tee in die kleine Teekanne, stellte Warenje, Brötchen und Butter auf den Tisch. Lene Müller wollte die Warenje in die Untertasse tun. Bobik belehrte sie behutsam, daß man es auf den ganz kleinen Teller tut, mit einem Löffel ißt und dazu Tee trinkt. Es schmeckte ihr vorzüglich.

„Woher wußten Sie, wo ich wohne?" – Sie lächelte. „Das weiß jeder. Ich fragte nur, wo der russische Student wohnt, und alle sagten es mir. Zwei Kinder geleiteten mich zu Ihrer Tür. Sie waren jedoch in Zweifel, ob Sie mir öffnen würden, denn Sie hätten nie Besuch." – „Ich bin hier in der Fremde, ich bin mit den Sitten der Menschen nicht vertraut, und Bekanntschaften zu schließen, nur um die Zeit totzuschlagen, dazu ist mir meine Zeit zu schade. Ich kann mich gut beschäftigen und langweile mich mit mir selbst niemals." – „Ich hätte es nie gewagt, in Ihr wunderbares, märchenhaftes Land einzudringen, ich bin davon derart ergriffen, daß ich das Gefühl habe, als sei ich ganz weit weg, in irgendeinem verzauberten Land, und sicherlich nicht in Deutschland. Aber ich habe immer Ausschau gehalten, ob Sie nicht in die Anatomie kommen würden. Und Sie kamen nicht, und da hatte ich das deutliche Gefühl, daß ich mit Ihnen sprechen müsse. Was Sie da erlebten, haben wir alle erlebt, vielleicht in einer anderen Art. Unsere jungen Menschen denken nicht so weit. Für sie sind Leichen eben Leichen, und sie müssen daran arbeiten. Sie kommen gar nicht dazu, über die Schicksale dieser Menschen nachzudenken oder ihre Person in Beziehung zu ihnen zu bringen. Ich habe genug Dostojewski und Tolstoi mit meinem ganzen Herzen gelesen, um sofort zu begreifen, was alles in Ihnen vorging, daß der ganze Jammer des Lebens und Sterbens jener Sie ergriff und daß Sie sich indirekt mit diesen Schicksalen verbunden fühlten. Für Sie waren die Leichen nicht leblose, zu nichts mehr nutze Körper, sie waren immer noch Repräsentanten ihrer Träger. Wie sollten Sie daran schneiden, sie nur als ein Lehrstück betrachten können?!"

„Sie haben mir aus der Seele gesprochen, genau so ist es. Aber da ist noch mehr, ich bin so jung; ich bin durch alle Greuel der Revolution gegangen, und eines der erschütterndsten Erlebnisse waren die Leichen, die Leichen, die die Straßen zum Sieg der Revolution füllten. Ich habe sie gesehen, und zahlreiche meiner Angehörigen, Freunde und Kameraden waren dabei. Ich glaubte, daß die Erinnerung daran, die mich Jahre nicht hat ruhig schlafen lassen – die Träume waren erfüllt von angstgepeinigten Menschen, von Gequälten, Gefolterten, Verhungerten – etwas verblassen würden. Aber angesichts der Leichen in der Anatomie und des enthaupteten Jünglings wurden die Wunden in meiner Seele wieder aufgerissen. Ich Törichter glaubte, jenes furchtbare Kapitel sei für mein Leben vorüber, und nun wurde ich mit ihnen wie mit lebenden Bildern in einem Liebhabertheater, oder besser, wie mit toten Bildern, wieder konfrontiert. Verstehen Sie, daß es mich umwarf?!"

„Ich verstehe es sehr gut. Ich kann mir nicht das Recht anmaßen, Sie zu belehren. Aber aus Ihren Bemerkungen höre ich, daß Sie durch ungeheuer Schweres und Entsetzliches hindurchgegangen sind, und Sie sind hindurchgekommen, sicher immer mit Gottes Hilfe, aber Sie haben schließlich selbst auch etwas dazu beigetragen, und Sie haben sich hunderte Male überwunden. Und nun kommen Sie, der Sie Ihrer Wurzeln, Ihrer Religion, ihrer Tradition und Bräuche, Ihrer Sprache beraubt worden sind, wie ein Kaspar Hauser in die Fremde, und Sie sind genötigt, sich selbst und Ihr Leben neu von Grund auf aufzubauen. Da dürfen Sie nicht an emotionalen Regungen scheitern. Sehen Sie, ich bin eine Frau. Ich habe mein Studium der Botanik schon lange hinter mir und wollte mich in einer Zwischenzeit in der Medizin umschauen. Ich arbeite doch auch in der Anatomie. Sie meinen, es sei außerdem eklig und unästhetisch. Das stimmt nicht, in der feinen und präzisen Arbeit des Präparierens, in dem minutiösen Aufsuchen der Muskelgruppen, der Gefäße und der Nerven verbirgt sich eine wahre Kunst. Sie werden sich überwinden, und ich und andere Kommilitonen werden Ihnen gerne dabei helfen. Nach einer Woche schon werden Sie die Gefühle des Ekels überwunden haben. Und denken Sie daran, daß der Arzt es sehr oft mit ekelerregenden und abstoßenden Krankheiten zu tun hat. Aber im Vordergrund steht doch der leidende Mensch, dem wir helfen wollen. Erinnern Sie sich an die Fabel von dem Heiligen Julian, dem Gastfreien, wie er einen Aussätzigen voller ekler Geschwüre in sein Bett aufnahm und ihn mit seinem Körper wärmte. Immer wenn ich mich vor etwas Abstoßendem ekle, muß ich an diesen Heiligen denken, und dann schäme ich mich meiner Schwäche."

Inzwischen war es dunkel geworden. Lene Müller half Bobik, das Geschirr abzuwaschen. Er erbot sich, sie nach Hause zu begleiten. Sie wohnte in Kessenich in dem alten Bauernhaus, das der Dichter Simrock bewohnt hatte, irgendwie war sie mit ihm verwandt. Ihre Eltern und ihr Bruder wohnten dort. Es war ein langer Weg, an Gärten vorbei. Bobik erzählte ihr von seiner Kindheit, seiner Familie, von Rußland, vom Krieg und von der Revolution, und sie begriff, daß er nach all den Erlebnissen, die ihn in der Pubertät getroffen hatten, innerlich noch wund und verletzlich war und daß seine selbstgewählte Einsamkeit eine Abwehr war; er fürchtete sich vor Begegnungen, vor möglichen Takt- oder Distanzlosigkeiten, vor Demütigungen. Kleine direkte Fragen, Indiskretionen, Neugier wirkten auf ihn wie der Wind auf eine Mimose, er schloß sich sofort gekränkt ab. In seiner Jugend hatte er sich in wunderbarer Weise beschirmt gewußt, wenn es auch nur wenige Personen waren, die ihn beschützt hatten: seine Mutter, die Njanja, Sascha, Onkel Iwan, der Kutscher Aleksandr. Er wunderte sich, daß es so wenige waren, auf denen er wie auf einem festen Fundament geruht hatte;

aber allmählich erfuhr er, daß den meisten Menschen noch viel weniger Schutz beschieden ist, und er wurde dankbar für diese reiche Schicksalsgabe.

Lene Müller hörte aufmerksam, ohne ihn zu unterbrechen, ohne zu fragen, zu. Er spürte, wie seine Gedanken und Empfindungen, seine Worte in ihre Seele eingingen, und er wußte, daß er heute einen Freund gewonnen hatte.

Lene Müller stammte aus einer rheinischen katholischen Familie, einer ihrer Vorfahren war ein napoleonischer General gewesen. Sie hatte Botanik studiert und sich der Getreidezucht gewidmet. Sie war jahrelang Assistentin des Schweden Niels Eli gewesen, der den Nobelpreis erhielt, weil er eine Getreideart gezüchtet hatte, die neunfache Erträge lieferte. Dann hatte sie auf Buitensorg auf Java gearbeitet und sich mit der Züchtung der Sojabohne befaßt. Es schwebte ihr vor, eine Sojaart zu züchten, die im europäischen Klima gedeihen könnte. Da sie auf einen neuen staatlichen Auftrag für diese Arbeit wartete, studierte sie zwischendurch Medizin. Sie hatte eine sehr leise und melodische Stimme, sie war ernst und hatte eine umfassende Bildung, was Bobik begeisterte, und sie war ganz anders als die meisten Mädchen und jungen Frauen, die er hier sah. Sie kamen an das breite, bäuerliche Tor des Hauses. „Hier wohne ich", sagte Lene Müller, aber beide waren noch so erfüllt von der Begegnung, von den Gesprächen, daß sie weitergingen, bis nach Dottendorf und dann zurück. Schließlich trennten sie sich. Bobik fragte, ob er sich mit dem russischen Gruß verabschieden dürfe. Er küßte sie dreimal auf die Wange, sehr inniglich. Sie zierte sich nicht und fragte nicht, was die Leute dazu sagen würden. Sie winkte ihm noch lange, bis er um die Ecke verschwand.

Auf dem Rückweg war sein Schritt beschwingt, und es war ihm immer, als ob er den Baronski-Prospekt in Girejewo entlangginge, der nach Karluscha benannt worden war. Ab und zu fiel ihm ein, daß es doch nicht die Datschi und Parks von Girejewo seien, aber er begriff, daß diese aufkeimende Freundschaft dazu führte, daß er sich hier heimatlich fühlte, und Heimat, das war Rußland, das war Girejewo, Krassnoje Sselo, Eremitage . . .

Am nächsten Tag ging er mutig und gefaßt, mit den besten Vorsätzen, in die Anatomie. Der gleiche penetrante Geruch schlug ihm entgegen, er atmete ihn tief ein, um sich gleich daran zu gewöhnen. Lene Müller stand bereits am Präpariertisch und erwartete ihn. Er folgte ihrem Rat und ihrer Führung, er versuchte nicht, sich mit dem Schicksal der Leiche zu identifizieren, er gab sich Mühe, seine Hand an die sichere Führung des Skalpells zu gewöhnen. Fortan trafen sie sich täglich im Präpariersaal und blieben den Tag über zusammen. Abwechselnd bereiteten sie russische und deutsche Gerichte, lasen gemeinsam. Bobik lernte deutsche moderne Dichter kennen, von denen ihm Rilke und Trakl nebst Kurt Heinicke am meisten bedeuteten. Bobik dagegen rezitierte russische Lyrik, die er hernach übersetzte. Sie lebten in einer Welt der Kunst und der Dichtung, einer Welt, die atmete, die das Leid und den Tod hinnahm und sie transformierte zu reinem, unfiltriertem Licht.

SASCHA VERSCHWINDET IN DEN KERKERN

Täglich begegnete Bobik Lene Müller in der Anatomie, danach besuchten sie andere Vorlesungen. Anschließend lud Bobik sie zu einem Imbiß ein. Sie hatte eine faszinierende Art zuzuhören. Bobik erzählte ihr von seiner verlorenen Heimat, seiner Kindheit, von den Menschen, die ihm nahe gewesen waren. Sie stellte keine Gegenfragen, seine Gedanken und Assoziationen konnten ungehindert fließen. Er war ihr dankbar für das Lauschen. Es hatte in seinem Leben in Deutschland bisher niemanden gegeben, der ihm so bedingungslos und aufmerksam zugehört hätte. Es hatte sich in dem einen Jahr der Einsamkeit und des Schweigens so viel in ihm angestaut, daß er spürte, wie durch das Mitteilen Schlacken, innere Verhärtungen und Unsicherheiten von ihm abfielen.

Abends allein, las er russische Bücher, die seine Mutter ihm aus Berlin sandte. Nikolai Berdjajew fesselte ihn besonders. Er setzte die religiös-philosophischen Ideen von Bobiks Urur-großvater Aleksei Chomjakoff fort, die Art des Denkens, das mystische Leben in Gott; die Heiligung allen Seins und Tuns waren ihm zuinnerst vertraut und bestätigten seine eigenen Gedanken. Es war spät geworden, und er beschloß schlafen zu gehen, da hörte er einen leisen melodischen Pfiff. Er löschte das Licht und trat ans Fenster. In einem anderen Haus, gegenüber, in dreißig Metern Entfernung sah er die Kontur eines jungen Mannes, der zu seinem Fenster hinaufschaute. Bobik kannte seinen Nachbarn seit der Zeit, da er in die Wohnung eingezogen war. In einem Ausschnitt zwischen zwei Häusern konnte Bobik auf die Straße sehen, er hatte den jungen Mann öfters beobachtet, wie er verträumt daherkam, er war immer allein. Nie war er ihm unterwegs begegnet. Manchmal, wenn seine Fenster erleuchtet waren, sah er ihn vor dem Schreibtisch sitzen und lesen, und an linden Abenden trat er vor sein Fenster und pfiff leise vor sich hin. Sie hatten sich nie gegrüßt, wenn sie sich im Fenster erblickten, und Bobik hatte es nie herausbekommen, ob der Pfiff überhaupt ihm galt, oder ob der Junge in seiner Einsamkeit sich selbst etwas vorpfiff. Jetzt sang er mit verhaltener melodischer Stimme ein kleines Wiegenlied. Es mußte wohl Brahms sein, aber es konnte ebensogut auch ein Lied seiner Heimat sein. Bobik lauschte mit verhaltenem Atem. Dann trat der Unbekannte vom Fenster zurück und schlug die Gardine zu. Im Zimmer blieb noch eine Weile ein grünliches Licht, dann ging es aus.

Bobik hatte nicht den Wunsch, den Jüngling kennenzulernen oder mit ihm in Kontakt zu treten, diese Fühlungnahme par distance faszinierte ihn mehr. Er betrat auch nie jene Parallelstraße oder versuchte an der Tür das Namensschild zu entziffern. Es genügte ihm, daß dort, ganz in seiner Nähe, ein anderer Einsamer lebte, der an sich selbst, an der Welt litt, sich auch daran freute, der in sich selbst eingeschlossen war. Aber die schönen kleinen Lieder, die er in die Nacht hineinsang, die er vielleicht für sich selbst sang, sie kamen wie schüchterne Boten bei Bobik an, und er spürte, daß ein ihm verwandtes, sensibles, leidendes und freudebegabtes Wesen sichtbar und hörbar in seiner Nähe war, und das genügte ihm.

Manchmal ging er mit dem Gefühl tiefer Niedergeschlagenheit zu Bett, sich fragend, wozu er eigentlich nütze sei, er allein, so jung und unerfahren in der Fremde, von niemandem geliebt und unbeteiligt an dem Schicksal der anderen Menschen. Und auch das Zimmer, das ihn einhüllte, das er mit Erzeugnissen seiner Phantasie erfüllte, das ihm seine ferne Heimat vorgaukeln sollte, war es etwas anderes als die reich verzierte, mit Symbolen erfüllte Grabkammer eines Pharao oder der Kurgan eines skythischen Helden? Tröstlich war ihm dann jenes nächtliche Lied, er wußte sich nicht allein in seinem Leid.

Er erinnerte sich eines Erlebnisses, das er einige Tag zuvor gehabt hatte und das ihn mit Freude erfüllte. Er war mit Lene Müller durch die Poppelsdorfer Allee gegangen. Da hörte er vertraute Klänge eines Tamburins. Das konnten nur Zigeuner sein. Seine Mutter und er wurden elektrisiert, wenn sie Zigeunern begegneten. Sie fühlten tiefste Zuneigung und Ehrfurcht vor dem heimatlosen Volk, das seit Jahrtausenden keine feste Wohnung hat und auf rollenden Häusern durch die Welt zieht. Bobik begann in die Richtung der Tamburinklänge zu laufen. Lene wagte es nicht, ihm nachzulaufen, sie beschleunigte nur ihre Schritte. Da stand ein Volkshaufe, meist Kinder, und gaffte. Er drängte sich durch die Menge und sah sich einer alten Zigeunerin mit wirrem weißem Haar und einem von Falten durchfurchten Gesicht gegenüber. Mit einer Hand rasselte sie mit dem Tamburin, mit der anderen hielt sie am Strick einen Bären, der zu den Tamburinklängen tanzte. Ohne zu überlegen, ob sie ihn verstand, fragte er sie auf russisch, wie ihr Bär heiße. Ganz selbstverständlich sagte sie auf russsisch zu dem Bären: „Wássenka, dai bárinu lápu!" (Wassenka, gib dem gnädigen Herrn die Pfote.) Der Bär schaute Bobik aus seinen kleinen Augen an und reichte ihm die Pfote. Bobik ergriff drei Krallen und schüttelte sie fest. Dann schüttelte Lene seine Pfote, und nun drängten die Kinder schreiend heran, und jeder wollte dem Tier die Hand schütteln.

Bobik reichte der Zigeunerin eine größere Münze, sie besah sie sich, spuckte darauf und versteckte sie in ihrer Rocktasche. Bobik blieb noch lange bei dem Bären stehen, manchmal streichelte er liebevoll sein struppiges Fell. Es war jemand aus seiner Heimat, der noch russisch verstand, vielleicht war er in den Wäldern von Kaluga beheimatet. Bobik wollte wissen, ob die Zigeuner noch länger in Bonn blieben, aber die alte Frau konnte ihm keine Auskunft geben. „Wir sind heute hier und morgen da, wo der Wind uns hinweht . . ."

Jene Begegnung wirkte in seinen Träumen fort . . . Der Bär kam an sein Bett, zog die Decke zur Seite und legte sich zu Bobik. Er war sehr behutsam, sein Atem war heiß, und er zog die Luft mit einem pfeifenden Ton ein. Bobik legte seinen Arm um den Hals des Tieres und fühlte sich in seiner Nähe wohlig beschützt. Er roch nach Wacholder, Herbstlaub und Pilzen, und Bobik fühlte sich in seine geliebten heimatlichen Wälder zurückversetzt. Als er aufwachte, war kein Bär da; nun realisierte er erst, daß alles nur ein Traum gewesen war. Aber er hatte es so deutlich erlebt, daß es für ihn die Qualität der Wirklichkeit hatte. Er dachte angestrengt nach, ob nicht die Begegnung mit dem Bären vielleicht auch nur ein Traum war? Er rekonstruierte alle Einzelheiten in seinem Gedächtnis, er zählte sogar das Geld in seinem Portemonnaie nach, es fehlten wirklich zwei Mark. Das beruhigte ihn.

Eines Tages, als er in der Poppelsdorfer Allee am Palais Loë vorbeiging, begegnete er der Kammerfrau der alten Baronin, der Witwe des Feldmarschalls Walter von Loë. Er grüßte sie, sie nickte ihm zu. „Woher kennen Sie mich denn, junger Mann?", fragte sie. – „Ich war doch vor dem Krieg mit meiner Mutter bei der Baronin; wissen Sie es noch, damals kam die Prinzessin Ardeck, und Sie sagten mir, sie sei ein Dragoner, und wenn ich nicht artig sei, würde sie mich auffressen. Ich habe es geglaubt und hatte eine mächtige Angst." – Anna lachte laut. „Ja, ich weiß es, Ihre Mutter war eine wunderschöne Frau, und Sie hatten eine ulkige Uniform an mit weißer langhaariger Fellmütze und weißem Mantel mit silbernem Gürtel. Ich habe schon so etwas im Kino gesehen. Was machen Sie denn hier?" – „Ich bin aus Rußland nach der Revolution geflohen und studiere jetzt Medizin." – „Warum besuchen Sie uns denn nicht, die Exzellenz wird böse sein, das gehört sich doch, oder haben Sie so viele Bekannte, daß Sie es nicht nötig haben? Alte Freunde soll man nicht vernachlässigen, und unsere Baronin wird sehr alt, sie ist schon achtundachtzig. Kommen Sie doch herein, es ist Teezeit, Exzellenz wird sich freuen. Ich weiß nicht, ob sie sich Ihrer noch erinnern wird. Sie hatten doch so einen komischen Namen, Bibik oder Bobek, nicht wahr?" – „Ich heiße Bobik, Sie haben es fast erraten." – Anna bat ihn herein. Er mußte längere Zeit warten, er hatte Herzklopfen, was sollte er mit der alten Dame sprechen? Sie hatten nichts Gemeinsames. Sicherlich war sie stocktaub, und er sprach nicht gerne laut. Schließlich bat Anna ihn, in den Salon zu kommen. Die kleine alte Dame saß wie aufgepflanzt auf dem Sofa, ihr Gesicht war verquollen, die Bäckchen hingen herab, die unteren Augenlider waren erschlafft, sie schaute ihn mit ausdruckslosen Augen an. Sie reichte ihm die Hand zum Kuß und forderte ihn auf, sich zu setzen. Sie erinnerte ihn fatal an seine ungeliebte polnische Urgroßmutter, die alte Fürstin Leszczinska Rajewska, und er wurde dadurch noch verlegener. – „Es ist freundlich von dir, mich alte Frau zu besuchen. Weißt du, die meisten meiner Freunde und Verwandten sind dahingestorben, und die jüngeren Menschen kommen nicht gerne her." – „Lebt Ihre Freundin, die Prinzessin Ardeck noch?" – „Nein, sie ist schon lange tot. Das war eine prachtvolle, eine mutige Frau, die sich über alle Konventionen hinwegsetzte, der konnte niemand etwas vormachen, und Humor hatte sie! Wir haben viel miteinander gelacht. Nun ist es still um mich geworden. Es ist nicht gut, so alt zu werden. Man vereinsamt, man kann nicht mehr gut sehen und hören, und es schmeckt auch alles anders als früher. Da bestelle ich Gerichte, die ich in meiner Jugend gerne aß, aber es ist nicht mehr das gleiche – ich denke, die Anna kann nicht mehr recht kochen, aber wenn ich es mir ehrlich überlege, dann weiß ich, es sind meine Geschmacksnerven, die nicht mehr funktionieren. Und das Gedächtnis funktioniert auch nicht recht, ich vergesse alles, verlege alles und schimpfe dann in der Meinung, die Anna hätte es getan. Was bleibt einem da, als auf den Tod zu warten, aber weil man, unter uns gesagt, nicht genau weiß, was dann geschieht, hat man es damit auch nicht so eilig." – „Haben Sie denn Angst vor dem Tode?" – „Ja, wer hat keine Angst? Man hat viel gesündigt im Leben, man war ungerecht, egoistisch und jähzornig, und man hat manchem Unrecht zugefügt. Und ich glaube, man muß auf alles Antwort stehen, für alles bezahlen." – „Ich hätte keine Angst vor dem Sterben. In unserer orthodoxen Religion hat man die Vorstellung, daß man dann in Gott ruht, mit den Engeln und Heiligen, wo es keine Schmerzen noch Trauer noch Seufzer gibt, sondern ewigen Frieden. So heißt es in der Totenliturgie, und das macht uns das Sterben leicht." – „Du bist noch sehr jung, du kannst da nicht mitreden, die jungen Menschen sterben leichter. Aber stell dir vor, wenn man auf die neunzig zugeht, das ist eine lange Zeit, da hat sich das Leben in einen eingefressen, es sitzt fest drin in allen Fasern des Körpers und der Seele, und da wird die Ablösung qualvoll. Das ist ein Unterschied." – Sie schwieg und schaute ins Leere, dann fiel ihr Kopf auf die Brust, und sie schnarchte leise. Bobik erschrak, war sie etwa am Sterben? Was sollte er tun, sollte er warten, bis sie aufwachte, und das Gespräch fortsetzen, oder sollte er sich wegschleichen? Er entschied sich, wegzugehen. Unten traf er Anna und berichtete ihr, was vorgefallen war. – „Sie ist halt alt, das kommt so über sie; wenn sie wach wird, weiß sie nicht, was vorher gewesen ist. Es ist besser, Sie gehen jetzt. Besuchen Sie uns mal wieder, wir sind sehr allein."

Bobik ging gesenkten Hauptes, er mußte an das Alter denken, und wie schwer es sein müsse, sich abzulösen. Er, er hatte das feste Gefühl, daß er jung sterben würde. Wen Gott liebt, den nimmt er früh zu sich, und er wußte sich von Gott geliebt. Er konnte es sich absolut nicht vorstellen, daß er einmal so alt sein würde, so steif und langsam, vergeßlich und auf die Hilfe anderer Menschen angewiesen. Nein, er wollte nicht, daß das Leben sich in alle Fasern seines Seins einfrißt. Er hob die Augen zum bewölkten Himmel. Die untergehende Sonne färbte die Wolken zart golden, rosa und violett. – „Herr der Welt, nimm mich bald zu dir, und laß mich nicht so alt werden wie die Baronin! Ich flehe dich an, laß es bitte nicht zu!" – Er wurde wieder friedlich, er wußte, daß Gott ihn erhören würde. –

Die Zeitungsnachrichten aus Rußland waren äußerst spärlich. Die Kämpfe zwischen den Weißen und den Roten wogten hin und her. Man erfuhr nicht, wo die Fronten waren. Schließlich sickerte die Nachricht durch, daß die Sowjets in die Ukraine einmarschiert seien und dort die Macht ergriffen hätten. Jadwiga sandte Bobik den Zeitungsabschnitt. Sie war tief beunruhigt, was mit Sascha geschehen sei. Wochenlang kam keine Post von ihm, und man wußte nicht, ob er noch lebe oder vielleicht umgebracht worden sei. Es gab keine Möglichkeit, irgend etwas zu erfahren.

Mutter und Sohn waren tief bekümmert. Solange sie mit Sascha korrespondieren konnten, hatten sie Hoffnung auf ein Wiedersehen, auf ein gemeinsames Leben. Nun war das Schicksal verhüllt, der dünne Verbindungsfaden war durchgeschnitten. Bobik und Jadwiga rückten noch näher zueinander, sie schrieben sich fast täglich und teilten gegenseitig ihre Erlebnisse und Gedanken mit. Das war der einzige Trost, den sie hatten. Eines Tages erhielt Jadwiga einen Brief. Der Absender war Saschas Adjutant beim Kultusministerium im Kabinett Skoropadski, Graf Krassnopolski. Er schilderte, daß Sascha mit den anderen Mitgliedern der Regierung verhaftet und in ein Gefängnis geworfen worden sei. Ihm selbst sei es gelungen zu entkommen und sich zu verbergen. Von Leuten, die aus dem Kerker entlassen worden waren, habe man erfahren, daß Sascha in einem Kellerloch sitze, ohne Fensterscheiben, bei grimmiger Kälte, und daß er Frostwunden an beiden Beinen und an den Händen habe. Vor einigen Tagen habe er noch gelebt. Die Überlebenschancen seien jedoch äußerst gering. Sascha sei in der Ukraine sehr beliebt und geachtet gewesen, und es sei nicht ausgeschlossen, daß sich einige Leute der neuen Regierung für ihn verwenden würden. Aber bei dem allgemeinen Mißtrauen jedes gegen jeden erscheine dieser Gedanke fast als Utopie. Er selbst wisse von einem Tag auf den anderen nicht, was ihm geschehen werde; wenn er in Freiheit (sic!) bleibe, werde er berichten, wenn er etwas erfahre. – Sie hörten nie wieder von ihm. Sie wußten nun, daß Sascha bis vor einigen Wochen noch gelebt hatte, aber unter welchen Umständen, und sollte man es Sascha wünschen, daß diese fürchterliche Qual im Gefängnis, mit ihren Verhören und der Verhöhnung alles Menschlichen, fortdauere?

Bobik beschloß, in den großen Ferien zu Jadwiga nach Berlin zu fahren, um ihr nahe zu sein und sie zu trösten. Er wußte natürlich, daß er ihr Sascha nicht zu ersetzen vermochte; er war noch jung und ungefestigt, scheu und ängstlich, stolz und unzugänglich. Was konnte er den Menschen in dem fremden Land bieten? Er war ein Nichts, ein aus der Erde herausgerissenes Reis, das dürr war und noch keine Wurzeln in die neue Erde gesenkt hatte. Er selbst fühlte sich schutzbedürftig, und er wußte, daß seine zarte, feine Mutter mit ihrem starken Charakter, ihrer Weisheit und Haltung ihm Schutz bieten würde.

BERLIN DER ZWANZIGER JAHRE

Jadwiga hatte sich nach Berlin begeben. Sie wußte eigentlich nicht, was sie in der großen fremden Stadt anfangen sollte, aber sie gab sich in Gottes Hand; wußte sie doch, daß alle Dinge sich fügen würden und sie nur das Gespür haben müsse, das Richtige zu tun. Sie besuchte in Friedenau eine Leidensgefährtin ihrer Flucht aus Rußland, die Geigerin Lisa und ihren Mann Jusja. Die damaligen Ereignisse standen ihr lebendig vor Augen: Erst versank der Wagen mit dem Pferd und dem kleinen Kind im Morast. Jadwiga gelang es nicht, es zu retten. Dann nächtigte die verängstigte Gruppe auf einer Waldlichtung. Sie hatten sich notdürftig mit Decken und Mänteln zugedeckt und froren, Passenka jammerte vor Hunger und Kälte. Jadwiga hörte immer noch das hilflose Wimmern des versinkenden Kindes. Da kroch jemand an sie heran. Vielleicht war es der Bauer, der sie ihres

Schmucks berauben wollte. Sie war nicht mißtrauisch, aber in dieser Zeit geschah so viel Ungutes. Sie schaute vorsichtig unter der Decke hervor, in der Dunkelheit konnte sie das Gesicht der jungen Geigerin Lisa erkennen. „Kommen Sie, kommen Sie schnell, helfen Sie mir, mein Mann Jusja ist verschwunden; er ist nervenkrank, er hat erlebt, wie man seine Mutter und Schwester ermordete, er kann es nicht verwinden. Und nun das heute mit dem Kind, das war zu viel. Er hat sich weggeschlichen und hat einen Kofferriemen mitgenommen. Er hat sich bestimmt etwas angetan. Kommen Sie bitte mit." Jadwiga war hellwach, sie sprang auf. Passenka wimmerte: „Wohin gehst du wieder Mami, bleib bei mir!" – „Schlaf Kind, ich komme gleich wieder, ich gehe nicht weg!" Sie streichelte ihm das Gesicht und ging davon. Viele krüppelige kleine Birken und Wacholderbäumchen standen in der Landschaft. Sie untersuchten jeden Strauch. Schließlich fanden sie ihn. Er war gegen eine Birke gelehnt, er hatte den Riemen um den Hals und um den Birkenstamm geschlungen. Er lebte noch. Jadwiga band den Riemen los. Jusja fiel zu Boden. Sie rieben ihn, schlugen seine Wangen und bewegten seine Arme, wie man es mit Ertrunkenen macht. Er kam zu sich, war aber verwirrt. Mit ihren schwachen Kräften schleppten sie ihn zum Lager. Von da an wechselten sie sich bei dem Kranken ab, sie ließen ihn nicht mehr allein. Erst in Berlin hatten sich ihre Wege getrennt. Jadwiga hatte ihnen von Remscheid aus geschrieben, daß sie nach Berlin komme, sie hatte aber keine Antwort erhalten. Nun stand sie vor der Tür und klingelte. Ihr Herz klopfte. Die Tür wurde geöffnet. Jusja stand vor ihr und begann hemmungslos zu weinen. Jadwiga trat in die Wohnung, die unordentlich aussah. Sie erfuhr, daß Lisa sich vor einigen Wochen mit Schlafmitteln vergiftet habe. Sie hatte die furchtbaren Erlebnisse nicht verwinden können und hatte nicht mehr die Kraft, sich an die neuen Verhältnisse anzupassen. Die Wohnung war geräumig. Jadwiga bezog das große Berliner Zimmer und ein kleineres, das sie zu ihrem Schlafzimmer gestaltete. Mit ihren umfangreichen Sprachkenntnissen: Russisch, Polnisch, Deutsch, Französisch, Englisch, Italienisch gelang es ihr bald, eine gute Arbeit zu finden.

Mit der Zeit fanden sich viele Tausende von geflüchteten Russen in Berlin ein. Die Petersburger flohen über Finnland und über das Baltische Meer, die Russen, die im Osten waren, unternahmen die abenteuerliche Flucht über Sibirien und China, und die im Süden über den Balkan, die Türkei und das Schwarze Meer. Auffangzentrum war Berlin. Es galt für alle zum erstenmal im Leben, Brot zu verdienen. Die meisten hatten nichts Rechtes gelernt oder konnten das Gelernte nicht recht anbringen. Überall in der Stadt entstanden russische Restaurants, die Aristokratinnen kochten, Gardeoffiziere und Studenten bedienten. Andere Frauen nähten oder stickten. Alte Generale oder Obristen verkauften Zeitungen, gingen abends von Lokal zu Lokal und riefen die neuesten Sensationen aus. Manche verdingten sich als Taxifahrer oder eröffneten einen Zigarettenladen. Sie arbeiteten für einen Hungerlohn, dazu wurden sie als ungebetene Fremdlinge gedemütigt. Berlin und Deutschland hatten nach dem verlorenen Krieg ihre eigenen Probleme. Das Geld wurde entwertet, die Arbeitslosigkeit war groß und wuchs ständig. Extremistische Parteien wuchsen wie Pilze aus dem Boden, von links marschierte der Spartakus und bereitete den Weg für die kommunistische Internationale, von rechts kamen die ewig Gestrigen, die Nationalisten und die Revanchisten, der Stahlhelm und Hitlers SA in grotesker martialischer Aufmachung.

Die Russen hatten ihre eigenen Probleme; sie mußten überleben, die Zeit, bis sie in ihre befreite Heimat zurückkehren könnten, überbrücken. Es entstanden russische Klubs, Wohlfahrtsverbände, Kirchen, Schulen, Zeitungen und nicht zuletzt Theater. Was zunächst dilettantisch begonnen hatte, wurde allmählich zu einem künstlerischen Höhepunkt. Juschni sammelte in seinem Kabarett „Der blaue Vogel" die besten Schauspieler, Musiker, Sänger, Maler. Djagileff, der schon vor dem Krieg Rußland verlassen hatte und zu großem Ruhm gelangt war, sammelte die geflüchteten Balletttänzer und bereiste mit seinem Ensemble das Abendland.

Nicht unähnlich einer früheren Welle der Emigration, den Hugenotten aus dem siebzehnten Jahrhundert, die ihr Volkstum bewahrten, integrierten die Russen sich nicht in die Berliner Bevölkerung; sie sprachen ihre Sprache, aßen in russischen Restaurants, lasen ihre Zeitungen und kümmerten sich nicht um die deutsche Politik, sie blieben ein geschlossener Fremdkörper im Gastvolk. Bald bildeten sich unter ihnen politische Gruppen und Grüppchen: die Moskowiter sonderten sich von den Petersburgern ab, die alten Rurikidenfamilien von der neuen, von Peter und Katharina II. geschaffenen Nobility, dann gab es Monarchisten und Demokraten, die sich gegenseitig scheel ansahen und einander die Schuld an dem Zusammenbruch des Zarenreichs und später der Demokratie zuschoben.

Jadwiga wurde bald zum mütterlichen Zentrum der Emigranten, für sie waren sie alle ohne Ansehen der Person und der politischen Meinung unglückliche, heimatlose Kinder, die vor Sehnsucht nach ihrer verlorenen Heimat vergingen. Sie tröstete die Verzweifelten und half den Notleidenden, sie besänftigte die Kampfhähne. Kaum kam sie von der Arbeit nach Hause, schon klingelte es an der Tür. Sie nahm die Freunde auf, es gab unendliche Gespräche, es wurde so spät, daß keine Trambahn mehr fuhr, und sie mußte die Gäste auf Sofas oder auf der Erde logieren. Früh morgens mußte sie wieder zur Arbeit. Hausputz und Kochen waren nie ihre Stärke gewesen. Sie kaufte sich unterwegs einige Brötchen, Margarine und Aufschnitt, dazu Apfelsinen oder Äpfel. Sie kam nie dazu, allein zu essen, irgend jemand fand sich ein, das Mahl mit ihr zu teilen; es gab aber nur sehr wenige, die sich freiwillig erboten, die Räume zu säubern, die Küche zu putzen oder den Abwasch zu machen.

Bobik umarmte seine Mutter, die ihn am Bahnhof Zoo erwartete. Sie fuhren zu ihrer Wohnung. Als er seine Mutter umständlich und ungeschickt in der Küche hantieren sah, griff er ein. Er nahm ihr die Dinge aus der Hand und begann, das Essen zu bereiten. Nun, sehr viel besser konnte er es auch nicht: bald kamen schwarze Schwaden aus der Pfanne, sie mußten das Fenster aufreißen, die Zwiebeln waren im Nu schwarz geworden, und die Steaks standen wie die Soldaten aufrecht. Gar wurden sie nicht, sie hatten nur eine harte verbrannte Kruste. Sie lachten und aßen sie mit einigem Widerwillen. Abends kam Jadwigas Freund und Verwandter, Fürst Boris Golitzin, ein entfernter Verwandter von Bobiks Vetter und Jugendfreund Aljoscha. Bobik faßte sofort Vertrauen zu dem schönen Mann mit wohlklingender tiefer Stimme. Onkel Borja erbot sich, seinem Neffen Berlin und die Stätten, an denen die Russen sich trafen, zu zeigen. Spät in der Nacht waren Jadwiga und Bobik endlich allein und konnten sich aussprechen. „Bist du denn nie allein, Mami? Ich war das ganze Jahr in Bonn allein, bis ich Lene Müller kennenlernte; nun sind wir viel zusammen und haben gute Gespräche, sie ist jemand, der mich versteht, der meine Kunst begreift und liebt und der still sein kann, und das ist das Wichtigste. Wie hältst du das aber aus, Mami, nach der schweren Arbeit, nie allein zu sein? Sie kommen doch mit allem zu dir und fressen dich auf!" – „Ich kann es nicht ändern, Bobik. Ich wäre gerne allein, aber das ist wohl mein Schicksal, daß man mich nie allein läßt; so war es doch schon in Girejewo, und hier sind die Menschen in Not. Es sind prachtvolle Menschen, aber sie sind oft kapriziös, unbeherrscht und ratlos, sie finden sich in dieser neuen Situation nicht zurecht. So kommen sie und sitzen, sitzen, sitzen, reden, reden, reden ... Sie haben Angst, nach Hause zu gehen in ihre Verlassenheit und Einsamkeit. Und ich lasse sie. Sie fragen mich unentwegt um Rat; aber wenn ich ihnen einen Rat gebe, hören sie gar nicht zu und befolgen ihn natürlich auch nicht. Sie sind liebenswert in ihrer kindlichen Unbeholfenheit, und ich muß helfen, das ist mein Auftrag, dafür lebe ich, dann ist mein Leben erfüllt. Lieber würde ich an der Seite Saschas leben, für ihn sorgen, mit ihm über seine künstlerischen und kompositorischen Probleme sprechen. Aber das hat uns das Schicksal verwehrt, wenn ich auch bis zur letzten Sekunde nicht aufhöre zu hoffen, mit ihm wiedervereint zu werden. Du meinst, diese vielen Menschen mit ihren kleinen und großen Problemen, ihrer Unruhe und ihrem gesunden Egoismus nehmen mir meine Kraft. Vielleicht, aber das alles ist sehr relativ; Gott gibt einem die Kraft nach dem Maß, das man benötigt. Du weißt, Onkel Iwan Tarletzki sagte lachend von uns allen: wir verbrennen unser Lebenslicht an beiden Enden."

Als die Mutter morgens zur Arbeit gegangen war, versuchte Bobik die Wohnung in Ordnung zu bringen. Es war eine Sisyphusarbeit, denn in jeder Schublade, in jedem Schrank herrschte ein schlimmes Durcheinander. Als Jadwiga heimkam und die musterhafte Ordnung und Sauberkeit sah, erschrak sie. „Ich danke dir, Lieber, du mußt fürchterlich geschuftet haben, um diesen Augiasstall auszuräumen, aber ich fürchte, ich werde jetzt keinen einzigen Gegenstand mehr finden!"

Am Abend kam Onkel Borja, und sie gingen zu dritt in die Versammlung der Literaten. Bobik kannte viele von ihnen noch von Moskau und von ihren Lesungen im Polytechnikum. Als erstem begegnete er seinem Onkel oder Vetter, dem Maler Pawlik Tschelistscheff; dieser war nur sieben Jahre älter als Bobik, darum fand er es peinlich, ihn mit Onkel anzureden. Er hatte Pawlik immer bewundert, obwohl dieser ihn in Moskau nie beachtet hatte, was Bobik schmerzlich kränkte. In der Familie hatte Pawlik wegen seiner etwas snobistischen Vornehmheit den Spitznamen „Naslednij knjas" (der Erbprinz), was Bobik ärgerte, weil nach der Genealogie ihm, Bobik, diese Bezeichnung zustand. Pawlik war immer nach der letzten Mode gekleidet, sorgfältig gekämmt, trug einen hellen Kamelhaarmantel und interessante Schuhe mit sehr dicken Sohlen, die man in keinem Geschäft Rußlands finden konnte. Er hatte schöne, etwas weiche Bewegungen und sprach eine erlesene Sprache. Er war immer von einem sehr schönen Jungen, der ein rosa Seidenhemd trug und nach Bauernmanier frisiert war, begleitet. Das war sein Leibdiener, er war wie aus dem russischen Märchenbuch von „Iwan dem Narren", dem jüngsten Königssohn, herausgeschnitten. Dieser Diener stand immer hinter dem Sessel von Pawlik, bereit ihn zu bedienen. Die Erwachsenen lachten über diese Marotte, Bobik wünschte sich aber sehnlichst, so auszusehen und einherzustolzieren wie der Naslednij knjas und einen solchen Diener zu haben. Er selbst war klein, seine Haare waren schlecht gekämmt und struppig, seine Kleider waren ungepflegt und hatten oft einen Riß, weil er nicht achtsam mit ihnen umging. Er begriff, daß er, der sieben Jahre jünger war, für seinen interessanten Vetter keine Attraktion darstellte. Das verbitterte ihn. Gerne würde er Pawlik uninteressant und blöde gefunden haben, aber er wollte sich selbst nicht betrügen.

Nun war Pawlik inzwischen ein bekannter Maler geworden, er stellte Bilder aus, machte Bühnendekorationen für den „Blauen Vogel", und man sprach davon, daß er bald auch Dekorationen für das Djagileff-Ballett machen werde. Naslednij knjas war diesmal gnädiger zu Bobik, er fragte ihn nach seinem Studium und was er sonst mache. Bobik erzählte ihm bereitwillig von seinem Leben in Bonn und von seiner künstlerischen Tätigkeit. Pawlik hörte freundlich und aufmerksam zu. „Wie seltsam, daß in unserer Generation die künstlerische Ader durchgebrochen ist, Sascha ist Komponist, du und ich sind Maler. Bisher waren die Tschelistscheffs nichts als langweilige Generäle, Botschafter, Senatoren und Obersthofmeister. Ein Glück, daß wir in einem modernen Jahrhundert leben!"

Da war die feine Natalja Gontscharowa, welche expressionistische Bilder malte, die aber ganz vom Geist der russischen Folklore erfüllt waren. Der Schriftsteller Graf Aleksei Tolstoi, ein mittelgroßer gedrungener Mann, begrüßte Bobik. Man spürte, wie sehr er von der Wichtigkeit seiner eigenen Person durchdrungen war. Bobik schätzte seine Werke, aber er mochte ihn nicht; er versuchte, so schnell wie möglich sich seiner Unterhaltung zu entziehen. Da sah er ein paar Augen, ein paar einzigartige Augen, strahlend, kindlich, groß und hellblau. Diese Augen konnten nur Adrei Bjelyi gehören. Bobik wußte gar nicht, daß er nach Berlin gekommen war. Zuletzt hatte er ihn auf dem Arbat in Moskau besucht, ehe er seine Heimatstadt verlassen hatte. Er saß damals in einem großen Saal, an dessen Wänden Vitrinen mit ägyptischen Altertümern standen. Er war in eine wattierte Decke gehüllt und las in einem Kochbuch über die Zubereitung von Hummer. Er bat Bobik flehentlich, er möchte seiner geliebten Frau, Assja Turgeniewa Bugaiewa, der Nichte des Schriftstellers Turgeniew, einen Brief nach Dornach in der Schweiz zustellen. Bobik solle nach Dornach fahren und Assja sagen, wie sehr er sie liebe und sich nach ihr sehne, und daß er hoffe, es würde ihm gelingen hier herauszukommen. Bobik hatte den Brief an sich genommen und ihn zu befördern versprochen. Jeder in Moskau wußte, daß Assja nicht die Absicht hatte, zu ihm zurückzukehren. Sie lebte in Dornach und befaßte sich mit Eurhythmie, sie war ihrem zarten, phantastischen, kindlichen Mann entfremdet.

Bobik umarmte Adrei Bjelyi heftig und freute sich, ihm zu begegnen. Dieser war traurig und verwirrt. „Ich bin wegen Assja hierhergekommen, ich hielt es nicht mehr aus. Es hat unendliche Mühe gekostet, eine Genehmigung zu bekommen. Aber Assja ist ganz verändert, ganz fremd, sie will nichts von mir wissen. Kannst du das begreifen, Bobik, ich liebe sie doch mit meinem ganzen Wesen!" – Assja kam heran, sie reichte Bobik kühl die Hand; er erinnerte sie daran, daß er mit ihr korrespondiert und ihre Briefe an Bjelyi weitergeleitet habe. Sie nickte nur unbeteiligt. Diese Begegnung war ihm peinlich, und er verabschiedete sich schnell von dem Dichter.

Ilja Ehrenburg stolzierte zwischen den Besuchern, er blieb bei dem oder jenem stehen und sprach mit einer gewichtigen Miene, als ob er die ernstesten Dinge von der Welt erörterte. Bobik versuchte, ihm aus dem Weg zu gehen, er fand, er nehme sich zu wichtig, und das war ihm, Bobik, zuwider. Aber dann sah er einen Kopf mit wirrem borstenartigem Haar, der sich wie eine verbrauchte Klosettbürste ausnahm, dazu ein Babygesicht mit kleiner Nase, auf der eine ungeheuer dicke Brille saß, die so aussah, als wolle die Person sich dahinter verstecken. Dieser Kopf konnte nur dem wunderbaren, phantastischen Dichter Aleksei Remisoff gehören. Bobik drängte sich durch die Menge zu ihm und umarmte ihn heftig. Der Kurzsichtige war fassungslos. „Wer bedrängt mich denn da so?!" Er versuchte sein Gegenüber zu erkennen. „Bist du es, Bobik? Du hast aber Bärenkräfte erworben, fast ist mir die Brille aus dem Gesicht gefallen. Wo kommst du her, du Schelm?" – Bobik erzählte ihm von seiner Flucht, von den markantesten Erlebnissen, und der wunderbare Zauberer hörte ihm aufmerksam zu. Viel später besuchte Bobik ihn in Paris, wo er sich niedergelassen hatte. Es war wohl die seltsamste

Wohnung, die Bobik je gesehen hatte. Es gab nur wenig Möbel, und die waren ohnehin wackelig. Über den großen Raum waren Fäden gespannt, und darauf baumelten allerlei seltsame Gegenstände, alle stammten aus der Märchenwelt des Magiers. Da war ein Besen, auf dem die Hexe Baba Jaga zu einem Treffen mit dem Teufel in die Lüfte flog, daneben hing ein langer Oberschenkelknochen, den Remisoff irgendwo auf einem aufgehobenen Friedhof stibitzt hatte: das sei der Oberschenkelknochen der Baba Jaga gewesen, die ein Knochenbein hatte. Ausgestopfte Vögel tummelten sich auf einem dürren Ast: es seien jene Vögel, denen der Heilige Franz seinerzeit gepredigt habe. Alraunemännchen aller Art hingen an den Wänden, die er für mumifizierte Enkelkinder des Teufels erklärte. Ein völlig abgetragener Damenschuh mit schiefem Absatz sollte dem armen Aschenputtel gehört haben. Allerlei Gestein von sonderbaren Formationen, das weiße Horn eines Einhorns, und eine riesige aus zwei Halbkugeln bestehende Seychellennuß, die an einen nackten Negerpopo erinnerte, diese sei weiland König Ludwig XIV. für vierhunderttausend Dukaten verkauft worden, weil sie Wunderkräfte besitze. Einen völlig verschrumpfelten Apfel erklärte der Dichter als den Apfel des Paris, den dieser damals heimlich weggeworfen habe, weil er zu sauer gewesen sei. Remisoff ging von einem Objekt zum anderen und freute sich, sie Bobik vorzuführen, zu jedem wußte er eine groteske oder phantastische Geschichte; dabei offenbarte er eine profunde Kenntnis der Märchen und Mythologien der ganzen Welt und der magischen Bräuche. Das Gespräch wurde in tiefem Ernst geführt, und Bobik, fasziniert von der Person des Märchenerzählers, ging darauf ein. Ein Unbeteiligter müßte den Eindruck gewonnen haben, daß hier zwei harmlose Irrsinnige ihr Garn spinnen . . .

Pawlik Tschelistscheff erbot sich in einem Anfall von Großzügigkeit, Bobik mit dem Galleriebesitzer Alfred Flechtheim zusammenzubringen und diesem vorzuschlagen, Bobiks Bildwirkereien auszustellen. Sie gingen hin und wurden bei dem Kunstpapst der zwanziger Jahre vorgelassen. Vor ihnen stand ein mittelgroßer, hagerer Mann mit dem Adlergesicht Ramses II. Er musterte hochmütig die beiden Vettern, er hielt Bobiks Hand sehr lange, viel zu lange in der seinen. Bobik war die Berührung unangenehm, und er versuchte seine Hand dem Griff der schmalen, sehr weichen und doch griffigen Hand zu entziehen. Pawlik erzählte ihm von Bobiks künstlerischer Arbeit. Jener hörte eher gelangweilt zu. Dann stand er auf. Wie beiläufig sagte er: „Man kann darüber reden. Übrigens, kommen Sie heute abend zu einem kleinen Abendessen, bringen Sie viel Zeit mit." Er schaute Bobik durchdringend an, und es klang so, als ob die Einladung allein ihm gelte. – „Pawlik kommt doch sicherlich auch mit?", fragte er schüchtern. – „Nein, wozu?" – Sie verabschiedeten sich. Bobik sah, als sie auf der Straße waren, Pawlik ratlos an. „Wieso soll ich ihn denn allein besuchen, ich kenne ihn doch gar nicht?" – „Nun, schließlich willst du etwas von ihm, du willst doch, daß deine Panneaux ausgestellt werden? Daran mußt du dich gewöhnen, daß in dieser schönsten aller Welten alle Dinge etwas kosten; wenn es nicht Geld ist, ist es das Bett, und glaub mir, solange die Welt steht, werden die meisten Geschäfte und Verhandlungen im Bett getätigt. Schon Abraham verkaufte seine Frau an den Pharao, um Vorteile von ihm zu erreichen". – „Und du meinst, ich soll diesen Pharao allein besuchen? Nein, das wird nie geschehen!" – „Das ist deine Sache, Bobik, aber sei dann nicht enttäuscht, wenn aus deiner Ausstellung nichts wird." – Bobik war gekränkt und wütend. „Das sage ich dir, Pawlik, – Sascha würde genau so handeln, und dein Vater ebenso: wir gehen auf solche Kompromisse nicht ein. Da nage ich lieber am Hungertuch, als daß ich mich verkaufe." – Pawlik blieb sehr ernst. „Trotz allem, was du erlebt hast, bist du doch sehr behütet worden. Du hast immer deine Mutter und deinen Stiefvater gehabt. Wir sind, als die Bolschewiki siegten, von einem Besitz auf den anderen geflohen und immer wieder vertrieben worden, schließlich landete ich bei der Weißen Armee, obwohl ich Soldatsein hasse. Dann wurde ich nach Konstantinopel und nach dem Balkan und endlich hierher verschlagen. Wenn ich so gedacht hätte wie du, ich wäre längst nicht mehr am Leben. Man mußte lügen und betrügen, schlau sein und sich selbst zu Markt

196

tragen, um zu überleben. Setz bitte jetzt nicht dein hochmütiges Tschelistscheffsches Gesicht auf – das kann ich auch – und verurteile mich nicht; sei nur dankbar, daß dir solche Erlebnisse erspart wurden." – Bobik war verwirrt; er fürchtete, Pawlik würde in seiner Selbstbespiegelung und dem Wunsch sich zu rechtfertigen eine Generalbeichte ablegen. Bobik fühlte sich solchen Enthüllungen noch nicht gewachsen, es war ihm peinlich. Er beeilte sich, Pawlik adieu zu sagen, ohne einen neuen Termin zu verabreden. Er hatte das Bedürfnis, allein zu sein. Er schlenderte durch die Straßen des alten Westens und durch die Tiergartenallee, an den marmornen Hohenzollernherzögen vorbei, die die Berliner die „Wachsfiguren" nannten. Was würde Sascha zu alledem sagen? Er würde Pawlik mit Verachtung strafen und ihn ein Schwein nennen. Aber schließlich war nicht jeder so stark und unbeugsam wie Sascha! Und Jadwiga, die alles verstand? Sie würde Pawlik verteidigen und sagen, daß das Leben die Menschen manchmal zwingt, etwas Ungutes zu tun, fast gegen ihren Willen, und daß man sie deswegen nicht verurteilen dürfe. Sie hatte immer Beispiele aus der Heiligen Geschichte parat, den besagten Abraham, und den König David, der den Gatten seiner begehrten Geliebten in den Krieg schickte, damit er getötet würde, und den Apostel Paulus, der als Saulus ein Agent provocateur war, und was für wunderbare, heilige Menschen sind sie geworden! Dazu Moses, der im Jähzorn einen Mann erschlug. Sind wir denn besser? Diese Gedanken beruhigten ihn, und er wurde gegen Pawlik milder gestimmt.

Er hörte Stimmen hinter sich, laute, fröhliche, russische Stimmen. Im gleichen Augenblick schlug ihm jemand mit aller Gewalt auf die Schulter. Er drehte sich wütend um und schaute in das gütige, lachende Gesicht von Onkel Boris. „Unser Traumtänzer, allein unter Marmorgespenstern, was machst du hier, suchst du die Einsamkeit? Komm mit uns, ich lade dich ein, wir wollen in der Genthinerstraße essen, und dann gehen wir ins Verona. Übrigens muß ich dich meinen Freunden vorstellen." Der erste Begleiter war ein schlanker, vornehm aussehender Mann, der Bobik gleich gefiel. „Das ist Swiaschski, und das ist

Bobik." – Swiaschski drückte Bobik die Hand. „Also das ist Bobik, habe viel von dir gehört, durch Borja und Jadwiga. Aber gesehen habe ich dich schon öfter in russischen Restaurants; du warst meistens allein, ein interessanter ernster junger Mann im schwarzen seidenen Kittel mit einem roten Bändchen am Hals, geheimnisumwittert. Ich habe gleich die Gräfin Apraxin gefragt, ob sie dich kenne, aber niemand wußte etwas von dir, alle waren intrigiert. Einer meinte, du seist vielleicht ein bolschewistischer Spion; aber da waren die anderen empört: so sieht doch kein Spion aus. Nun freue ich mich wirklich, dich kennenzulernen. Sascha hatte ich in Moskau gekannt." Die beiden jungen russischen Damen waren Tanja und Marussja, lustig und zu Späßen aufgelegt, sie umarmten Bobik und küßten ihn dreimal auf die Wangen. Ein dicker behäbiger Mann mit Glatze und dicker fleischiger Nase war Nikolai Wassiljewitsch Saresski. Bobik staunte, daß Onkel Borja mit einem so seltsamen Mann befreundet sei; er kam Bobik vor wie ein Kaufmann oder ein reich gewordener Schwarzhändler, und er verhielt sich ihm gegenüber sehr zurückhaltend.

Wie wunderte er sich, daß Onkel Borja im Restaurant gerade diesem von seinen Bildwirkereien erzählte und er voller Interesse zuhörte. Schließlich erfuhr Bobik, daß Saresski, selbst ein bedeutender Maler und bekannter Kunstsammler, in der ersten demokratischen Regierung in Rußland eine Weile Kultusminister gewesen war. Die Luft im Restaurant war blau von Papirossenrauch, alle sprachen laut und lachten; man mußte selbst schreien, wenn man verstanden werden wollte. Alle kannten sich, und Bobik wurde den meisten vorgestellt. Manche hatte er schon in Moskau gekannt, hatte dies aber inzwischen vergessen. Sie aßen duftenden roten Borschtsch und mit Fleisch gefüllte Piroschki und tranken Wodka dazu. Es war warm, zu warm, und laut und gemütlich. Schließlich fiel es Onkel Borja ein, daß er Bobik versprochen hatte, ihm das Verona zu zeigen. Swiaschski protestierte: „Was wollt ihr bei den lesbischen Weibern, laßt uns lieber zu mir gehen, ich habe noch eine Flasche Schampus zuhause." – „Ihr könnt ja Schampus trinken, ich gehe mit Bobik ins Verona", sagte Onkel Borja. Sie kamen in das Lokal, das überfüllt war; es waren fast nur Frauen da, junge Mädchen und männlich anmutende Matronen. An den Wänden und von der Decke hingen Girlanden aus buntem Papier und große papierene Blumen. Es war unsagbar kitschig. Die Musik spielte moderne Tänze, Tango und den kürzlich eingeführten Foxtrott. Bobik schaute mit leisem Ekel und mit Befremdung den grotesken Verrenkungen zu. Die Damen tanzten miteinander. Ein Mann im schwarzen Smoking mit kurzem Haarschnitt und Monokel kam auf Bobik zu und sagte mit tiefer, versoffener Stimme: „Na, du Rußki, komm und tanz mit mir!" Alle lachten. Bobik wußte nicht, wie er sich verhalten sollte, er schaute Onkel Borja ratlos an. „Na, geh schon und tanz mit der Dame." – „Wieso Dame?" – „Red nicht so viel, tanz mit der Dame." – Da dämmerte es ihm, daß der Herr eine Dame sei; er begann zu tanzen, aber sie wollte unbedingt den Herrenpart tanzen. Sie griff ihn resolut um die Taille und führte ihn, er stolperte unentwegt, und schließlich fiel er hin und riß sie mit sich. Alle lachten und mühten sich, sie aufzurichten. Er verbeugte sich linkisch, entschuldigte sich und ging wie ein begossener Pudel an seinen Tisch. Er hatte genug von den als Herren verkleideten Damen.

Zuhause erzählte er Jadwiga seine Erlebnisse. Sie amüsierte sich köstlich. „Bobik, du bist wie ein Provinzler, der in das große Babel kommt. Verliere endlich deine Scheu und deinen Moralismus und werde fröhlich, nimm die Dinge so leicht, wie sie sind. Die Menschen haben Jahrhunderte unter dem schweren Druck einer pharisäischen Moral gestanden, dann in allen Nöten und Schrecknissen des Krieges; nun ist der Druck von ihnen genommen, und das Pendel schlägt mal wieder nach der anderen Seite aus. Glaub bloß nicht, daß diese Menschen verdorben sind. Am Tag haben sie ihre Arbeit, ihre Sorgen und Kümmernisse, und am Wochenende wollen sie alles vergessen und ausgelassen sein, jeder nach seinem Gusto. Freue dich mit ihnen. Weißt du, ich kann mich richtig ausgelassen freuen, und ich mache mit, mein polnisches und spanisches Blut ist dann wie Champagner. Du hast das schwere Blut der Tschelistscheffs und die

Traurigkeit deiner tatarischen Vorfahren. Ich wünschte, du hättest mehr von mir; es lebt sich leichter, und es wird nicht jeder Gedanke und jede Handlung mit der Elle des moralischen Prinzips gemessen. Es gibt Dinge, die sehr schwer wiegen, und da soll man es sich nicht leicht machen; aber laß das Leichte beim Leichten und beschwere es nicht unnötig, und glaub doch nicht, daß diese Dinge einen verletzen oder beschmutzen müssen." – Ihre Worte fielen in sein Herz, und er begriff sie auch; aber er wußte, er hatte eben nicht diese Beschwingtheit, die seine Mutter zu einer großen liebenden und geliebten Zauberin machte.

Am nächsten Tag war er mit Onkel Borja bei Saresski zum Tee eingeladen. Mittags ging er essen in den Medwed. Er hatte es eilig, denn um diese Zeit waren fast alle Tische im Restaurant besetzt. Er hatte nicht gemerkt, daß von der anderen Seite eine ältliche korpulente Dame dem Restaurant zustrebte. Sie stießen in der Tür zusammen. Bobik, der behender war, schlüpfte zuerst durch die Tür. Die Dame schüttelte indigniert den Kopf und sagte vorwurfsvoll: „Kavaléry!" Bobik schämte sich sehr, aber er schämte sich auch, sich zu entschuldigen; deshalb versuchte er, so weit weg wie möglich von der Dame Platz zu nehmen. Er fand ein freies rundes Tischchen. Auf dem Stuhl lag ein vergessener weißer Saffianlederhandschuh. Bobik hob ihn auf, er gehörte zur linken Hand; er roch nach Quelques fleurs von Houbigant, ein Parfum, das russische Damen bevorzugten. Seine Phantasie begann zu spielen, ihm fiel das wunderbare romantische Gedicht von Aleksandr Block „Die Unbekannte" ein, und er spann seine Gedanken. Wie alt mochte sie sein, ein junges Mädchen von neunzehn, schlank und schön, schüchtern, allein in der großen fremden Stadt, unglücklich verliebt. Vielleicht war gerade der Mann ihres Herzens, der sie verlassen hatte, in das Lokal getreten, und da hatte sie es panikartig verlassen, den Handschuh zurücklassend, um ihm nicht zu begegnen. Diskret versteckte Bobik den Handschuh in seiner Tasche. Vielleicht gelänge es ihm, die schöne, traurige Unbekannte zu finden. Er würde still, mit trauriger und würdiger Geste, wie der letzte Ritter ihr den Handschuh reichen. Von irgendwo würde eine rote Rose da sein, und er würde sie zu dem Handschuh legen. Sie würde ihm mit einem langen Blick ohne Worte danken, und er würde glücklich sein über diese Begegnung.

Jurik Trubezkoi, der dort bediente, kam an seinem Tisch vorbei: „Warum ißt du denn nicht, Bobik, schmeckt es dir nicht, oder bist du unglücklich verliebt?" – „Nein, danke, danke, ich esse!" Das Essen war inzwischen kalt geworden. Es war Zeit zu Saresski zu gehen. Die Wohnung lag in der Gitschinerstraße. War es Nr. 13 oder 31? Er hatte es vergessen. Dann fiel ihm ein, daß er auch den Namen von Saresski vergessen hatte. Saresatj heißt auf russisch: einen erstechen, aber das Wort fiel ihm nicht mehr ein. So fragte er die Portierfrau in Nr. 13, ob da ein Herr Duschegubow (Seelentöter) oder Rasboinikow (Räuber) wohne. Sie war sehr unfreundlich, vielleicht erwartete sie ein Trinkgeld. Nein, hier wohne kein solcher Herr, er solle sich mal trollen. Er ging wie ein geschlagener Hund davon. In Nr. 31 die gleiche Geschichte. Schließlich sagte er, es sei ein russischer, dicker, gemütlicher Herr mit Glatze. „Ach so, der wohnt in Nr. 32, ein Kunstsammler." – Ja, der war es, Gott sei Dank. An der Tür stand auch der Name „Saresski". Er klingelte, der Herr machte ihm auf und führte ihn in die Wohnung, die voll war mit Bildern russischer moderner Maler, Miginadján, Loriónow, Gontscharówa, Maléwitsch Maléwski, David und Wladimir Burljúk, Wolóschin, Weréwkina, auch Pawlik Tschelistscheff war vertreten. Der dicke Mann wurde Bobik von Stunde zu Stunde sympathischer. Dieser erzählte ohne Pathos und sehr anschaulich von seiner Odyssee, seiner Flucht aus Rußland über Sibirien, Zwischenstationen China, Japan, Persien, Türkei, Balkan, dann Berlin. Auf abenteuerliche Weise war es ihm irgendwie durch Vermittlung des bolschewistischen Kultusministers Lunatscharski gelungen, einige Bilder und Kunstgegenstände aus Rußland herauszubekommen. Er zeigte Onkel Borja, Bobik und dem anwesenden Serjóscha Nabókow, dem Sohn des russischen Ministers, der in Berlin einer Kugel zum Opfer fiel, die dem Minister Miljukow zugedacht war, einige interessante Bücher, die ein Mittelding zwischen Tagebuch, Reiseandenken und Gästebuch waren. In ihnen waren die Photos der Gäste und Zeitungsartikel über sie eingeklebt, dazu befanden sich in ihnen Fahrkarten der Trambahnen aus allen Gegenden, durch die er gereist war, Theaterkarten und Programme, auch hatte er Kuriositäten abgezeichnet: Kinderzeichnungen auf Wänden und auf Bürgersteigen, oder gar unanständige Kritzeleien in den verschiedensten Pissoirs der Welt. Bobik imponierte das Buch sehr, und er erbat sich die Erlaubnis, es nachzuahmen. Sie tranken Tee aus alten russischen Tassen aus der Zeit der großen Katharina und Pauls I. Ein Gedeck blieb noch unberührt. Bobik fragte, ob man noch jemand erwarte. Ja, die Frau des türkischen Gesandten, die aber keinen Zeitbegriff habe, deswegen müsse man mit ihr nachsichtig sein.

Schließlich klingelte es, und eine ältliche, dickliche Dame kam herein und fragte, ob sie nicht zu früh gekommen sei. Alle lachten. Bobik erkannte in ihr jene Dame, gegen die er sich so schlecht benommen hatte, als er knapp vor ihr durch die Tür des Restaurants geschlüpft war. Er wurde rot. Sie lachte. „Wir kennen uns schon!" – „Ja, bitte, verzeihen Sie mir." Er küßte ihre behandschuhte Rechte. Ein vertrauter Duft stieg ihm in die Nase, er bekam sogleich die Assoziation von etwas Zauberhaftem, von einem schönen traurigen, einsamen Mädchen. Er sah sie genau an. Die linke Hand hatte keinen Handschuh, es war eine aristokratische, feine Hand. Ein dunkler Verdacht stieg in Bobik auf. Ob sie, diese dicke Frau, wohl seine geheimnisvolle, romantische Unbekannte war? Er zog den Handschuh, das Symbol seiner geheimen Liebe, aus der Tasche. Sie erblickte ihn und griff danach. „Oh, wo haben Sie ihn gefunden? Ich hatte ihn verloren, ich verliere immer alles, und ich konnte zuhause keine anderen Handschuhe finden, es war immer nur ein einzelner da." – „Er lag auf dem Sitz am kleinen Tischchen im Restaurant, da habe ich ihn an mich genommen." – „Ja, da habe ich morgens gesessen. Wissen Sie, ich bin sehr faul, mein Mann ist auf Dienstreise, und da war ich zu bequem, mir ein Frühstück zu machen, und bin schnell ins Restaurant gegangen. Ich danke Ihnen, Sie sind *doch* ein Kavalier!"

Bobik errötete. Wenn sie gewußt hätte, welche Träume dieser Handschuh in ihm ausgelöst hatte! Aber bei näherer Betrachtung fand er sie gar nicht mehr gräßlich, sondern lernte sie als kluge, witzige Frau mit tiefem Verständnis für Kunst, Literatur und Theater kennen. Da sie häufig Theater- und Konzertkarten bekam und ihr Mann nicht immer mitkommen konnte oder wollte, nahm sie Bobik, an dem sie Gefallen fand, ins Schlepptau. Er gefiel sich in der Rolle des Pagen und bekam Zugang zu vielen Veranstaltungen, die ihm wegen seines schmalen Geldbeutels verwehrt geblieben wären.

Einen der nachhaltigsten Eindrücke erhielten Jadwiga und Bobik durch das jüdische Chabima-Theater, das aus einem Studio des Moskauer Künstlertheaters entstanden war und sich zuletzt aus Rußland abgesetzt hatte. Jadwiga sah sich alle Stücke an, die sie bei ihrem Gastspiel in Berlin aufführten. Das erschütterndste war aber der „Dybuk", ein dämonisches Stück. Ein Bräutigam, der stirbt, bemächtigt sich als Geist der Seele seiner Braut und drangsaliert sie, die sich von nun an wie eine Irrsinnige gebärdet. Die Gestalten der ehrwürdigen Rabbis, die die Austreibungsrituale vornahmen, waren von zwingender Mächtigkeit. Die Zuschauer, auch wenn sie die jiddische Sprache nicht verstanden, wurden in das Stück hineingezogen und waren Beteiligte, Mitleidende. Als das Stück zu Ende war, herrschte eine lastende Stille, dann aber brach ein unvorstellbarer Beifall aus.

Jadwiga, treu ihrer Gewohnheit, sich bei den Schauspielern, Autoren oder Musikern zu bedanken, ging zu den Schauspielern hinter die Bühne und lernte sie kennen. Besonders beeindruckt war sie von dem Darsteller des Bräutigams, der später zum Dybuk, zum Geist, wurde. Sie lud ihn zu sich ein und hatte lange Gespräche mit ihm. Es war ein ungewöhnlicher Mann, der sich ernsthaft mit den Geheimnissen des Talmud und der Kabbala beschäftigt hatte. Jadwiga erzählte ihm, daß ihr Sohn Bobik sich große Kenntnisse dieser Geheimlehre angeeignet habe und daß sie von Don Antonio de Perez (1534–1611), dem allmächtigen Minister Philipps II., abstamme. Dieser war Jude, ging dann zum Christentum über. Im späteren Alter kehrte er wieder zum Judentum zurück und wurde Gelehrter des Talmud und Kabbalist. – Rafael Zwi brannte darauf, Bobik kennenzulernen. Nach einer Vorstellung des Dybuk traf sich Bobik mit Rafael. Sie waren fast gleichaltrig. Rafael, ein schmaler, graziler, rassiger Jude, war nur zwei Jahre älter. Er war von ungeheurer Intensität und hatte eine umfassende Bildung, er war lebenshungrig und wollte alles sehen und kennenlernen.

Bobik traf sich fast täglich mit dem jungen Juden, sie wälzten Probleme mit einer Inbrunst, als würde das Wohl und Wehe der Welt von ihren Gesprächen abhängen. Sie machten ausgedehnte Spaziergänge, gingen ohne Ziel und sahen nichts, landeten irgendwo und mußten sich mühsam nach dem Rückweg durchfragen, oder sie saßen im Café „Größenwahn" und redeten, alle Welt um sich vergessend. Der Kellner ging an ihnen vorbei und fragte, ob sie eine neue Tasse Kaffee haben wollten, sie schauten ihn fassungslos an. „Was für einen Kaffee?" – „Nun ja, Kaffee, den man trinkt, Sie sind doch hier in einem Café!" – Sie schauten sich befremdet um, wahrhaftig, sie waren in einem Café! Die Menschen an den umstehenden Tischchen, die Brocken des Gesprächs auffangen konnten, wunderten sich über den dunklen Juden und den hellblonden Russen, die wie von einer Wolke umgeben waren und nichts mehr wahrnahmen außer ihrem Gespräch. Bobik erzählte Rafael von seinem intensiven Studium des großen Kabbalisten und Jesuiten Athanasius Kircher (1601–1680), der einer der besten Kenner des Talmud und der Kabbala war. Sie sprachen nicht nur über die jüdische Philosophie, sie erörterten aktuelle Themen der Politik, der modernen Kunst, Musik und des Theaters, der Erziehung und der Philosophie. Rafael gestand Bobik, daß er ein seltsames Phänomen der Persönlichkeitsspaltung an sich erlebe. Er heiße Rafael Zwi, und in dem „Dybuk" spiele er den Bräutigam, der auch Rafael Zwi heiße. In diesem Spiel versetze er sich für Stunden in solcher Weise in die Person des anderen Rafael Zwi, der nach seinem Tod als Geist in das Mädchen eindringt und später aus ihr ausgetrieben wird, daß er gezwungen sei, auf mystische Weise zwei Leben am gleichen Tag zu leben: teils sei er der Rafael Zwi, als welcher er geboren wurde, zeitweilig sei er aber der Dybuk Rafael Zwi, und es gebe Zeiten, nach der Vorstellung und davor, da wisse er nicht, welcher Rafael Zwi er nun eigentlich sei, und welcher der wirkliche sei, und er müsse feststellen, daß es keine Abgrenzungen gebe, denn beide seien wirklich. Das Publikum im Theater gehe so mit und sei von der Geschichte derart gebannt, daß diese Stunden auch für die Zuschauer Wirklichkeit seien. So konnte es geschehen, daß er, der Rafael Zwi, der jetzt und hier mit Bobik im Romanischen Café sitze und spreche, vielleicht gar nicht er selbst sei, sondern daß der andere Rafael Zwi sich in ihm verwirklichen wolle und den anderen auslösche oder verdränge. Bobik erschauerte. War dies nicht die Schilderung eines schizophrenen Zustandes, von dem er bei gelegentlichen Besuchen von psychiatrischen Vorlesungen gehört hatte? Er schaute seinen Freund ängstlich prüfend an. Aber es war nichts Verrücktes an ihm. Und schließlich erinnerte er sich des Erlebnisses aus seinen eigenen Kindertagen, als er sich selbst neben sich sitzen gesehen hatte. Die Erwachsenen hatten ihn sogleich zum Psychiater geschleppt. Aber auch er war damals nicht verrückt, und das Erlebte war Wirklichkeit.

DIE KOMMISSARIN

Manchmal holte Bobik seine Mutter um die Mittagszeit in ihrem Büro ab, um mit ihr in ein russisches Restaurant essen zu gehen. Diesmal hatte Jadwiga eilige Arbeit zu erledigen. In ihrem Zimmer saß eine große grobknochige Dame. Jadwiga stellte ihr Bobik vor – Aleksandra Iwanowna –, und Jadwiga schlug ihnen beiden vor, zusammen essen zu gehen. Sie wanderten zur Bülowstraße. Sie fanden in dem Restaurant einen freien Tisch. Sie saßen einander gegenüber. Bobik schaute in das flache, von Pockennarben übersäte Gesicht mit den ausladenden Backenknochen und den grauen Augen, die ihn an den russischen Winterhimmel erinnerten, sie hatte große kräftige Hände. Sie war Ärztin und war aus der Sowjetunion gekommen, um hier einige Operationsmethoden bei Professor Sauerbruch zu studieren. Sie sprachen über Medizin, und Bobik erzählte ihr von seinem Studium in Bonn. Bobiks Aufmerksamkeit wurde auf ein junges deutsches Paar gelenkt, die ineinander verliebt waren. Die übrige Welt war für sie versunken, es gab nur sie. Ihre Blicke versenkten sich ineinander, sie hielten sich die Hände, und sie streichelte mit ihrem Daumen seinen Daumenballen. Bobik war von dem Anblick des Liebespaares tief berührt. „Schauen Sie, ist das nicht wunderbar, wenn Menschen in ihrer Liebe zueinander derart eins werden, daß die Welt um sie her versinkt. Es ist nur traurig, daß dieser Zustand nicht ewig dauern kann. In diesem Augenblick sind die beiden fest davon überzeugt, daß nichts auf der Welt sie je trennen kann und daß sie das ganze Leben so Hand in Hand zusammengehen werden, und sie würden empört sein und den beschimpfen, der es wagen würde, ihnen das Gegenteil zu prophezeien. Aber solche Augenblicke haben Ewigkeitswert, sie sind außer dem Sichversenken im Gebet und dem Erlebnis der Gottesnähe das Schönste und Erhabenste, was dem Menschen zuteil wird."

Die Russin schaute Bobik abschätzig an. „Sie sind ein richtiger bourgeoiser Idealist, Sie haben noch nichts dazugelernt. Was sie da sehen, ist die reinste Sexualität. Der Trieb platzt aus ihnen heraus, und wenn sie sich endlich sexuell vereinigt haben, dann fallen sie voneinander müde und gesättigt ab wie Blutegel, die sich mit Blut vollgesaugt haben. Alle diese Präliminarien, wie Küssen, Köpfchen anlegen, Händestreicheln, leise Schmeicheleien sagen, das ist nichts anderes als der Weg zu dem einen Ziel. Das machen die Tiere ähnlich, jedes nach seinem Ritual. Reden Sie mir nicht so geschwollen von Liebe. Ihr Männer könnt überhaupt nicht lieben, ihr liebt nur euch selbst, eure Erfüllung, im Grunde ist das andere Geschöpf euch ziemlich gleich. Ihr fragt nicht danach, was es fühlt, ob es leidet, ob es seine sexuelle Erfüllung findet. Wenn ihr nur befriedigt seid! Die Frau liebt anders, sie ist einfühlender, mütterlicher, sie ist bereit, für die Liebe zu leiden, sich aufzuopfern. Haben Sie schon einen Mann gesehen, der sich aufgeopfert hätte? Ich nicht. Vielleicht tut er das so lange, als er für die Erreichung seiner Ziele kämpft." – Bobik war tief verletzt. „Für Sie ist also die Liebe ein bloßer Akt der Kopulation, die Befriedigung eines starken Triebes. Aber wollen Sie nicht zugeben, daß man, wenn man liebt, das Wesen idealisiert, man ihm alle guten und schönen Eigenschaften zulegt, und daß man sich aus dem grauen Alltag hinausgehoben weiß in paradiesische Regionen? Schließlich haben die Vorstellungen der Völker vom Paradies große Ähnlichkeit mit dem Zustand der menschlichen Verliebtheit." – „Sie reden von Dingen, die Sie nicht verstehen. Waren Sie denn schon einmal verliebt? Und haben Sie erlebt, wenn dieses Ihr Paradies einstürzte, was dann davon übrigblieb? Die verschmähte oder betrogene Liebe verwandelt sich in Haß, man kann es nicht mehr begreifen, daß man jene Person idealisiert hatte, und aller Glanz, der vorher in Übertreibung darüber schwebte, verwandelt sich jetzt in Schmutz und Finsternis. Das ist Ihre idealisierte Liebe. Ich habe es an mir erlebt und erlitten, und ich weiß, wie es ist. Sie sollen sich kopulieren, sie sollen Kinder in die Welt setzen und eine Weile miteinander in Gemeinschaft leben, aber dann auseinandergehen, wenn der Trieb erkaltet ist." – Sie begann mit großer Konzentration ihren Borschtsch zu essen und sagte nichts mehr. Bobik war derart über ihre Anschauungen entsetzt, daß er nicht weiteressen konnte. Er konnte oder wollte kein neues Gesprächsthema aufkommen lassen. Sie saßen schweigend beisammen. Dann zahlten sie. Sie erhob sich, er half ihr in den Mantel. Sie reichte ihm ohne jedes Lächeln die Hand. Er versuchte gewohnheitsgemäß, sie zu küssen, aber sie drückte ihre Hand herunter, dann ging sie. Erleichtert schaute er ihr nach. Sie hatte einen harten, steifen Gang. Man fühlte, wie verkrampft sie war.

„Welch eine schreckliche Welt!", dachte Bobik. „Alles ist erklärbar, alles ist durchschaubar wie das Räderwerk einer Uhr. Es gibt keine Liebe, keine Begeisterung, keine Ideale, keinen Gott, keine Engel, kein Schicksal. Alles ist nur eine auf- und gegeneinanderprallende Materie. Nein, in einer solchen Welt will ich nicht leben. Liebe ist lediglich das Spiel von Hormonen, und Begeisterung ist wahrscheinlich auch durch irgendwelche Hormone oder Chemikalien ausgelöst. Und der Kaviar schmeckt nur anders, weil er andere Duftstoffe besitzt; es ist egal, wie man sich ernährt, Hauptsache, daß die Anzahl der Kalorien stimmt. Und Champagner schmeckt objektiv genau gleich, ob man ihn aus einem Kristallkelch oder aus einem Aluminiumbecher trinkt; es kommt auf das gleiche hinaus, ob man die Speisen von Blanc de Chine, Famille verte, Meißner Porzellan oder Sèvre, oder von einem Tonteller oder einem Blatt ißt." Natürlich schmeckte ihm die „gretschnewaja Kascha" beim Bauern am besten aus dem Tontopf, und er erinnerte sich des Widersinns, daß sie auf der Dominikowka, im Roten Haus in Moskau, den fürchterlichen Fraß, das Fleisch von krepierten Pferden und mit Sand versetztes Sauerkraut, und das mit Häckseln vermengte klitschige Brot von Meißner Tellern und mit silbernem Besteck aßen, und das mutete ihn wie ein Hohn an. Aber wozu, in Gottes Namen, ritzte der Steinzeitmensch in mühsamer Arbeit Zeichen und Symbole in seine Werkzeuge aus Knochen und Stein und seine Gefäße aus Ton? Wozu formte er gemusterte Gewebe und Schmuck, wenn nicht Gott in ihn diesen Sinn für Schönheit, für die Überhöhung des Daseins gelegt hatte? Natürlich konnte nichts schöner werden als ein von Gott erschaffenes Blatt, eine Blüte, ein durchsichtiger Kristall; aber der Mensch wurde zu einem kleinen Gott, der auch Schönheit, seine, von ihm erzeugte Schönheit schuf und der Kopulation und Geburt, Mannbarwerdung und Tod mit erhebenden Riten begleitete. Solange es diesen Menschen gab, suchte er sein Sein zu verschönern und zu überhöhen. Und haben denn die wunderbarsten Dichter der Welt, König Salomo, Djellal al Din Rumi, Firdusi, Rustaveli, Puschkin, Goethe, Eichendorff, Byron, Musset, die Liebe in den glühendsten Farben beschrieben, nur weil sie noch nichts von der Überflutung des Körpers durch Hormone wußten?!

Er war böse und verwirrt. Er beschloß, in das Pergamon- und das Ägyptische Museum zu gehen, um sich an den Erzeugnissen der Hormone und anderer Wirkstoffe im Gehirn der Völker der Antike sattzusehen.

Der Mensch war also doch ein individuelles, ein unteilbares, unauswechselbares Wesen, das zwar im Kollektiv lebte, aber nicht auf seine Eigenartigkeit verzichten wollte. Und Liebe war Liebe, und Gott war in unendlichen Variationen und Gestalten wieder Gott, die Engel und Genien bevölkerten die Vorstellung aller Menschen aller Zeiten, und Bobik war wieder Bobik. Die Hormone versanken in die Tiefen der Drüsen, wo sie auch hingehörten.

„Wie hast du dich mit der Dame unterhalten?", fragte Jadwiga. „Es war ganz furchtbar, Mami, sie ist eine eingefleischte Materialistin. Mir wurde übel von dem Gespräch. Gott sei Dank ist sie bald gegangen." – „Ich konnte dir nicht sagen, wer sie ist. Sie war die Frau oder Freundin jenes Kommissars, der seinerzeit die Offiziere der Marine im Weißen Meer liquidierte. Nun hat er sie verlassen und sich eine andere angeschafft. Darüber ist sie zerbrochen. Sie war derart verzweifelt, daß man sie in ein Sanatorium stecken mußte, schließlich schickte man sie nach Deutschland. Sie war geschäftlich hier, hörte an meiner Sprache, daß ich Russin bin, faßte Vertrauen zu mir und erzählte mir ihre Lebensgeschichte. Eigentlich war es gar kein Vertrauen, sie mußte einfach ein Ventil öffnen, und ich war das erste passende Objekt. Die Untreue des Mannes hat sie entsetzlich getroffen; aber daß er Tausende von blühenden jungen Menschen umgebracht hat, das findet sie in Ordnung, sie waren eben Antirevolutionäre, und es war selbstverständlich, daß man sie liquidierte. Basta!"

TANTE IRINA

Bobik kehrte nach Bonn zurück. Er traf sich täglich mit Lene Müller, zum Teil in den Hörsälen oder abends zu langen Gesprächen. Gleichzeitig lernte er einige junge Menschen kennen, mit denen er sich befreundete; es waren Ernst Ulrich Roeder, Walter Caecilius Holzhausen, Paul Ortwin Rave, Fritz Kohen, den sie Aljoscha nannten, Gerd Hausmann und Boisie Hach.

Caecilius und Paul Ortwin waren Kunsthistoriker und freuten sich, Bobik die archäologischen und Kunstschätze der Umgebung zu zeigen. Sie hatten alle wenig Geld. Es war Inflation, das Geld wurde von einem Tag zum anderen entwertet, man rechnete in Millionen, Milliarden und schließlich Billionen – Zahlen, die man sich nicht mehr vorzustellen vermochte. Sie fuhren zu zweit, zu dritt, zu viert mit Rädern durch die Gegend, nach Köln und Düsseldorf, Zons, in die Eifel, nach Andernach und Remagen. Überall gab es unerhört Interessantes zu sehen, und Bobik war von der uralten Kultur dieses Landes überwältigt und erfüllt. Unter der klugen Anleitung von Paul Ortwin Rave und Caecilius Holzhausen erstanden die alten Zeiten lebendig vor seinem geistigen Auge.

Paul Ortwin Rave führte sie auch durch die kleinen gewundenen Gäßchen der Altstadt, in der die Wäsche auf Stangen oder Schnüren über die Straße gespannt war, es roch nach verbranntem Fett und nach Fisch. Frauen und Kinder kreischten. Aus einigen Fenstern lehnten halbnackte Damen mit aufreizend entblößten Brüsten aus den Fenstern und animierten die Herren hereinzukommen. Wenn sie dann vorbeigingen, wurden sie mit unflätigen Schimpfwörtern bedacht. Kinder spielten mit zerbrochenen Puppen oder jagten einander, sie waren mager und dreckig, und manchen schaute der frühe Tod aus den großen traurigen Augen. Bobik erschauerte. Wie gerne hätte er geholfen, aber wie sollte er dies tun angesichts dieser großen Not.

Sie betraten einen kleinen Antiquitätenladen in der Goldschmiedgasse. Ein alter Mann kam mühsam die steile Treppe herab. Als er Paul Ortwin erblickte, strahlte er. Er zeigte ihnen den Krimskrams im Laden, dann aber bat er sie in seine Privatzimmer, kleine muffige, niedere Räume, die angefüllt waren mit herrlichen Plastiken aus der Romanik und Gotik. Die Augen vieler romanischer Figuren waren etwas nach außen gerichtet. Fritz Kohen nannte das „den silbernen Blick", sie sahen vergeistigt aus. Auch hatte er eine wunderbare romanische Madonna mit dem Jesuskind auf dem Schoß nach Art der keltischen Matronengottheiten; die Mutter und das Kind hatten eine königliche Haltung und wunderbar vergeistigte Gesichter. Dann war da ein romanischer Page, mit Wappen auf dem kurzen in der Taille geschnürten Wams, in aufrechter Haltung. In der leeren, zur Faust geformten Hand hatte er früher wahrscheinlich einen Heroldstab gehalten. Bobik konnte sich von dem Anblick des Pagen nicht trennen. Aber der Preis war so ungeheuerlich, daß er sowieso für ihn unerschwinglich war. Er bat nur den Besitzer, ob er ihn nicht gelegentlich besuchen dürfe, um den Pagen anzuschauen. Der alte Mann freute sich über den sachverständigen Besuch und erzählte von alten Zeiten, als die romanischen und gotischen Plastiken zu Brennholz zersägt oder einfach verbrannt wurden, weil sie dem Geschmack der Menschen nicht mehr entsprachen. Er sei damals in Begleitung eines anderen engagierten Sammlers, des Prälaten Schnütgen, in einer alten bischöflichen Kalesche über Land gefahren. Sie hatten billige Gipsmadonnen, Christusse und Heilige Franzen gut zugedeckt im Wagen verstaut und fuhren nach einem wohldurchdachten Plan von Kirche zu Kirche, von Pfarrer zu Pfarrer. Wenn sie in der Kirche eine alte Statue fanden, beschwatzten sie den Pfarrer, sie ihnen zu geben, sie würden ihm als Äquivalent eine nagelneue schöne Madonna schenken. Es gelang ihnen fast immer, mit reicher Beute heimzukehren. Der alte Monsignore kletterte wie ein Wiesel die Kirchtürme hinauf und untersuchte jeden Winkel in den Nischen oder im Dachstuhl. Die ältesten Heiligenfiguren fand man dort, denn schon in der gotischen Zeit hatte man die romanischen weggeschafft, und in der Barockzeit wurden die gotischen beseitigt. In der Rokokozeit übermalte man sie gar mit weiß, damit sie Marmor vortäuschen sollten. Die Reformation hatte die Plastiken aus den Kirchen verbannt, weil man keine Götzen anbeten wollte. Die riesige Sammlung von Schnütgen war im Museum in Deutz und zum Teil im Diözesanmuseum in einer gotischen Kapelle neben dem Dom untergebracht. Bobik bewunderte die List des Prälaten, mit der er der Menschheit eine so große Menge wunderbarer Kunstwerke gerettet hatte.

Alte Männer, die sahen, daß die jungen Leute mit Interesse ihre Straßen besichtigten, schleppten sie die steilen Treppen der Keller, die noch aus römischer Zeit stammten, hinunter und erzählten ihnen alte Geschichten, die mit dem oder jenem Haus verbunden waren, Gruselgeschichten und schreckliche Morde, oder auch Legenden wie die von den beiden Pferden der Griseldis, die die Treppen hinaufgestiegen waren, um den Tod ihrer Herrin zu beweinen. An jenem Fenster waren zwei hölzerne Pferdeköpfe angebracht, und während der napoleonischen Besatzung sollen die Franzosen dieses Haus „La maison avec les deux Perzköpp" genannt haben. Bobik stand ehrfürchtig unter den Pferdeköpfen und schaute hinauf. Wie wurde er an die Geschichte von Romeo Montagu und Julia Capulet in Verona und an Francesca von Rimini und Paolo erinnert . . .

Zuletzt empfing sie die weiche Dunkelheit der Minoritenkirche. Wann auch immer sie Köln besuchten, machten sie ihre Reverenz vor einem der großen Männer des Mittelalters, dem Scholastiker Johannes Duns Scotus. Der schottische Mönch lag nun seit sieben Jahrhunderten in einem einfachen steinernen Sarg im Chor hinter dem Altar. Ein eingemeißeltes Schriftband, als einziger Schmuck, lief um den Sarkophag. Darauf stand: „Scotia me genuit. Anglia me aluit. Paris me docuit. Colon me tenuit" (Schottland erzeugte mich. England nährte mich. Paris lehrte mich und Köln hält mich). Bobik legte lange Zeit seine Hand auf den Stein, bis sie ganz kalt wurde. Ein unsichtbarer Strom floß aus diesem Sarkophag in Bobik hinein und schenkte ihm weihevolle Kraft.

Bobiks Lieblingskirche war die romanische Kirche Maria im Kapitol, die auf dem römischen Palast erbaut worden war; die dunklen Porphyrsäulen hatten ehemals die Säle des Palastes geschmückt. Wie mochten jene Menschen gewesen sein, die zu Gottes Ehre ein so gewaltiges und würdiges Bauwerk errichteten, deren Baumeister zugleich Mitglieder einer esoterischen Gilde waren, die um die Struktur des Steins und um seine Bearbeitung, um die geheimen Symbole der Zeichen und die Harmonie der Maße wußten? In einem Tympanon erblickte Bobik die Darstellung des Heiligen Abendmahls: Jesus und die zwölf Jünger lagen nach griechischer Art um einen ovalen Tisch. Bobik stutzte; kannte er nicht eine ähnliche Darstellung aus dem Mithraskult? Gott Mithras mit seinen zwölf Jüngern um den Tisch liegend? Er schaute genauer hin. Tatsächlich war es eine Darstellung des Abendmahls des Mithras, des kriegerischen Gottes, dem die römischen Legionen huldigten. Aus irgendeiner sakralen Mithrashöhle hatten Gläubige sie in die Kirche geholt und dort als Tympanon eingebaut. Eine Zeitlang hatte in den ersten christlichen Jahrhunderten die aus Persien stammende Mithrasreligion mit dem Christentum rivalisiert. Die Anhänger des Mithraskultes wurden verfolgt. Die Mithrasreligion verfiel der Vergessenheit. Jahrhunderte später bauten fromme Mönche das fremde Weihebild in der Meinung, es sei das Abendmahl Christi, in ihre Kirche ein. Auf geheimnisvolle Weise integrierte sich Mithras in Christus, ebenso wie auf manchen Säulenkapitellen Meerjungfrauen und Dämonen, dämonenabwehrende Köpfe, Drudenfüße und symbolische Zeichen aus Schlingen und Schleifen von der unvergänglichen Tradition der heidnischen Ahnen zeugen. Bobik, der um die Sprache der Zeichen und Symbole wußte, verbeugte sich tief vor den versteinerten Zeugnissen uralter Kulturen und uralten Wissens um die Beziehungen zwischen Gott, der Natur und dem Menschen; er lächelte belustigt und schadenfroh, daß all das im Gebäude der Kirche friedlich nebeneinander lebte. Es war wie eine Verheißung: vielleicht, irgendwann, wenn die Menschen den Goldbelag von den Mythologien, Ritualen und Dogmen behutsam abkratzten, würden sie finden, wie ähnlich alle Lehren der Großen Söhne Gottes (die die Menschen dann zu Göttern machten) sind, so daß sie sich nicht mehr gegenseitig als Ungläubige bezeichnen würden . . .

Einige hundert Meter vom Zentrum Kölns entfernt stand die Kirche Sankt Matern, deren Wände von einem modernen Maler ausgemalt worden waren: Christus im zwanzigsten Jahrhundert. Wie die Maler der Gotik, der Renaissance, des Barock aus dem Gefühl der Nähe Christus in ihre Zeit und Umgebung hineinstellten, so sah man hier die moderne Stadt Köln mit ihren

Autos und Fahrrädern, und mitten in dem Gewühl der Menschen Christus in moderner Tracht, Christus in einer Bar unter Dirnen und Gigolos, Christus unter den Armen und unter Spitzbuben und im Gespräch mit den Pharisäern, die im Gewand katholischer Priester auftraten, Christus heilend die Gebrechlichen und die Besessenen, und alles das spielte sich hier und jetzt ab. In einer katholischen Kirche ein entmythologisierter Christus, ein Christus, zu dem man du sagen kann. Als Bobik aus dem gedämpften Halbdunkel der Kirche in die Helligkeit des Nachmittags hinaus trat, sah er die gleichen Menschen, und er suchte unter ihnen den Einen, seinen Bruder . . . Christus.

Bobik hatte einen hellen Regenmantel über die Schulter geworfen, er überquerte den Kaiserplatz vom Hofgarten her kommend. Vom anderen Ende des Platzes kam ein junger Mann ihm entgegen, der auch einen Mantel über der Schulter trug. Er hatte einen tänzelnden Gang und ging direkt auf Bobik zu. Bobik fand den Menschen albern und ärgerte sich über seine unverfrorene Erscheinung und die unbekümmerte Forschheit, mit der dieser auf Bobik zusteuerte. Da gewahrte er, daß es sein eigenes Spiegelbild sei, das er in den Spiegeln eines Blumengeschäfts erblickte. Nun ärgerte er sich, daß er seine Erscheinung so schlecht beurteilt hatte.

Da hörte er eine weibliche Stimme seinen Namen rufen: „Bobik, Bobinka, Bobik!" Er stutzte, das konnte unmöglich sein Spiegelbild sein. Aber außer Lene Müller, Boisie, Paul Ortwin, Caecilius und Aljoscha Kohen nannte ihn niemand bei diesem Namen. Er suchte mit den Augen nach dem Rufer. Eine Dame lief ihm gestikulierend entgegen. Er stürzte auf sie zu und umarmte sie heftig. „Tante Irina, Tante Irina! Du lebst, du bist hier!" – Es war eine entfernte Verwandte von Jadwiga, Irina Konstantinowna Gräfin Salesski. Sie hatte einen großen Besitz in der Ukraine gehabt. Bobik und Jadwiga hatten, wenn sie nach Kiew reisten, gewöhnlich bei ihr gewohnt. Sie war ein klar denkender Mensch, klug, praktisch und bescheiden, ohne die kapriziösen Extravaganzen mancher großer russischer Damen, die ihre Männer und ihre Familien zur Verzweiflung brachten. – Sie gingen in das kleine Café Knaus am Kaiserplatz, wo es die besten Kuchen gab. Sie hatten sich viel zu erzählen.

Tante Irinas Mann war Marineoffizier gewesen, er war im Weißen Meer von den Bolschewisten erschossen worden. Sie wurde von ihrem Gut vertrieben und durfte im Kutscherhaus mit ihrem Sohn Kolja wohnen. Sie war eine vorzügliche Hausfrau, und die Umstellung von der Schloßherrin zur Bäuerin kostete sie keine Mühe. Dann zog sie nach Kiew, um in der Anonymität zu leben, und schließlich gelang es ihr durch Verbindungen zu Franzosen, in der Krim ein Schiff zu nehmen und nach Konstantinopel zu entkommen. Von dort war sie nach Berlin gelangt, wo sie Kolja im russischen Gymnasium des Pastors Masing untergebracht hatte. Sie selbst war für einige Zeit nach Bonn gekommen, weil sie nach Paris übersiedeln wollte, wo sie einige Verwandte hatte.

Bobik war glücklich, eine Verwandte in Bonn zu wissen. Ein lebendiges Stück seiner Heimat war hier, er konnte wieder russisch sprechen und Erinnerungen austauschen. Tante Irina war zwar nicht ganz nach seinem Geschmack, sie war ihm zu bodenständig, zu klug und praktisch. Unter ihren Händen erstarben die meisten Probleme, sie schrumpften einfach zusammen, weil sie kein Erleben dramatisierte. Sie überlegte, was man tun könnte, und tat dann das Richtige, sie hielt sich nicht bei unlösbaren Dingen auf. Bobik staunte, daß man mit manchen Dingen so leicht umgehen konnte und daß das Leben bei dieser Einstellung viel leichter war, als er gedacht hatte.

Sie besuchte Bobik in seinem Zimmer. Mit einem Blick übersah sie alles, ergriff einen Staublappen und staubte gründlich ab, dann verlangte sie heißes Wasser und wusch das Geschirr, das vom Frühstück noch nicht abgespült war. „Du solltest dir merken, Bobik: wenn du gegessen hast, mußt du sofort das Geschirr saubermachen, das kostet dich zwei Minuten. Wenn du es aber stehen läßt, trocknen die Speisereste ein, und es kommen Fliegen und legen ihre Eier hinein. Was ißt du denn überhaupt?" – „Morgens esse ich ein Brötchen mit Margarine und mittags auch ein Brötchen, manchmal ein Ei dazu, und zum Tee ein Brötchen mit Warenje und einen guten kräftigen Tee. Mein Tee ist berühmt, Tante Irina!" – „Da wunderst du dich, daß deine Magengeschwüre und deine Darmverstimmungen, die du dir in der Revolution zugezogen hast, nicht abheilen. Wir werden jetzt öfter gemeinsam essen, du kommst zu mir, oder ich komme zu dir und koche dir etwas. Du bist so schmal wie ein Strich. Vorhin, als du vor mir gingst, sah ich deine Taille; gewiß, ihr wart im Pagenkorps stolz auf eure engen Taillen, und manche Jungen und Kornets trugen sogar Korsette. Aber deine Taille ist unter jedem erlaubten Maß; ich habe mir überlegt, wo du denn deine Därme und inneren Organe hast. Du mußt unbedingt dicker werden!"

Von da an bekam Bobik herrliche russische Speisen, und tatsächlich besserten sich seine krampfhaften Magen- und Darmbeschwerden. Tante Irina zwang ihn zu langen Spaziergängen, die er haßte; er gab vor, er habe keine Zeit, er müsse lernen oder sticken. Sie ließ das nicht gelten. „Wenn du spazieren gegangen bist, wirst du für das Lernen frischer sein. Man kann sein Gehirn nicht über Gebühr strapazieren, es hat auch nur eine begrenzte Leistungsfähigkeit und nimmt schließlich nichts mehr auf." – Sie sah ihm beim Sticken zu. Er hatte sich den kleinsten Rahmen gekauft, weil dieser am billigsten war. „Das ist doch ein Unsinn, daß du mit so einem kleinen Rahmen arbeitest, du hast gar keine Übersicht und mußt ständig wechseln. Und wer nimmt denn so teuflisch lange Fäden, sie verheddern sich nur, und du brauchst Zeit, um sie zu entwirren." – „Ich konnte mir keinen größeren Rahmen kaufen, weil er zu teuer war." – „Man soll nicht am falschen Ort sparen." Tante Irina hatte immer recht. Sie schenkte ihm einen größeren Rahmen, und er nahm kürzere Fäden, und die Arbeit ging reibungsloser von der Hand.

Am liebsten gingen sie zu dem Karstanjenschen Gut am Ufer des Rheins, das dem vornehm aussehenden Herrn von Rigal gehörte. Dort gab es eine Koppel mit Pferden. Bobik brachte ihnen Zuckerstückchen, die sie von seiner flachen Hand nahmen; wonnig war die Berührung der Pferdelippen mit dem Handinneren, der weiche Flaum der Pferdelippen kitzelte angenehm. Auf den Feldern waren seltsame Pflanzen, sie ragten zu einem

Drittel aus der Erde heraus und hatten große buschige Blätter. Bobik, der nichts von der Landwirtschaft verstand (ebensowenig wie sein Vater und sein Großvater), fragte erstaunt, was das für Pflanzen seien. – „Das sind Ananas", sagte Tante Irina kühl. – „Ananas?", fragte Bobik ungläubig. „Aber die werden doch hier nicht reif. Wozu pflanzt man sie dann?" – „Es ist ein beliebtes Pferdefutter." – Bobik staunte.

Abends saß er mit seinem Kommilitonen Heinz Detlef von Witzleben in einer stillen Weinkneipe. Heinz Detlef stand kurz vor dem medizinischen Staatsexamen und betreute Bobik. Bobik trank einen sauren Mosel, der ihm Magenschmerzen verursachte, und schüttelte in Gedanken den Kopf. – „Worüber denkst du nach?" – „Ihr Deutschen seid ein komisches Volk. Man kann nicht immer eure Beweggründe erraten. Dostojewski hat von euch gesagt, ihr hättet den Affen erfunden, und manchmal glaube ich das auch. Wozu pflanzt ihr zum Beispiel Ananas als Pferdefutter, wo sie doch hier nicht reif werden?" – Heinz Detlef stutzte. „Was redest du da? Wir pflanzen doch keine Ananas an!" – „Aber natürlich, auf dem Karstanjenschen Gut! Tante Irina hat sie mir gezeigt!" – „Wie sahen denn diese Ananas aus?" – Bobik beschrieb ihm die Frucht, und Heinz Detlef begann hemmungslos zu lachen. Bobik sah ihn verdutzt an und fühlte sich beleidigt. – „Du Dummer, da hat dich die Tante ganz schön angeführt. Das sind keine Ananas, das sind Runkelrüben!"

„Aber du, Heinz Detlef, bist auch nicht fair zu mir gewesen, auch du hast mich angeführt. Als ich bei Professor Sobotta eingeladen war, sagtest du mir, ich müsse ihn in der dritten Person anreden, das sei hier so üblich. Immer, wenn ich ihn so anredete, schmunzelte er. Da stimmt doch auch etwas nicht!" – Heinz Detlef wurde nachdenklich. „Ich habe dir nichts Falsches gesagt. Wie hast du ihn denn angeredet?" – „Na, ich sagte: will er bitte so freundlich sein; oder: ich danke ihm . . ." – Schon wieder bekam Heinz Detlef einen Lachanfall. Das war zuviel, zweimal ein Objekt des Spottes zu sein. – „Verzeih, ich habe nicht geahnt, daß du es so auffassen würdest. Das war die Sprache des alten Königs Friedrich Wilhelm I., des Vaters Friedrichs des Großen, so sprach er zu seinen Soldaten und Untertanen! Ich kann mir vorstellen, wie Professor Sobotta sich darüber amüsiert hat. Du hättest sagen sollen: würden Herr Professor, möchten Herr Professor – und das ist wirklich hier so üblich!"

Eines Tages kam Tante Irina und brachte einen kleinen Ausschnitt aus der russischen Emigrantenzeitung mit. „Ich glaube, das ist etwas für dich, du solltest diesem jungen Mann schreiben." Es war eine Annonce eines jungen russischen Emigranten, der in Marokko in der französischen Fremdenlegion diente und den Wunsch hatte, mit einem anderen Russen in Verbindung zu treten. Bobik nahm den Zettel und steckte ihn in seinen Adressenkalender. Noch am Abend schrieb er ihm einen langen Brief, erklärte ihm, wer er sei, woher er komme und was er tue, und bat seinen unbekannten Partner, er möge ihm antworten, wenn er, Bobik, ihm sympathisch sei.

Nach einigen Wochen kam die Antwort von Wassili Knipper. Er schilderte ihm die furchtbaren Strapazen, denen sie in den Kämpfen in der Wüste und in der Beschützung der Grenzen ausgesetzt seien. Hitze und nächtliche Kälte, Durst und ungeheure körperliche Anstrengungen beim Kampf. Stetige Konfrontation mit dem Tode und die Erfahrung, daß der Soldat nichts wert ist, eine kämpfende Nummer, heute im Einsatz und morgen tot, und nach wenigen Stunden bereits von allen vergessen. Er deutete an, daß er seinen Namen habe ändern müssen, um fliehen zu können, er habe aber nach den Erlebnissen der Revolution ständig Angst und wolle in der Anonymität bleiben. Bobik möge nicht in ihn dringen, um zu erfahren, wer er wirklich sei.

Bobik respektierte seinen Wunsch. Es entstand eine rege freundschaftliche Korrespondenz. Bobik sandte seinem neuen Freund literarische Feuilletons aus russischen Zeitungen und Lyrik. Er war sich bewußt, daß ihm hier eine echte Freundesaufgabe erwachsen sei, einem einsamen, leidenden Menschen, der in unlösbarer Not lebte, zu helfen.

Wassja schilderte mit großer Gestaltungsgabe und Humor seine Kameraden aus allen Ländern der Erde: Abenteurer jeder Art, dranghaft Pubertierende, die von zuhause fortgelaufen waren,

Verzweifelte, Flüchtlinge und Heimatlose wie er, entlaufene Sträflinge oder solche, die wegen krimineller Delikte von den Behörden gesucht wurden, und einfach Kämpfernaturen. Es sei ein ungeschriebenes Gesetz, daß man hier weder nach Herkunft noch Motiv frage, und die Kameradschaft sei, soweit es bei den grundverschiedenen Charakteren und der unterschiedlichen Herkunft möglich sei, recht gut. Im Grunde sei jeder von ihnen tief einsam, weil niemand dem anderen so weit traue, daß er ihm das Geheimnis seines Lebens offenbare.

In einem anderen Brief berichtete er, daß noch ein anderer junger Russe in seinem Regiment sei, sie träfen sich manchmal und hätten kurze Gespräche; der Junge müsse Furchtbares erlebt haben, er vermeide es, von seiner Vergangenheit zu sprechen. Er sei von der Sonne Afrikas ganz ausgemergelt, habe unnatürlich große schöne Augen, aus denen der Tod herausschaue (die Soldaten sagten hier so – sie spüren es). Sie hätten sich wenig zu sagen, beide seien entwurzelt und ohne jegliche Zukunft. Wenn sie irgendwann einmal, nach 10 Dienstjahren, den Dienst quittieren könnten, dann seien sie ausgelaugte und verbrauchte Menschen und nicht mehr fähig, sich eine neue Existenz in der Fremde aufzubauen.

Es war eine ausweglose Situation für Bobik. Wie gerne hätte er dem fernen Freund helfen, ihn trösten wollen. Aber was nützte Trost in der Lage, in der Wassja sich befand? Es würde bei schönen Worten bleiben müssen. Angesichts solcher Schicksale begriff Bobik, wie dankbar er Karluscha sein müsse, daß er ihn aus Rußland herausgenommen hatte und ihn wirtschaftlich unterstützte, denn er war an sich nicht verpflichtet, Bobik zu retten. Er begann den seltsamen, überaktiven, jähzornigen Mann besser zu verstehen und zu würdigen. Eigentlich wollte er ihm sogar einen Brief schreiben, ihm danken und sagen, daß er durch Karluschas Auftritte und Jähzornesausbrüche immer verängstigt gewesen sei, er ihn deswegen gehaßt und abgelehnt habe; auch habe er geglaubt, es gebe nichts Gemeinsames zwischen ihnen beiden. Aber nun begreife er, daß dies ein oberflächliches Urteil gewesen sei; es sei ihm nie bewußt geworden, daß Karluscha im Grunde ein Genie sei, da er ja in kürzester Zeit in Rußland eine große Industrie aufgebaut habe und sein soziales Wirken für eine Verbesserung der Lebensbedingungen seiner Arbeiter und Angestellten und der Bewohner von Girejewo außergewöhnlich gewesen sei. Natürlich warf er als Deutscher das Geld nicht zum Fenster hinaus, wie Jadwiga und die Kinder es taten, die jedem Bettler, Arbeitsscheuen und Trunkenbold aus Sentimentalität Geld zuschoben. Karluscha erkundigte sich genau nach den Verhältnissen des Bittstellers und verschaffte ihm Arbeit oder versorgte die Kinder in einem Internat. Er, Bobik, fand eine solche Hilfe pharisäisch; aber jetzt begriff er, wie viel wirksamer eine solche Hilfe war gegenüber einem plötzlichen Impuls zu helfen und einer wahllosen Verteilung von Wohltaten. Er wollte sich entschuldigen, daß er ihm, Karluscha, immer nur mit herabgelassenem Visier begegnet sei, daß er ihn nicht für würdig gehalten habe, an seinem Leben, seinen Erlebnissen und Gedanken teilzunehmen. Er wollte von Karluschas Welt nichts wissen und war zu stolz, um ihm Einlaß in seine eigene Welt zu gewähren.

Er beschloß, den Brief sofort zu schreiben, denn er wußte, wie schnell gute Vorsätze erlahmen. Er begann auch, aber er war mit dem Herzen nicht dabei. Er verschrieb sich, machte dumme Flüchtigkeitsfehler. Ein solcher Brief mußte aber auch formal stimmen. Er zerknüllte das Papier und fing von vorne an. Schließlich wurde er so müde, daß er sich hinlegen mußte. Am nächsten Tag kamen andere Arbeiten, Begegnungen und Aufgaben, er vergaß den Brief, der nie geschrieben wurde.

Wassja beschrieb ein erschütterndes Erlebnis. „Ich schrieb Dir von dem jungen Landsmann, von dem wir sagten, der Tod schaue ihm aus den Augen. Es hat ihn erwischt. Wir hatten einen Patrouillengang, einige Mann. Er war an meiner Seite. Es wurde gefeuert, und wir versteckten uns hinter einem Gemäuer. Die Marokkaner oder die Tuareg feuerten auf uns. Man sah in der Dunkelheit, wie ihre Silhouetten sich uns näherten. Es blieb uns nichts anders übrig, als aufzuspringen und das Feuer zu erwidern. Der junge Russe wurde sofort in die Brust getroffen, er fiel hintenüber und bewegte sich nicht mehr. Wir konnten uns nicht bei ihm aufhalten, wir liefen und schossen; wir trafen offenbar einige der Angreifer, die anderen ergriffen die Flucht. Wir kehrten zum Gemäuer zurück, wir mußten verschnaufen, wir waren erschöpft. Der junge Russe lag regungslos da, seine offenen Augen schauten in den Himmel, als ob sie dort etwas suchten. Wir hatten keine Geräte, ihn zu begraben, das besorgen hier die Schakale und die Raubvögel. Ich sprach ein russisches Gebet für ihn, dann durchsuchte ich seine Taschen; darin war ein Päckchen Zigaretten, am Hals trug er ein Goldkettchen mit einem goldenen Taufkreuz. Ich nahm die Zigaretten und das Kreuz an mich. Dann schleppten wir uns zu dem Fort zurück. So geht es Tag um Tag, irgendwann wird einer von einer Kugel hinweggerafft, dann kommen andere daran. Einmal wird es auch mich treffen. Dann hat dieses Hundeleben ein Ende. Eigentlich war es sinnlos. Ich wenigstens finde beim besten Willen keinen Sinn darin . . ."

Die Korrespondenz ging noch einige Monate weiter. Der Freund wurde immer müder und verzweifelter, und schließlich versiegten seine Briefe. Bobik ahnte, daß dem Freund etwas zugestoßen sein müsse, aber er wußte nicht, wohin er sich wenden könne. Eines Tages kam ein behördlicher Brief aus Marokko. Wassjas Kommandeur schrieb in der Meinung, Bobik sei dessen Verwandter, daß Wassja bei einem Angriff marokkanischer Freischärler tödlich verwundet worden und im Lazarett gestorben sei. Dem Umschlag lagen bei: ein zerschlissener Paß mit einem Photo, das fast völlig verblichen war, ein Liebesbrief eines Mädchens an Wassja aus dem Jahre 1916 und ein goldenes Kreuz an einer goldenen Kette. Bobik wollte die Papiere und das Kreuz in den Umschlag zurück tun. Als er das Kreuz, es war ein übliches russisches goldenes Taufkreuz, in Händen hielt, fiel ihm auf, daß darauf etwas eingraviert war. Er schaute genauer hin. Auf der Rückseite stand eingraviert: Spassi i sochrani (errette und beschütze mich), und darunter in Kursiv „W. Tsch.". Bobik stutzte: hatte nicht Wassja geschrieben, daß er das Kreuz dem toten jungen Russen abgenommen habe? Das war ja Bobiks Taufkreuz! Die Vettern Aljoscha Galitzin und Bobik hatten als Jungen zum

Zeichen der Verbrüderung ihre Kreuze ausgetauscht. Also war jener tote russische Soldat Bobiks Vetter und Herzensfreund Aljoscha, und Wassja Knipper war dazu auserkoren, Bobik die Nachricht von seinem Tod zu übermitteln.

Bobik setzte sich hin und weinte lange, die Tränen liefen ihm über die Backen. Er wußte nicht, warum er weinte; es war nicht Trauer über Aljoschas Tod oder Wassjas Tod, er nahm dies hin. Vielleicht war es das Staunen über das Sichtbarwerden der Einwirkung Gottes in die Schicksale der Menschen, das er schon oft erlebt hatte, das er manchmal erschauernd erkannte und an dem er sicherlich noch öfter achtlos vorübergegangen war. Dann kniete er nieder und betete für das Seelenheil seines Vetters und Wassjas: „Herr, laß ruhen die Seelen deiner Knechte im Kreise der Heiligen, wo es weder Leid noch Seufzer noch Traurigkeit gibt, sondern ewiges Leben." Schließlich erstarb das Gebet auf seinen Lippen, er verharrte regungslos und ohne Gedanken, und eine beglückende Ruhe erfüllte ihn. Dann hängte er das Kreuz, das er bis zu seinem fünfzehnten Lebensjahr getragen hatte, neben das Kreuz von Aljoscha um seinen Hals ...

BEGEGNUNG MIT DEM BETTLER

Die Inflation war eine Art mittelalterlicher Pestilenz. Wenn die Menschen auch nicht in Massen an ihr starben, so gingen sie doch daran zugrunde. Das Geld hatte seinen Wert total verloren. Es war nur noch nominell ein Zahlungsmittel. Die Menschen lebten von der Hand in den Mund. Die Älteren waren völlig ratlos. Sie verkauften ihren Besitz, ihre Häuser oder ihre Juwelen in der trügerischen Vorstellung, daß sie nie wieder so viel Geld dafür bekommen würden. Viele konnten ihren Besitz auch gar nicht halten, weil ihre am Monatsersten ausgezahlten Renten bereits nach acht Tagen keine Kaufkraft mehr hatten. Was blieb ihnen da übrig, als etwas zu verkaufen.

Bobik besuchte einen angesehenen Kölner Antiquar, den er von Rußland her kannte; dieser hatte auf Geschäftsreisen Bobiks „Wotschina" (Residenz) Krasnoje Sselo besucht, wo sich eine Sammlung von kostbaren mittelalterlichen russischen, tatarischen, persischen und türkischen Sätteln, Zaumzeug und Waffen befand. – Eine alte freundliche Dame erschien und bot ein herrliches Kaffeeservice aus Meißen an. Der Antiquar betrachtete jede Tasse, jeden Teller genau, um etwaige Fehler zu entdecken, aber das Service war fehlerfrei. Er bot ihr, zwar in Millionen, doch einen für Bobiks Gefühl viel zu niedrigen Preis an. Die alte Frau Geheimrat nahm das Geld an, es waren ganze Pakete, sie stopfte sie mit zitternder Hand in ihre Tasche. Bobik erdreistete sich zu bemerken, sie möge das Geld noch heute ausgeben, irgendwelche Lebensmittel kaufen. Sie sah den jungen Mann verächtlich an: „Typisch für unsere heutige Jugend, vorlaut und versteht nicht mit dem Geld umzugehen, Sie sind genau wie mein Enkel!" Und sie verließ indigniert das Geschäft.

Der Antiquar bot Bobik Kaffee an, sie tranken und schwelgten in Erinnerungen. Der Mann konnte sich noch vieler schöner Dinge in Krasnoje Sselo erinnern. Bobik war glücklich, einen Menschen gefunden zu haben, der seine Heimat und sein Schloß kannte. Dann erinnerten sie sich des Palais von Großfürst Nikolai Nikolajewitsch, der eine ansehnliche Sammlung alter Gläser hatte. Sie waren vorteilhafterweise auf gläsernen Regalen zwischen die hohen Doppelfenster gestellt. Es war ein wunderbarer Anblick, denn bei jeder neuen Beleuchtung von draußen nahmen die Gläser eine andere Färbung an.

Währenddessen kam die Herzogin von Croy aus Dülmen herein und fragte, ob der Antiquar interessante neue Gegenstände habe. Er zeigte ihr das soeben erworbene Meißner Service, von dem die Herzogin entzückt war. Er nannte ihr einen Preis, der zehnmal so hoch war wie der, den er der alten Dame bezahlt hatte. Bobik wollte gerade etwas einwenden, aber er bekam vom Antiquar einen warnenden Blick und hielt den Mund. Später, als die durch den Kauf beglückte Herzogin das Geschäft verlassen hatte, machte er dem Kaufmann Vorwürfe, daß er die Dame derart überfordert und der alten Dame so wenig geboten habe. Bobik hielt die Handlungsweise nicht für korrekt. Der Antiquar lachte sehr laut und lang, weil er verlegen war.

„Euer Gnaden sind noch zu jung, um das zu verstehen. Wir leben vom Geschäft. Jeder Kauf ist ein Risiko. Manche Gegenstände liegen jahrelang da ohne Käufer; da ist es selbstverständlich, daß wir beim Kaufen auf die Preise drücken und beim Verkaufen sie in die Höhe treiben. Im Antiquitätengeschäft gibt es nur Liebhaberpreise. Und Sie sahen, beide Damen waren glücklich. Die Herzogin hat ein unvergleichliches Service, und die alte Dame wird das Geld so lange aufbewahren, bis sie sich schließlich nur noch ein paar Brötchen davon kaufen kann. So ist das Leben!"

Bobik verabschiedete sich bald und beschloß, den Mann so bald nicht wieder zu besuchen, er war verstimmt.

Nachmittags machte er Einkäufe in der Remigiusstraße in Bonn. Es war ein trüber Tag und die Kälte war durchdringend. An der Straßenecke saß ein alter, ausgemergelter Bettler auf der Erde. Sein rechtes Bein war am Oberschenkel amputiert. Sein Hut diente ihm als Bettlerschale. Bobik wollte, wie er es aus seiner Heimat gewohnt war, ihm einen Schein hineinwerfen, aber dann besann er sich. Der elende Mann konnte sich für diesen Schein gar nichts kaufen, und er hatte bisher so gut wie nichts bekommen. Wenn er jemandem etwas Gutes antun wollte, so war das nicht die richtige Art. Er steckte den Schein wieder ein. Das Gesicht des Bettlers verdüsterte sich. Bobik lief in ein Lebensmittelgeschäft und kaufte ein Weißbrot, Margarine und zwei Bananen, es war für seine Verhältnisse eine große Ausgabe. Die brachte er dem Bettler und legte die Gaben auf sein Knie. „Bitte, lehnen Sie es nicht ab, nehmen Sie es von mir an!", flehte Bobik. Der Mann begann laut zu weinen, er ergriff Bobiks Hand, drückte sie an seine unrasierte Wange und küßte sie. Im Nu versammelten sich Menschen um Bobik und den Bettler. Bobik riß sich schnell los und lief weg.

Abends saß er in seinem warmen gemütlichen Zimmer und überlegte. Hatte er es richtig gemacht? Mußte man, wenn man einem anderen Menschen etwas Gutes tun will, nicht noch viel mehr tun als das? War das nicht eine primitive Gewissensberuhigung eines Reichen einem Armen gegenüber? Müßte man nicht den Bettler zu sich nach Hause nehmen und ihn beherbergen, ihn pflegen, wie es der Heilige Julian der Gastfreie tat? Aber dann müßte er, Bobik, sich ständig um den Mann kümmern und könnte gar nicht studieren. Und was würde aus den Abertausenden anderer Bettler, Kranken, Armen? Er dachte und dachte, bis er Kopfschmerzen bekam. Er versuchte zu ergründen, was seine Mutter oder was Christus an seiner Stelle getan hätte. Er kam zu keinem Resultat. Vielleicht sollte er dem Mann jeden Tag Brot, Margarine und Obst bringen? Aber dann müßte er seinen eigenen Gürtel enger schnüren.

Am nächsten Tag, nach den Vorlesungen, kaufte er wieder ein Brot, eine Apfelsine und einen Würfel Margarine und ging in die Remigiusstraße. Wie enttäuscht war er, als er den Bettler dort nicht fand. Was sollte er tun? Diese Lebensmittel waren nicht für ihn, sie waren für einen Armen bestimmt. Er suchte, wem er sie geben könnte. Schließlich sah er ein etwa zehnjähriges Mädchen, mager und ziemlich zerlumpt. Er redete es an und fragte, ob es von ihm das Brot und die Apfelsine annehmen wolle. Es schaute ihn verängstigt und verdutzt an. Vielleicht verstand es seine fremde Aussprache nicht? Es blieb unschlüssig stehen. Indessen kam eine ältliche Frau und redete Bobik streng an: „Sie, junger Mann, verschwinden Sie, aber schnell, sonst rufe ich die Polizei!" – Bobik war über die Verdächtigung entsetzt. „Ich wollte doch nur dem Kind etwas zu essen geben!", verteidigte er sich. – „Dat kennen wir schon! Zu essen! Verschwinden Sie bloß und lassen Sie sich nicht wieder erwischen!" Sie nahm das Kind an der Hand, riß seinen Arm hoch, gab ihm mit der Rechten eine Maulschelle und zog es schimpfend mit sich fort. Das Kind jammerte. Bobik ging langsam mit seinem Brot im Arm heim. Sollte er es nun selber essen? Dieses Judasbrot? Wie ist es auf dieser Welt möglich, daß man etwas Gutes tun will und so mißverstanden wird? Das Gute verkehrte sich in etwas Böses, und das arme unschuldige Kind bekam nur Schläge. Aber was hatte er

falsch gemacht, hatte er sich ungefragt mit seinem „Guttun" auf-
gedrängt, sollte er nur so handeln, wenn er darum gebeten wurde? Unter den Bittenden gab es manche, die nichtsnutzig waren,
Tagediebe, Säufer und Tunichtgute. Und gerade ihnen sollte er
etwas geben? Er wurde mit dem Problem nicht fertig, aber eines
hatte er gelernt, daß er sein Guttun nicht einem anderen auf-
drängen dürfe.

EINE BÖSE ERFAHRUNG

Auf einer Gesellschaft ließ sich ein dicker Mann Bobik vorstellen. Er war Direktor einer Porzellanmanufaktur. Er war Bobik
mehrmals auf den Straßen begegnet, an dem Russenkittel hatte
er sofort bemerkt, daß Bobik Russe war. Bobik trug einen großen Smaragdring, der mit 32 Brillanten umgeben war. Der Ring
war aus einem Ohrring seiner Urgroßmutter, der polnischen
Fürstin Leszczinska Rajewska, für Jadwiga umgearbeitet worden. Die alte Dame war in bezug auf Geschenke sehr sparsam,
sie kaufte keinen neuen Schmuck, sondern ließ aus ihren alten
Beständen von Juwelen etwas umarbeiten. – Der Direktor betrachtete interessiert Bobiks Ring und meinte, ob seine Schwester auch in Bonn wohne. Bobik verneinte. „Wieso meinen Sie
das?" – „Bei uns in der Porzellanmanufaktur arbeitet eine junge
russische Dame, Frau Mendelssohn, und sie trägt ganz genau den
gleichen Ring. Da dachte ich, daß Sie vielleicht mit ihr verwandt
seien." – „Ich bin mit keiner Frau Mendelssohn verwandt. Den
zweiten Ring besitzt meine Cousine Mary Prinzessin Kurakina,
sie wohnt aber in Berlin." – „Diese Dame kam aus Berlin zu uns."
– Mary hatte tatsächlich Porzellanmalerei gelernt.
  Direktor Rosen lud Bobik zum Abendessen ein. Als er die
Wohnung betrat, sah er Mary; es war wirklich Mary Kurakina,
sie stürzte sich auf ihn und umarmte ihn heftig. Sie hatten sich
seit Jahren nicht mehr gesehen, sie verglichen ihre Ringe, die von
derselben Urgroßmutter stammten, und lachten. Mary erzählte

von ihrem Schicksal: ihr Vater war umgebracht worden, ihre Mutter an Hunger gestorben. Ein Freund ihrer Familie, der als Jude die Möglichkeit hatte auszureisen, bot ihr an, sie pro forma zu heiraten. Aber schließlich verliebte er sich in sie und wollte sich nicht mehr von ihr trennen, sie hatte einen scheußlichen Scheidungsprozeß durchzustehen. Inzwischen hatte sie einen englischen Generalkonsul kennengelernt, der ihr einen Antrag machte. Er war zur Zeit in China, bei seiner Rückkehr wollte er sie nach England holen und sie dort heiraten. Deshalb sei sie nach Bonn gezogen.

Bobik freute sich aufrichtig, Mary hier zu wissen. Allerdings verwandelte sich die Freude bald in Verdruß. Sie gehörte zu jener Sorte von schönen jungen Damen der russischen Aristokratie, die ungebildet, arrogant, verwöhnt und kapriziös waren. Sie glaubten, daß die Welt sich allein um sie drehe, und sie hatten trotz aller Not und den Verfolgungen in der Revolution nichts hinzugelernt. Für sie waren die einfachen Menschen immer noch „Pöbel", und sie ignorierten Menschen unter ihrem Stande. Mary hatte in Bonn keine Freunde; sie konnte aber nicht allein sein, also belagerte sie Bobik in seiner Freizeit. Tante Irina begegnete ihr nur einmal bei Bobik, hörte sich ihr törichtes Vogelgezwitscher an und bat Bobik, sie nie wieder mit dieser Person zusammenzubringen.

Mary kam sonntags und sonnabends und fast jeden Abend. Bobik mußte mit ihr einkaufen gehen und sie ausführen. Sie sprach überall sehr laut, mal russisch, mal englisch oder französisch, um aufzufallen, was ihr immer gelang. Bobik war das schrecklich peinlich.

Wenn es Vampire gab, dann war Mary der Prototyp eines Vampirs, ein Wesen, dem man sich nicht entziehen konnte und das mit allen guten und bösen Mitteln ihr Ziel erreichte. Sie hatte ein Dutzend schöner vergoldeter Löffel einem Juwelier zum Nachvergolden gegeben. Er hatte sie gegen einen Quittungsschein entgegengenommen und gesagt, sie möchte die Löffel in drei Wochen abholen. Sie ging aber jeden Tag hin und schleppte Bobik mit sich. Es war Bobik unmöglich, ihr das auszureden.

Bei ihrem Anblick wurde der Juwelier blaß. „Wo meine Löffel sind?", fragte sie herausfordernd. – „Gnädige Frau, ich habe sie zum Vergolden weggegeben, das machen wir nicht selbst." – „Nicht gnädige Frau, ich Durchlaucht, Sie keine Manieren haben. Ich muß erkundigen, denn ich weiß, Deutsche unehrlich, Halunken, betrügen. Ich komme morgen wieder fragen." – Der Mann lief rot an wie ein gekochter Krebs. Er wollte sich und die Deutschen verteidigen. Doch Bobik machte ihm hinter Marussjas Rücken ein Zeichen, er solle schweigen. Sie merkte es, drehte sich nach Bobik um und beschimpfte ihn auf russisch, er sei wohl mit diesem Betrüger im Bunde.

In jedem Laden wollte sie sofort vorgelassen werden, sie sei eine arme, kranke, vertriebene russische Prinzessin, und es gelang ihr auch, zuerst bedient zu werden. Auf dem Platz, wo der bronzene Beethoven bei seiner Enthüllung der Queen Victoria von England unvorschriftsmäßigerweise den Rücken drehte, spielten im balligen Neuschnee lustige Studenten, sie jagten sich und bewarfen einander mit Schneebällen. Ein Ball flog an Marussjas Nase vorbei, sie erschrak und schrie die jungen Leute an: „Du diecke, diecke dumme Schwein, was wielst du von mir, hast du nicht genug deine Straßenmädchen?" – Die Reaktion war unerwartet und durchschlagend. Die Studenten begannen zu lachen und zu gröhlen. Als sie merkten, daß es die russische Prinzessin sei, die inzwischen stadtbekannt geworden war, rissen sie mit den komischsten Gesten ihre bunten Mützen von den Köpfen und machten drastische Verbeugungen bis zur Erde. Schließlich mußte Marussja selbst lachen. „Dumme deutsche Wurstmacher" sagte sie. (In Rußland nannte man die Deutschen „Kolbásniki" [Wurstmacher], weil alle Wurstgeschäfte den Deutschen gehörten.)

Ihr Verlobter schrieb ihr aus England, daß er nicht über Bonn kommen könne; sie möge sich Papiere besorgen und auf seinen Besitz in der Nähe von Birmingham kommen, wo die Hochzeit stattfinden sollte. Marussja war sehr aufgeregt. Natürlich mußten die Papiere sofort herbeigeschafft werden. Sie fuhr mit Bobik zum englischen Konsul. Der vertröstete sie, daß er die Visa nicht vor einigen Wochen besorgen könne, da sie einen staatenlosen Nansenpaß besaß, und es bestünden Schwierigkeiten mit diesem Dokument. Sie war wütend, ergriff ein Telefonbuch, schleuderte es zur Erde und beschimpfte den Beamten. Der sah ihr fassungslos zu, ihm war eine solche Person noch nie begegnet. Als sie sich ausgeschimpft hatte, sagte er zu ihr eiskalt, von ihm bekomme sie nie ein Visum, er sei als Beamter seiner Majestät an derartige Injurien nicht gewöhnt. Er klingelte und ließ die seltsame Dame hinausführen.

Während der ganzen Fahrt in der Rheinuferbahn weinte sie hemmungslos. Bobik schämte sich zu Tode, die Menschen schauten das Paar neugierig und teilnehmend an. Bobik überlegte, was sie sich wohl denken mochten? Sicherlich, daß er ihr Liebhaber sei und ihr den Laufpaß gebe, oder daß sie ein Kind von ihm bekomme. Er verfluchte den Augenblick, da sie ihm begegnet war.

Ein neuer Plan reifte in ihr. Jeder Plan wurde im gleichen Augenblick ausgeführt. Sie mußte sofort zum französischen General, dem Kommandierenden der Rheinischen Besatzungsarmee. Der war Kavalier wie jeder Franzose, er würde ihr das Visum sofort besorgen. Also trottete Bobik neben ihr her zum Hause des Generals. Ein Diener erschien und erklärte, daß der General nicht zuhause sei, außerdem, wenn die Dame von ihm etwas wolle, solle sie ins Büro zu den üblichen Stunden kommen. Mary beschimpfte den Diener, sagte ihm in aller Deutlichkeit, wer sie sei, und als Angehörige des höchsten Adels und entfernte Verwandte des russischen Zaren sei sie nicht gewöhnt, sich in Büros herumzudrücken, und solch ein Mensch wie er käme auf ein Wort von ihr sofort nach Sibirien. Sie verlangte zu wissen, wo der General jetzt sei. Er sei zu einem Galaempfang in der Redoute in Godesberg. Bobik wollte sich wehren und nicht nach Godesberg fahren, aber sie packte ihn bei seiner Ehre, sonst sei er kein Kavalier. Also trottete er mit.

Mary ging mit einer solchen Selbstverständlichkeit durch die Tür der Redoute, daß die Pförtner annahmen, sie sei eingeladen. Dann befahl sie einem Diener, er möge den General herbitten, Prinzessin Mary Kurakina möchte ihn sprechen. Der General kam, verbeugte sich, küßte ihr die Hand. Soweit ging alles gut. Aber dann stellte sie an ihn das Ansinnen, er möge sofort mit ihr zu seinem Büro fahren und ihr ein Visum für England ausstellen. Er war sichtlich befremdet und lehnte es ab, sie möge morgen in sein Büro kommen, dann würden sie die Angelegenheit in aller Ruhe besprechen. Mary wurde ausfallend. „Als ich Ihren Namen hörte, da wußte ich, daß Sie kein Kavalier sind, ha, Boulanger! Bäcker, was kann von einem Bäcker Gutes kommen. Sie sollten wirklich Bäcker bleiben, statt General zu sein! Ich werde mich bei Ihrem Präsidenten beschweren, dann werden Sie sehen, wo Sie bleiben, dann können Sie wieder Brötchen backen!" – Es bestand keine Möglichkeit, diesen Redeschwall von Unflätigkeiten zu stoppen. Inzwischen hatten sich viele Menschen in der Tür angesammelt und horchten gespannt zu. Der General drehte sich zu ihnen um und sagte: „C'est une folle" (das ist eine Verrückte). Dann gab er den Dienern einen Wink, sie packten sie an den Armen und wollten sie aus dem Haus spedieren; sie schüttelte sie ab und rauschte wie eine Königin aus der Tür.

Was sollte sie nun tun, da alle verfügbaren Quellen versiegt waren? Sie mußte die Angelegenheit beschlafen. Der nächste Tag brachte eine neue Überraschung. Bobik mußte mit ihr in ein Spielzeuggeschäft gehen. Sie verlangte die größte Puppe, die die Augen auf- und zumachen und Mama sagen könne. Alle Puppen, die da waren, waren zu klein. Schließlich fiel einem Verkäufer ein, daß sie eine ganz große Puppe zu Werbezwecken im Schaufenster gehabt hätten. Die Puppe wurde gefunden und herbeigeschleppt. Ja, das war die richtige Puppe, wenn sie auch etwas zu groß war. Um den Preis wurde wieder gefeilscht; Mary bekam sie sehr billig, weil die Puppe gar nicht mehr verkäuflich war. „Nun bitte, lüfte mir dein Geheimnis, was soll dieses Monster von einer Puppe?" – „Die brauche ich morgen für meine Reise nach England. Ich spiele einfach verrückt, und da möchte ich sehen, wer mich hindert, nach England durchzukommen!" – Sie kaufte eine Fahrkarte und meldete sich bei Bobik zum Tee an. Sie kam und brachte ihm zur Erinnerung ein riesiges konventionelles Photo von ihr. „Stell das auf deine Kommode, vergiß mich nie, und bete für mich." – „Mary, wirst du dich in England so benehmen wie in Deutschland? Dann glaube ich, daß du dort nicht sehr lange bleiben wirst." – „Du Dummerchen, warum denn, dort bin ich verheiratet und werde meinen Mann immer vorschicken. Als schwache Frau kann man allein nicht bestehen." – „Als schwache Frau . . .", echote Bobik.

Am nächsten Morgen brachte er sie samt ihren Papieren zum Zug. Sie hatte sich eine alberne Frisur zugelegt, die Ponnies bedeckten ihre Stirn, und sie hatte auffallend viel Rot auf die Wangen geschmiert. Sie beschäftigte sich immerzu mit der Puppe, die Leute gafften. Dann bestieg sie den Zug. Bobik betete zur Muttergottes und zu allen Heiligen, sie möge sicher und unversehrt durch alle Grenzen kommen, und sie möge nie wieder in seinen Gesichtskreis treten. Dann kehrte er heim, entzündete ein Stückchen Holzkohle, tat Weihrauch darauf und räucherte nach alter russischer Sitte sein Zimmer aus, damit alle kleinen und großen Dämonen, die in Marussjas Gefolge waren, verschwänden.

Etwa zehn Tage später kam ein Telegramm von Marussja aus England. Sie sei nach einigen sehr aufregenden Strapazen und beinahe auf einem Umweg über eine Irrenanstalt gelandet. Bobik seufzte erleichtert. Er nahm das Riesenphoto, zerknüllte es und warf es in den eisernen Ofen. Er beobachtete, wie die lustigen roten Flämmchen das Bild verzehrten, bis nichts mehr als ein winziges Häufchen hellgrauer flatternder Asche übrigblieb. Nun wußte er, sie würde nicht wiederkommen.

Direktor Rosen hatte damals begehrlich auf Marys und Bobiks Ringe geschaut und gesagt: „Wenn Sie einmal den Ring verkaufen wollen, wollen Sie bitte ihn mir zuerst anbieten, ich zahle Ihnen den besten Preis." Bobik hatte gelacht und gesagt: „Ich will ihn gar nicht verkaufen, schließlich ist es eins der wenigen Stücke, die ich von meiner Familie habe."

Aber dann kam eine Gelegenheit, da er doch den Ring verkaufen wollte, und zwar, weil er sich ein Motorrad zulegen wollte. Das Angebot von Direktor Rosen fiel ihm ein, und er ging zu ihm und bot ihm den Ring an. Jeder, der etwas aus seinem Familienbesitz verkauft, glaubt, daß er besonders wertvolle Dinge anzubieten habe, und erwartet, daß er einen hohen Preis erzielt. Bobik dachte, daß er nicht nur ein Motorrad dafür kaufen könne, sondern daß der Erlös zur Finanzierung des ganzen Studiums ausreichen würde. Der Direktor bat, den Ring eine Woche behalten zu dürfen, er wolle ihn durch einen befreundeten Juwelier taxieren lassen. Nach einer Woche besuchte Direktor Rosen Bobik. Er hatte ein Gesicht wie jemand, der einem am offenen Grabe kondoliert. Bobik dachte, der Ring sei verloren gegangen oder gestohlen worden. „Lieber junger Freund", begann der Direktor mit Grabesstimme, „ich muß Sie schwer enttäuschen. Ich habe den Ring schätzen lassen, er ist völlig wertlos. Der große Saphir, wenn er echt wäre, hätte zwar einen unermeßlichen Wert; die Brillanten sind alle nicht lupenrein, außerdem ist die Fassung völlig unmodern. Man kann den Ring also im Handel gar nicht anbieten. Ich weiß, daß Sie in Bedrängnis sind. Als Freund will ich Ihnen dafür hundert Mark bieten." – Bobik sah den Mann entgeistert an. Eine größere Unverfrorenheit war ihm bisher noch nicht vorgekommen. Es war der übelste Bauernfang. „Hören Sie! Ich weiß nicht, wer ihr Taxator ist, aber seine Behauptung ist einfach töricht. Künstliche Saphire gibt es erst seit diesem Jahrhundert, und die Ringe stammen aus der ersten Hälfte des achtzehnten Jahrhunderts. Sie werden doch nicht glauben, daß die Menschen sich damals Juwelen zweiter Hand schenkten." – Bobik erhob sich und verabschiedete ihn eisig.

Aber die Idee, den Ring zu verkaufen, schwelte weiter in ihm. Er fuhr nach Köln und suchte irgendeinen Juwelier auf. Er war schüchtern und fragte ihn, ob er den Ring kaufen wolle. Der Juwelier untersuchte die Steine mit der Lupe und murmelte schließlich: „Achthundert Mark." – Das war Bobik zu wenig, er nahm den Ring wieder an sich und verließ wortlos das Geschäft.

In einem anderen Geschäft schaute der Verkäufer ihn mißtrauisch an und verschwand in einem Nebenraum. Bobik wartete eine Ewigkeit. Schließlich kam ein Mann in den Laden, ging auf Bobik zu, sagte: „Kriminalpolizei", und zeigte ihm eine Plakette. „Woher haben Sie den Ring, wollen Sie mir bitte das erklären?" – Bobik erklärte es ihm und zeigte ihm seine Papiere. Dann besah er sich den Ring. Der Juwelier sagte: „Es ist ein ungewöhnlich großer Saphir und ein kostbarer Ring, da wurde ich mißtrauisch, daß ein so junger Mensch ihn mir anbot. Ich dachte, er könnte aus einem Einbruch oder Diebstahl stammen." – Der Polizist entschuldigte sich und ging. Bobik nahm seinen Ring an sich. „Wollen Sie ihn mir nicht verkaufen?", fragte der Juwelier verlegen. – „Nein, danke, nach diesem Vorfall werden Sie das von mir nicht erwarten können", und er ging hinaus.

Schließlich beschloß er doch noch, in die Hochstraße zu den Brüdern Goldschmidt, die er flüchtig kannte, zu gehen. Sie begrüßten ihn herzlich und zuvorkommend. Er erklärte ihnen sein Anliegen. Sie begutachteten den Ring und boten ihm viertausendachthundert Mark an; das war nach der Währungsreform eine ansehnliche Summe. Hans Goldschmidt entschuldigte sich, es sei ein ungewöhnlich schöner Saphir, aber um ihn wieder zu verkaufen, müßten sie ihn völlig neu fassen, und schließlich müßten sie daran auch etwas verdienen. Bobik nahm das Angebot dankbar und ohne zu handeln an. Er erzählte seine Erlebnisse mit dem Direktor, der sich als hilfreicher Freund ausgegeben hatte, und mit der Kriminalpolizei. Beide Brüder lachten. „Wären Sie gleich zu uns gekommen, dann wären Ihnen solche Enttäuschungen erspart geblieben." – „Ich habe mich geniert, zu Ihnen zu gehen. Ein andermal komme ich bestimmt direkt zu Ihnen."

Er hatte nun das Geld und war ungeduldig, sich sofort ein Motorrad zu kaufen. Er ging in verschiedene Geschäfte, überall gab es Wartezeiten für die Lieferung. Schließlich erstand er ein Motorrad von der Marke Pusch. Er fuhr gleich damit los und machte eine stundenlange Tour durch das Vorgebirge. Als er am frühen Nachmittag heimkehrte, wartete sein Kommilitone Ernst S. auf ihn. Er begutachtete mit Begeisterung das neue Fahrzeug und bat, ob er damit einige Runden drehen dürfe. Es war Bobik gar nicht recht, aber er wagte nicht, es dem Bekannten abzuschlagen. Ernst fuhr los. Eine Stunde, zwei Stunden, drei Stunden vergingen. Das Motorrad mit Ernst war nicht zurück. Bobik stand unruhig auf der Straße und wartete. Schließlich kam eine Figur mit verbundenem Kopf und verbundenen Händen und schob humpelnd ein Motorrad. Es war Ernst. Er hatte, wie sich hinterher herausstellte, keine Erfahrung und keinen Führerschein. Er war gestürzt und hatte sich Kopf und Hände verletzt, das neue schöne Motorrad war kaputt, die Vordergabel hatte sich verbogen, und das Rad schlenkerte. Ernst hatte auch kein Geld, um es reparieren zu lassen. Bobik brachte es in eine Werkstatt. Die Lehrlinge und Gesellen lachten ihn aus. Gleich bei der ersten Fahrt ein Unfall! Wer leiht denn ein nagelneues Motorrad einem Freund aus? Motorräder, Frauen und Füllfederhalter verleiht man nicht!

Er konnte wieder damit fahren, aber der Schaden wurde nicht ganz behoben, das Vorderrad schlenkerte immer noch, und die Freude an der Aquisition war erheblich gedämpft. Im Traum erschien ihm Njanja und drohte ihm mit dem Zeigefinger. „Das ist die Rache der Urgroßmutter, daß du ihren Ring gegen so einen teuflischen Apparat, ein Motorrad, eingetauscht hast." Dann verschwand sie im Nebel, und auf ihrem Kopf saß der Kopf der ungeliebten Urgroßmutter. Das war für Bobik zu viel, angsterfüllt wachte er auf.

LISBETH MACKE ERDMANN

Bobik war es gewohnt gewesen, am kulturellen Leben Moskaus regen Anteil zu nehmen. Jadwiga war im Theater, in der Oper und in Konzerten abonniert. Am liebsten ging er in das „Künstlerische Theater", das Stanislawski leitete. Er kannte die meisten Schauspieler, die freundschaftlich bei ihnen zuhause verkehrten. Ballett begeisterte ihn besonders, er wurde versetzt in eine Märchenwelt von wunderbarer Musik, herrlichen Bühnenbildern und dem Erlebnis der Bewegung und Gestik von Menschen, die

die Schwerkraft in sich überwunden zu haben schienen. Oft lud ihn seine Großmutter in die Oper ein. Sie mied das „Künstlerische Theater", weil sie die kulturkritischen und realistischen Stücke der Modernen: Tschechow, Andrejew, Gorki und Tolstoi haßte. Wenn, dann sah sie sich Stücke von Molière, Racine und Edmond Rostand an.

In der Oper pflegte sie immer nach dem zweiten Akt heimzufahren. Bobik war empört, er wollte so gerne wissen, wie die Geschichte zu Ende gehe, aber Babuschka blieb hart: „Nur der Pöbel bleibt bis zum Schluß und klatscht wie verrückt oder pfeift und buht gar, was noch viel schlimmer ist. Menschen unseres Standes gehen hin, zeigen sich und gehen wieder weg. Im Leben erfährst du doch auch nur Ausschnitte aus einem Lebensablauf und weißt auch nicht, wie es von Anfang bis Ende war." – Bobik wünschte sich den albernen „Stand" zum Teufel, er wollte wissen, wie es ausging. Und Mami, die zum gleichen Stand gehörte, blieb doch auch bis zum Ende, klatschte begeistert, wenn es ihr gefiel, und besuchte dann die Schauspieler in ihrer Garderobe. Dort herrschte ungeheure Unordnung. Njanja würde den Leuten ganz schön ihre Meinung gesagt haben! Aber es war aufregend, die Künstler, die so großartig auf der Bühne gespielt hatten, nun in dem Übergangsstadium von Kostüm und Schminke zum Zivil, zu sich selbst sozusagen, zu erleben. Noch waren sie von der Vorstellung erhitzt und erschöpft, durch den Applaus bestätigt und animiert und freuten sich über Jadwigas Besuch und ein kurzes Gespräch. Dann fuhr man durch den klirrenden Frost, bedeckt mit Wolfsfellen, nach Girejewo. Der Himmel über ihnen war tiefschwarz, und die zahllosen Sterne flimmerten. Bobik erkannte den Jupiter, die Venus und den roten Mars, seinen geliebten großen Bären und das Gestirn des Orion, und er machte sich Gedanken über jene geheimnisvollen Welten und die Wesen, die darauf lebten. Das mittlere Pferd hatte Glöckchen am Kummet, die während der Fahrt lustig klingelten. Wenn man miteinander sprechen wollte, mußte man sehr laut reden, denn die Ohren waren durch die Pelzmützen bedeckt. Die Luft war so schneidend kalt, daß die

Lippen, die Zähne und der Gaumen schmerzten, wenn sie in den Mund eindrang.

In Bonn gab es neben den Kliniken ein Stadttheater. Bobik sah sich die Aufführung eines Stücks von Ostrowski an. Er war entsetzt, wie unrussisch das Stück wirkte. Er machte Besuch beim Intendanten, Herrn Fischer, einem ältlichen, freundlichen Herrn, der Bobik liebevoll empfing. Das Gespräch zog sich in die Länge, und Frau Fischer bat Bobik, zum Essen zu bleiben. Er beanstandete das Stück und schlug dem Intendanten vor, er wolle bei russischen Stücken den Regisseur in Hinblick auf das russische Milieu, die Sitten und die Aussprache der Namen gerne unentgeltlich beraten. Der Intendant war über dieses Angebot sichtlich erfreut und bot seinerseits Bobik an, so oft er wolle, möge er sich an der Kasse in seinem Auftrage Freikarten besorgen. Bobik dankte und freute sich, denn so war der Zustand wiederhergestellt, wie er in Moskau gewesen war, er konnte jederzeit das Theater besuchen.

Bonns Musikleben war reich, berühmte Künstler und Kammerorchester gastierten. Bobik ging in seinem Russenkittel in die Beethovenhalle. Er konnte sich eine Eintrittskarte nicht leisten. In Moskau war er es gewohnt, daß ihn alle Bediensteten in Theatern, Opern, Konzertsälen und im Vortragssaal des Polytechnikums kannten und ihn einließen. Also ging er am Pförtner, der die Karten kontrollierte, vorbei. Dieser hielt ihn an: „Sie haben keine Karte!" – „Nein, natürlich, ich brauch keine Karte, das sollten Sie wissen!" Der Mann schaute ihn verdutzt an. Jemand, der hinter ihm ging, flüsterte dem Mann etwas zu, Bobik hörte nur das Wort: „... russischer ..." Er mußte nun warten, bis ein Platz frei blieb, denn er wollte sich nicht auf einen Platz setzen, der für jemand anderen bestimmt war. Er blieb also gegen einen Pfeiler gelehnt stehen und wartete. Er hatte die Erfahrung gemacht, daß Plätze in der ersten Reihe oft unbesetzt blieben, weil irgendwelche Honoratioren nicht von der Einladung Gebrauch machten. Ehe das Konzert begann, fand er einen unbesetzten Platz. Diesmal saß er neben einem weißhaarigen, sehr vornehm aussehenden Herrn, mit dem er einige freundliche

Worte wechselte. Es wurde Beethoven und César Frank und zum Schluß eine Komposition von Othegraven gespielt. Letzteren Komponisten kannte er nicht und fragte seinen freundlichen Nachbarn, ob er den Namen kenne und ob er schon etwas von diesem Komponisten gehört habe. Der alte Herr gab ihm freundlich Auskunft, daß es ein moderner Komponist sei und daß man seine Stücke öfter zu hören bekomme. Bobik dankte für die Auskunft. Schließlich kam das Stück an die Reihe; es gefiel Bobik absolut nicht, er flüsterte dem alten Herrn zu: „Eigentlich sollte man ihn innergraven und nicht othergraven!" – Der Herr war sehr belustigt und nickte zustimmend. Als das Stück beendet war, klatschte das Publikum, und einige riefen nach dem Komponisten, weil es eine Uraufführung war. Der alte Herr erhob sich und bat Bobik, ihn vorbeizulassen. Bobik nickte ihm zustimmend zu. Er dachte, dieser habe nun genug von dieser Musik und wolle hinausgehen. Wie erschrak Bobik, als er seinen Nachbarn auf dem Podium erblickte und das Publikum ihm freundlich applaudierte. Er machte sich ganz klein und verschwand so schnell er konnte aus dem Saal.

Er war nun häufiger Gast in der Beethovenhalle, der Pförtner kannte ihn, und sie begrüßten sich mit Handschlag. Wenn er von einer Darbietung begeistert war, ging er, wie er es von Moskau gewohnt war, in das Künstlerzimmer und bedankte sich bei den Musikern. Auf diese Weise lernte er die Musiker vom Roséequartett und die Schulze Priskas, Will Smit, Münch Holland, Carl Eugen Körner, Hermann von Beckerath kennen, mit denen ihn später eine große Freundschaft verband. Er besuchte die Lisztschüler, den bulligen Schotten Frederic Lamond und Eugen d'Albert, dem er erzählte, wie eine seiner Frauen ihn davongejagt habe. Als er nach Deutschland ging, hatte ihn Jadwiga gebeten, die Frau von Eugen d'Albert aufzusuchen und Grüße von ihr zu bestellen, da sie mit ihr befreundet war. In Berlin suchte nun Bobik die Adresse von Frau d'Albert heraus und stieg züchtig mit einem kleinen Veilchensträußchen die drei Treppen hinauf. Er ahnte nicht, daß d'Albert damals schon vier oder fünf Frauen geheiratet hatte. Eine nicht sehr reizvolle Dame öffnete die Tür. Bobik trat ihr mit offenem Herzen und mit der Absicht, sie zu umarmen, entgegen, sie wich erschrocken zurück. „Was wollen Sie?" – „Ich bin Bobik, der Sohn Ihrer Freundin Jadwiga aus Moskau; meine Mama bat mich, Ihnen ihre Grüße zu übermitteln", stammelte er. Unmöglich, daß diese Person Mamas Freundin ist, dachte er. – „Ich kenne keine Jadwiga oder wie sie sonst heißt, verschwinde!" – Und sie knallte die Tür vor seiner Nase zu. Er warf die Veilchen, wie man Blumen in ein offenes Grab wirft, vor die Tür und trat darauf. Die Blumen taten ihm leid, aber sie hatten ihren Zweck verfehlt. D'Albert mußte so lachen, daß ihm die Tränen kamen. Er bat die Besucher, die sich an der offenen Tür drängten, einen Augenblick hinauszugehen, und erzählte Bobik, daß er sich den Spaß bereite, einmal im Jahr seine geschiedenen Frauen zusammen einzuladen. Es sei ein wahrhaft makabres Erlebnis, er werde lebhaft an die Erynnien gemahnt. Jede von ihnen kratze ihre gesamte Würde und die Reste ihrer Reize zusammen, um ihm zu demonstrieren, was er leichtfertig von sich geworfen habe, und er sei jedesmal zerknirscht über seinen schlechten Geschmack. Wie konnte er nur ... – Sie lachten fröhlich miteinander. Bobik fand, daß seine Idee eines Strindberg würdig sei.

Einmal saß Bobik neben einer Dame, die einen Hut auf hatte; er fand nichts dabei, und es wäre ihm auch gar nicht aufgefallen, wenn nicht ein Saaldiener gekommen wäre und sie aufgefordert hätte, den Hut abzunehmen. Sie schaute ihn an und sagte: „Nein!" Er bestand darauf, das sei hier im Beethovensaal nicht üblich. – „Das ist mir ganz egal, was hier üblich ist. Und übrigens, jene Dame dort in der ersten Reihe hat auch ihren Hut auf." – „Das ist ganz etwas anderes, das ist ihre königliche Hoheit Prinzessin Viktoria zu Schaumburg-Lippe!", trumpfte der Mann auf. – „Na, sehen Sie, und ich bin Prinzessin Luise zur Lippe-Biesterfeld, genügt Ihnen das?", und sie wendete sich ostentativ von ihm ab. Der Mann wurde ganz klein und schlich wortlos davon. Bobik imponierte die Haltung der Prinzessin mächtig. Irgendwie, ohne sich darüber Rechenschaft zu geben, ahnte er, daß die Dame die Tochter der Fürstin Ardeck sei. Er fragte sie, sie strahlte auf. „Ja, natürlich war sie meine Mutter. Kannten Sie sie?" – Bobik erzählte, daß er sie bei Baronin Franziska Loë getroffen und sie ihm große Angst eingeflößt habe. Prinzessin zur Lippe lachte. In der Pause wandelten sie zusammen im Foyer und unterhielten sich lebhaft, sie lud ihn zum Frühstück ins Hotel Stern ein, wo sie wohnte.

Zwischenhinein beobachtete er Prinzessin Viktoria Schaumburg-Lippe, der er noch immer keinen Besuch abgestattet hatte. Sie hatte sich in den zehn Jahren, die er sie nicht gesehen hatte, kaum verändert, sie war sportlich schlank und hatte feste, ausladende Bewegungen. Sie glich sehr ihrem Bruder, Kaiser Wilhelm II.; wenn man ihr einen Schnurrbart angeklebt hätte, hätte man die beiden verwechseln können. Er vermied es, in ihr Blickfeld zu geraten, vielleicht würde sie ihn wiedererkennen, und das wäre ihm peinlich gewesen. Irgendwann müßte er sich entschließen, sie zu besuchen.

Lene Müller lud Bobik in ein Konzert von Elly Ney ein. Unter dem Publikum saß Elisabeth Macke Erdmann, die Witwe des mit achtundzwanzig Jahren gefallenen Malers August Macke, die später Mackes Freund, Lothar Erdmann, geheiratet hatte. Lene Müller stellte Bobik der Lisbeth vor. Es wurde eine Freundschaft auf den ersten Blick. Die kleine, bewegliche, lebhafte, dunkelhaarige Frau, die eine Südfranzösin hätte sein können, begrüßte Bobik mit einer seltenen Herzlichkeit und Offenheit. Es war keine Mauer von Konvention zwischen ihnen, sie war ganz natürlich und ohne Zurückhaltung. Sie lud Bobik ein, sie zu besuchen, und er folgte bereits am nächsten Tag ihrer Einladung. Sie wohnte mit ihren vier Kindern, Walter und Wolfgang Macke und Dietrich und Constanze Erdmann in einem häßlichen großen Haus nahe an der Eisenbahnbrücke in der Bornheimer Straße. Wenn man aber das Haus betrat, wurde man umhüllt von einer eigenartigen, bezwingenden Welt. Alle Wände waren voll der herrlichsten Bilder von August Macke; darunter waren auch Bilder von Franz Marc, und einige von Nauen und Paul Klee, von Seehaus und anderen Freunden August Mackes. In den Biedermeierschränken lagerte eine

Menge von Gegenständen, die August aus vielen Ländern, die er bereist hatte, mitgebracht hatte.

Lisbeth bot Bobik Tee und Kuchen an, die Kinder saßen mit am großen runden Tisch. Die Kinder betrachteten Bobik mit unverhohlenem Interesse. Der vierjährige Dietrich fragte Bobik, warum er so viele Haare auf dem Kopf habe, die ihm über die Ohren herabhingen, und warum er so große Zähne habe, und warum er einen schwarzen Kittel trage. Bobik war um eine Antwort verlegen. Walter rief Dietrich zur Ordnung, er solle nicht so dumme Fragen stellen. – „Warum denn, ich darf fragen, was ich will, immer nörgelt ihr an mir herum!" – „Weißt du, Didi, die Haare und die Zähne und der schwarze Kittel, das kommt, weil ich ein Russe bin. Du hast doch gehört, daß der Mensch vom Affen abstammen soll. Nun, die Russen sind mit den Affen näher verwandt als ihr Deutschen, daher habe ich so viele Haare und viel größere Zähne als ihr." – Die anderen Kinder lachten schallend, aber Didi schaute Bobik erschrocken und ungläubig an. – „Dann bist du also gar kein echter Mensch?" – Nun mußte auch Lisbeth lachen. – „Doch, Didi, ich bin auch ein Mensch, du mußt keine Angst vor mir haben."

Bobik fühlte sich wohl in diesem Hause, es war eine heile Familie, so wie er sich immer eine Familie vorgestellt und bisher nie gefunden hatte. Er konnte plötzlich frei reden, so wie er in Rußland mit seiner Mutter und mit Aljoscha hatte sprechen können. Er konnte von seiner Heimat erzählen, und Lisbeth erzählte von ihrer Jugend, von ihrer Ehe mit August Macke, von ihren Kindern. Sie lebte das Leben intensiv, sie verstand ihre Kinder, jedes einzelne, und die Kinder fühlten sich verstanden und behütet.

Elisabeth führte trotz der Belastung des großen Haushalts und der Erziehung der Kinder – ihr Mann, der beste Freund August Mackes, der sie nach dessen Tod geheiratet hatte, arbeitete in Holland – die künstlerische Tradition von August Macke fort. Sie und ihre Mutter, die gütige Frau Gerhardt, stickten Bilder nach Entwürfen von August Macke. Bobik gesellte sich gerne zu ihnen, und manchen langen Abend saßen sie am runden Tisch.

Alle drei stickten, die Kinder waren zu Bett gebracht worden, nur der Älteste, Walter, der das malerische Genie seines Vaters geerbt hatte, saß bei ihnen und malte oder zeichnete. Er hatte Humor und eine große Beobachtungsgabe; während die anderen stickten und sich erzählten, machte er flüchtige, aber sehr treffende Skizzen von ihnen. Elisabeth zeigte Bilder und Skizzen und Tausende von Zeichnungen von August, der mit dem Bleistift und der Palette gelebt hatte. Der junge Künstler hatte, als er mit achtundzwanzig Jahren im Kriege fiel, ein großes Werk hinterlassen. Elisabeth war unerschöpflich im Erzählen von Begebenheiten und Begegnungen mit Malern und Dichtern, sie kannte nahezu alle Künstler ihrer Zeit. In ihrem Haus lernte Bobik den Arzt-Maler Arthur Samuel und den Maler Gérôme Bessenich und seine Frau Frieda, ferner Augusts Vetter, den Maler Helmut Macke, die Witwe von Franz Marc, Maria, und Lisbeths Schwägerin Ilse Erdmann, die eine Freundin Rainer Maria Rilkes war, den Schweizer Maler Hasenfratz und den Schweizer Erich Kleiber kennen.

Die Menschen kamen und gingen, sie schauten einfach herein und blieben, angezogen von der Atmosphäre, da. Für Bobik war es eine wiedergewonnene Heimat, sicherlich war es ganz anders als im Weißen Haus, aber Lisbeths Art zu Leben, war sehr ähnlich. Im Nu war der Tee fertig, und Kuchen oder belegte Brötchen wurden serviert, und trotz der Menge der Kinder und der Gäste reichte es für alle. Niemals wurde es ihr zu viel; viele Gäste, unter ihnen auch Bobik, blieben bis tief in die Nacht, oder Bobik durfte auf der Couch nächtigen, und in aller Frühe mußte Lisbeth heraus, um den Kindern das Frühstück zu machen, um einzukaufen und das Essen zu bereiten. Man sah sie immer heiter und fröhlich, geduldig und den ungezählten Problemen der Freunde und Gäste zugewandt. Sie hatte einen praktischen Verstand, sie komplizierte nicht, sie stellte die Dinge einfach auf den ihnen gebührenden Platz.

In der Inflationszeit hatte Lothar ihr Geld geschickt, um für Wolfgang einen Mantel zu kaufen. Aus irgendwelchen Gründen verkramte Lisbeth das Geld oder hatte nicht Zeit, den Einkauf zu tätigen. Als sie etwa zwei Wochen später das Geld fand, war es derart entwertet, daß sie dafür vielleicht noch ein Paar Taschentücher hätte kaufen können. Jede andere Frau hätte geweint und gezetert. Lisbeth faßte sich an den Kopf und begann zu lachen, und die anderen lachten mit; sogar Wölfchen, der dadurch am meisten betroffen wurde, machte der Mutter keine Vorwürfe und lachte mit. Wolfgang war der stillste in der Familie, er sagte selten etwas; aber er beobachtete alles und alle sehr genau, und manchmal, mitten im Gespräch der Erwachsenen, entschlüpfte ihm eine trockene, sehr treffende Bemerkung. Walter lebte mit wachen Sinnen und verwandelte alles Erlebte in Zeichnung und Bild. Der vierjährige Didi war im Alter der Existentialphilosophie. Er wollte alles genau wissen, er schaute die Menschen mit seinen großen Augen an und fragte, er hielt sie mit seinen Fragen fest: Wo ist der liebe Gott, ist er dort hinter der Dachluke, wie sieht er aus; ob ihn schon einer gesehen habe, und wenn nicht, woher man wisse, daß es ihn gebe. Vor manchen Fragen standen die Menschen ratlos und wußten nicht, was sie antworten sollten. Wolfgang oder Walter riefen ihn zur Ordnung, aber er ließ sich nicht mit Phrasen abspeisen. Lisbeth ließ ihn gewähren und amüsierte sich über die Verlegenheit der Großen. Lene Müller sagte einmal voll Verzweiflung: „Den Jungen möchte ich braten!"

Elisabeth beklagte sich, daß im Haus sehr viele Mäuse seien; tatsächlich huschten sie einem über die Füße, wenn man den Salon betrat. Einmal fand Bobik das Geheimnis der Mäusevermehrung heraus. Lisbeth hatte ihn beauftragt, die dreijährige Constanze zum Kaffee zu rufen, sie halte sich im Salon auf. Es war aber auffallend still im Salon. Bobik ging leise auf Zehenspitzen hinein. Constanze lag auf dem Bauch und fütterte Mäuse mit Käsestückchen. Bobik konnte nicht genau unterscheiden, aber es waren deren zwei oder drei. Sie hielt den Käse in ihren kleinen Händchen, und die Mäuse knabberten daran. Bobik war tief gerührt. Die Diele knarrte unter seinem Fuß, und die Mäuse ergriffen die Flucht, sie verschwanden hinter dem Ofen. Impulsiv, wie er war, erzählte er Lisbeth das Erlebnis. Sie war zwar gerührt, aber ebenso bekümmert über die Mäuseplage und verbot Constanze, sich mit der Pflege der Mäuse zu beschäftigen. Constanze weinte und rührte das gute Herz von Elisabeth. – „Na ja, es sind ja auch Lebewesen!" Und so blieb alles beim Alten.

An einem Sommerabend, als Bobik heimging, stand Lisbeth im Fenster und winkte ihm, in einem anderen Fenster stand Walter und winkte und in einem Fenster ein Stock höher winkte ihm Ilse Erdmann. Bobik winkte ihnen so lange, bis er auf der Brücke war und er sie aus der Sicht verlor. Er mußte lächeln, jeder von den Dreien glaubte, daß das Winken nur ihm gelte. Er behielt dieses Erlebnis bei sich.

SASCHA WIRD AUS DEM GEFÄNGNIS ENTLASSEN

Ein dicker Brief kam von Jadwiga. Bobik öffnete ihn, darin lag ein anderer Brief in einem schäbigen blauen Umschlag. Darauf war Saschas Schrift. Bobik bekam vor Aufregung Magenkrämpfe. Er mußte sich legen. Mit zitternden, erkalteten Händen zog er den Brief heraus. Er küßte die Blätter, die von seinem Vater stammten.

Sascha schrieb an Jadwiga: „Ebenso plötzlich, wie ich verhaftet und eingekerkert worden war, wurde ich entlassen. Ich hatte schon lange jede Hoffnung aufgegeben, den Himmel, das Gras und die Bäume, Häuser und Menschen wiederzusehen. Als gefährlicher politischer Gefangener, als Konterrevolutionär, blieb ich die ganze Zeit in einem kleinen Kellerloch in Einzelhaft. Es gab keine Heizung im Winter, und hungrige Ratten, die ebenso hungrig waren wie ich, waren meine einzigen Lebensgefährten. Du wirst es nicht glauben, aber ich gewöhnte mich nicht nur an sie, sondern ich liebte sie, wir fanden einen modus vivendi. Ich gab ihnen Reste von meinen Rationen, ein glitschiges Brot und dünne Gemüsesuppen, und sie vermieden es, auf mir herumzulaufen, was sie anfänglich taten. Wenn sie weg waren, fehlten sie mir. Ich sprach mit leiser Stimme mit ihnen, sonst hätte ich das Sprechen verlernt. Es schien mir, daß sie mir zuhörten.

Ein Wärter, der mich von draußen kannte und Mitleid mit mir hatte, warf mir insgeheim einige zerlumpte stinkende wattierte Decken hin. Ich habe mir die Füße und Hände erfroren, sie wurden kalt und blau und starben ab, aber dann schmerzten sie nicht mehr. Später bildeten sich überall Geschwüre. Jeder Tag war endlos, nichts als ein Warten auf den Tod. Aber mein Gehirn war frisch und das Herz kräftig. Ich hätte am Erfrieren oder an einer Infektionskrankheit sterben können, aber während ich draußen anfällig gegen Schnupfen und Bronchitis war, hier ausgerechnet wurde ich nicht krank. Und trotzdem gingen die Tage im gleichmäßigen Leerlauf schnell vorbei. Ich hatte vergessen, sie zu zählen. Anfangs glaubte ich, ich würde bald exekutiert, dann lohnte es sich nicht, sie zu zählen, und später vergaß ich ihre Anzahl.

Grauenvoll waren die nächtlichen Verhöre in einem kahlen Zimmer bei grellem Licht, stundenlang; es waren immer zwei zugegen, dann ging einer weg und ein anderer kam. Sie wollten alles wissen, sie fragten und fragten. Ich hatte nichts zu verbergen. Ich war Kulturminister gewesen und hatte für die Schulen, die Kinder und die nötigen Lehrer, für die Universität gesorgt, ich hatte getan, was ich immer und bei unterschiedlichen politischen Systemen getan haben würde. Aber ich war natürlich in ihren Augen Konterrevolutionär. Dann hörten die Verhöre auf. Man hatte mich vergessen. Es gab keinen Prozeß, ich blieb einfach im Loch. Ein Mensch verfault bei lebendigem Leibe, kein Wechsel der Wäsche, kein Waschen. Die Mönche in der Kiewopetscherskaja Lavra ließen sich lebendig einmauern und wurden durch ein kleines Loch mit Brot und Wasser ernährt. Sie taten es aber freiwillig, zu Gottes Ehre. Ich wurde unfreiwillig eingemauert.

Ein alter Priester und seine Frau, wirkliche Christen, die mich vom Hörensagen kannten und erfahren hatten, daß man mich entlassen werde, spürten mich auf und beherbergen mich nunmehr. Du kannst dir nicht vorstellen, was das für mich bedeutet. Noch bin ich ein Halbtoter, Du würdest Deinen ehemals eleganten und gepflegten Sascha nicht wiedererkennen. Nur noch die Knochen sind übriggeblieben, aus dem Spiegel schaut mich ein Skelettschädel an, ich bin mir ganz fremd. Aber ich habe ein kleines sonniges Zimmer, und die Matuschka füttert mich mit allem, was sie nur ergattern kann. Ich bin so dankbar. Ich kann nicht viel aufsein, da ich viel zu schwach bin, aber ich liege da und lese: meist theologische Literatur und unsere uralten Gebete und Hymnen, die noch von den Kirchenvätern verfaßt wurden, dem großen Basilius und Johannes Chrysostomos, von Gregor von Nazianz und Gregor von Nyssa wie schön, wie wunderbar sind diese Worte, die das Herz direkt mit dem Himmel verbinden. Ich hatte früher über diese allzu langen und blumigen Gebete gelächelt. Hätte ich sie in der Gefangenschaft auswendig gekonnt, ich hätte sie immer gesungen oder vor mich hin gesprochen, wie der russische Pilger es auf seinen Wanderschaften tat. Aber ich hatte sie eben vergessen.

Ein früherer Diener meines Ministeriums ist jetzt hoher Funktionär hier. Ich stand mich immer gut mit ihm. Ich habe ihn auch in Verdacht, daß er bewirkt hat, daß man mich nicht exekutierte und mich schließlich entließ. Ich habe ihn nicht wieder gesehen, und ich möchte ihn nicht kompromittieren. Aber er hat mich über Mittelsmänner wissen lassen, ich möchte wegen unheilbarer Krankheit und Arbeitsunfähigkeit ein Gesuch um Ausreise nach Deutschland stellen. Ich habe es bereits getan. Doch kann ich es nicht glauben, daß es mir vergönnt sein wird, Dich, mein geliebtes Herz, und Bobik in meine Arme zu schließen.

Aber was soll ich, der ich befangen bin in der Tradition meiner Familie und meiner Heimat, im Ausland? Wie unglücklich waren alle russischen Emigranten im Westen! Wie verzweifelt waren Dostojewski, Turgenjew und Herzen und unser Onkel Ogareff, sie konnten sich nicht assimilieren – und ich werde es auch nicht können. Weißt Du noch, wie manche meiner Verwandten, wenn man sich über Alter und Vornehmheit der Familien stritt – wie albern mutet das einen heute an, und doch alterierte man sich ernstlich darüber –, mich neckten, daß ich ein Abkömmling von Deutschen sei? Es sind fast siebenhundert Jahre her, daß Wilhelm von Lüneburg, aus dem Geschlecht Heinrichs des Löwen, mit seinem Sohn, gejagt und verfolgt von seinen Verwandten, 1237 zum Großfürsten Aleksandr Newsi kam, die Orthodoxie annahm und mit dem Gebiet von Toropez belehnt wurde; sein Sohn Adrei heiratete dann eine Rurikidentochter, und seither sind wir in die Rurikidenfamilie integriert. Ich habe mich nie anders denn als Russe gefühlt. Leider bin ich in diesen sicherlich äußerlichen Dingen, zu denen die Tradition gehört, so sehr befangen, daß ich nicht die Kraft zu haben glaube, in der Fremde meine Persönlichkeit, entblößt von dieser Stütze, neu aufbauen zu können. Und dennoch werde ich mit Gottes Hilfe diesen Schritt wagen.

Wenn ich daliege und auf die friedliche Landschaft hinausschaue, auf die Birken und die Pappeln, die trotz Revolution und Hungersnot, trotz Krieg und Menschenmord weiter grünen, habe ich immer das unbestimmte Gefühl, daß von der Tür her mich zwei geheimnisvolle Augen anschauen. Und ich weiß, es sind die Augen des Erzengels Uriel, des Engels des Todes. In der Eingeschlossenheit des Gefängnisses habe ich sie nie gefühlt, aber hier spüre ich sie ganz deutlich, als ob sie vom Hinterhaupt her in meine Netzhaut eindrängen. Und wenn ich mich dann zur Tür hin drehe, ist es eine Tür wie jede andere, und die Augen sind verschwunden. Betet für Euren armen Sascha. Und vielleicht ... wenn Gott es zuläßt, vielleicht werden wir uns wiedersehen.“

Bobik konnte den Brief nur stückweise lesen, die Tränen vernebelten ihm die Augen. Er war froh und dankbar, Sascha am Leben zu wissen, und doch fürchtete er sich vor der Zukunft. Er wußte genau so gut wie Sascha, daß er im Gegensatz zu Jadwiga und zu ihm, Bobik, nicht vermocht hätte, sich im Westen zu integrieren. Er wußte, wie glücklich seine Mutter war zu wissen, daß Sascha lebte, und wie sehnsüchtig sie auf ihn wartete. Eine Frau empfindet das anders: sie würde ihre ganze Person, ihr ganzes Sein opfern, um für Sascha ein neues Leben, eine neue

Existenz aufzubauen, schon um endlich einen Menschen, der zu ihr gehört, wieder an ihrer Seite zu haben. Er raffte allen seinen Optimismus zusammen, um die Mutter zu beglückwünschen und sie seiner Hilfe zu versichern.

DIDI LOË

Bobik liebte das Reisen. Mit seiner Mutter war er den größeren Teil des Jahres unterwegs gewesen: auf der Flucht vor Karluscha, auf der Flucht vor dem harten Winter, auf der Flucht vor dem heißen Moskauer Sommer, auf der Flucht vor gesellschaftlichen Verpflichtungen. In Rußland veränderte sich die Landschaft auf einer Strecke von Hunderten von Kilometern nicht: der niedrige weite Himmel mit gewaltigen Wolken, mit farbigen Sonnenauf- und -untergängen, Felder und Wiesen, unermeßliche Wälder, selten Hügel, breite, langsam dahinströmende Flüsse und blaue Seen, Dörfer mit niederen Katen und goldenen Zwiebelkuppeln der Kirchen und ausladende Schlösser. Trotz der Eintönigkeit hatte die Landschaft einen besonderen, lyrischen und melancholischen Reiz, sie entsprach den traurigen russischen Volksliedern, in denen plötzlich das elegische Moll in ausgelassene Heiterkeit und ungebändigte Lebensfreude umschlug.

Die deutsche Landschaft war ganz anders: sie wechselte fast alle hundert Meter, bei jeder Wegbiegung eröffneten sich neue wunderbare Aspekte. Bobik war von dem Variationsreichtum fasziniert. Er wollte alles kennenlernen, alles in sich aufnehmen. In Rußland gab es eine Unmenge alter Kirchen und alter Städte, die früher Residenz der Rurikiden-Teilfürsten gewesen waren. Die meisten Schlösser und Herrensitze stammten aber aus der Zeit der Kaiserin Elisabeth und der Kaiserin Katharina aus dem achtzehnten Jahrhundert; die alten Sitze waren niedergerissen oder modern umgebaut worden, weil der Modegeschmack mit der Öffnung nach dem Westen durch Peter den Großen sich radikal verändert hatte. Denkmäler aus vortatarischer Zeit gab es nur wenige, denn durch die Einfälle und Eroberung durch die Reiterhorden Tschingis Khans war das meiste zerstört worden.

Hier im Rheinland fand er auf Schritt und Tritt urälteste Geschichte: aus der Zeit der Kelten, Römer, Germanen . . . uralte Kirchen, Wasserburgen, Befestigungen und Reste von römischen Feldlagern. Bobik konnte sich an all den alten Dingen nicht sattsehen.

Eines Tages löste er sich eine Fahrkarte und fuhr linksrheinisch nach Sankt Goarshausen und zurück auf der anderen Rheinseite von Rüdesheim nach Bonn. In Neuwied kamen zwei alte Damen in sein leeres Abteil und machten es sich bequem. Bobik beobachtete sie aufmerksam; nur wenn sie ihn anschauten, wandte er seine Augen von ihnen ab. Sie gefielen ihm beide ausnehmend gut. Die jüngere mochte fünfundfünfzig sein; sie war zierlich, hatte leicht angegrautes Haar und einen gütigen Gesichtsausdruck, sie sprach mit leiser Stimme und hatte feine, zurückhaltende Bewegungen. Die andere Dame war eine königliche Erscheinung, groß und stattlich mit schlohweißem Haar, sie mußte über siebzig sein.

Nach einer Weile begannen die Damen, Bobik zu beobachten, was ihm sehr peinlich war. Er versuchte ihren Blicken zu entgehen und schaute angestrengt durch das Fenster; sobald er seinen Kopf wandte, sah er in die lächelnden Augen der Damen, die offenbar versuchten, seinen Blick festzuhalten.

Schließlich richtete die jüngere Dame das Wort an ihn: „Sind Sie nicht der Junge, der vor dem Krieg, es muß wohl 1914 gewesen sein, mit seiner Mutter als Gast der Königin Carmen Silva auf Schloß Segenhaus war? Nach dem Abendessen – es gab Spargel mit Schinken – fragte er seine Mama, wo denn weitergegessen werde. Er war von zuhause opulentere Mahlzeiten gewöhnt und bedauerte, daß die Königin offenbar sehr arm sei. Wir haben damals sehr über ihn gelacht. Wenn mich nicht alles täuscht, müssen Sie dieser Junge gewesen sein!"

Bobik wurde rot vor Scham. „Ja, ich war es; aber woher wissen Sie das alles?" – „Ich bin Baronin Didi Loë, die Pflegetochter der seligen Fürstin Maria zu Wied, der Mutter der Königin Carmen Silva. Ich wohne noch immer in Schloß Segenhaus. Sie sehen, ich habe Sie nicht vergessen. Was machen Sie jetzt? Lebt Ihre liebe Mama?"

Bobik kam nicht dazu, die Frage zu beantworten, die alte Dame redete ihn auf russisch an. Sie war die berühmte russische Pianistin, Komponistin und Musikwissenschaftlerin Ella von Adajewski. Sie war bereits im Jahre 1865 eine berühmte Pianistin, bereiste Rußland und die westliche Welt, bekam die größten Ovationen, Studenten spannten die Pferde von ihrem Wagen aus und zogen ihre Kutsche, sie wurde überall gefeiert. Sie komponierte Musikstücke, und als Zar Aleksandr II. im Jahre 1862 die Leibeigenschaft der Bauern aufhob, schrieb sie ihm zu Ehren eine Oper, die sie „Morgenröte der Freiheit" nannte. Der Kaiser nahm die Widmung gnädig entgegen, und die Oper sollte in Petersburg aufgeführt werden. Die Proben hatten bereits begonnen. Da wurde der Zar von einer Bombe zerrissen. Unter Aleksandr III. begann die Reaktion; die Freiheiten wurden wieder eingeschränkt, die Zensur verschärft, und die Geheimpolizei, die Ochrana, verdoppelte ihre Tätigkeit. Die Oper wurde sofort vom Spielplan abgesetzt. Gekränkt und beleidigt verließ die gefeierte Künstlerin Rußland und lebte fortan in Italien. Sie gab sich Studien der Musikgeschichte hin und arbeitete über Volksmelodien.

Baronin Didi Loë hatte sie in Venedig im Hause von Didis Tante, der Fürstin Elisabeth Schönaich Karolath, kennengelernt und nach Segenhaus eingeladen. Sie wurde dort vom Krieg überrascht und blieb fortan da, zuerst als internierte Russin unter dem Verdacht der Spionage. Sie durfte vier Jahre den Berg, auf dem Schloß Segenhaus stand, nicht verlassen. Die Polizei kam jede Woche ins Haus, um sie zu überwachen. Sie spielte stundenlang Klavier und gab Hauskonzerte im Schloß für die Neuwieder. In den Mußestunden spazierte sie mit dem Metronom durch den Wald und schrieb den Gesang der Vögel auf.

Die alte Dame begann sich ihrer Freunde und Spielgefährten in Rußland zu erinnern. „Was macht denn der liebe Junge, Nikolai Obolenski? Und Serjoscha Tschelistscheff, und seine schöne Schwester Manja? Und Igor Trubezkoi?" – Bobik stutzte, er kannte diese Personen gar nicht. Aber dann fiel ihm ein, daß sie ja Menschen meinte, die um 1863 mit ihr zusammen jung gewesen waren. Also dachte sie an seinen Großvater und die Großtante Manja. Er lachte und erzählte ihr, soweit er es wußte, von ihren Schicksalen. Baronin Didi Loë kam gar nicht zu Wort, die alte Dame war von ihren Erinnerungen überwältigt, immer neue Geschichten, Begebenheiten und Anekdoten fielen ihr ein. Bobik war begeistert, so lebendige Schilderungen aus der Zeit seiner Großeltern zu hören.

Fast verpaßten sie es, in Beuel auszusteigen. Baronin Didis Mutter, die alte Baronin Franziska Loë, war gestorben, und Didi hatte die Erbschaft antreten müssen. Bobik erbot sich, ihr bei manchen Besorgungen zu helfen, doch war er im Umgang mit Behörden ungeschickt. Es blieb dabei, daß er die Baronin auf ihren Wegen begleitete und stützte, weil sie durch eine Nervenkrankheit seit ihrer Jugend geschwächt war. Er war bezaubert von ihrer zärtlichen Mütterlichkeit. Nach einigen Tagen des Zusammenseins hatte Bobik den Eindruck, als ob er die beiden Damen schon seit seiner Kindheit, von Rußland her kennen würde; es wurde eine so herzliche Vertrautheit, daß er sich als dritter in die Freundschaft aufgenommen wußte.

Baronin Loë lud Bobik für das nächste Wochenende nach Schloß Segenhaus ein. Er nahm die Einladung dankbar an. Am frühen Sonnabend fuhr er mit dem Zug nach Neuwied. Auf dem kleinen Bahnhofsplatz stand ein Dogcart, der von zwei winzigen norwegischen Ponys gezogen wurde. Königin Elisabeth von Rumänien hatte sie 1912 angeschafft. Sie hießen Flick und Flock, wohl in Anlehnung an die Lieblingspferde der Kaiserin Elisabeth von Österreich. Auf dem Bock saß der alte Kutscher Rockefeller. Sein faltendurchfurchtes Gesicht erinnerte an einen Indianerhäuptling. Er trug Bobiks winziges Köfferchen in den Wagen. Bobik wollte das leichte Ding allein tragen, aber Rockefeller erlaubte es nicht. Während sie durch die hübsche Residenzstadt fuhren, fragte Bobik den Kutscher, ob er mit der englischen Millionärsfamilie verwandt sei. Er bestätigte es, er gehöre zum

Ella von Adajewski

gleichen Stamm, die amerikanische Familie sei vor langer Zeit
nach Amerika ausgewandert. Er sei zwar auf seine unbekannten
Verwandten sehr stolz, doch sei er mit seinem Los als Kutscher
weiland ihrer Majestät sehr zufrieden. Die Zwergpferdchen zogen mühsam den Wagen den steilen Berg hinauf. Bobik wollte
aussteigen, um den Pferden die Last zu erleichtern, aber Rockefeller beruhigte ihn, so klein die Pferde seien, sie hätten eine
mächtige Kraft. Sie hielten vor dem Portal der Villa, die einer italienischen Renaissance-Landvilla im Stile Palladios nachgebaut
war. Frau Dürrenfeld, die ihrem Namen Ehre machte, denn sie
war groß, knochig und dürr – sie legte Wert darauf, daß sie die
Kammerfrau der Königin gewesen sei –, nahm ihm sein Köfferchen ab und führte ihn über eine eiserne Wendeltreppe, die einzige Treppe, die es im Schloß gab, und durch einen langen Korridor in das Lavaterzimmer.

Fräulein Lavater war die Nichte des berühmten Philosophen
und Physiognomikers gleichen Namens, der mit Goethe befreundet war. Sie war seit 1835 Gouvernante der Prinzessin Marie zu Nassau gewesen, die den Fürsten Wied heiratete. Bis zu
ihrem Lebensende war sie bei der Fürstin als ihre Vertraute geblieben. Das Zimmer hatte schwere samtene rote Portieren.
Über dem Messingbett hing ein in Petit Point gesticktes Bild eines raffaelischen sentimentalen Engelchens, ohne Körper, mit
Flügeln und gefalteten Händchen und zum Himmel erhobenen
Augen. In einer Vitrine, die fast die ganze Wand einnahm, standen alle Horreurs der Welt, Nippsachen aus Porzellan, Korallen,
Muscheln, Silber. Bobik konnte stundenlang den sentimentalen
Kitsch bewundern. Wenn man ihn gefragt hätte, ob er irgendwelche dieser Gegenstände gerne besitzen würde, hätte er ein sol-
ches Anerbieten in Bausch und Bogen abgelehnt.

Zum Mittagessen versammelte man sich im dunklen Eßsaal.
Didi Loë und Ella von Adajewski freuten sich auf ihren neuen
Freund und empfingen ihn mit Herzlichkeit. Ein verfetteter
weißer Spitz bellte unaufhörlich und wedelte dabei mit dem
Schwanz. Bobik, der die Sprache der Hunde verstand, beschäf-
tigte sich mit ihm, streichelte ihn und spielte mit ihm; darauf hat-

te er nur gewartet, denn er war es gewohnt, sich als Hauptperson im Schloß zu betrachten. Als sie bei Tisch saßen, rieb er sich an Bobiks Unterschenkel und verlangte weitergestreichelt zu werden. Der alte Kutscher Rockefeller fungierte jetzt als Diener; in etwas verblichener Kammerdieneruniform mit blanken Knöpfen, auf denen das Wappen der rumänischen Könige aufgepreßt war, reichte er die Speisen. Seine Hand zitterte, und Bobik erinnerte sich an den alten Diener Grigori in der Eremitage. Er tat ihm leid. Aber viel lieber wäre es ihm gewesen, wenn sie allein am Familientisch gegessen hätten.

Aus seiner Knabenzeit hatte er die Eigenschaft beibehalten, alles auszusprechen, was er dachte. Er deutete der Baronin an, wieviel angenehmer es wäre, ungestört zu essen. Didi Loë antwortete: „Mais, c'est tout-à-fait impossible. Ils ne nous permetteront pas ça. Nous sommes les esclaves de nos servants! (Das ist völlig unmöglich, sie würden es nicht zulassen. Wir sind die Sklaven unserer Bediensteten.)

Als Rockefeller hinausging, um neue Speisen zu holen, entstand eine lange Pause, weil Frau Dürrenfeld, die man „Campo secco" nannte, allein in der Küche wirkte (die jüngere Lina ging ihr nur an die Hand und besorgte die Räume; die Kompetenzen waren säuberlich aufgeteilt). Man kam noch einmal auf die leidige Frage des Zusammenlebens mit den Dienstboten zu sprechen. Jede Partei fühlte sich benachteiligt und tyrannisierte die andere. Baronin Loë und Ella Adajewski hatten einen Geheimcode ersonnen, um in Gegenwart der Bediensteten sprechen zu können, ohne daß diese alles sofort weitererzählen konnten. Es herrschte nämlich ein reger Verkehr zwischen Segenhaus, Schloß Waldheim, das danebenlag und in dem die beiden unverehelichten Prinzessinnen Wied, die gelähmte Elisabeth, die an einen Rollstuhl gefesselt war, Prinzeß Luisa und ihre Hofdame Baroneß von der Recke lebten, und dem Schloß Neuwied, in dem der Fürst mit seiner Frau Pauline, der Tochter des Königs von Württemberg, residierte. Die Nachrichtentrommel zwischen den jeweiligen Dienstboten funktionierte mit eklatanter Geschwindigkeit. Innerhalb einer Stunde wußte man unten im Schloß und in Waldheim, was es Neues in Segenhaus gab, und umgekehrt. Vor allen Dingen war man es gewöhnt, seine Freunde und Bekannten, besonders wenn es berühmte oder interessante Menschen waren, auszutauschen; andrerseits aber war man eifersüchtig und bemüht, die eigenen Freunde möglichst für sich zu behalten.

Baronin Loë hatte spezielle Namen für die Freunde erfunden. Rockefeller hieß „Il Capitano" nach der italienischen Opernfigur, weil er eine ähnliche imperiale Nase hatte, Lina hieß „La Serva" nach der ersten Opera Buffo „La Serva Padrona", Fürstin Sophie von Albanien hieß „Turmalina", Prinzessin Elisabeth nach ihren graugrünen Augen „Esmeralda" etc.

Es passierten possierliche Auftritte: Als ein bürgerlicher Gast eingeladen worden war, hatte sich Campo secco geweigert, ihn zu bedienen, schließlich sei sie die Kammerfrau ihrer Majestät und rangmäßig viel höher als der Besucher, wieso sollte sie ihn dann bedienen? Die arme Didi Loë mußte, um solche Streitereien zu vermeiden, eine List erfinden. Nun wurden die bürgerlichen Besuche, auf die sie nicht verzichten wollte, in den erblichen Adel befördert; so kamen Herr von Müller und Frau von Schmidt und von Krause, und die Dürrenfeld erhob seither keine Einwände mehr.

Zwei bedienstete Personen für ein großes Schloß waren zu wenig. Mit großer Mühe engagierte man eine dritte. Es meldeten sich verschiedene Frauen. Frau Dürrenfeld bestand darauf, Einfluß auf die Auswahl zu nehmen, schließlich müsse sie mit der Person leben. Das Resultat war niederschmetternd. Die eine war zu alt, die andere zu jung; eine war zu hübsch, eine andere zu dumm; eine weitere hatte Verwandte in Neuwied und würde allen Klatsch in die Stadt tragen. Schließlich erschien eine etwas verwachsene taubstumme Person, die gutturale Laute von sich gab, die niemand zu deuten vermochte, sie war allerdings in der Zeichensprache sehr geschickt. Die Baronin hatte Bedenken, aber Frau Dürrenfeld fand, daß diese Person, die sie wohl für eine Art Golem, einen künstlichen Menschen hielt, genau die Richtige sei. Sie blieb nicht sehr lange, denn niemals war in Segenhaus so viel Klatsch verbreitet worden wie in der Ära dieser Person. Sie war mit ihren lebhaften Augen überall, sie beobachtete alles, aber sie deutete wohl vieles falsch. Und dann ging sie hier- und dorthin, gestikulierte und brachte den einen gegen den anderen auf, so daß noch nie so viel Zank und Unzufriedenheit geherrscht hatten wie unter ihrer Mitwirkung. Schließlich bestand Frau Dürrenfeld darauf, daß sie entlassen werde.

Darauf beschloß Baronin Loë, die Nichte von Ella Adajewski, die im Baltikum lebte, nach Segenhaus einzuladen. Lia kam, ein freundliches, lebhaftes, gebildetes Mädchen mit typisch baltischer Aussprache. Da sie nun zu der anderen Seite des Schlosses gehörte, wurde sie von Campo secco gehaßt und aus Eifersucht verfolgt. Es war zwischen Küche und Salon eine schwelende Verstimmung, ein zäher kalter Krieg, der viel Feingefühl und Nerven brauchte. Eine Versöhnung in diesem christlichen Haus schien undenkbar. Natürlich war Lia jederzeit zur Versöhnung bereit, aber jeder Annäherungsversuch wurde mit eisiger Ablehnung beantwortet.

Ella Adajewski saß täglich sechs Stunden am Klavier und übte oder spielte. Bobik konnte sich nicht erinnern, jemand derart eindrucksvoll Chopin spielen gehört zu haben. Sie war Schülerin von Liszt und von Hensel gewesen. Mit ihrer slawischen Seele begriff sie Chopin. Sie erklärte Bobik die Mazurken, die männlichen und die weiblichen, die bäuerlichen und die aristokratischen, wie sie sie bezeichnete. Sie erklärte ihm die verschiedenen Arten der musikalischen Ausdrucksformen, ihren strengen mathematischen Aufbau, ihre Relationen zu den Zahlen, zu Bewegung und Tanz und zur Architektur. Als Bobik sie einst auf der Poppelsdorfer Allee spazieren führte, blieb sie stehen, zeigte mit ihrem Stock auf das Poppelsdorfer Schloß und sagte: „Diese Architektur entspricht musikalisch dem Rondo. Ein Mittelpunkt, der an beiden Seiten wiederholt wird und durch Zwischenstücke verbunden ist."

In dieser Zeit studierte Bobik die Kabbala, besonders den Jesuitenpater Athanasius Kircher und den großen Astronomen Johannes Keppler, der sich mit der Musik der Sphären beschäftigt und darüber geschrieben hatte. Auch hatte er musikalische Themen notiert, die er den verschiedenen Planeten zuordnete. Baronin Loë und Ella Adajewski waren gute Gesprächspartner, die über ein reiches Wissen auch der Grenzgebiete der Wissenschaft verfügten. Die Musikerin betrachtete mit tiefem Interesse die Noten Kepplers. Bei dem Thema, das der Erde zugeordnet war, rief sie: „Das ist ja der Gesang des Salamanders!" Bobik staunte: Wieso des Salamanders? – aus dem Studium der Zoologie wußte er, daß der Salamander keinen Kehlkopf hat und somit keine Laute von sich geben kann.

Adajewski nickte ironisch. „Ja, die lieben Zoologen, wenn eine Koryphäe irgendwann etwas Bedeutendes gesagt hat, so bleibt das für Jahrhunderte ein Glaubenssatz. Und dennoch singen die Salamander!" Sie packte Bobik am Arm und ging mit ihm hinaus in den Park. Sie setzte sich auf eine Bank, die an eine Blutbuche angelehnt war. „Hier, an dieser Stelle, habe ich den singenden Salamander gefunden. Ich ging im Park oft stundenlang spazieren, ruhte mich dann auf der Bank aus und schrieb meine Beobachtungen auf. Da hörte ich seltsame Töne, als ob einer durch Berühren eines Glases einen klingenden Ton erzeugte. Ich lauschte, ich schaute umher, ich fand nichts. Aber ich saß oft auf dieser Bank, und ich hörte den Ton, der sich in kurzen Abständen wiederholte. Ich suchte weiter. Ich hatte bisher in den Zweigen gesucht im Glauben, es sei ein Vogel oder ein kleines Säugetier, aber dann kam mir die Eingebung, auf der Erde zu suchen, und da fand ich ihn, einen zauberhaften schwarz-gelben Salamander. Ich sagte ihm leise zärtliche Worte, und er antwortete mir in diesem Ton. Ich ging jeden Tag hin, und jeden Tag hörte ich ihn. Dann wälzte ich Lexika und Bücher über Salamander, Brehms Tierleben unter anderem natürlich, und ich fand auch die Notiz, daß sie stumm seien, weil sie keinen Kehlkopf hätten. Ich las auch die alten Legenden, daß der Salamander ein geheimnisvolles Tier sei, das die Alchimisten zu ihrem Symbol erwählten, daß, wenn man ihn ins Feuer werfe, das Feuer erlösche. Er ist das Wappentier König Franz des I. von Frankreich; auf dessen Schloß Blois an der Loire prangen überall Salamander in den Wappenschildern. Es war ein Schloß, in dem man sich mit okkulten und alchimistischen Wissenschaften befaßte und den Stein der Weisen suchte. Außerdem gibt es Gegenden, in denen man ihn Klingemöll nennt, also einen klingenden Molch!

Ein Jahr später gesellte sich zu ihm sein Neffe, ein jüngerer und kleinerer Salamander, und beide sangen, nur sang der Neffe einen halben Ton höher! Eines Tages kam ein junger Doktorand der Zoologie als Gast nach Segenhaus. Ich erzählte ihm von den singenden Salamandern. Er schaute mich höflich, aber ablehnend an, als ob ich eine alte, halbverrückte, verkalkte Dame wäre. Ich sagte nichts, nur schleppte ich ihn in der Abendstunde zu der Bank, ließ ihn niedersitzen und lauschen. Da hörte er den Salamander. Ich zeigte ihm die beiden Tiere, meine Freunde. Da verging ihm das Lachen. Er suchte und suchte, ob er vielleicht andere Lebewesen oder irgendeinen tönenden Gegenstand fände, aber er fand nichts. Er war ganz verwirrt. Nun hatte er sie gehört, aber durfte er seinem Gehör mehr trauen als der Behauptung eines berühmten Zoologen? Dann fuhr er weg nach Göttingen und wendete sich der Forschung der Salamander zu, und er bestätigte, daß die Salamander singen könnten. Jetzt liegt ein kleiner Salamander – Gott sei Dank, nicht meiner – in Spiritus in einem Glasbehälter im Zoologischen Institut der Universität Göttingen und hat die Aufschrift: ‚Salamander Segenhausii Adajewski'. Und nun bringen Sie mir die Nachricht, daß der wunderbare alte Keppler offenbar den Gesang des Salamanders für den Gesang der Erde gehalten hat. Wie wunderbar ist das!", und sie drückte herzlich Bobik die Hand.

Zum erstenmal in seinem Leben hörte Bobik aus dem Munde seiner mütterlichen Freundin, Baronin Loë, das Wort „Filiation". Sie war die Tochter des 1908 verstorbenen Generalfeldmarschalls Walter Freiherr von Loë. Sie war von Kindheit an mit einer Nervenkrankheit und Lähmungserscheinungen behaftet. Ihre Mutter, geborene Gräfin Hatzfeld von Trachenberg, war vollauf mit ihren gesellschaftlichen Verpflichtungen beschäftigt und der Kindererziehung unkundig. Sie hatte fast als Kind geheiratet, es wurde erzählt, die Gouvernante habe zu ihr gesagt: „Tu die Puppen weg, dein Bräutigam kommt!"

Bei einem Besuch fiel der Fürstin Maria Wied das zarte kränkliche Kind auf, und sie erbot sich, Didi zu sich auf Segenhaus zu nehmen. Fürstin Maria war Schülerin des berühmten Grafen Szapary, der von Messmer die magnetische Behandlung erlernt hatte, und sie verfügte über heilende Kräfte. Sie war eine der gebildetsten Frauen des vorigen Jahrhunderts. Philosophen, Schriftsteller, Künstler, Wissenschaftler und Politiker suchten die wunderbare Frau auf. Das Schloß wurde zu einem Zentrum des abendländischen Geistes. Didi blieb in Segenhaus und erbte nach dem Tode der Fürstin nicht nur das Wohnrecht im Schloß, sondern den ganzen Reichtum an Erfahrung, Menschenkenntnis und Weisheit. Die Tochter der Fürstin, die Königin Carmen Silva, Elisabeth von Rumänien, verbrachte den Sommer auf Segenhaus; sie war eine begabte Dilettantin, reichte aber an die geistige Grandezza ihrer Mutter nicht heran.

Wenn Didi Loë zu Bobik von der Filiation sprach, so meinte sie das Mysterium der geistigen Sohnschaft: daß nicht nur ein Vater oder eine Mutter, daß auch ein Meister seinem Schüler sein Wissen, seine Erfahrung, seine Kunst vermittelt und so auf geheimnisvolle Weise in dem Schüler weiterlebt, und so geschah dies von Adam her über ungezählte Generationen, von Meister zu Meister. Sie zitierte ein Wort von Martin Buber, von dem Bobik aus ihrem Mund zuerst hörte und der fortan sein Leben aufs entscheidendste beeinflußte: „Die Schüler fragten Rabbi Baruch, wie man die Lehren des Talmud verstehen solle, da doch Abaji dieses und Raba etwas völlig anderes lehrten. Wie könne man das zu einer Einheit werden lassen? Rabbi Baruch antwortete: ‚Wer Abajis Worte aufnehmen will, muß erst seine Seele an Abajis Seele binden, dann wird er die Worte in ihrer Wahrheit lernen, wie Abaji selber sie spricht. Und will er dann Rabas Worte aufnehmen, muß er seine Seele an Rabas Seele binden. Das ist gemeint, wenn es im Talmud heißt: »Wer ein Wort in Namen seines Sprechers spricht, dessen Lippen regen sich im Grabe. Wie die Lippen des toten Meisters regen sich seine Lippen.«‘ ..."

Baronin Didi von Loë

Dieses Wort traf Bobik wie ein Blitz, wie eine Erleuchtung, wie das, was die buddhistischen Zen-Meister Satori nennen: eine plötzliche Einsicht, die das Leben eines Menschen grundlegend zu verändern vermag, ein einmaliges unvergeßliches Erlebnis. Es war, was er bisher nur geahnt hatte: die Macht der Gedanken, die Gnade der Teilnahme an geistigen, künstlerischen oder technischen Schöpfungen anderer Menschen und ihre Adaption durch die Person des Schülers. Bildlich sah er, wie ungezählte Große dieser Erde ihren unsterblichen Geist in ihn, in den kleinen Bobik hineinstrahlten und wie sie, weil er ihren Geist annahm, durch ihn (und natürlich durch alle ihre anderen Schüler) unsterblich wurden, weil sie in ihm weiterlebten. Er wurde von tiefster Dankbarkeit und Weihe erfüllt.

Fortan verbrachte Bobik fast alle Wochenenden auf Segenhaus, er fuhr mit seinem Motorrad hin. In einer scharfen Kurve am Berg überfuhr er einmal beinahe eine alte Frau, die einen schäbigen Mantel und hohe Stiefel trug. Auf dem Kopf hatte sie einen Jägerhut mit Biberquaste und im Mund eine Pfeife. Bobik hielt das Rad sofort an und entschuldigte sich. Beide waren mächtig erschrocken. Anstatt die Entschuldigung anzunehmen, begann die Frau Bobik in sehr gewöhnlichen Ausdrücken zu beschimpfen. Der Strom der Injurien nahm kein Ende, es schien, als ob sie ihren Schreck damit abreagieren wollte. Schließlich schrie Bobik: „Ich habe mich doch entschuldigt, was soll ich denn noch mehr? Sie tun gerade so, als ob ich Sie mit Absicht überfahren wollte!" Dann trat er auf den Gashebel und fuhr davon. Er kam noch erhitzt und von dem Vorfall beeindruckt in Segenhaus an und berichtete davon der Baronin. Sie hörte lächelnd und wortlos zu, was ihn befremdete.

Am Sonntag mittag wurden die Fürstin Pauline und Fürst Friedrich zu Wied zum Essen erwartet. Bobik hörte die Stimmen der Ankommenden in der Halle. Die etwas rauhe Frauenstimme klang ähnlich wie die der Frau von gestern. Sie kamen herein, und Bobik sah voll Entsetzen die Frau, die ihn beschimpft hatte, vor sich. Er wurde blaß und vergaß sich zu verbeugen. – „Wir kennen uns schon, nicht wahr?", meinte Fürstin

Pauline. – "Jawohl, königliche Hoheit", stotterte Bobik, „und ich bitte nachträglich um Verzeihung!" – „Nächstens fahren Sie vorsichtiger in den gefährlichen Kurven!"

Bobik saß an ihrer linken Seite bei Tisch, und sie unterhielten sich lebhaft; sie befragte ihn über die russische Revolution, und er erzählte ihr seine Erlebnisse. – „Als Russe müssen Sie Pferde gerne haben." – Bobik leuchtete auf. „Oh, Pferde, das ist das Schönste, was es auf der Erde gibt. Ich bin auf dem Rücken der Pferde groß geworden. Das Schwerste für mich in der Fremde ist, daß ich kein Pferd habe!" – Fürstin Pauline besaß in Weil ein Gestüt. Sie plante, am nächsten Tage dorthin zu fahren, und forderte Bobik auf, sie zu begleiten und eine Woche dort zu bleiben. Bobik überlegte ganz kurz, ob er es ermöglichen könnte; denn es war mitten im Semester, und er hatte einige anatomische Demonstrationen und einen Kurs in physiologischer Chemie belegt. Aber die Aussicht, Pferde zu sehen und ihnen nahe zu sein, war so verlockend, daß er dem nicht widerstehen konnte. Er sagte begeistert zu und versprach, am nächsten Morgen ins Schloß Neuwied zu kommen. – Baronin Didi musterte ihn aufmerksam, er hatte das Gefühl, daß sie seinen Entschluß mißbilligte. Später, als die Gäste gegangen waren, sagte sie: „Ich frage mich, ob es recht ist, daß Sie dorthin fahren; Sie haben doch eine Pflicht zu erfüllen, Sie müssen studieren, und Pflichten gehen immer vor!" – Bobik sah sie flehend an. „Ich war bisher immer fleißig und werde es weiter sein. Aber der Vorstellung, wieder ein Pferd zu streicheln oder es gar zu reiten, konnte ich nicht widerstehen. Mir ist doch alles genommen worden, ich habe alles überwunden oder beinahe überwunden, aber am meisten leide ich, daß ich kein Pferd mehr habe." – Die Baronin war besänftigt und widersprach ihm nicht mehr.

Am Nachmittag saßen sie im Salon, wo der weiße Flügel der Königin stand, und warteten auf den Tee. Sie waren um den runden Tisch versammelt, die Baronin, Ella Adajewski, Lia, Bobik und eine uralte Dame, eine Fürstin Bessaraba von Brankovan, die so etwas wie Obersthofmeisterin bei der Königin von Rumänien gewesen war. Sie hatte schütteres weißes Haar, eine sehr große, fleischige Nase und große Ohren. Ihr Kopf und ihre Hände wackelten ständig, und sie hörte schlecht. Sie verstand alles falsch, und es war sehr mühsam, ihr jeden Satz mehrmals zu wiederholen. Wenn Bobik am Morgen sagte: „Es wird heute regnen", dann fragte sie: „Wem sind Sie begegnet?" Nachdem man sich mehrmals mißverstanden hatte, begriff sie es endlich. – Schließlich beschränkte man sich auf das Allernotwendigste. Sie selbst erzählte gern Begebenheiten aus ihrer Jugend, als ihr Vater oder Großvater noch der unumschränkte Herrscher – Gospodar – der Walachei war. Man kannte alle diese Geschichten, weil sie sich oft wiederholte, aber es war immer noch besser, als wenn man mit ihr sprechen mußte.

Lina und Rockefeller hatten Ausgang. Frau Dürrenfeld war allein in der Küche und übelster Laune. Lia hatte es unvorsichtigerweise gewagt, ihr vorzuschlagen, den Tee zu bereiten, um sie zu entlasten. Sie reagierte sofort übermäßig und gekränkt. „Sie meinen wohl, ich kann es nicht mehr, ich bin zu alt, oder sind Sie hergekommen, um mich zu ersetzen? Ich habe als Kammerfrau ihrer Majestät immer meine Pflicht erfüllt und erfülle sie noch!", und sie schob die Teekanne und das Geschirr in ihrer Aufregung lärmend hin und her. Lia schlich sich aus der Küche. „Drüben ist wieder ganz dicke Luft", flüsterte sie der Baronin zu.

Links neben der Fürstin Brankovan saß der hysterische, verwöhnte weiße Spitz. Alle warteten gespannt auf den Tee und schwiegen. Der aufgeschnittene Apfelkuchen duftete verlockend. Die alte Dame hatte ihr Gesicht dem Spitz zugewandt und wackelte mit dem Kopf. Sicherlich sah sie den Hund mit ihren halbblinden Augen gar nicht. Der Spitz beobachtete sie mit immer sich steigernder Spannung, seine Haare begannen sich zu sträuben. Plötzlich, mit einem Aufschrei, stürzte er sich auf die Fürstin und biß in ihre fleischige Nase. Alle sprangen aufgeregt vom Tisch, Bobik mußte in die Kiefer des Hundes greifen, um die Nase der Dame daraus zu befreien, der Hund biß ihn in den Finger. Die alte Dame lehnte halb ohnmächtig im Sessel. Lia und Bobik ergriffen sie an den Armen und schleppten sie die eiserne, steile Wendeltreppe hinauf. Unterwegs fiel ihnen das Vorgefallene ein, und sie mußten beide hemmungslos lachen; sie wurden schwach in den Knien, und die Dame entglitt ihren Händen und rutschte einige Stufen sanft hinab. Sie ergriffen sie wieder, und mit größter Anstrengung gelang es ihnen, sie in ihr Wohnzimmer zu bringen. Sie brachten ihr Wasser und machten Umschläge auf die Nase. Sie kam zu sich und wimmerte leise.

Als sie wieder nach unten kamen, dampfte die Teekanne auf dem Tisch, und der Hund lag da, als ob nie etwas geschehen wäre. Die Baronin schüttelte den Kopf. „Ihr seid so voreilig. Ihr konntet doch die Prinzessin auf das Sofa legen! Statt dessen ergreift ihr sie wie einen Sack Kartoffeln und schleppt sie die unmögliche Treppe hinauf. Man muß doch denken, ehe man etwas tut!" – Sie entschuldigten sich, sie fanden den Vorwurf berechtigt. Aber nun erlabten sie sich an Tee und Kuchen. Als abends der Gong zum Essen ertönte, erhob sich die alte Dame von ihrem Lager und wankte die steilen Stufen, unterstützt von Lia, hinunter. Der Hund fletschte die Zähne und knurrte, als er sie sah, aber Bobik gab ihm einen ordentlichen Klaps auf das Hinterteil, und die alte Ordnung war wieder hergestellt. Wie gerne hätte er Frau Dürrenfeld auch einen Klaps gegeben, um sie ins seelische Gleichgewicht zu versetzen!

DIONAR

Am nächsten Morgen fand sich Bobik pünktlich im Schloß Neuwied ein. Fürstin Pauline und er bestiegen ein Auto und fuhren durch die herrliche rheinische Landschaft südwärts, nach Württemberg. Sie kamen am Nachmittag in Weil an. Nach einer Erfrischung durfte Bobik die Pferde besichtigen; er tollte sich auf den saftigen Wiesen zwischen den Pferden, die Fohlen rannten ihm nach und spielten mit ihm. Er fühlte sich ganz in seine verlorene Heimat, nach Girejewo oder Krasnoje Sselo versetzt. Er streichelte die Lefzen der Tiere, sie griffen nach ihm, er griff in ihre Mähnen.

Im Stall war gerade vor einigen Tagen ein Fohlen geboren worden, sein Vater war Vollblutaraber, seine Mutter Vollblutengländer. Es war ein herrliches braunes Fohlen, es stand schon auf seinen Beinen und betrachtete aufmerksam seine Umwelt. Bobik verliebte sich in dieses Tier; er verbrachte außer den Mahlzeiten, und wenn er ausritt, seine ganze Zeit mit Dionar, er spielte und tummelte sich mit ihm. Das Tier hatte Zutrauen zu ihm gefaßt. Die Woche verging schnell, und es hieß von dem geliebten Tier Abschied nehmen. Er küßte es auf die Lefzen und streichelte seinen Hals. Er hatte den Eindruck, daß Dionar den Abschied begriff, denn er war traurig gestimmt. Sie fuhren zurück nach Neuwied; Fürstin Pauline, die Bobiks Begeisterung nachfühlte, forderte ihn auf, wann er wolle nach Weil zu kommen. Er war ihr dankbar dafür, und manchmal fuhr er mit seinem Motorrad dorthin und besuchte seinen Freund. Nach einer Weile traf er ihn auf der Koppel und tobte mit ihm herum. Wenn Bobik Dionar rief, horchte er auf und trabte auf ihn zu. Die Bediensteten lachten freundlich über die seltsame Freundschaft des Jungen mit dem Tier.

Nun aber mußte Bobik sich auf die Zwischenprüfung vorbereiten und hatte keine Zeit mehr, nach Weil zu fahren. Etwa drei Jahre vergingen. Der Zirkus Busch gastierte in Bonn. Bobik, der ein Tiernarr war, ging an einem Nachmittag durch die Tierzelte. Als er in das Pferdezelt kam, wieherte ein Pferd. Er dachte sich nichts dabei; aber als er dem Tier nahekam, versuchte es sich bemerkbar zu machen, es stampfte mit dem Fuß und drehte den Kopf weit nach hinten. Bobik fragte den anwesenden Knecht, was das Pferd habe, es sei so unruhig. – „Ich weiß es nicht, es ist sonst sehr zahm." – Bobik ging hin und streichelte seine Mähne, es schüttelte fröhlich den Kopf und biß Bobik vorsichtig in die Schulter. Bobik fragte den Knecht: „Wie heißt das Pferd?" – „Dionar", war die Antwort.

Nun rief Bobik freudig erregt: „Dionar, Dionar!" Das Pferd antwortete durch Wiehern, es war außer sich vor Freude. Bobik erfuhr, daß das Pferd aus dem Weilschen Gestüt stammte. Er meldete sich beim Besitzer, der auf dem Pferd Hohe Schule ritt, und erzählte ihm von seiner alten Freundschaft mit dem Tier. Er bat, ob er Dionar, solange der Zirkus in Bonn gastierte, täglich besuchen dürfe. Es wurde ihm erlaubt, und er verbrachte viele Stunden zusammen mit seinem Freund oder schaute zu, wie Dionar zugeritten wurde. Sein Besitzer hatte es gelehrt, Stückchen Zucker aus dem Mund mit den Lefzen aufzunehmen, und Bobik bewaffnete sich mit vielen Stückchen Zucker und fütterte auf diese Weise Dionar.

Schließlich zog der Zirkus woanders hin. Aber Bobik verfolgte seither seine Gastspiele, und wenn er in der Nähe war, versäumte er nie, Dionar aufzusuchen. Vom Beginn seiner Studentenzeit an hatte Bobik viel gezeichnet, vor allem führte er ein Tagebuch mit Skizzen, in dem er bemerkenswerte Ereignisse festzuhalten pflegte, auch illustrierte er Romane oder Novellen, die er las. In das Tagebuch zeichnete er seine Begegnungen mit Dionar und auch, wie er ihm von seinen Lippen den Zucker reichte und wie Dionar diesen Zucker mit seinen Lefzen behutsam entgegennahm.

Wieder vergingen mehrere Jahre. Der Zirkus Hagenbeck kam. Baronin Loë, Lia und Bobik saßen in der Loge. Es gab wunderbare Nummern von Tierdressuren, tanzende Elefanten und Pferde, Luftakrobaten, Zauberer und die lustigen Clowns. Und dann ritt eine ältliche Dame hohe Schule auf einem herrlichen Pferd, Bobik war insofern etwas enttäuscht, weil die Dame nicht mehr ganz taufrisch war. Aber am Schluß der Nummer verkündete der Direktor, daß Frau Therese Renz, die Reiterin, heute ihren siebzigsten Geburtstag feierte. Baronin Loë beschloß, der großen Reiterin einen Besuch abzustatten. Sie freundeten sich sofort an. Sie zeigte ihnen ihre beiden Pferde, „Last Rose of Summer" und „Dionar".

Bobik war erschüttert. „Mein Freund Dionar." – „Er ist *mein* Freund!", lachte Therese Renz. Bobik lief zu seinem Freund, das Tier erkannte ihn wieder und wieherte. – „Es benimmt sich wirklich seltsam!" – Bobik erzählte ihr von seiner Freundschaft mit dem Tier. Therese berichtete, daß sein früherer Besitzer gestorben sei. Das Tier sei ihr für ganz billiges Geld angeboten worden, es sei völlig verwahrlost gewesen. Bobik lief weg, besorgte sich Zuckerstückchen und gab eines von seinen Lippen Dionar, der es behutsam aufnahm. Therese triumphierte. „Sehen Sie, das habe ich ihm beigebracht! Ist das nicht großartig?!" – „Aber Frau Renz, Dionar konnte das doch schon jahrelang vorher; deswegen wollte ich die Probe machen, ob er es noch könne!" – „Aber ich schwöre Ihnen, er hat es nicht gekonnt, das war ganz neu für ihn!" – „Ich kann es Ihnen beweisen: ich habe seinerzeit eine Zeichnung davon gemacht. Ich fahre sofort heim und bringe sie Ihnen." – Bobik nahm sein Motorrad und holte die Zeichnung. Therese war geschlagen ...

DIE GROSSKOMMUNE

Seine Freunde, der Schriftsteller und Arzt Friedrich Wolf und dessen Frau Käthe mit ihren Kindern Johanna und Lukas beschlossen, aus Remscheid nach Worpswede überzusiedeln. Der Maler Heinrich Vogler und seine russische Frau hatten ihnen den Ort empfohlen. In dessen Nähe, in dem geräumigen Barkenhof, sollte eine Kommune errichtet werden. Friedrich Wolf, der Kommunist war, nahm die Anregung begeistert auf, und sie zogen dorthin. Bobik blieb mit ihnen in schriftlicher Verbindung. Friedrich schrieb begeistert von dem Experiment: sie alle lebten in Gütergemeinschaft, niemand habe etwas zu eigen, die, welche arbeiteten, gäben das Geld, andere beschäftigten sich mit dem Haushalt, und wieder andere erzögen und belehrten gemeinsam die Kinder. Es sei gerade der Zustand, wie er ihn sich aus seiner politischen Haltung erträumt habe.

Dann versiegten die Briefe. Käthe schrieb bedrückt und verzweifelt, ihr Mann habe sich von ihr abgewandt und eine andere Frau gefunden. Sie sei mit den Kindern hier in einer Atmosphäre von Zank und Streit, Besserwissen und weltanschaulicher Unduldsamkeit, und sie wisse nicht, wozu sie sich entscheiden solle, da Friedrich, den sie weiter liebe, eine Scheidung verlange.

Bobik fuhr hin. Die schwere Landschaft der Moore und Birken, der niederen Föhren und der Häuser, die wie gewachsen aussahen, sagte ihm sehr zu. Das große Haus sah traurig und etwas verwahrlost aus. Kinder spielten laut auf dem Hof. Er fand Käthe in ihrem Zimmer; es waren kaum Möbel da, alles war äußerst primitiv. Sie fiel ihm um den Hals und weinte. Schließlich führte sie ihn durch das Haus und zeigte es ihm. Es wirkte wie ein Aussiedlerlager. Irgendwo standen Betten, die nicht immer gemacht waren, ab und zu eine Kommode. Kleider lagen herum auf Stühlen oder Kisten. Überall sah man offene Konservendosen, die als Aschenbecher dienten und mit Zigarettenkippen übersät waren. Bobik ekelte sich vor solcher Art zu leben.

In einem Raum saß eine behäbige Dame und erzählte etwas den Kindern, die auf Stühlen oder auf dem Boden sich herumräkelten. Man spürte die Langeweile, die sich wie ein dicker Sirup über den Raum ausbreitete. Abends war Käthe an der Reihe, für die Kommune zu kochen. Bobik leistete ihr in der Küche Gesellschaft. Er wußte, daß Kochen für sie eine Last bedeutete. Der Ofen mußte angefacht werden. Ein riesiger Kessel wurde auf den Herd gestellt und mit Wasser gefüllt. Es dauerte endlos lange, bis das Wasser kochte. Dann schüttete Käthe eine Grütze und Salz hinein und goß Milch dazu. Als die Grütze dicker wurde, mußte man sie mit einem großen hölzernen Löffel rühren, das war eine anstrengende Arbeit. Bobik half Käthe. Als Käthe noch rührte, kam eine Frau herein, die ein unfreundliches Gesicht und verarbeitete Hände hatte. Sie trug einen selbstgewebten abstehenden Dirndlrock. Sie sah Käthe ein Weile bei der Arbeit zu. Bobik spürte sofort, wie die Atmosphäre im Raum gespannt wurde. – „Sie machen das ganz falsch, meine Liebe." – Sie riß Käthe den Löffel aus der Hand und begann, den Brei mit ausladenden Bewegungen zu rühren. Es war komisch zu sehen, wie ihre hervorstehenden Brüste, ihr Hinterteil, ihr sperriger Rock in wogende Bewegungen gerieten. – „Sehen Sie, das macht man mit dem ganzen Körper und nicht einfach aus dem Ellbogen!" – Käthe war dem Weinen nahe. Sie ließ sie gewähren. Aber da sie durchaus nicht helfen, sondern nur auftrumpfen und belehren wollte, hörte sie bald mit dem Rühren auf und reichte Käthe den Löffel. „Machen Sie es mir nach!" Und sie verließ den Raum. Bobik hatte große Lust zu lachen, aber Käthe war wütend. „Ich könnte diese eklige Person in der Luft zerreißen, und nicht nur sie allein! Hier ist jeder gegen jeden. Durch das allzunahe Zusammenleben sind sie alle gereizt und können einander gegenseitig nicht mehr ausstehen; es entstehen Cliquen von Freundschaften und Feindschaften, heimliche Intrigen und Sticheleien, Verleumdungen. Die Frauen schnappen sich die anderen Männer, und die Ehen gehen kaputt. Die Kinder verkommen, weil sich faktisch niemand um sie kümmert, sie zanken miteinander und fühlen sich unbeschützt. Die eigenen Kinder, die jeden Tag von einer anderen Frau betreut werden, werden einem ganz fremd; ich ertappe mich dabei, daß ich Kinder nicht liebe, und fast bekomme ich es mit der Angst, daß ich auch meine Kinder nicht mehr richtig betreue. Alles ist Theorie und nichts ist menschlich. Du hast es soeben gesehen, sogar über das Rühren des Breis wird theoretisiert. Und dann gibt es alle paar Tage Zusammenkünfte, wo die Leute Parteimakulatur reden. Ich halte es einfach nicht mehr aus! Angelernte, lebensferne Parolen! Sie wollen eine künstliche neue Gesellschaft schaffen, und sie entfernen sich immer mehr vom Leben. Sie sind nur noch Homunculi! Ich kann es Fritz nicht verzeihen, daß er uns, ohne sich die Sache vorher anzusehen, hierher verpflanzt hat. Nun ist er davon und hat uns in diesem Inferno zurückgelassen!"

Dann wurde der Gong geschlagen, und wie im Roman „Les Misérables" von Victor Hugo kamen aus allen Türen Menschen herangeschlichen. Niemand von ihnen hatte ein fröhliches Gesicht, alle waren düster und verkrampft. Der lange Tisch hatte kein Tischtuch; es standen Emailleschüsseln da, und daneben lagen Aluminiumlöffel und Gabeln. Das Essen wurde von einer Frau, die bediente, auf den Teller geklatscht. Die Grütze schmeckte wie das Mensaessen, uninteressant, es war etwas, um den Magen zu füllen.

Abends war eine Versammlung. Sie saßen lässig beieinander, man spürte, daß keine Freundschaft sie verband, sie redeten aneinander vorbei. Sie waren undiszipliniert, jeder wollte seine Gedanken zuerst loswerden, der Sprechende wurde unterbrochen oder gar abgekanzelt. Sie waren voll von Aggressionen gegeneinander, und Bobik hatte den Eindruck, daß jeder nur sich selbst zu hören gewillt war.

Ihre Gesichter waren böse, sie schüttelten oft den Kopf und zuckten mit den Schultern. Niemand lachte, niemand war entspannt. Dabei sahen alle aus, als ob von ihren Worten und Entscheidungen das Wohl oder Wehe der Welt abhinge. Obwohl sie alle nur an eine einzige Wahrheit blind glaubten, an die Weltanschauung von Karl Marx – Bobik war zwar fest davon überzeugt, daß niemand von ihnen Marx wirklich studiert hatte, sie bezogen ihre Weisheit aus den üblichen Slogans, von denen ihre Zeitungen und Zeitschriften voll waren –, war jeder von ihnen sein eigener Karl Marx mit höchst persönlichen Auslegungen. Eine Aussicht, seine eigene Meinung bis zum Ende äußern zu können, bestand sowieso nicht. Irgendeiner sprang auf und unterbrach ihn mit den stereotypen Sätzen: „Aber, Genosse, so hat Marx das doch nicht gemeint, das sind willkürliche Interpretationen. Sie sind ein typischer bourgeoiser Abweichler!" – Die anderen freuten sich über diese Aggression, aber bald wurden auch sie selbst das Ziel einer solchen. Nur wenige, wie Käthe Wolf, blieben still. Die Frau mit dem steifleinenen Rock redete am meisten, sie begeisterte sich an den zahlreichen Fremdwörtern, die sie oft falsch aussprach oder benutzte. Die Sitzung dauerte endlos. Die Konservenaschenbecher quollen über von Kippen. Keiner der Hausfrauen fiel es ein, sie zu entleeren. Die Luft war zum Ersticken. Bobik stand auf und öffnete das Fenster. Sie schrien ihn an: „Machen Sie es sofort wieder zu, man könnte uns belauschen!" Er ließ es offen und sagte: „Und wenn schon, aus diesem Geschrei wird doch keiner klug!"

Dann verließ er ostentativ den Raum. Er hatte genug, und er hatte nur den einen Wunsch, solchen Leuten nie wieder zu begegnen. Szenen aus Dostojewskis „Dämonen" standen leibhaftig vor seinen Augen; es war die gleiche freudlose, penetrante Atmosphäre von Menschenverachtung, Machthunger und Haß.

Und solche Typen wollten die Welt verbessern?! Er hatte vergessen zu fragen, wo er schlafen solle; bei der allgemeinen Desorganisation und Gleichgültigkeit gegen Bequemlichkeiten war es ihm klar, daß niemand, auch Käthe nicht, daran gedacht hatte, ihn irgendwo unterzubringen. Also schlenderte er durch das Haus und fand einen greulich unordentlichen Abstellraum, in dem eine gebrechliche Chaiselongue stand, die dick mit Staub bedeckt war. Es hatte keinen Zweck, den Staub abzuwischen, er würde nur durch die Luft wirbeln. So nahm Bobik seinen Regenmantel und legte sich darauf.

Am nächsten Morgen suchte er Käthe auf und verabschiedete sich von ihr. Sie klammerte sich an ihm fest. „Verlaß mich nicht, ich bitte dich!" – „Nein, ich werde keine Sekunde länger in diesem Pandämonium bleiben. Schließlich habe ich erlebt, was eine Kommune ist: in jedem Zimmer eine Familie, aber das war erzwungen. Freiwillig in solchem Pandämonium zu leben, mit diesen Menschen, nein!" – Er blieb hart, er empfahl Käthe, so schnell wie möglich diesen Ort zu verlassen und fuhr weg. Er war tief deprimiert. In einer abendländischen, verfeinerten Kultur dieses Zurück – zu was: zur Steinzeit, oder eher noch zum Pithecanthropus – mit Verzicht auf alle Kultur, auf gepflegte zwischenmenschliche Verhaltensregeln, das war entsetzlich!

Einige Zeit später schrieb Käthe, daß sie zu Verwandten nach Stuttgart gegangen sei. Der Barkenhof bröckelte allmählich ab, und nach einem Jahr stand der alte Hof gespenstisch leer und verfiel.

Bobik kehrte nach Bonn zurück. Er hatte das dringende Bedürfnis, diese Erlebnisse von sich abzuschütteln, in einer anderen, einer klareren Luft zu atmen. Er beschloß, allein nach Köln zu fahren und die verschiedenen Kirchen, die atmosphärisch den seinen in Moskau ähnelten, aufzusuchen, um in der Welt der Andacht, des Gebets, der Versenkung zu verweilen.

Auf der Fahrt tauchte plötzlich, wie durch eine Fata Morgana, die gewaltige graue Silhouette des Kölner Doms auf, sie war wie aus einem verdichteten Spinngewebe. Bobik konnte sich nicht vorstellen, daß das ein Werk von Menschenhand sei, so göttlich und über alle Zeit erhaben stand der Dom da, wie eine Verheißung, wie ein Lächeln Gottes.

In der Rheinuferbahn herrschte eine lebhafte Unterhaltung. Man hörte immerzu das Wort „Millionen", die Menschen waren wie von einem Gierdämon erfüllt und erzählten sich gegenseitig, was die Dinge vorgestern gekostet hätten und was sie heute kosteten. In einer Ecke des Abteils saß ein junger Priester, der schweigend und unverwandt die Menschen ansah. Sein Gesicht blieb reglos bis auf die Augenbrauen, die sich bewegten, wie wenn es seine Lippen wären. Er schien sich über das endlose Geschwätz, das sich um Geld drehte, zu belustigen. Wie wenig galt es auch im Angesicht der Ewigkeit! Bobik schaute ihn an, ihre Blicke trafen sich, ein kleines Lächeln huschte über die Lippen des Priesters. Sie wußten, daß sie sich gegenseitig verstanden.

Als Bobik den Dom betrat, wurde am Mittelaltar die Messe gelesen. Er kniete auf einer Bank nieder. Er gab sich dem Zauber hin, der ungeheuren Höhe des Gewölbes, das sich im Halbdunkel verlor. Gedämpftes Licht brach durch die hohen Fenster des Chors und machte die Steine der Säulen fast durchscheinend. Der Priester im goldenen Ornat, den Bobik in der Entfernung kaum erkennen konnte, sang mit hoher Stimme die Worte der Liturgie, die sich im Gewölbe verloren. Zwei Meßknaben, die aussahen wie zwei Cheruben, schwenkten rhythmisch die Weihrauchgefäße, denen weiße Rauchwölkchen entstiegen. Der weite Raum war mit dem leicht betäubenden Duft von Laudanum erfüllt. Hier und dort saßen Menschen in den Bänken. Bobik fühlte sich wie in einer großen Barke, die auf einer Wolke in den Himmelsraum schwebte. Dasselbe Gefühl hatte er in seinen heimatlichen Kirchen, wenn er kniete und das Spiel der Liturgie über sich ergehen ließ. Nach den Worten der Hymne der Cherubim: „Lasset alles irdische Sorgen und Kümmern" fühlte er, wie seine Seele sich freimachte und in einer größeren und schöneren Region schwebte. Er liebte dieses Erlebnis, das ihm so oft zuteil wurde und das er auch hier, im sakralen Raum des Domes, erlebte.

Dann schlenderte er durch die engen Gassen und gelangte zu der kleinen barocken Klosterkirche Maria in der Schnurgasse, in

271

der das Herz der Königin von Frankreich Maria von Medici, der Gattin Heinrichs IV., in einer silbernen Urne liegt. Nachdem sie sich mit ihrem Sohn Ludwig XIII. überworfen hatte, war sie nach Köln gezogen, wo sie 1642 starb.

Kleine schwarze Nonnen glitten leise hin und her, richteten die abgebrannten Kerzen und solche, die sich vor Hitze verbogen hatten. Sie hatten die Angewohnheit, ihre Augen auf einen unbestimmten Punkt zu richten, so daß sie durch einen hindurchsahen. Aber manchmal gelang es Bobik, einen Blick aus einem vergeistigten, wächsernen Gesicht aufzufangen.

Am Altar stand eine wundertätige kleine romanische Holzplastik der Madonna mit dem Jesuskind, oder verbarg sich gar dahinter eine keltische Matronengottheit? Sie und das Kind waren mit kostbarem Damast bekleidet und mit silbernen Kronen bekrönt. Das fast schwarze Gesicht der Muttergottes war männlich streng. Überall brannten viele schlanke Kerzen und erhellten in ihrem Umkreis das geheimnisvolle Dunkel der kleinen Kirche. Viele Frauen knieten betend auf den Bänken und ließen den Rosenkranz durch ihre Finger gleiten. Jede von ihnen hatte einen geheimen Wunsch oder eine Sünde, von der sie sich reinwaschen wollte.

Nur Bobik stand da, wunschlos. Er überlegte, was er sich von der Muttergottes erbitten sollte. Aber er fand nichts, nur daß er leben wollte, nicht etwa leben im Gegensatz zum Sterben, sondern mit jeder Faser seiner Seele und seines Leibes dieses Leben leben. Mehr wollte er nicht. Es war eine große Stille über den Köpfen der Menschen, am Boden hörte man das leise Schlürfen der Schritte und Geräusche des Niederkniens und sich Niedersetzens; aber darüber war Stille, und Bobik stellte sich vor, daß die unsichtbaren und doch allgegenwärtigen Engel und Cherubim wie eine sanfte Wolke über ihnen allen schwebten. Das erzeugte das unaussprechliche Gefühl von Verheißung und Frieden, der in diesem Raum war. Er kaufte bei einer blassen Nonne eine Kerze und zündete sie an, dann nickte er ehrfürchtig der Muttergottes zu und verließ den weihevollen Raum.

Zuletzt ging er in das Ostasiatische Museum. Eigentlich hatte er die Direktorin Frau Fischer Wieruszowski oder seinen Freund, den Sinologen Alfred Salmony, besuchen wollen; aber dann stand er vor den wunderbaren Buddhastatuen, ihrer unermeßlichen Harmonie, Erhabenheit und Ruhe. Er staunte: wie mochte der Künstler beschaffen sein, der solche Meisterwerke schuf. Er mußte in den Wäldern und Wiesen, unter den Tieren und Vögeln gelebt haben, um dem Bildnis eines Gottmenschen solche weltüberwindende Größe zu verleihen. Das buddhistische „neti, neti" (nicht ich, nicht ich) wurde ihm hier verdeutlicht: wenn man auf dem Lebenswege sein Ich hinter sich zurückläßt. – Nein, weder Frau Fischer noch Alfred Salmony konnten ihm mehr darüber sagen, als was er hier gegenüber den Buddhastatuen sah und erlebte.

Ob es auch in der Gegenwart Wesen gab, die solche Ruhe, Gelassenheit und Weisheit ausstrahlten? Dann dachte er an das Gesicht mancher Nonnen, die er soeben gesehen hatte; sie besaßen sie, und manche Toten hatten diese ungeheure, überirdische Würde und unbekümmerte Harmonie. Es ist ein Schweigen darin, welches schon alle Grenzen des Schweigens überschritten hat und Weltmusik geworden ist. Er blieb unendlich lang vor einem geliebten Buddhabildnis sitzen und trank dessen Wesen in sich hinein. Er war jenseits von Zeit und Raum. Da schrillte die Glocke, die ankündigte, daß das Museum geschlossen werde. Der freundliche dicke Diener, den Bobik von anderen Besuchen her kannte, kam auf ihn zu. „Wir müssen jetzt Schluß machen, schade, nicht wahr? Ich kann Sie jut verstehen. Die Menschen hier sprechen auch leise, weil sie wat merken, dat Andere." – Bobik lächelte ihm dankbar zu, dankbar auch, daß er ihn mit seinen freundlichen Bemerkungen verschont hatte, und ging in die laute fröhliche Stadt hinein ...

FRANKFURT

Jadwiga schrieb ihm, sie müsse einige Tage geschäftlich nach
Frankfurt, und lud ihn ein, diese Zeit mit ihr dort zu verbringen. Er nahm einen Nachtzug und schaute aus dem Fenster. Die
ganze Fahrt war ein drolliges Versteckspiel mit dem Großen
Bären. Der Himmel war schwarz und voller Sterne, und sein lieber Großer Bär, der ihn in seiner Jugend fast auf allen Wegen
durch die nächtliche Landschaft begleitete, war mit von der Partie. Wenn der Zug in eine Kurve fuhr, verschwand das Gestirn,
und Bobik war gespannt, wo es wieder auftauchen würde. Er
fand das Spiel kurzweilig. Doch bald schon lief der Zug im hellerleuchteten Hauptbahnhof von Frankfurt ein. Seine Mutter
stand da, klein, zierlich und schön. Sie gingen Arm in Arm in
die Stadt. Das luxuriöse Parkhotel nahm sie auf. Bobik staunte
über die hellerleuchteten Hallen mit Atlastapeten und Lifts;
livrierte Diener, elegantes und blasiertes Publikum. Er kam sich
vor wie auf einem anderen Planeten. Wie lange war es her, daß
solche Dinge für ihn Selbstverständlichkeit gewesen waren!
Nun, nach all dem erlebten Grauen, hatte er das in der Hungerzeit ersehnte kleine Zimmerchen mit einem Ofen und Licht;
er war glücklich darüber und wünschte sich keine Rückkehr zu
alten Zeiten.

Gleich neben dem prunkvollen Hotel begann in Frankfurt
das Märchen. Der Architekt Max Taut und der Kunsthistoriker
Fred Lubbecke hatten die Altstadt nach alten Bildern und Beschreibungen restauriert. Sie hatten die alten Häuser mit bunten
Farben angemalt und ihre alten Namen wiederhergestellt. Jadwiga und Bobik blieben fast vor jedem Haus fasziniert stehen
und betrachteten es lange. Aus einem Hause im Rapunzelgäßchen schaute oben durch ein winziges Fensterchen der wirre und ungekämmte Schopf einer alten Frau heraus. Jadwiga und
Bobik lächelten ihr zu und wußten – das war die alte Hexe, die
sicherlich viele Jahrhunderte in diesem Haus überlebt hatte. Sie
lächelte ihnen entgegen, ihre Lippen entblößten einen Mund, an
dem nur zwei spitze Eckzähne herauslugten, das Zeichen eines

Vampirs. Sie erschraken und gingen schnell weiter. Alle grauslichen Geschichten, die sie aus ihrer Heimat und aus Jadwigas Heimat Polen und den Karpaten kannten, kamen ihnen wieder in den Sinn. „Weißt du, Bobik, wenn wir an einem Gemüseladen vorbeikommen, kaufen wir uns Knoblauch, das hält sie von uns ab; wer weiß, ob sie nicht Appetit auf uns bekommen hat." – Sie gruselten sich – trotz moderner Bildung steckten die jahrtausendealten Geschichten, die die Njanjas den Kindern in der abendlichen Dämmerung erzählten, tief in ihrem Blut.

Zum Essen kehrten sie im „Grünen Krokodil" ein. Auf der Hausfront war ein gräßliches grünes Krokodil mit weit aufgerissenem Maul aufgemalt. Wie sie von der Bedienerin erfuhren, hieß dieses Haus tatsächlich seit dem vierzehnten Jahrhundert „Das Grüne Krokodil". Drinnen war es gemütlich, hellgescheuerte Tische ohne Tischtuch, eine verräucherte niedrige Balkendecke. Sie aßen eine Hasenkeule, die der Größe nach einem Ochsen alle Ehre gemacht hätte. Aber warum sollte in einem Märchenland ein Hase nicht so groß wie ein Ochse sein?! Sie waren fröhlich und unbeschwert, glücklich, wieder beisammen zu sein. Jadwiga meinte verträumt: „Wenn man mitten im Lesen eines Märchens ist, kommt ein Augenblick, da man selbst wie durch eine Zauberei zwischen die Blätter des Märchenbuchs gerät, man vergißt, das Blatt umzuwenden, und spinnt selbst das Märchen weiter, das dann vielleicht einen ganz anderen Verlauf nimmt als im Buch."

Aber am Nachmittag erlebte er in der gleichen Märchenstadt die Hölle. Er ging zur Schönen Aussicht, dem Haus, in dem Schopenhauer gewohnt hatte, um Fred und Emma Lübbeke einen Besuch abzustatten. Er ging die herrliche breite Empiretreppe, die niedrige Stufen hatte, hinauf. Da traf er das Ehepaar, das gerade im Begriff war, zu einer Fütterung von hungernden Kindern in der Altstadt zu gehen. Sie forderten Bobik auf, mit ihnen zu kommen.

Die dunkle Tür eines gotischen Klosters öffnete sich kreischend und verschlang sie, sie gingen durch einen dunklen gewölbten Gang, der von unsichtbaren Kinderstimmen erdröhnte. Bobik erschauerte, es war ihm, als stöhnten die alten Gewölbe, die an die mönchische Stille gewöhnt waren, von diesem entweihenden Lärm. Wieder ging eine Tür auf: sie standen im schlecht erleuchteten alten Refektorium, dessen Wände grau waren, an manchen Stellen war der Putz abgefallen. Achthundert Kinder von drei bis fünfzehn schrien, zankten und balgten sich vor mehreren riesigen Kübeln mit Essen. Jedes Kind hatte ein Eßgefäß: eine Konservendose, einen Marmeladeeimer, eine Milchkanne oder gar eine große Emailleschüssel, die sie als Waffen gegeneinander benützten. Die Kinder waren zerlumpt, unterernährt und böse; die kräftigeren schlugen mit ihren Eßgeräten auf die kleineren los, die jämmerlich schrien und kreischten. Es dauerte lange, bis es den wenigen Erwachsenen gelang, die Kinder an die langen Tische zu setzen. Nun saßen sie endlich da, und es wurde ihnen mit großen Schöpflöffeln das Essen in ihre Gefäße gefüllt. Sie durften erst anfangen zu essen, wenn alle bedient waren. Die Spannung und Ungeduld spürte man in der Atmosphäre. Schließlich begannen sie zu essen. Bobik schaute voll Entsetzen in die kleinen Gesichter: vorgeschobene Köpfe an dünnen, ungewaschenen Hälsen, gierige Augen und hastige Bewegungen. Sie verschluckten sich, verschmierten ihre Gesichter, kleckerten auf ihre Kleider, aber sie hatten auch Zeit, zu ihren Nachbarn hinüberzuschielen, ob diese nicht eher mit dem Essen fertig würden. Schließlich wurde das Essen nachgereicht, wenn auch in kleinerer Menge. In dem Maße, wie diese Geschöpfe satt wurden, wurden sie ruhiger und friedlicher. Bobik konnte den Anblick nicht mehr ertragen. Seine eigene Hungerzeit im Roten Haus, die Gereiztheit aller gegen alle, der Zank mit der Großmutter, die Ratten, die Kälte und das nagende Gefühl in der Magengrube, das sie nie verließ, stand so deutlich vor seiner Seele, daß ihm übel wurde.

Fred und Emma gingen mit ihm hinaus. Sie kamen an eine Tür ohne Griff, aus der seltsame Töne erschallten. Fred stieß die Tür auf. In einem kleinen düsteren, von einer Lampe erleuchteten Raum, in dem nichts war als ein schwarzes Klavier, dessen Lack stellenweise abgebröckelt war, waren drei Jungen im Alter von etwa fünfzehn Jahren. Einer spielte Klavier, die anderen hatten Geigen. Sie entlockten den Instrumenten seltsam hastende, polternde, schwüle und doch lustige Töne. Sie hatten erhitzte, erregte und begeisterte Gesichter. Fred schenkte ihnen einige Münzen, sie schauten sie sich erst an, dann dankten sie erstaunt und erfreut. Sie seien Schüler von Paul Hindemith. Am schönsten sei es aber, wenn er nachts in den Lokalen spiele, das möchten sie auch einmal tun, deshalb träfen sie hier zusammen, um zu üben.

Am Abend schlenderten Jadwiga und Bobik durch die hellerleuchteten Gassen der Altstadt. Sie gingen wie gebannt, liefen einem huschenden Schatten nach, schauten in die dunklen Höfe, blieben vor einer grünäugigen schwarzen Katze stehen und sprachen zu ihr mit zärtlicher, leiser Stimme. Dann standen sie vor einem bunt bemalten Haus, aus dem Musik und Gepolter erklangen. Das Gesims war bemalt mit tanzenden, springenden, fallenden und liegenden Figuren, und in großen Lettern stand breit und deutlich geschrieben: „Es wechseln im Reigen Schmerz und Wonne." – Immer weiter liefen sie durch die Gassen, in manchen war der Himmel nur durch einen Spalt zu sehen, so nahe begegneten sich die Häuser, deren Stockwerke sich immer weiter vorschoben. Sie erzählten sich die Geschichte vom Golem, dem künstlichen Menschen, den der Rabbi Löw in Prag kreiert hatte und der gelegentlich durch die Straßen rannte, Schrecken verbreitend, oder von dem Chamissoschen Mann ohne Schatten, und allen Ernstes schauten sie auf die Schatten der Vorübergehenden, ob sie einen ohne solchen überraschen würden.

Dann nahm eine breite, helle, moderne Straße mit Leuchtreklame sie auf, sie waren plötzlich in der Welt des zwanzigsten Jahrhunderts. Sie beschlossen den Abend in einem Café. In welchem Kontrast standen die schmalzige Kaffeehausmusik, die leise miteinander sprechenden Pärchen, mit dem soeben leibhaftig erlebten Mittelalter!

Am nächsten Tag waren sie in der Schönen Aussicht bei Fred und Emma Lübbeke eingeladen. Diese bewohnten die Etage, in der der Philosoph Arthur Schopenhauer, der seltsame Kauz, früher gewohnt hatte. Eine herrliche Wohnung mit großen hellen Räumen und Aussicht auf den Main nahm sie auf. Beim Essen erzählte Fred Lübbeke höchst interessant von seinen Bemühungen, das Mittelalter in der Stadt Frankfurt wieder zum Leben zu erwecken. Natürlich seien sie auf Widerstand gestoßen, aber schließlich sei es Taut und ihm gelungen, die Honoratioren der Stadt zu überzeugen. Sie hätten alles studiert, was es über Frankfurt an Zeichnungen, Gemälden und Beschreibungen gab, nach dem Namen jedes alten Hauses und dessen Geschichte geforscht, und so sei es ihnen gelungen, dieses Märchen wiederherzustellen, eine heitere, farbige, lustige Stadt des Mittelalters. Jadwiga und Bobik lauschten atemlos den Ausführungen Freds, die nicht ununterbrochen blieben, denn seine lebhafte Frau, Emma Job Lübbeke, die eine bedeutende Pianistin war, unterbrach ihn immerzu und fügte seinen Erzählungen Details bei. Er wurde ungeduldig und schimpfte: „Dein Mund ist wie ein Entenpopo, es ist ja unerträglich! Laß mich doch einmal ausreden." Aber zur Belustigung von Jadwiga und Bobik gelang es ihm nicht, Emma erwies sich als vitaler.

Jadwiga mußte am Nachmittag zu einer Verhandlung, und Bobik hatte vor, sich in sein Hotel zu begeben, um etwas zu lesen. Er verlangte beim Portier den Schlüssel seines Zimmers. Der schaute auf das Schlüsselbrett und sagte, der Schlüssel stecke in der Zimmertür. Bobik hatte sich seit jeher in der Topografie der Hotels mit ihren gewundenen Gängen schlecht zurechtfinden können. Er fand seine Tür und ging hinein. Es herrschte eine große Unordnung in seinem Zimmer, geöffnete Koffer, eine Hutschachtel mit einem Damenhut drin. Er staunte, aber er hatte keine Lust, der Sache nachzugehen; vielleicht hatte seine Mutter diese Sachen bei ihm abgestellt, sie war gewiß zerstreut gewesen und hatte sein Zimmer mit dem ihren verwechselt. Er legte sich auf das Sofa und begann die Zeitung zu lesen. Die Tür ging auf und eine junge Dame kam herein. Sie stutzte. „Was machen Sie denn hier, bitte, verlassen Sie sofort mein Zimmer!" – „Ich denke gar nicht daran, das ist *mein* Zimmer!", sagte Bobik empört. Er hatte gehört, daß sich in die vornehmen Hotels Diebe und Hochstapler einschlichen. – „Das sind aber meine Sachen!" – „Das kann jeder sagen, ich bin sicher, daß das die Sachen meiner Mutter sind!" – „Ich rufe sofort die Hotelleitung oder die Polizei!" – „Bitte schön, Sie sind zudem auch noch frech! Wir wollen sie rufen!" Bobik klingelte. Beide blieben wie siamesische Kampfhähne stehen. Der Boy klopfte an und kam herein. „Sie haben geläutet, gnädige Frau?" – „Ja, dieser Mann ist hier eingedrungen und behauptet, es sei sein Raum, und er läßt sich nicht überzeugen, daß er es nicht ist." – Der Page schaute Bobik an. „Es ist der Raum der gnädigen Frau, und Sie kenne ich überhaupt nicht." – „Aber es ist bestimmt mein Zimmer, ich hatte Nummer achtundfünfzig!" – „Ja, die Nummer stimmt, aber Sie stimmen nicht. Sind Sie Ausländer?" – „Ja, ich bin Russe." – „Vielleicht sind Sie hier in einem falschen Hotel?" – „Was denken Sie von mir, ich bin doch nicht blöd!" – „Na, wie heißt denn Ihr Hotel?" – Bobik dachte nach. „Gartenhotel oder so ähnlich, etwas mit Wald ..." – „Meinen Sie vielleicht Parkhotel?" – „Ja, natürlich, Parkhotel!" – „Sie sind hier aber im Savoy-Hotel!" – Bobik, der schon längst gemerkt hatte, daß da etwas nicht stimme und daß er wie so oft etwas durcheinandergebracht habe, während er durch seine beispiellose Hartnäckigkeit seinen Irrtum nicht zugeben wollte, entschuldigte sich und verließ das Hotel. Er fand das Parkhotel, das in einer ganz anderen Straße lag, und ruhte sich nun im eigenen Zimmer aus.

Abends brachte er Jadwiga zum Zug nach Berlin, dann bestieg er seinen Zug nach Bonn.

WANDERUNGEN UND BEGEGNUNGEN

Einer neuen Gruppe von Menschen begegnete Bobik. Es fing damit an, daß er Bernd Poiess traf und ihn zu sich einlud. Der junge Mann hatte faszinierende Augen, er sah einen direkt an, und in diesem Ansehen war ein Forschen in die Tiefe. Es war unangenehm, so als Objekt des Forschens dazustehen, aber es war auch prickelnd – was wird er in dir finden, wirst du vor ihm bestehen? – Bernd war Führer im Wandervogel, der deutschen Jugendbewegung, die um 1910 entstanden war. Die Jugend verlangte Abkehr von der Bürgerlichkeit, von überholten Sitten und Anschauungen. Sie forderte ein freies Leben, sie wanderte durch die Länder, unvoreingenommen begegnete sie Menschen aller Nationalitäten und Klassen, sie machte sich frei von überkommenen Verhaltensweisen. In einem gewissen Grad uniformierte sie sich auch: die Jungen trugen kurze Hosen und Hemden, eine Krawatte, die die Farbe ihres Fähnleins oder ihres Bundes hatte. Sie glaubten, sie seien Individualisten, und merkten gar nicht, daß sie sich durch eine Uniformierung kennzeichneten. Sie sammelten alte Lieder, Soldatenlieder, Liebes- und Kameradenlieder, sie sangen zur Laute und wanderten, sie schliefen in Scheunen oder in Zelten und erzählten sich des Nachts an den Feuern schöne romantische Geschichten. Es war eine Renaissance der Romantik. Außer den alten Meistern waren Rilke, Stefan George, Hermann Löns, Hermann Hesse, Wedekind ihre Dichter.

Bernd Poiess lud Bobik zu den Zusammenkünften und Wanderungen seiner Gruppe ein. Bobik nahm dankbar an. Er fürchtete etwas, ähnliche, unliebsame Erfahrungen wie mit den Korporationsstudenten zu machen; diese Angst zerstreute sich aber bald. Er traf auf junge Menschen, die ihn unvoreingenommen und freundlich, wenn auch etwas neugierig, aufnahmen. Es gefiel ihm nicht alles, manche waren wenig gepflegt und legten auch keinen Wert darauf; auch manche allzu drastischen schlechten Manieren und die Distanzlosigkeit störten ihn sehr. Was ihn aber bestach, das war ihre Offenheit und Bereitschaft zu Kameradschaft und Freundschaft.

Er hatte gar nicht gewußt, daß Bernd Poiess ein großartiger Märchenerzähler war. Dieser kannte wohl alle Grimmschen und andere Volksmärchen, und wenn er sie erzählte, lief einem der Schauder über den Rücken. Er war ein großer Zauberer. Man vergaß ganz, wo man war, man wurde in die Atmosphäre des Märchens versetzt und war plötzlich mithandelnde Person.

Bobik schaffte sich einen Rucksack an und beteiligte sich an den Wanderungen. Manchmal gingen sie in Gruppen, manchmal zu zweit. Bobiks Freund Ernst Ulrich erhielt einmal von seinem Onkel, dem Maler Fritz von Wille, eine Einladung auf seine Burg Kerpen in der Eifel. Sie beschlossen, zusammen zu Fuß dorthin zu wandern.

In Altenahr standen sie am Spätnachmittag in der gotischen Kirche, es war niemand sonst drin. Ihre Blicke glitten über die alten verblichenen gotischen Fresken; diese schimmerten durch den weißen Kalk hindurch, zartes Braun, zartes Rosa, Blau, Gelb und Hellgrün. Die Zeit hatte mit leichter Hand über die bemalte Wand gestrichen, bis die Dinge durchsichtig geworden waren und schimmerten. Man hätte an eine Halluzination denken können. Man schloß die Augen, und wenn man sie aufmachte, waren die Bilder noch da. Es waren zarte Frauen in langen Gewändern, die in spitzen Falten zu Boden fielen, mit spitzen langen Hüten, von denen durchsichtige Schleier wehten. Manche hielten in ihren Händen lange geschwungene Spruchrollen, auf denen etwas Unlesbares geschrieben stand. Diese Wand war wie ein Durchblick in ferne vergangene Zeiten. So geht es einem manchmal beim Erwachen von einem Traum, da man sich der erlebten Dinge nur ganz nebelhaft erinnert.

Ernst Ulrich war hinausgegangen, und Bobik stand im Halbdunkel ganz allein, in Betrachtung und Gedanken versunken. Plötzlich fühlte er sich unbehaglich, als ob Augen von irgendwoher ihn anschauten. Waren es die Augen der Damen auf der Wand? Er sah sich um. In einem Beichtstuhl bewegte sich der Vorhang, und er schaute in das Gesicht eines Priesters, der ihn beobachtete. Er wendete sich weg, aber da war noch ein Beichtstuhl, und darin sah er wieder ein Gesicht. Ein Grauen überkam ihn. Er hatte geglaubt allein zu sein und war dagestanden ganz ohne Visier, ohne Maske. Er holte tief Luft. Die Szene aus den Dämonen von Dostojewski fiel ihm ein, da Pjotr Stepanowitsch in den Raum tritt und sich dort allein glaubt, und dessen Entsetzen, als er den Schrank öffnet und darin Kiriloff findet! – Oder die Stelle im Henri Barbusse's „L'Enfer", wo der Mann im Hotelzimmer durch ein Loch in der Tür eine Frau beobachtet, die allein zu sein glaubt.

Es liegt etwas unerhört Grauenvolles darin, zu glauben, allein zu sein und doch beobachtet zu werden. Immer wenn man unter Menschen ist, hat man eine Maske auf, und wenn es auch eine ganz leichte und durchsichtige ist. Die äußerlichen Menschen ziehen auf der Straße ihre beste an, und die innerlichen Menschen verstecken ihr schweres, kaum zu ertragendes Gesicht unter einer gleichgültigen Maske. Aber ganz ohne Maske zu sein, ist schrecklich. Es kommt bei Paniken vor, wo ein Mensch sich nicht mehr um die anderen kümmert, oder wenn einem Einzelnen etwas so Schweres zustößt, daß er seine Umgebung vergißt: seine Maske fällt einfach ab. Man kann dann sehen, daß manche Menschen gar kein Gesicht haben; es sind nur eine Nase, ein Paar Augen, ein Mund vorhanden.

Bobik fiel eine Stelle aus Rilkes „Malte Laurids Brigge" ein, wie da einer saß und hatte seine Hände vor dem Gesicht, und als er die Hände wegnahm, war kein Gesicht mehr da, es war in den Händen geblieben. Er erinnerte sich, wie erschüttert er von diesem Bild war. Und dann dachte er an die vielerlei Masken, die er selbst trug: auf der Straße, in Gesellschaft, in Gegenwart von Freunden, und wenn er allein war. Er selbst kannte nur eine seiner Masken: die vor dem Spiegel, aber dann machte er ein freundliches Gesicht. Er erinnerte sich, wie er erschrak, wenn er unversehens vor eine Fensterscheibe trat und dort jemanden sah, den er als sich selbst erkannte, es war ein ihm fremdes Wesen. – Er schüttelte die Fremdheit von sich ab, kniete vor dem Altar und verließ so schnell er konnte die Kirche.

Sie aßen in einer Wirtschaft und tranken dunkelroten Ahrwein. Lustige und Betrunkene sangen Lieder und schunkelten. Einige Wandervögel gesellten sich zu ihnen. Der Wirt erlaubte ihnen, im Heuboden zu übernachten. – Bobik konnte lange nicht einschlafen. Er wunderte sich, daß er dieses fremde Deutschland, diese romantische Landschaft so inbrünstig liebte. War es nur die Schönheit, die sich dem Auge darbot, oder waren es uralte Erlebnisse seiner alten, wissenden Seele, in der dem Bewußtsein verschleierte innere Erinnerungen fortlebten? Warum konnte ihm eine herrliche Landschaft verhältnismäßig

gleichgültig bleiben und andere Orte ihn in mystisches Entzücken versetzen, in ein nutzloses Herumraten, wieso ihn die
Dinge so vertraut anmuteten? Er hatte schon lange um das Erlebnis des „déjà vu" gewußt, es oft erfahren, ohne es sich erklären
zu können. Auf dieser Fahrt sagte er zu Ernst Ulrich beim Betrachten der Landschaft: „Hier muß ein altes Kloster liegen." –
Ernst Ulrich lachte: „Es liegt aber kein Kloster da!" – Wie erschraken beide, als sie hinter einer scharfen Kurve die Ruinen einer romanischen Kirche und eines Klosters erblickten. Bobik erschauerte. Er versuchte als Mediziner, wissenschaftlich und ra-
tional zu denken. Aber wieso hatte er gewußt, daß dort ein Kloster liege, und woher konnte er eine solche Erinnerung haben,
wenn nicht seine Seele in früheren Inkarnationen diesen Ort
schon besucht oder dort gelebt hatte? Er versuchte es mit dem
Erinnern des Blutes zu erklären.

Kaum ein anderes Volk als die Russen, mit Ausnahme der Chinesen und Japaner, hat eine so ausgeprägte Beziehung zum eigenen Erbteil und Blut. Die alten Familien haben minutiöse
Kenntnisse von ihren Ahnen und deren Lebensgeschichten, und
wenn der Vater oder die Ahne oder gar die alten Bediensteten
von den Vorfahren erzählten, dann war es den Kindern, als ob
diese noch lebten. Ihre Portraits hingen an den Wänden, ihre
Waffen, ihre Kleider lagen in Truhen auf dem Söller, und ihre
Briefe lagerten in alten Kommoden, ihre Verträge waren in den
Archiven aufgestapelt. War es da ein Wunder, daß die Toten nicht
richtig tot waren und die Lebenden sich nur als eine Kette im
Glied der Generationen fühlten? Bobik erinnerte sich, mit welchem Schauer er die Standarte seines Ahnen Brenko küßte, der
die Schlacht am Kulikowo Pole 1380 gegen die Tataren gewonnen hatte. Sein Urgroßvater hatte sie dem Historischen Museum am Roten Platz in Moskau gestiftet; vorher war sie die ganzen
Jahrhunderte hindurch in der Halle von Krasnoje Sselo gestanden.

Seltsam war ihr höchst ausgeprägter Individualismus, gemischt mit einer ebenso starken Bindung an die geheimnisvollen Kräfte der Rasse, der Nation und des Klans. Im privaten Be-

reich waren sie Originale, aber wenn das Kollektiv es erforderte, gehorchten sie dem Blut des Kollektivs. Diese Merkmale des Kollektivs waren in ihnen so ausgeprägt, daß irgend jemand, der Augen dafür hatte, sie fragte: „Du bist doch ein Tschelistscheff oder ein Woronzoff oder ein Lazareff oder Wolkonski oder Schachowskoi?" – und es stimmte. Bewegung, Haltung, Stimme, Gesicht, Gesinnung wurden vom Klan aufs eigenartigste geprägt.

Nun lag er da im Heu, Bobik, in fremdem Land, abgerissen von der Tradition seiner Heimat, eine absolute Null, ein noch unbeschriebenes Blatt, der sich an dieses neue Land, das ihn beherbergte, nur schwer anpassen konnte, der sich aber bemühte, es zu begreifen, es zu lieben ... Doch ging die Liebe nicht immer über lustbetonte Erlebnisse mit Menschen und Tieren? Und hatte er nicht in diesen fünf Jahren seit seiner Flucht einige Menschen lieb gewonnen und andere sich als Vorbilder gewählt, war er nicht dem Pferde Dionar begegnet, und gab es da nicht Hunde und Katzen, die er liebte? Erlebnis auf Erlebnis fügte er wie einen Stein auf den anderen, die sich so zu einem Fundament gestalteten. Hatte er nicht allmählich und unmerkbar aufgehört, sich als Flüchtling zu bemitleiden, seine alte Heimat mit der neuen zu vergleichen, und war er nicht längst zu einer freudvollen Bejahung des Lebens in der Fremde gekommen? Hier im duftenden Heu, das ihm das Gesicht kitzelte, kam ihm erst recht zum Bewußtsein, wie sehr er sich gewandelt hatte. Ein Bild von Martin Buber, dem jüdischen Meister und Weisen, den er nebst Tolstoi am meisten liebte, fiel ihm ein: „Der Mensch ist wie ein Baum. Du kannst dich vor ihn stellen und warten, wann er Knospen und Blätter und Blüten und Früchte bekommt, du wirst nichts sehen, aber laß ihm Zeit, die Knospen und Blätter und Blüten und Früchte werden kommen. So kann man auch die Entwicklung des Menschen nicht beobachten. Sie kommt, und manchmal ist es ein Traum, eine Begegnung, eine Landschaft, ein Liebeserlebnis, eine Trauer, ein Verlust, und siehe, er ist am Morgen ein anderer, als er am Abend vorher war."

Und in bezug auf seine Integration in das neue Leben fiel ihm eine andere Geschichte von Buber ein. Da hatte ein Geschäftsmann einen jungen Verkäufer engagiert. Er beobachtete sein Verhalten. Zuerst sagte dieser zu den Kunden: „Nein, mein Meister hat das nicht – oder: Mein Meister wird es bestellen." – Nach einer Weile, als er sich eingelebt hatte, sagte er: „Wir haben es nicht, wir werden es aber bestellen." – Und als er sich mit dem Geschäft eins fühlte, da sagte er: „Ich habe es nicht, aber ich werde es bestellen." – Da wußte der Meister, daß er eins mit dem Geschäft geworden war, und er ließ ihn frei gewähren.

Bobik verglich sich mit diesem Angestellten. Vielleicht war er jetzt auf dem Punkt, da auch er „ich" sagte. Und das erfüllte ihn mit großer Freude. Denn das bedeutete, daß er aus den engen Banden des Bluts und der Kaste, in der er daheim befangen war, herausgetreten war in die weite Welt, so wie es seine Mutter im Gegensatz zu Sascha schon immer getan hatte.

Früher hatte er sich nur beschirmt gefühlt in gewohnter Umgebung, unter seinesgleichen: Onkel Iwan und Tante Marussja, Vetter Aljoscha und Cousine Mary, und sobald er in eine fremde Welt hineingeriet, war er unsicher und verlegen geworden, weil er ihre Gewohnheiten und Gebräuche nicht kannte. Jadwiga, die kosmopolitisches Blut hatte: polnisches, russisches und ukrainisches, portugiesisches und spanisches mit einem Schuß von jüdischem und arabischem – wie frei war sie, wie unvoreingenommen und unbeschwert! Er hatte diese ihre Art immer bewundert, und doch auch als zu frei abgelehnt, weil sein schweres russisch-tatarisches Blut, mit alter Beimischung von deutschem, normannischem und aquitanischem, schwer in seinen Adern rollte und ihn beengte. Nun wurde ihm bewußt, daß sich ein Wandel vom traditionsgebundenen, engen väterlichen Erbe zum weltweiten, unvoreingenommenen Erbe seiner Mutter vollzogen hatte, und dieses Bewußtsein, das ihn früher mit Angst erfüllt hätte, machte ihn jetzt froh und leicht.

Sie standen bei Sonnenaufgang auf, wuschen sich am Brunnen, tranken dünnen Kaffee in der Wirtschaft, aßen duftendes Brot und begaben sich in den dunklen Tannenwald. Sie waren ganz allein. Die Erde roch feucht und markig nach verfaultem Laub, Pilzen und Moos. Der Eichelhäher, der sie erspähte, kreischte laut und warnte die Tiere. Da sahen sie etwas, das sie erschauern ließ. Dort, fern am Baum hing etwas Großes, Schweres; sie vermuteten, daß jemand sich am Baum erhängt habe. Als sie näher herankamen, sahen sie, daß es der menschengroße Körper des gekreuzigten Heilands war. Ein großes Kreuz war am Baum befestigt. Der Körper des Gekreuzigten war gelblich grün mit roten Wunden, seine Hände und Zehen waren im Schmerz verkrallt. Sie blieben davor stehen, Bobik bekreuzigte sich gewohnheitsmäßig. Aber er hatte Angst. Wie kam man bloß hinaus aus diesem finsteren Wald? Sie sprachen nicht miteinander, aber ihr Atem ging schnell, und sie beeilten sich, aus dem Wald zu kommen. Erst als sie auf die weiten Wiesen und Felder gekommen waren und die Dörfer mit ihren spitzen Kirchtürmen erblickten, fiel der Bann von ihnen ab.

Bobik versuchte vergebens, sich zu erklären, warum die Christen gerade den gekreuzigten Christus sich zum Symbol erwählt hatten? Warum nicht den glorreich Auferstandenen, den Überwinder von Leiblichkeit, Leid und Tod? Kruzifixe sah man überall im Abendland: an den Wänden, an den Rosenkränzen, in den Kirchen; die meisten, besonders die mechanisch hergestellten, waren ausdruckslos, eigentlich stellten sie gar nichts dar.

Großartig waren die romanischen Kreuze. Dort war Christus auch auf dem Kreuz der Sohn Gottes, ein königlicher Mensch, der auf dem Marterwerkzeug noch thronte, mit Krone auf dem Haupt und mit zum Segen ausgebreiteten Händen – angenagelten Händen, die durch die Haltung des Segens die Annagelung bereits überwanden. Aber die Kruzifixe der Gotik erfüllten ihn mit Grauen: hier war der Heiland ein Superleidensmann, und das Leid wurde unbarmherzig zur Schau gestellt. Hinter dem Leid verschwand der Christus.

Das Kreuz selbst war ein uraltes Symbol, ein Zeichen der Ewigkeit und Unsterblichkeit, ein Zeichen für den Menschen, der das Erdhafte in sich – den waagrechten Balken – durch den himmelstrebenden senkrechten Balken zum Himmel, zu Gott emporhebt. Bobik erinnerte sich, auf seinen Reisen – war es in der Normandie oder in der Bretagne – ein steinernes Kreuz gesehen zu haben, das ihn fasziniert hatte und nicht mehr losließ. In das Kreuz war der Heiland eingemeißelt, wie er das Marterholz als Auferstehender verläßt. In der Rechten hält er den Stab der Magier und Hierophanten. Hier ist er der Überwinder, der Siegreiche, der Auferstandene, und ein solches Bild erfüllt den Menschen mit Freude und Zuversicht. Er dachte an seine, johanneische, orthodoxe Kirche, in der die Auferstehung das zentrale Ereignis des Christentums ist, und zufolge dieser Auffassung ist der östliche Mensch freudiger, weltbejahender, liebender und hat eine andere, freundliche Beziehung auch zum Tode.

Am fünften Tage ihrer Wanderung kamen sie am Fuße der alten Burg Kerpen an, einem Sitz der Herzöge von Ahrenberg aus dem 12. Jahrhundert. Eine dicke niedrige Mauer windet sich neben dem ungepflasterten Weg den Berg hinauf, an zerborstenen Türmen vorbei. Oben klebt die bewohnbare Burg an dem großen Turm. Fritz von Wille, der Burgherr, empfing sie am Tor. Er hatte ein Horn um den Hals gehängt und blies zur Begrüßung seines Neffen eine lustige Melodie, die weit in die Gegend hallte. Bobik bekam das Prunkzimmer im Turm mit einem Baldachinbett aus dem fünfzehnten Jahrhundert, in dem angeblich Kaiser Karl V. genächtigt hatte. Sie saßen in der großen dunklen Halle an einem immensen gotischen Tisch, im großen Kamin brannte das Feuer, sie tranken würzigen Wein. Der Hausherr schmatzte vor Vergnügen und genoß jeden Tropfen. Er kannte die Geschichte der Burg und einiger ihrer Bewohner. Er war Landschaftsmaler und malte am liebsten die Eifel, mit der er sich eng verbunden fühlte. Es wurde spät. Mit einer brennenden Kerze in der Hand stieg Bobik die steilen, ausgetretenen steinernen Stufen zum Turm hinauf. Die Tür kreischte, als ob sie sich dem Besuch widersetzte. Herr von Wille, der ihn begleitete, schüttelte ihm mit maliziösem Lächeln die Hand. „Versuchen Sie zu schlafen. Nein, ich sage nichts, gar nichts. Schlafen Sie wohl!" Was hat er wohl gedacht?, überlegte Bobik.

Er entkleidete sich und legte sich in das kurze und sehr breite Bett, in dem Karl V. geschlafen hatte. Die Nacht wurde zu einem Alptraum. Dieser Kaiser muß fürchterliche Ängste,

Gedanken und Erlebnisse gehabt haben. Bobik wurde von schrecklichen Träumen geplagt und von sonderbaren Bildern verfolgt. Er sah alte Städte, die er noch nie gesehen hatte, Märkte, auf denen am frühen Morgen Menschen mit spitzen Narrenhüten auf Scheiterhaufen verbrannt wurden, geleitet von seraphischen Gesängen schwarzer Geistlicher. Er ging durch dunkle, krumme Gassen, sah in Höfe und Nischen hinein, in denen seltsame Gestalten saßen, mit grünen verzerrten Gesichtern. In diese gräßlichen Träume brach das Schreien eines Käuzchens herein, lange, klagende, jämmerliche Töne, die wie das Jammern von gepeinigten Kindern klang. Als Bobik schweißgebadet erwachte, schien die Sonne in das freundliche Zimmer. Er war froh, daß der Alptraum vorbei war. Zum Frühstück empfing sie der Burgherr. „Na, haben Sie alle Schrecken überstanden?" – Bobik sah ihn scheu und angstvoll an. – „Wieso, haben Sie mir ein Traumpulver eingegeben?" – „Nein, das brauchte ich nicht. Aber der Turm wird als Spukturm bezeichnet. Die Menschen, die dort schlafen oder nicht schlafen, erleben seltsame Dinge. Ihr Mediziner seid ja über solche Dinge erhaben, da dachte ich, vielleicht seien Sie gegen solche Einflüsse gefeit!" – Er lachte froh, daß auch Bobik dem Einfluß des Raums unterlegen war.

Am Morgen saß Bobik unter dem breiten Platanenbaum an der rosenumrankten Mauer. Zwischen den Zinnen sah man ins weite Land hinaus. Bobik hatte aus der Bibliothek irgendein Buch geholt und es aufgeschlagen. Aber er las nicht, denn ganz dicht neben ihm entdeckte er ein seltsames Menschenwesen, das er zuerst für einen verwitterten Steinbrocken gehalten hatte. Es war die Figur eines kleinen buckeligen Hofnarrs aus dem Barock, mit einer Schellenmütze, einer ungewöhnlich großen Nase; er hatte einen schmächtigen infantilen Körper und krumme Beinchen. Sein Mund lachte, aber nur sein Mund, die kleinen Äugelchen lachten nicht. Es war ein bukolisches Lachen, es kam nicht aus dem Herzen, es war eine Fratze. Bobik entsetzte sich. In der linken Hand hielt er ein Tamburin und schlug mit der rechten darauf.

Fritz von Wille erzählte ihm, daß er die Figur vom kleinen Friedhof hierher an die Mauer gestellt habe. Die Skulptur sei auf dem Grab des Hofnarren des Herzogs von Ahrenberg gestanden. Bobik streichelte die mit Moos und Flechten überzogene Gestalt. Er hatte großes Mitleid mit dem Zwerg. Durch wieviel Leid, Gespött, menschliche Härte und Bosheit mußte solch ein Krüppel in jenen unbarmherzigen Zeiten hindurchgegangen sein! Er mußte Spaß machen, lachen und Kapriolen schlagen, und er war der einzige, der einem absolutistischen Landesherrn unter der Verkleidung des Scherzes die Wahrheit sagen durfte. Man sah ihn nicht als Menschen an und verhielt sich ganz ungeniert in seiner Gegenwart. So sah er alles, wußte alles, begriff manche Zusammenhänge, die andern verborgen blieben, und er schwieg – oder er intrigierte boshaft und brachte Unfrieden.

Bobik versuchte sich das Sein eines solchen im Leben zu kurz gekommenen Geschöpfs vorzustellen, dem die Liebe versagt blieb. Und wie mochte seine letzte Stunde gewesen sein: ob er wohl die lachende Maske noch aufbehielt, und ob nicht doch der steinerne Mantel seines Herzens in der Sterbestunde einen Riß bekam? Ob es irgend jemand gegeben hatte, der weinend oder trauernd an seinem Grab stand oder ein paar frische Blumen darauf legte? Bobik stand auf, ging die Straße hinab und pflückte Feldblumen, die er auf das Grab bei der Kapelle legte. Vielleicht waren es die ersten Blumen, die einer dem Zwerg schenkte . . . Er dachte an die Zwerge in Rußland und ihre Schicksale. Kaiserin Elisabeth hatte einmal auf dem Eis eine pompöse Hochzeit zweier ihrer Hofzwerge veranstaltet, und es hatte ein ungeheures Gelächter auf Kosten der Armen gegeben. Aus Spaß hatte man sie mit eisigem Wasser übergossen, das auf ihnen gleich zu Eis gefror. Bobik erschauerte bei dieser Vorstellung.

Er erinnerte sich, daß Graf Platon Suboff in seinem Schwarzen Palais, das Katharina II. für dessen Ahnen, ihren Geliebten Platon, gebaut hatte, beim Registrieren der riesigen Bibliothek hinter den Büchern ein großes schwarzes Heft entdeckte, das sich als das Tagebuch des Hofzwergs des Fürsten Suboff entpuppte. Viele Jahrzehnte später veröffentlichte er es in der Emigration. Ein Zwerg, der alles beobachtet, der alles sieht und alles Verborgene weiß, schreibt sein Tagebuch!

Sie nahmen Abschied vom Schloßherrn. Er schüttelte ihnen die Hand und sah ihnen nach, wie sie den steilen Weg hinabstiegen. Er bestieg den Turm und schmetterte auf seinem Horn ein lustiges Lied, das weit durch die Gegend hallte. Ernst Ulrich und Bobik gingen schweigend nebeneinander. Die Erlebnisse mußten sich in der Seele ablagern, ehe sie Neues aufzunehmen bereit waren.

EIN NÄCHTLICHES GESPRÄCH

In der kleinen Stadt Münstereifel umfing sie Gotik und Barock in Gestalt geräumiger Häuser mit großen Fenstern, Doppeltreppen vor den Fassaden und herrlichen geschnitzten Türen – in manche Mauern waren alte gußeiserne Tafeln eingelassen. Die Menschen waren gedrungen, langsam in ihren Bewegungen und wortkarg. Viele antworteten Bobik nicht, wenn er sie etwas fragte. Entweder verstanden sie seine Aussprache nicht, die Frage erschien ihnen unnütz, oder sie brauchten zu lange Zeit, um zu überlegen. Die Zeit schien im achtzehnten Jahrhundert stehengeblieben zu sein. Nur die große Uhr am Kirchturm ließ ihren Minutenzeiger langsam fortschreiten, und die großen Standuhren in den Barockzimmern tickten laut und gewichtig. Es wurde Tag, es wurde Nacht, aber die Menschen merkten hier nicht, wie die Zeit verging. Nur solche, die dahintergekommen waren – die Außenseiter –, aber diese waren aus der Stadt ausgewandert. Bobik schloß diese Stadt ganz besonders in sein Herz, denn hier war ein Mann geboren und aufgewachsen, der für seine Heimat große Bedeutung erlangt hatte: der kaiserliche Hofarzt Doktor Haas, der nach Rußland ausgewandert war, bei Kaiser Nikolaus I. Hofarzt wurde und den die Russen den „Heiligen Doktor von Moskau" nennen. Sein ganzes Leben hatte er den Verurteilten gewidmet, die zu Fuß Tausende von Kilometern von Moskau bis zu den Zuchthausbergwerken in Sibirien mit zehnpfündigen Kugeln am Fußgelenk zurücklegen mußten. Bei jedem zusammengestellten Transport war er zugegen und verteilte an die „Unglücklichen", wie das Volk sie nannte, Lebensmittel, warme Sachen, Tabak. Nach einem zähen Ringen gegen die menschliche Herzlosigkeit gelang es ihm, beim Zaren zu erwirken, daß das Gewicht der Kugeln von 10 auf 5 Pfund erleichtert wurde. Er wurde in Rußland wie ein Heiliger verehrt. Als er starb, fand man bei ihm kein Geld und nur zwei Hemden, er hatte alles, was er besaß, weggegeben. Er war Bobiks großes Vorbild.

Er fragte nach dem Geburtshaus des großen Mannes, aber niemand wußte etwas davon. Schließlich ging er verbittert in das Rathaus. Dort war bekannt, daß das Haus existiere, denn es sei eine bronzene Tafel daran angebracht. Bobik erzählte dem Mann, den er für den Stadtschreiber hielt, die Lebensgeschichte des Doktors. Dieser hörte ihm mit Aufmerksamkeit zu, er hatte wohl als junger Mensch etwas davon gehört, aber er wußte nichts Näheres. Bobik fand das Haus und auch die Tafel. Er wollte sie gerne küssen, aber sie hing zu hoch, so kniete er an der Treppe nieder und küßte die Stufen, über die Haas als Junge gegangen war. Ernst Ulrich genierte sich sehr. „Laß das sein, die Leute werden dich für verrückt halten!" – „Das ist mir ganz gleich, das bin ich dem großen Mann schuldig!" – Ernst Ulrich wendete sich ab und ging die Straße hinunter, als ob er mit Bobik nichts zu tun hätte. Bobik stieg die Treppe hinauf und klingelte. Eine alte Frau öffnete ihm. „Hier hat Doktor Haas gelebt. Ich komme aus Rußland, ich würde gerne sein Geburtszimmer und das Zimmer, in dem er als Junge lernte, sehen." – Die Alte sah ihn prüfend und mißtrauisch an. „Danach hat noch niemand gefragt." – „Das ist auch kein Wunder, denn hier in Deutschland kennt ihn kein Mensch; aber bei uns in Rußland wird er wie ein Heiliger verehrt. Er, der ein kaiserlicher Hofarzt war, hat sein ganzes Leben und seine Kraft den Ärmsten der Armen, den Gefangenen, den politisch Verurteilten geopfert. Da werden Sie wohl verstehen, daß für mich das Haus, in dem er geboren wurde, eine Weihestätte, ein Heiligtum ist!" – Sie ließ ihn ein und zeigte Bobik das Haus. Sie wußte nicht, in welchem Zimmer er geboren wurde. Es waren schöne dunkle barocke Möbel da, aber soviel ihr bekannt war, stammten sie aus späterer Zeit. Bobik bedankte sich bei der Frau und küßte ihr gewohnheitsmäßig die Hand; sie erschrak, zog die Hand zurück und sah sie sich verwundert an.

Er fand nach längerem Suchen Ernst Ulrich auf dem Marktplatz, der verärgert nach ihm Ausschau hielt. „Wo bist du geblieben, du warst wie vom Erdboden verschwunden, ich wollte schon die Polizei alarmieren." – Bobik versuchte ihn zu besänftigen. „Ich bin ins Haus gegangen und habe es mir von innen angeschaut." – „Du, der du so schüchtern bist, daß du nicht wagst, einen Menschen nach der Straße zu fragen, du gehst in ein fremdes Haus?! Da staune ich aber!" – Seine Wut verflog allmählich, er machte zwar noch ein böses Gesicht, aber Bobik spürte, daß er das Lächeln nur mühsam unterdrückte.

Sie gingen in die Jugendherberge, die jedoch voll war; so legten sie im Saal ihre Rucksäcke ab. Unter anderen saß da ein Junge, der ein auffallend schönes Gesicht mit großen, gütigen, fragenden Augen hatte. Er heftete sie an Bobik und ließ ihn nicht los. Ernst Ulrich und Bobik beschlossen, sich die alte Stadt bei Laternenlicht anzusehen. Sie schlenderten durch die Straßen. Sie blieben vor einer gußeisernen Tafel stehen, auf der Judith den abgeschlagenen Kopf des Holofernes triumphierend in der Hand hielt. Bobik erklärte Ernst Ulrich die Geschichte und daß solche Tafeln im Mittelalter, vor allem in der Gotik, aber auch in der Renaissance und im Barock in Sandformen gegossen wurden. Jemand stand hinter ihnen und hörte zu. Bobik drehte sich um, es war der Jüngling. Naiv fragte er Bobik, wieso er die Dinge nach der Zeitepoche bestimmen könne, und Bobik erzählte ihm bereitwillig, daß jede Zeit und jede Weltanschauung das Leben, die Sitten und Gebräuche, die Kostüme und die Möbel der Menschen forme und daß, wenn man mit den verschiedenen Perioden vertraut sei, man die Dinge diesen zuordnen könne. Nun schlenderten sie zu dritt durch die Gassen, blieben an bemerkenswerten Häusern, alten schmiedeeisernen Toren, an geschnitzten Türen, an Kruzifixen stehen, und Bobik war froh, sein Wissen um die Dinge den anderen vermitteln zu können.

Es war eine dunkle sternenklare, warme Nacht. Sie setzten sich im Park auf eine Bank, die Linden dufteten, Fledermäuse huschten lautlos über ihren Köpfen. Der Jüngling bat, Bobik möchte mehr erzählen. „Was soll ich denn erzählen, mir fällt nichts Rechtes ein." – „Es ist ganz egal was – was dir eben einfällt." – Beeindruckt von der mittelalterlichen Stadt, erzählte Bobik vom sittlichen Niedergang im Mittelalter, von der religiösen Wende durch den feurigen Geist Bernhards von Clairvaux, von seinen aufrüttelnden Predigten, die das Abendland anfeuerten, ins Heilige Land zu ziehen, um das Grab Christi in Besitz zu nehmen. Die besten und tapfersten Männer Europas schlossen sich dieser Bewegung an, die zwar dann in Krieg und Elend endete, die aber zur Entdeckung wunderbarer alter Kulturen führte, die das Leben des Abendlandes bereicherten und mit neuem Geist erfüllten.

Er erzählte von der Renaissance, in der der Mensch Gott in der Schönheit des Lebens, der Natur, der Kunst wiederfand, von dem glühenden Leben des Malers Masaccio, des Verschwenders, der sich in seinem inneren Reichtum und seinen Träumen verzehrte, der reicher war als die Könige der Welt, weil er die innere Unabhängigkeit erlangt hatte; von dem sanften Botticelli, von der Weisheit Leonardos, von dem gewaltigen Michelangelo und von dem giftigen Atem Savonarolas, der die Uhr der Zeit zurückdrehen wollte zu starrem Moralismus und zur Weltverachtung. Von dem verderbten, machthungrigen Cesare Borgia, der nach der Königskrone griff und als Legionär irgendwo in Spanien getötet wurde, und von dessen Vater Papst Alexander VI., dem kunstsinnigen, aufgeklärten Mann, dem nichts heilig war, der an nichts glaubte als an seine Macht und der an seinem Aberglauben zugrunde ging: an dem Tage, da er vergessen hatte sein Amulett anzulegen, nahm er einen giftigen Trunk zu sich. Von Macchiavelli erzählte er, der seine kühnen Ideen von der Macht des Tyrannen veröffentlichte, während er selbst ein stiller, sanfter Gelehrter war, und von Ignatius von Loyola, einem allen

Freuden des Lebens ergebenen Offizier, der über Nacht, durch die Begegnung mit der Muttergottes, zu einem Eiferer des Glaubens und zum größten abendländischen Meister der Meditation wurde.

Bobik hatte sich in Ekstase hineingeredet, Bilder über Bilder aus der Geschichte überfluteten ihn. Die beiden Lauschenden waren wie Gefäße, in die er seine überquellenden Gesichte schüttete. Er erzählte von der großen französischen Revolution, die mit so viel Idealismus und Begeisterung begann und in Strömen von Blut und kalter Geschäftigkeit endete, von dem großartigen Danton und dem beredten Mirabeau, dem feurigen Lafayette, der die Idee der Menschenrechte von der Amerikanischen Revolution übernahm, die wiederum ihren Text vom Quäker Willam Penn, dem Gründer Pennsylvaniens, bezogen hatte. Von dem pedantischen Mucker und Moralisten Robespierre, dem Schreibtischmörder, und von den Aristokraten, die in beispielloser Haltung zum Schafott schritten, so leicht und lächelnd, wie sie Florett fochten oder Menuett tanzten.

Er erzählte eine Geschichte jener Tage. Die Marquise Joséphine de Beauharnais saß am Tage vor ihrer Guillotinierung unter dem Fenster ihres Kerkers, sie sah im schmutzigen Glas die Stiefel der Vorübergehenden. Ein junger Offizier der Nationalgarde beugte sich zum Fenster hinab, erblickte die schöne Frau und machte ihr Zeichen. Er zeigte auf seinen Rock, dann auf die Steine der Straße und machte dann die Bewegung mit der Hand am Hals, die das Kopfabschneiden bedeutete. Er mußte die Pantomime mehrmals wiederholen, bis Joséphine begreifend aufschrie: „Robespierre est guillotiné!" – Später erst traf sie diesen Offizier der Nationalgarde bei Madame Tallien wieder; es war Napoleon, der ihr Mann wurde.

Er verhielt einige Minuten, er schaute in die Augen seiner Zuhörer, und es war ihm, als ob er die beschworenen Gestalten im Grunde ihrer Augen wiedererkenne.

„Bitte, erzähle weiter, höre nicht auf!", baten sie. Sie waren vom Lauschen berauscht. Bobik war wie in einem Taumel von all den Bildern, die auf ihn einstürmten. Und er begann von den

Frauen zu sprechen, von den starken Frauen, die die Geschicke ihrer Völker geformt hatten. Von Marfa Possadnitza, die im 15. Jahrhundert Nowgorod gegen den Einmarsch der Großrussen verteidigte. Diese zarte, verwöhnte, edle Frau ging im Moment der größten Gefahr auf den Marktplatz und brachte die große Wetsche-Glocke, die die Stadt in Zeiten der Not, des Überfalls, der Feuersbrunst weckte, zum Läuten. Sie sammelte um sich die Nowgoroder und führte sie in den Kampf gegen die Russen. Sie wurde umgebracht, und die Glocke wurde von den Russen wie ein lebendiger Mensch verbrannt, damit sie niemals wieder läuten und niemandes Gewissen wecken könne.

Er zauberte die Gestalt der Fürstin Daschkowa hervor, die in der Nacht in die Kasernen der Semjonow- und Preobraschenski-Garden ritt und an der Spitze der Regimenter im Winterpalais erschien, um Katharina II., die deutsche Prinzessin aus kleinem Fürstenhause, auf den unermeßlichen russischen Thron zu setzen.

Er sprach von der Großmutter der russischen Revolution, Breschko Breschkowskaja, die für ihre Gesinnung mehr als 40 Jahre in sibirischen Gefängnissen und Verbannung zugebracht und ungebrochen nach dem Ausbruch der Revolution sich am Aufbau der neuen Gesellschaft beteiligt hatte. Bobik hatte sie im Alter von neunzig Jahren in Moskau in einem Auto gesehen, eine kleine, gebückte Gestalt mit einem von Falten durchfurchten Gesicht, grauen zerzausten Haaren und gütigen Augen.

Es fiel ihm ein, daß er die jüngste Schwester des Zaren, die Großfürstin Olga, mit anderen Landsleuten auf dem Bahnhof in Berlin nach ihrer Flucht aus Rußland erwartet hatte. Sie hatte sich von dem Herzog Peter von Oldenburg scheiden lassen und, ihrem Herzen gehorchend, den Oberst Kulikowski geheiratet, sie hatte seinetwegen auf alle Würden verzichtet und zurückgezogen in einem Dorf gelebt. Sie stieg mit ihrem Mann aus einem Wagen III. Klasse aus. Beide schleppten einen großen Reisekorb. Sie war gealtert, gebückt, und man hätte sie für eine beliebige Bauersfrau halten können. Und dann, als sie einige ihrer Bekannten erkannte, strafften sich ihre Züge, sie wurde plötzlich groß und majestätisch, und nicht ein Klagelaut kam von ihren Lippen.

In Berlin hatte Bobik die Polin Marylka im Haus seiner Mutter getroffen. Ein Gesicht hatte sie wie ein Cherub, große blaue Augen, schwarze lange Zöpfe, und ihre Hände waren wie zarte Flügel eines Engels, die rechte war im Wachstum zurückgeblieben nach einer Kinderlähmung. Sie war aus alter, edler Familie. Mit 18 Jahren hatte man sie ins Gefängnis gesteckt. Die erste Zeit wurde sie von einer Wachstube in die andere geschleppt, und nachts, wenn die Prostituierten eingeliefert wurden, hieß es: „Die Weiber kommen in dies Zimmer, die Verbrecherin in das andere!" – Wenn Marylka das Wort „Verbrecherin" auf polnisch aussprach, klang es, als ob sie das Wort „Heilige" ausspräche. Das Urteil lautete auf 6 Jahre strengen Kerkers, aber mit Hilfe eines Wachmannes gelang es ihr zu fliehen. Wenn man sie ansah, die trotz Unterernährung und Lähmung immer lächelte und immer fröhlich war, mußte man denken, ein Engel, dem man die Flügel beschnitten hatte, habe sich versehentlich auf unsere Erde verflogen.

In Verehrung sprach Bobik von all den unbekannten Frauen, den Müttern und Großmüttern, den Ehefrauen, die, im Schloß, in einer Etagenwohnung oder in einer Hütte, Tag um Tag eine Last des Helfens, Liebens und Sorgens auf sich nehmen, das keiner wahrnimmt, und die am Ende ihres Erdenwegs still und ohne Pathos den freudvoll-dornigen Weg der Selbstaufopferung verlassen. Die Große Mutter, die sich in jeder Frau offenbart. Im Kult der Muttergottes, den manche Konfessionen nicht begreifen und verwerfen, lebt dieser Gedanke in der Verehrung der Mutter, der Mutter Gottes weiter, die in Wirklichkeit die Mutter eines Menschensohnes, eines Menschenkindes war.

Inzwischen hatte sich der Himmel im Osten hell gefärbt. Bobik war müde und wollte sich für einige Stunden niederlegen. Keiner wußte vom anderen etwas, aber sie waren sich näher gekommen, als wenn sie miteinander befreundet gewesen wären. Bobik dachte, sie seien wie zwei Meteore, die sich im unendlichen Weltenraum flüchtig treffen, um dann jeder seiner vorge-

schriebenen Bahn zu folgen. An der Schwelle zur Herberge faßte der Jüngling Bobiks Hand und hielt sie fest, zaghaft und verschämt sagte er: „Es war der schönste Abend meines Lebens." Er
wollte noch etwas sagen, aber er wagte es nicht (er wollte wohl
hinzufügen: er hoffe, daß die Verbindung nicht abreiße). „Laß
das, was liegt am Namen, ist solche Begegnung nicht mehr, haben wir in ihr nicht den Sinn der Ewigkeit – in einen Augenblick
eingefangen – erlebt?" – Sie drückten sich die Hand und schie-
den voneinander.

Die letzte Station ihrer Wanderung war das Totenmaar. Es war
schon fast dunkel, als sie auf die Bergkuppe hinaufstiegen. Sie erblickten die Silhouette eines kleinen Kirchleins, einiger Bäume
und einer verfallenen Mauer. Unten, unter der Mauer, war ein
fast kreisrunder schwarzer See. Bobik betrat den kleinen Kirch-
hof: nur wenige mit Moos bewachsene Grabsteine, halbzerfal-
len, die Inschriften waren kaum noch entzifferbar. Eine unheimliche Stille lag in der Luft über dem Totenreich. Die Welt
der Lebenden fing erst drüben jenseits der Berge an. Bobik versuchte die alte Tür der Kirche zu öffnen, er stieß sie an, und sie
öffnete sich so leicht, als ob jemand, der hinter ihr stand, sie aufgemacht hätte. Ein Grauen überfiel Bobik, alle die Geschichten
von Gogol über den Vij, den Erdgeist, fielen ihm ein. Es war genau diese Atmosphäre, die jener beschrieb.

Langsam, Schritt für Schritt, bewegte sich Bobik, mit den Augen das Halbdunkel erforschend, vorwärts. Nichts regte sich,
alle Dinge standen an ihrem gewohnten Platz, es war eigentlich
nur eine verwahrloste Kapelle: ein Kruzifix auf dem Altar, auf
dem vertrockneter, verstaubter Ginster lag; einige Bruchstücke
von Grabkreuzen lagen verstreut auf dem Boden. Und doch war
da etwas, das einem das Herz erstarren ließ. Die Gegenwart von
einem, den man nicht sah, der jedoch da war und einen aus unsichtbaren Augen anschaute. Bobik suchte ängstlich nach den
Augen, aber er fand sie nicht. Er schlich leise hinaus in der Angst,
dieses unsichtbare Etwas würde ihn überfallen und in ihn hin-
einkriechen. Draußen atmete er die modrige Luft aus und die frische feuchte Nachtluft in vollen Zügen ein. Er setzte sich an das

abschüssige Ufer des Maares und schaute in die reglose Schwärze des Wassers. Dort hatte einmal ein kleines Dorf gestanden, das die Erde verschlungen hatte. Wie wundersam, sich dort in der Tiefe moos- und algenüberwucherte Katen vorstellen zu müssen. Sicherlich waren die Fensterscheiben und die Türen herausgefallen und Gewürm und Getier schwammen durch die Öffnungen.

Unweit von Girejewo war der Wallfahrtsort Kossino am Weißen und am Schwarzen See. Eine wunderbare Kirche war dort gestanden, zu der Menschen von weit her pilgerten. Im 15. Jahrhundert war die große Kirche während des Gottesdienstes mit allen Betenden plötzlich von der Erde verschlungen worden, an deren Stelle entstand der Schwarze See. Manche Menschen, die in dem wegen vieler Strudel gefährlichen Wasser ruderten, behaupteten, sie könnten an klaren Tagen die Kuppeln der Kirche sehen, und wenn es stürmisch war, hörten sie das Läuten der Glocken. Und ein Mönch behauptete, zur Mitternachtsstunde vom See her liturgische Gesänge vernommen zu haben. Bobik dachte an so viele versunkene Städte, an Vineta und Haithabu und an das von erstarrter Lava und Asche verschüttete Pompeji.

Schließlich kamen sie nach vielen Tagen der Wanderung, müde und trunken von den herrlichen Landschaften und Begegnungen, heim, und die Arbeit an der Universität begann wieder.

SASCHAS TOD

Regelmäßig kamen Briefe von Sascha aus Kiew. Sie waren kurz und enthielten Mitteilungen über seine Gesundheit und über den Fortschritt seiner Bemühungen um die Ausreise aus Rußland. Er war noch derart geschwächt, daß er nur ganz kurze Gänge machen konnte. Aber er war voll des Dankes gegen den Priester und dessen Frau, die ihn uneigennützig versorgten, ohne daß er zu irgendwelchen Gegenleistungen fähig war. Fast in jedem

Brief schrieb er von dem Gefühl der Nähe des Todes und von dem Zweifel, ob er sich von seiner Heimat würde trennen können.

Jadwiga lebte in der Erwartung, ihn wiederzusehen; sie war glücklich und freute sich, endlich ein gemeinsames Leben ohne Krieg, Revolution und ohne Krisen mit Sascha zu führen. Bobik war skeptisch, er wußte nicht, ob er sich für seinen Vater freuen sollte. Wie würde er sich in der Fremde einleben? Natürlich, er kannte Berlin; er hatte dort einige Jahre bei Humperdinck Musik studiert, er hatte einige Musiker, die seine Kameraden waren, gekannt, sein bester Freund Rachmaninoff war im Westen gewesen. Aber damals war alles anders, er hatte mit seiner Tradition, seinem Wohlstand als Hintergrund gelebt, er war unabhängig und als russischer Grande verwöhnt und begehrt gewesen. Mit seinen zweiundvierzig Jahren war er jetzt ein angeschlagener Mann, kraftlos und hinfällig, ein unbekannter Musiker, Pianist und Dirigent auf der Suche nach Arbeit, während alle anderen eine ununterbrochene Berufslaufbahn hatten. Er hatte sich für sein Studium und für die Reisen um die Welt viel Zeit gelassen, und als er nach Rußland heimgekehrt war, begann der Krieg, er wurde eingezogen. Also hatte er seinen Beruf acht Jahre nicht mehr ausgeübt. War er aber mit seinem übertriebenen Stolz, mit seinen Ambitionen der Mann, um im „Blauen Vogel" bei Juschni als Dirigent aufzutreten – als unbekannter Dirigent? Und würde er, was eine Notwendigkeit war, sich die ersten Monate, wenn nicht länger, von seiner Frau unterhalten lassen, er, der in der streng patriarchalischen Anschauung erzogen worden war, daß ein Mann sich nichts von einer Frau schenken lassen dürfe? Würde er sich nicht gedemütigt fühlen, wenn er es erleben müßte, daß seine kleine zarte Frau für ihn arbeitete? Er haßte zwar jetzt seine Heimat, die ihn zutiefst enttäuscht hatte. Aber wie würde er die Andersartigkeit der Deutschen, ihre Distanz und Kühle ertragen? – Bobik dachte und dachte und kam zu keiner Lösung. Er sehnte sich nach seinem Vater, nach Gemeinsamkeit mit ihm, nach seinem Beispiel, seiner Weisheit und Gelassenheit. Aber die Situation hatte sich gewandelt! Damals war er ein Kind,

und Jadwiga war eine wunderbare Frau, die aber in den praktischen Dingen hilflos und unerfahren war. Jetzt ernährte Jadwiga sich selbst und Bobik zum Teil, sie meisterte in bewunderns-
werter Weise ihr Leben, und sie war Mittelpunkt der Emigranten, denen sie physisch und geistig half, und Bobik assimilierte
sich allmählich an das fremde Dasein und begann sich im Gast-
lande behütet und heimisch zu fühlen. Und nun würde Sascha,
der Chef der Familie, kommen und der Hilfe seiner Frau und
seines Sohnes bedürfen – das würde ein für ihn unerträglicher
Zustand sein!

Schließlich kam die Nachricht von Saschas Ausreisegenehmigung. „Ich komme, ich habe die Ausreisepapiere, und in drei
Wochen besteige ich den Zug und bin dann bei Euch. Ich kann
es fast nicht glauben; denn jener, der an der Tür stand, steht immer noch dort. Ich freue mich, Euch in meine Arme zu
schließen, aber ich kann es mir nicht mehr vorstellen. Ich hasse
dieses mein Vaterland. Aber werde ich in einem fremden Land,
mit einer mir fremden Kultur weiterleben können? Stellt denn
diese Zeit, dieses Jahrhundert, neue Anforderungen an den Menschen, daß sie ihn gewaltsam entwurzelt, daß sie ihm ein Zeichen gibt, sich frei zu machen von einengenden Traditionen,
Sprachen, Konfessionen, daß er werden soll wie ein Vogel im
Walde, von dem Christus spricht – frei von Besitz, von Namen
und Amt, von Nationalität und Rasse – einfach ein Mensch, ein
brüderlicher Mensch? Aber wo sind denn in diesem Meer von
Blut, Bestialität, Haß und Unduldsamkeit die Ansätze dazu? Sie
können doch nur von den Menschen kommen! Ihr werdet sehr
viel Geduld haben müssen mit Eurem armen Sascha."

Nun war es Wirklichkeit, und nur noch wenige Wochen
trennten sie von dem Augenblick, da er unter ihnen sein würde.
Bobik fuhr nach Berlin, um seiner Mutter bei den Vorbereitungen zu helfen. Sie war wie verwandelt, fröhlich, ausgelassen und
aufgeregt. Sie gingen gemeinsam in Konfektionsgeschäfte, sie
kaufte für Sascha Anzüge, Hemden und Wäsche, obwohl sie seine Maße gar nicht genau kannte. Bobik versuchte sie zu bremsen: sie hätten doch Zeit genug, die Einkäufe mit Sascha zu täti-

gen, er würde sich viel mehr freuen, sich selbst das Richtige aus-
zusuchen. Aber sie mußte ihre Ungeduld überspielen, sie mußte tätig sein und vorbereiten, sie konnte nicht zuhause sitzen und
warten, bis die Minuten sich zu Stunden und Tagen häuften. Sie
besuchte Juschni und fragte ihn, ob er Sascha als Dirigent oder
als Pianist im „Blauen Vogel" beschäftigen könne. Der Vetter
Pawlik Tschelistscheff machte dafür bereits Theaterdekoratio-
nen. Jadwiga hatte vorher mit Pawlik gesprochen, weil sie fürchtete, er würde aus Konkurrenzgründen eine Zusammenarbeit
mit Sascha nicht gerne sehen. Aber Pawlik erbot sich, sie zu un-
terstützen. Juschni sagte weder zu noch ab, er wolle mit Sascha
persönlich verhandeln.

So gingen die Tage in einer spannungsvollen Unruhe dahin,
bis der Tag kam, an dem Sascha hätte ankommen können. Sie
gingen klopfenden Herzens zum Bahnhof und warteten auf den
Warschauer Zug. Menschen stiegen aus, sie versuchten jeden
großen, schlanken Mann ins Auge zu fassen. Konnte dieser oder
jener Sascha sein? Er war es nicht. Als der Bahnsteig leer wurde,
rannte Bobik in die Halle, vielleicht hatte er Sascha übersehen?
– Jeden Tag zur gleichen Zeit gingen sie hin und kehrten traurig,
enttäuscht, erregt und doch voll von neuer Hoffnung heim. Sie
aßen ohne Freude die Speisen, die sie zu Saschas Empfang zu-
bereitet hatten. Die Ungewißheit war zermürbend. Es gab nirgendwo eine Stelle, bei der man sich hätte erkundigen können.
Natürlich konnte eine so lange Reise viele Tage dauern, und man
wußte auch nicht genau den Tag der Abreise. Bobik dachte an
die Familien der Fischer, die nach einem Sturm am Ufer stehen
und nach dem Horizont Ausschau halten, ob sie ein weißes Se-
gel erspähen könnten.

Als sie an einem Tag wieder vergebens mit immer sinkendem
Mut heimkehrten, fanden sie im Briefkasten einen Brief von
Sascha. Jadwiga frohlockte. Endlich kam eine Nachricht, und
sie würden erfahren, wann er nun ankommen werde. Mit zitternden Händen riß sie das dünne, schäbige blaue Kuvert auf.
Papiere fielen heraus, sie sahen sie sprachlos an. Jadwiga mußte
sich setzen, denn die Beine hielten sie nicht mehr. Der Brief, der

darin lag, trug nicht Saschas Schriftzüge. Bobik betrachtete die herausgefallenen Papiere. Das eine war ein Totenschein, der auf Saschas Namen ausgestellt war. Er dachte an eine Mystifikation. Dann war da eine kleine Fotografie von einem Grab mit einem Holzkreuz.

Der Brief war vom Priester geschrieben: „Euer Gnaden, liebe, verehrte Jadwiga Maximowna! Betrübten Herzens teile ich Ihnen mit, daß unser lieber Freund, Ihr Mann, Aleksandr Sergejewitsch, ins andere Reich hinübergewechselt ist. Sein Tod war leicht: es war, als ob sein Geist und seine Seele sich schon von dem leiblichen Leben abgelöst hätten. Er freute sich so sehr auf ein Wiedersehen mit Ihnen und mit seinem Sohn, aber innerlich wußte er, daß ihm ein solches Wiedersehen auf dem irdischen Plan nicht beschieden sei. Er sprach zu meiner Frau und mir sehr oft vom Engel des Todes, den er immer in seiner Nähe spürte. Inzwischen bekam er durch Vermittlung eines anonymen Freundes, der einen wichtigen Posten bei den heutigen Machthabern innehat, die Ausreisegenehmigung. Er brauchte sich nicht viel vorzubereiten, denn er besaß gar keine Gegenstände. Er war nach Kiew gekommen, wie er war, wie ein Jünger Christi, und so ist er auch geblieben, als Minister, als Gefangener und danach. Er machte täglich kleine Spaziergänge um den Häuserblock, weiter konnte er nicht, er war zu schwach, und er wollte auch Begegnungen mit Menschen, die ihn kannten, aus dem Wege gehen. Da kam er ganz außer Atem angelaufen: ‚Väterchen, dort auf der Bank liegt ein Mann, der ist fast bewußtlos. Man kann ihn doch nicht dort liegen lassen. In meinem Zimmer ist ein Sofa, können wir ihn nicht dort betten? Ich werde ihn schon pflegen, und mein Essen teile ich gern mit ihm.‘ – Meine Frau und ich schauten uns an, dann gingen wir drei los und schleppten den Todkranken zu uns. Aleksandr Sergejewitsch legte ihn in sein Bett und pflegte ihn. Aber eine Woche später mußte er sich selbst hinlegen, er bekam Fieber und phantasierte. Wir holten einen befreundeten Arzt. Der sah den einen, dann den anderen Patienten an und konstatierte: Fleckfieber. Sascha wurde zusehends schwächer. Er verlangte nach Papier und Bleistift, er wollte Ihnen schreiben, aber es reichte nur für den Umschlag, den Brief hat er nie geschrieben. Ich gab ihm die letzte Ölung. Wann er starb, wissen wir nicht genau, wir haben seinen letzten Atemzug nicht gehört. Nun ist er, statt eine neue Heimat bei Ihnen zu suchen, in seine eigentliche Heimat zurückgekehrt. Seine Seele ruhe bei den Heiligen. Er starb wie ein Christ im Dienst des Nächsten, wie der barmherzige Samariter, Gott sei seiner Seele gnädig. Mögen Sie, Jadwiga Maximowna und Wladimir Aleksandrowitsch, von unserem Heiland Trost empfangen. Meine Frau und ich haben die Totengebete für ihn gesprochen, und wir haben gedacht: wie unerforschlich sind doch die Wege Gottes; er bereitet sich auf die Reise nach Deutschland, und Gott schickt ihn auf eine ganz andere Reise. Aber wir meinten, er war auf diese Reise mehr vorbereitet als auf die ins Ausland. Der Mann, den er aufgenommen hatte, starb zwei Tage später, so haben wir die beiden nebeneinander begraben. Irgendwie ist es bekannt geworden, daß Aleksandr Sergejewitsch gestorben war, den doch alle – Russen, Ukrainer und Juden – verehrt und geliebt hatten. So versammelten sich viele Menschen zum Totengottesdienst, sie haben auch das Geld gesammelt, von dem wir das Kreuz auf dem Grabe bestellt haben. Ehre seinem Andenken.

Ihr ergebener Vater Wassili und Matuschka Aglaja."

Jadwiga legte ihr Haupt auf den Tisch und weinte, sie weinte ganz leise vor sich hin. Bobik hatte keine Worte, sie zu trösten, er ergriff ihre Hand, die auf dem Tisch lag, und hielt sie fest. Beinahe hätte er mit einiger Bitternis gesagt: „Hättest du doch all die Sachen nicht vorher gekauft!" – aber er verbiß es sich. Er dachte an seine letzte Begegnung mit seinem geliebten Vater im Kreml, wie er ihn in dem Bauernpelz zuerst nicht erkannt hatte. Dann standen sie an dem umgerissenen Kruzifix, über dessen Körper rote Farbe oder Öl ausgegossen worden war, was aussah wie frisches Blut. Sie knieten zum letztenmal vor der Ikone der Muttergottes von Wladimir, der Mutter der russischen Erde, die ihr Ahn, Juri Dolgoruki im Jahre 1155 von Kiew nach Wladimir gebracht hatte. Dann standen sie in der Archangelski-Kathedrale vor dem kupfernen Sarkophag ihrer Ahnen. Sascha legte sein Haupt auf den Sargdeckel von Dimitri Donskoi, dem Besieger der Tataren 1380, und betete. So hatten sie sich verabschiedet. Bobik trat zuerst aus der Kirche, er drehte sich um und sah Saschas Umrisse sich vom Dunkel des Raums abheben. Wie er ihn so sah, sagte eine Stimme in ihm: ich werde ihn nie wiedersehen!

Jadwiga stand auf, ging an den Schrank, öffnete ihn und sah die Anzüge, die sie für Sascha gekauft hatte. Sie machte den Schrank wieder zu. „Hattest du wirklich geglaubt, Mami, daß Sascha wiederkommen würde?" – „Ich habe es so gewünscht, Bobik, mit meinem ganzen Herzen habe ich es gewünscht. Wenn ich darüber nachdenke, es war doch ein verpfuschtes Leben. Wir haben uns als junge Menschen so sehr geliebt, unsere Welt war nur: er und ich, es war nichts anderes da. Wir setzten uns hinweg über den Protest meiner Mutter. Aber wir waren nicht reif für die Ehe. Ich war zu verspielt, und ich verstand nichts vom Leben, nichts von den Pflichten, und da ging alles schief, und nach dem ersten Streit ging Sascha davon, weil ich weder Ehefrau noch Hausfrau noch Mutter war, und glaub mir, ein Mann braucht das alles, und ich war nichts. Ich habe auch Karluscha gegenüber versagt. Wir gaben ihm in allem die Schuld; wenn ich aber mein Verhalten heute bei Licht besehe: er als Deutscher, der an Ordnung, Pünktlichkeit und Genauigkeit gewöhnt war, wie sollte er den Schlendrian, der durch mich bei uns herrschte, gutheißen? Da ich absolut nichts vom Haushalt verstand und in meiner Verblendung und meinem Stolz nicht verstehen wollte und alles den Dienstboten überließ, war es nicht natürlich, daß Karluscha sich in die Arme seiner verschiedenen Geliebten flüchtete, weil ich ihm in keiner Weise genügte? Es ist nicht genug, Bobik, daß man intelligent, begabt und charmant ist, dichtet und in der Gesellschaft brilliert, man muß auch etwas leisten können. Das habe ich jetzt durch all die Not erfahren.

Wie beglückend waren die wenigen Monate mit Sascha nach unserem Wiederbegegnen, aber sie waren schon durch den Krieg und die sich überall ankündende und von uns nicht erkannte Revolution überschattet.

Ich habe so sehnsüchtig auf ihn gewartet, weil ich jetzt, da ich reifer geworden bin, endlich alles wiedergutmachen wollte. Ich wollte ihm jetzt eine rechte, liebende, sorgende und mütterliche Frau sein, und gerade jetzt entscheidet Gott anders. Doch ich beuge mich vor Seinem Willen."

Sie gingen auf die Straße hinaus, die vier Wände beengten sie in ihrem Schmerz. Sie gingen eingehakt. Bobik drückte seine Mutter fest an sich. „Weißt du, Mami, für mich ist Sascha nicht tot. Ich habe ihn nicht sterben gesehen und ich stand nicht an seinem Grab, und ich kann ihn mir nicht tot vorstellen. Das ist ganz anders, als wenn man von einem Toten Abschied nimmt. So ist dieser Tod etwas Abstraktes, etwas, das in einen luftleeren Raum hineingestellt ist. Wir haben lange nicht gewußt, ob er noch lebe, und wir wagten es darum nicht, für ihn als Toten zu beten. So blieb alles offen. Wir haben aber immer seine geistige Gegenwart gespürt, und wir wollen sie weiter in und um uns spüren, vielleicht jetzt, da er von der leidvollen materiellen Hülle befreit worden ist, noch mehr!" – Jadwiga drückte stumm seine Hand.

Nach dem Sonntagsgottesdienst ließen sie in der orthodoxen Kirche eine Totenmesse für den Knecht Gottes, Aleksandr, lesen. Die Worte der Messe: „Herr, gib Frieden deinem Knecht, und führe ihn ins Paradies, wo die Antlitze der Heiligen leuchten wie die Leuchter. Rechne ihm seine Verfehlungen nicht an. Mit den Heiligen befriede, Herr Christus, die Seele deines Knechts, wo es weder Krankheit, noch Trauer, noch Seufzer gibt, sondern das ewige Leben . . ." – fielen tief in Jadwigas und Bobiks Herz und gaben ihnen einen strahlenden Frieden.

PHYSICUM

Die Zeit des ersten Zwischenexamens nahte, und Bobik begann intensiver zu arbeiten. Seit Beginn des Studiums hatte er regelmäßig die Vorlesungen und die Kurse besucht. Jetzt galt es aber, das erworbene Wissen und die Erfahrungen systematisch und gedächtnismäßig zu fixieren. Vier Studenten bildeten eine Prüfungsgruppe, sie arbeiteten oft gemeinsam und fragten sich gegenseitig ab. Alte Hasen, die das Examen bereits hinter sich hatten, die die Eigenarten der Professoren kannten und wußten, welche Fragen oder auch welche Fallen sie stellten, berieten sie. Es gab wohlwollende und bösartige, fast möchte man sagen, sadistische Prüfer, die, sei es aus eigener Unsicherheit, sei es aus Lust am Quälen, mit den Examinanden umsprangen wie die Katze mit der Maus. Die meisten Studenten waren Wochen vorher bereits neurotisiert und hatten Angst – Examensangst, die ihnen die Haltung und den Verstand raubte. Sie lernten hektisch, viel zu viel, sie schliefen zu wenig, sie putschten sich mit starkem Kaffee und viel zu vielen Zigaretten auf und ruinierten ihre Gesundheit noch vor der Prüfung.

Bobik blieb ruhig und gelassen. Er lernte einige Stunden am Tag, dann aber erholte er sich, ging ins Theater oder Kino, sah Freunde oder nahm Einladungen an und tat, als ob das Leben unverändert weiterginge. Sein Freund Walter Sobotta, der jüngste Sohn des berühmten Anatomen, wunderte sich über ihn und ermahnte ihn zu intensiverer Arbeit. Walter ging erst ein Semester später in die Prüfung und hatte jetzt schon große Angst. Er erbaute sich aber an Bobiks Gleichgültigkeit. Seine Gruppenkameraden ärgerten sich über ihn und wollten ihn aus der Gruppe ausstoßen, weil er sich standhaft weigerte, Tag und Nacht zu büffeln. „Sie werden uns Schande machen, Sie fallen bestimmt durch, und das wirft ein schlechtes Licht auf die ganze Gruppe!" – „Ich falle nicht durch, warum sollte ich, ich habe genauso gearbeitet wie Sie, alle wissen, daß ich fleißig war, und eines will ich Ihnen sagen: im Examen braucht man außer Wissen eine ganze Portion Glück. Denn man kann absolut nicht alles wissen, und es kann sogar vorkommen, daß ein Professor einen etwas fragt, was er gar nicht gelehrt hat. Es kann auch sein, daß man in der Verwirrung seine Frage nicht recht versteht oder nicht die Antwort gibt, die der Professor erwartet. Also werde ich in Maßen lernen und im übrigen auf Gott und auf mein Glück vertrauen." – Die Kameraden ärgerten sich noch mehr und fanden, eine solche Anschauung sei unwissenschaftlich, abergläubisch und eines künftigen Arztes nicht würdig.

Am ersten Tag gab es zwei Prüfungsfächer, Physiologie bei dem gestrengen Professor Hofmann, der im Ruf stand, die Hälfte der Prüflinge durchfallen zu lassen, und Physik bei dem freundlichen Professor Koenen. Physik und Chemie waren Bobiks schwächste Fächer. Deshalb ging er, um Unterstützung bittend, ins Münster und kniete vor der Ikone der Immerwährenden Hilfe und bat die Muttergottes – die offenbar aus dem orthodoxen Raum stammte, trug doch ein Engel das dreibalkige Kreuz – um Unterstützung. Am Morgen steckte er sich, um noch mehr Beistand zu erhalten, eine kleine Ikone der Muttergottes mit dem Jesuskind, die er aus Rußland gerettet hatte, in die innere Tasche seines Rocks.

Er trank in aller Seelenruhe seinen Tee und aß mit großem Appetit ein Brötchen. Dann blätterte er in dem Physiologie-Lehrbuch. Zu seinem Entsetzen stellte er fest, daß er eine ganze Menge von Gebieten nicht recht beherrschte. Sein Blick fiel auf das Kapitel über Urinsedimente, er schaute sich die Bilder der Urinkristalle an – Stechapfelkristalle, Sargdeckelkristalle, Rhombuskristalle, Oxalate ... er mußte lachen. Christian Morgenstern hätte daraus ein skurriles Gedicht gemacht. Auf dem Weg zu den Instituten suchte er Lene Müller auf, die im Zahnärztlichen Institut bei Professor Korkhaus arbeitete, und bat sie, sie möchte fest an ihn denken; er zeigte ihr die Ikone, die er in der Jacke hatte. „Du wirst nicht durchfallen, das weiß ich." – „Aber ich habe soeben festgestellt, daß ich eine ganze Menge nicht weiß." – „Das macht nichts, du hast notorisch Glück, und die Menschen lieben dich, und weil du ruhig und ohne Angst bist, werden sie überzeugt sein, daß du alles weißt; und dann gibt es noch etwas, das ist der Kotau vor Ausländern. Nicht vor allen natürlich, aber du bist Russe, du bist sagenumwoben, und sie freuen sich, mit dir in Verbindung zu treten." – Bobik staunte über so viel Optimismus.

Professor Hofmann prüfte erst seinen Kameraden, den er just nach Urinkristallen fragte. Dieser verlor vor Angst die Nerven, zitterte und brachte kein Wort heraus, obwohl er es vor ein paar Tagen noch gewußt hatte. Dann kam Bobik an die Reihe; er atmete tief ein, dann legte er los, was er gerade am Morgen repetiert hatte. Er bekam ein Lob. Dann wurden die beiden anderen gefragt. Sie waren sehr verwirrt. Wenn sie nicht weiterwußten, wurde Bobik gefragt, und immer waren es Fragen, auf die er mit Leichtigkeit antworten konnte. Am Ende der Prüfung blieb der erste Prüfling auf der Strecke, die beiden anderen bekamen eine Drei, und Bobik bekam zu seinem größten Erstaunen eine Zwei. Er war sich dessen bewußt, daß er für die Prüfung entschieden weniger gelernt hatte und auch weniger wußte als seine Kommilitonen, aber das Glück war auf seiner Seite.

Bei Professor Koenen verlief die Prüfung noch dramatischer. Seine Kollegen, durch den schlechten Start kopfscheu geworden, übermüdet und ausgelaugt, verloren endgültig den Kopf, sie zitterten, sie waren blaß und stotterten; nur Bobik blieb ruhig. Wenn die anderen keine Antwort fanden, wurde Bobik gefragt. Auf eine Frage antwortete er schlicht und einfach: „Ich weiß es nicht, Herr Professor, ich habe dieses Problem nie richtig verstanden, vielleicht weil es mir sprachlich nicht ganz erklärlich erschien." Dem Professor war eine solche Antwort noch nie vorgekommen. Er war es gewohnt, daß die Studenten, die keine Antwort wußten, angestrengt ins Leere schauten, als ob sie irgendwo in der Luft die Antwort finden könnten. Das war ärgerlich und langweilte den Professor. „Sie sind wenigstens ehrlich. Danke Ihnen." – Eine andere Frage konnte Bobik nicht sehr gut formulieren. „Sehen Sie, meine Herren, er weiß es, er kann sich nur nicht richtig ausdrücken." – Und Bobik bekam eine Drei, die anderen beiden eine Vier, und der Unglücksrabe von vorhin wurde aufgefordert, die Prüfung in einigen Wochen zu wiederholen.

Kaum war Bobik aus dem Prüfungsraum, da holte er die kleine Ikone hervor und küßte sie voller Dank, dann lief er zu Lene Müller, um ihr von dem Wunder zu berichten. Von dort ging er ins Münster und bedankte sich bei der Muttergottes, sich zugleich für den nächsten Examenstag empfehlend. Es gab keinen Grund zum Triumphieren, denn das Examen war nur zu einem Drittel bestanden, aber Bobik hatte das dringende Bedürfnis zu feiern. Zuhause kratzte er seine wenigen Moneten zusammen – sie reichten für ein bescheidenes Mahl zu zweit –, und er lud Lene Müller in den Kaiserhof ein.

Viel gefährlicher dünkte ihn der nächste Tag, an dem Professor Sobotta in Anatomie prüfte. Als Bobik in den Prüfungsraum trat, war der Saal voll von Zuschauern. Bobik mußte an die südamerikanischen Geier denken, die sich beim verendenden Wild versammeln, um am Leichenmahl teilzunehmen. Sein Freund Walter Sobotta war auch anwesend und machte ihm mit der Hand Zeichen für den Sieg. Professor Sobotta trat herein, stutzte über das zahlreiche Publikum: „Was verschafft uns die Ehre so vieler Zuhörer?" – dann sah er Bobik in der Gruppe und lächelte anzüglich. „Ach so!"

Die Prüfung begann. Die Fragen fielen wie Pfeile. Bobik konnte die meisten beantworten. Aber da gab es Dinge, die er nicht begriff, und er fragte den Professor und bat ihn um Erklärung. Professor Sobotta erklärte es ihm geduldig, man fühlte, daß es ihm Freude bereitete und daß er für Sekunden vergaß, daß er der Prüfende war. Dann fragte er Bobik, wie die Stelle heiße, die bei der Blinddarmentzündung schmerze, wenn man darauf drücke. „Ich habe den Namen vergessen, es ist aber ein schottischer Name", sagte Bobik gelassen. Professor Sobotta lächelte sein dämonisches Lächeln. Nun barsten die Zuschauer vor ausgelassenem Lachen. Professor Sobotta rief sie zur Ordnung. „Was ist da zu lachen, er hat es ja gewußt, es ist der Mac Burneysche Punkt." Und Bobik bekam eine Eins. – Das geht wirklich nicht mit rechten Dingen zu, dachte er. Sein Freund Walter stürzte auf ihn zu und schüttelte hektisch seine Hand. „Mensch, daß du das zu meinem Vater gesagt hast und daß du

ihm im Examen Fragen gestellt hast, das ist ja unerhört, der alte
Herr war ja wie Wachs in deinen Händen! Also, das verspreche
ich dir, wenn ich im nächsten Semester das Physicum mache,
werde ich an dich denken und dann wird meine Angst verschwinden, nur werde ich es wohl nicht wagen, so frech zu sein
wie du!" – Sie lachten befreit.

ALLERLEI KÄUZE

Bobiks Bekanntenkreis erweiterte sich gegen seinen Willen.
Hier und dort wurde er eingeladen und mit anderen Menschen
zusammengebracht, die ihn ihrerseits einluden. Er fragte sich oft,
warum sie das taten; er war ein bedeutungsloser junger Mann,
völlig ohne eigene Meriten, ohne Leistungen, er war nicht einmal brillant. Manchmal hatte er eine scharfe Zunge, aber sobald
ihm eine solche Bemerkung von den Lippen gesprungen war, tat
sie ihm schon leid, denn eigentlich wollte er nicht auf Kosten anderer Menschen geistreich sein. Lieber sah er seine Freunde in
seiner kleinen gemütlichen Behausung, in seinem russischen Re-
fugium. Aber er war sehr sparsam mit Einladungen; nur Menschen, die er wirklich liebte und verehrte, durften den Raum betreten. Er war peinlich darauf bedacht, die weihevolle Atmosphäre seines Raums nicht durch Neugierige und Klatschsüch-
tige oder Snobs zu verderben. Er fragte sich, warum er so leicht
Einladungen annehme, obwohl viele dieser Menschen ihm völlig wesensfremd waren. Er ertappte sich dabei, daß es oft eine
Art Bequemlichkeit war. Es war so schwer abzusagen, man mußte eine Ausflucht oder gar eine Lüge brauchen, und Bobik vermied es zu lügen. Zum Teil war es auch Neugier; er kannte
Deutschland nur oberflächlich, und ihn interessierte die Lebensart der Menschen. Er merkte bald, daß es nicht er, Bobik,
war, der eingeladen wurde, sondern jemand anderer, ein exoti-
scher bunter Vogel, ein Objekt zum Bestaunen und Beschauen,
und das verdroß ihn sehr.

Die Eltern Aljoschas, seines deutschen Freundes, die Verleger waren, gaben ein großes Essen und luden bei dieser Gelegenheit Bobik ein. Er sagte zu, obwohl er die Eltern nicht kannte. Er fühlte sich in seiner schwarzen schlichten Russenbluse etwas deplaciert unter den smokingtragenden Herren. Der Hausherr und seine Gemahlin empfingen die Gäste, waren aber nicht in der Lage, sie untereinander bekanntzumachen. Die Menschen, die sich nicht gegenseitig kannten, hatten eine perfide Art, aneinander vorbeizugehen und vorbeizuschauen, als ob der andere Luft wäre. Dieses Verhalten entsprang einer Unsicherheit. Aber so waren in einem Raum lauter Menschen, die sich fremd blieben wie auf einem Bahnhof.

Bobik fand die Situation unerträglich. Er ging von Gast zu Gast, reichte den Damen oder Herren die Hand und nannte seinen Namen. Manche waren derart steif, daß sie ihn erstaunt anglotzten und den Gruß kaum erwiderten, weil sie erwartet hatten, durch den Gastgeber vorgestellt zu werden. „Die Gastgeber sind beschäftigt, also müssen wir es selbst tun, wenn wir schon in einer Gesellschaft sind“, sagte er entschuldigend. Die Männer erinnerten ihn in ihren sich vorwölbenden gestärkten Hemden und mit den harten Manschetten an alte Ritter in eisernen Rüstungen. Sie waren tierisch ernst und von ihrer Wichtigkeit und Würde sichtlich überzeugt.

Es wurde zu Tisch gebeten. Bobik erfuhr zu seiner Überraschung, daß er neben der Hausfrau sitze; er war teils geschmeichelt, teils peinlich berührt. Auf seinem Teller lag, als einzigem, eine Bonbonniere. Er drehte sie ratlos in der Hand. Die Hausfrau beugte sich zu ihm hin und bemerkte: „Das ist für Sie, Sie essen doch keine anderen Speisen. Aljoscha hat uns erzählt, daß Sie sich von Schokolade ernähren.“ – Bobik wurde verlegen und wagte nicht zu widersprechen. „Ist es wahr, hat Aljoscha das erzählt?“ Er ärgerte sich über seine Feigheit, daß er nicht protestierte und sagte, er äße nur die Schokolade, um nicht umständlich kochen zu müssen, und er würde sehr gerne alles essen, was man ihm anbiete. Die köstlichen Speisen wurden herumgetragen, und die Serviererin überging Bobik geflissentlich. Schließlich, aus Verzweiflung, öffnete er die Bonbonniere und aß mit langen Zähnen die Schokolade. Noch nie hatte ihm Schokolade so fade geschmeckt, und die Speisen und Saucen dufteten, daß ihm das Wasser im Munde zusammenlief.

Mit Sehnsucht dachte er an die opulenten Gastmähler daheim, an die herrlichen Sakusski mit Belugakaviar, die vielen geräucherten Fische von der Wolga und das köstlich duftende Brot. Er konnte sich nicht entsinnen, daß sie je einem Fremden irgendeine andere Speise angeboten hätten. Er verfluchte Aljoscha für seine Großsprecherei, die für ihn solch peinliche Konsequenzen hatte, und er schwor, dieses Haus nie wieder zu betreten, obwohl er geneigt war, die Gastgeberin zu entschuldigen; denn sie hatte in ihrer Naivität geglaubt, ihn durch die Sonderbehandlung zu ehren. Er gab auch beschämt zu, daß diese Schokolade eine erlesenere Sorte war und nicht zu vergleichen mit seinen Crèmehütchen, die fünfundzwanzig Pfennig das Viertelpfund kosteten. Aber trotz aller Vernunftgründe war er böse, böse auch auf seine eigene Feigheit. Mit einem einzigen Wort hätte er das Mißverständnis aus dem Wege räumen können. Beim Abschied fragte die Gastgeberin: „Wollen Sie nicht Ihre Schokolade nach Hause nehmen, den Rest, meine ich?" – „Ach ja, danke, natürlich", stotterte er und suchte die Schachtel. Aber im Vorgarten übermannte ihn noch einmal die Wut über den mißlungenen Abend, und er warf die Bonbonniere weg. Als er ein Stück gegangen war, reute es ihn, daß er sich derart schäbig gegen die Gastgeber benommen habe, denn natürlich würden sie die Schokolade spätestens am nächsten Morgen finden. Und er, Bobik, stand stellvertretend für sein Land. Denn nun würden sie sagen: „So sind die Russen!" – Aber er fand nicht die Kraft umzukehren. Aljoscha traf er nicht wieder. Er schrieb auch keine „Lettre de Château", wie er es zuhause gelernt hatte.

Der große Kunstsammler Edwin Suermont besuchte Bobik, als er sich in Bonn aufhielt, und sie verbrachten plaudernd viele schöne Stunden. Es war kurz vor seinem viel zu frühen Tode. Er war lungenleidend, bei jeder Bewegung schnaufte er und hob die

Schultern hoch, um etwas Luft in die Lungen hineinzupumpen. Trotz dieses schweren Leidens verlor er seinen Humor nicht. Nach dem Tee trieb es ihn aus dem kleinen Raum hinaus, er brauchte Luft. Sie gingen in den nahegelegenen Botanischen Garten am Poppelsdorfer Schloß, sie setzten sich auf eine Bank, auf der noch zwei Menschen saßen. Ehe sie sich niederließen, sagte Edwin: „Warte, wir sind gleich allein." – „Woher weißt du das?" – „Ich weiß es!" – Sie saßen eine Weile und waren still, Edwin mußte sich verschnaufen, sein Atem ging pfeifend ein und aus. „Du bist doch angehender Arzt, du mußt mir helfen. Mir ist etwas Peinliches passiert. Ich muß mir entweder irgendwo Läuse eingefangen oder mich an der Krätze angesteckt haben, es juckt mich am ganzen Körper. Aber ich schäme mich, zum Arzt zu gehen. Sicherlich weißt du ein Mittel, eine Salbe oder eine Flüssigkeit, mit der ich diese gräßlichen Parasiten vertilgen kann?" – Ehe Bobik ihm etwas erwidern konnte, war die Bank leer. Edwin lachte: „Siehst du, nun sind wir allein, habe ich es dir nicht gesagt?" – Bobik staunte, doch fand er, es gehöre Mut dazu, sich einer solchen Krankheit zu bezichtigen.

„Nun sind wir allein und wir können zu einem wichtigeren Gespräch übergehen, bitte enttäusche mich nicht, ich brauche deine Hilfe. Meine Lungen sehen von innen aus wie ein paar abgetretene Fußlappen, zum Wegwerfen. Ich weiß nicht, was ich damit machen kann, nur atmen kann ich damit nicht, du hörst es ja. Das fing langsam an, aber nun schreitet die Krankheit rasant fort. Ich weiß, daß ich ein Sterbender bin. Aber glaubst du, daß es mir gelingt, mit einem vernünftigen Menschen darüber zu sprechen? Natürlich könnte ich mit einem Priester reden, aber ich ertrage den Ton nicht mehr und dieses festgelegte Wissen um Dinge, von denen niemand etwas genau weiß. Es wird verbunden mit Seelsorge, mit Beichte, mit Sünden, mit Seelenreinigung. Ich aber will etwas ganz anderes, ich will ein Gespräch.

Ich spreche mit meiner Frau. Sie fängt an zu weinen und sagt, ich solle sie nicht quälen, von Tod sei ja keine Rede, die Lungenkrankheit sei am Ausheilen; also höre ich verstimmt auf, weil sie genau weiß, daß ich ein Sterbender bin und sie einem Gespräch ausweicht. Ich habe es mit meinem Doktor versucht, er hat mit seiner übermännlichen Art homerisch gelacht, mir auf die Schulter geklopft und gesagt: ‚Sterben müssen wir alle, was wissen Sie, ob ich nicht vor Ihnen sterben werde?!‘ – Basta! Meiner lieben Mama darf ich damit nicht kommen, sie ist über Siebzig, quicklebendig, in Konvention erstarrt, das Sprechen über den Tod verstößt gegen die guten Manieren, außerdem glaubt sie sicher, daß sie nicht zu sterben brauche, und der Gedanke, daß ich sterben und ihr eine Menge Unannehmlichkeiten wegen der Erbschaft hinterlassen werde, ist ihr peinlich. Mein Notar lehnt ein Gespräch aus Sentimentalität ab. Es ist wie verhext, genau so könntest du in unserer Gesellschaft über die Syphilis oder über Prostitution reden wollen, sie verstecken sich alle, es ist ein Tabu erster Ordnung. Wenn aber ein Mensch wie ich, der immer dem Leben offen ins Gesicht geschaut hat, weiß, daß seine Stunden gezählt sind, und nichts weiter will, als darüber mit jemandem zu sprechen – ich will ja keine Weisheiten, nur ein Gespräch –, dann wird man brutal zurückgewiesen.“ – „Hast du Angst?“ – „Nnnein, das nicht. Mir sind nur manche Vorstellungen unangenehm, und ich bin nicht bereit, an diese zu glauben, so an die Hölle und noch weniger an das Fegefeuer und an das große Gericht, und schließlich ist mir sogar das Paradies mit seiner ewigen Wonne der Gerechten suspekt. Andrerseits bin ich aber auch kein Atheist, der glaubt, daß nach dem Tode alles aus sei, Staub zu Staub. Ich habe nie geglaubt, daß das Leben sinnlos oder nur dem blinden Zufall unterworfen sei, dann würde es sich überhaupt nicht lohnen zu leben, zu leiden, zu sterben. Es hat einen Sinn, denn jeder Mensch, jedes Tier, jede Blüte, jedes Blatt und sicherlich auch jedes Bakterium ist eine einmalige wunderbare Schöpfung, die lebt, liebt, genießt und leidet, also ist sie nicht sinnlos. Du kannst mir glauben, daß ich in der letzten Zeit im Angesicht dieses langsamen und qualvollen Sterbens in den schlaflosen Nächten zum Evangelium greife, um dort eine Antwort zu finden. O ja, ich finde viele Antworten, wie man leben soll, in Armut und Güterteilung, in Brüderlichkeit, Liebe und Verzeihen, in Gerechtigkeit und Demut. Aber ich habe den

Eindruck, sobald Er auf den Tod zu sprechen kommt, wird Er seltsam vage. Hält Er sich wirklich an die Lehre des Alten Testaments, oder weiß Er etwas anderes und wagt nicht, es auszusprechen? Da ist mir die Klarheit der Bhagawadgita einleuchtender als der paulinische oder der spätere calvinische Begriff von Gnade und Verdammnis – daß also der Mensch selbst durch sein Denken, seine Gesinnung, Gesittung und Taten der Baumeister seines Schicksals ist und daß er aufgerufen ist, in zahlreichen Inkarnationen sich zur denkbarsten Nähe Gottes hinaufzuentwickeln. Er kann es sehr schnell tun, in *einem* Leben, wenn er, als Schüler Buddhas oder als Yogi, sich selbst hinter sich läßt und alle unguten Regungen in sich verbrennt, oder er kann sich Zeit lassen. Sein Paradies ist das gleiche wie das unserer Mystiker – die Einung in Gott. Darum sind mir von unseren christlichen Meistern der Evangelist Johannes und die Meister Eckehart, Tauler, Suso, Jakob Böhme, Angelus Silesius und der Heilige Franz von Assisi die liebsten, denn sie waren fröhliche Christen. Das ist so meine Meinung über diese Dinge. Ob ich darin recht habe, weiß ich nicht. Wie denkst du?"

„Ich wundere mich, wie ähnlich unsere Anschauungen sind, aber wir wären vielleicht nicht Freunde, wenn wir gegensätzlicher Meinung wären. Wenn ich daran denke, wie unreif und unfertig viele Menschen sind, wie sie mit sich selbst, mit ihren Mitmenschen, mit dem Leben nicht fertig werden – was geschieht mit ihnen, wenn sie sterben? Kommen sie, so wie sie sind, in das versprochene Paradies? Oder kommen sie in die Hölle, obwohl man gewiß weiß, daß sie nicht allein schuld an ihrer Unvollkommenheit sind: da ist die Erbmasse, die mangelnde Intelligenz, die Ungeduld, das Mißtrauen, die Einwirkung eines ungünstigen Milieus. Und wenn man ihnen nicht die Alleinschuld an ihrem Verhalten geben kann, dann kann man sie auch nicht in die ewige Verdammnis schicken. Das alles ist mir zu verschwommen und zu wenig durchdacht. Manche Menschen tauschen mithin nur eine Hölle gegen eine andere, denn wie viele leben hier in einer Privathölle, die sie sich selbst und ihren Nächsten bereitet haben. Und wenn sie sich ein Paradies gar nicht vorstellen können, wie sollen sie den Weg dorthin finden? Ich habe mir oft gedacht, ob nicht der jüdische Begriff des Fegfeuers eine verschleierte Umschreibung der Reinkarnation ist, denn der Sinn der Reinkarnation ist der Prozeß des reinigenden Feuers, das alles Böse im Menschen verbrennt, bis er ganz leuchtend wird. Und daß die Juden selbst daran dachten, geht deutlich aus den Fragen mancher Menschen an Johannes den Täufer hervor, ob er der wiedergekehrte Prophet Elias sei.

Ich war wohl etwas mehr als zehn, als mir die Bhagawadgita in die Hände fiel. Sie wurde mir zur großen Offenbarung. Ich habe in Rußland viele Sterbende und Tote gesehen und mir darüber schon früh Gedanken gemacht. Und da wußte ich: ‚Dies hier stimmt!' – es war wie eine Gewißheit, eine Bestätigung. Ich versuchte mit unserem Priester, dem Vater Spiridon in Staroje Girejewo, darüber zu sprechen, aber er entsetzte sich, bekreuzigte mich immerfort und murmelte wohl einige Exorzismen, weil er dachte, ich sei vom Teufel besessen. Man habe doch bei meiner Taufe für mich garantiert, daß ich der Heiligen Kirche gehorsam sein werde. Aber er konnte mir, außer dem Geschimpfe und den Vorwürfen, keine bessere Erklärung geben. Daraus lernte ich, daß es nicht immer gut ist, über seine Gedanken und Gesinnung mit jedermann zu sprechen. Aber ich begann damals schon das Evangelium, weniger die Apostelbriefe, zu studieren und mit der Bhagawadgita zu vergleichen, und in meinem kindlichen, untheologischen Verstand fand ich, daß sie sich nicht widersprechen.

Wenn Christus oft spricht: sehet, das Himmelreich ist nahe herbeigekommen – war es dann wirklich für alle herbeigekommen, für die Juden und die Römer, die Chinesen und die Neger, die Germanen und die Slawen, die absolut nichts vom Alten Testament wußten? – Es ist aber nicht herbeigekommen! Sollte er dann gelogen haben? Oder sollte dieses Himmelreich nur für die Auserwählten Gottes, die Juden, kommen? Für wen war dies gut, wenn nicht die ganze Welt der Menschen darin einbezogen wurde? – Aber Er sprach auch vom Umdenken, von der Metanoia, vom unbedingten Glauben, sich in die Hand Gottes zu geben, und waren es nicht vielleicht jene, die diesen Weg einschlugen, die des nahenden Himmelreichs teilhaftig wurden, und auch jene, die nach ihnen kamen? Dann aber wäre Seine Meinung gewesen, daß jene, die das Joch Christi auf sich nehmen, sich derart läutern, daß sie sich freimachen von den Bindungen des Karmas und viele Inkarnationen überwinden. Das glaube ich, und es ist mehr als nur ein Glaube, ich weiß es, ich bin dessen ganz sicher.

Ich habe es einige Male erlebt – in einer Ohnmacht, bei einem Unfall und in hohem Fieber –, da geriet ich außer mir und war völlig losgelöst von allem Leiblichen und auch von meinem kleinen Bobik-Ich, ich war im All, umgeben von einem milden Licht und von einem melodischen Tod, der keine Musik war, und ich erlebte eine unbeschreibliche und an nichts Irdisches erinnernde Seligkeit. Diese Sekunden oder Minuten hatten dort, wo ich war, kein Zeitmaß, es konnte eine Ewigkeit gewesen sein, und ich begriff den seltsamen Ausspruch: vor Gott sind tausend Jahre wie ein Tag. – Ja, so war es, und ich erinnere mich an das bedauernde Erstaunen, als ich mich in meiner Bobik-Hülle wiederfand. Die Erinnerung an diese Sekunden verläßt mich nie, und darum habe ich absolut keine Angst vor dem Tode; allerdings hatte ich sie auch vor diesen Erlebnissen nie gehabt.

Ich habe viele Mystiker gelesen, und viele von ihnen sprechen von dem ‚Inneren Licht‘. Der Heilige Franz von Assisi schildert, daß bei seiner Bekehrung eine unbeschreibliche Süße sein Herz erfüllt habe. Und der Heilige Augustinus (354–430) schreibt: ‚Bisweilen versetzest du mich in einen Zustand ganz außergewöhnlicher Art bis zu einer unfaßbaren Glückseligkeit, die, wenn sie zur Vollendung käme, etwas ganz Unbeschreibliches, alles Leben hinter sich Lassendes hätte.‘ – Katharina von Genua (1448–1519) sagt: ‚Wenn nur ein Tropfen von dem, was ich fühle, in die Hölle fahren würde, die Hölle würde in ein Paradies verwandelt.‘“

Edwin ergriff Bobiks Hand und drückte sie lange ohne Worte. Dann stand er mühsam auf, und ganz langsam gingen sie zum Bahnhof. Er mußte fast alle zwanzig Schritt stehen bleiben und mühsam atmen. Sie brauchten fast eine Stunde, bis sie am Bahnhof ankamen. Bobik brachte ihn zum Zug. Sie verabschiedeten sich. Bobik umarmte ihn und sagte: „Auf Wiedersehen!" – Edwin lächelte mühsam: „Nein, adieu. Dieser Weg zu dir war sehr mühsam für mich, aber ich mußte, ehe ich die große Reise antrete, mit dir sprechen."

Einige Wochen später starb er qualvoll, er sehnte sich nach der Erlösung. Manchmal klang der ihm eigene Humor noch durch: „So viel Luft gibt es, und ich bin so reich, ich kann alles haben, nur die Luft, die Luft, die bekomme ich nicht. Ich könnte jeden Bettler darum beneiden."

Es gab auf Burg Drove ein großartiges Begräbnis mit ungezählten Menschen, Gutsbesitzern, Industriellen, Künstlern, Museumsdirektoren und sonstigen Honoratioren. Bobik beschloß, nicht hinzufahren, was sollte er unter den vielen fremden Menschen und den unzähligen lobenden und preisenden Grabreden; er wußte von Edwin mehr als alle anderen, und das letzte Gespräch war das rechte, das eigentliche Geleit . . .

Im Hause des Mathematikers Professor St. war Bobik ein beliebter Gast. Es war eine besondere, freundliche und warmherzige Atmosphäre in diesem Hause. Der Professor war ein schlanker älterer Herr mit weißer Mähne und schmalem Gesicht, mit sehr schönen sprechenden Händen. Seine Frau war Pianistin, die Bach und Beethoven bevorzugte. Bobik staunte über ihr Spiel: als Mathematikerfrau verstand sie etwas von Mathematik und setzte die Musik dazu in Beziehung – viel zu viel, wie es Bobik schien. Sie spielte sehr genau, sie meinte, man dürfe diese beiden Genies nie mit Gefühl spielen, alles in ihnen sei Takt und eben Mathematik. Sie spielte technisch einwandfrei, aber Bobik, der von seiner Heimat gewöhnt war, daß Musik nicht Mathematik, sondern Musik der Seele sei, war sehr erstaunt. – Frau St. war schon in jungen Jahren Frauenrechtlerin gewesen, sie hatte früh auf Korsetts und Mieder verzichtet, und infolgedessen konnte man ihre Konturen nicht nach mathematischen Formeln bemessen, alles war verschwommen und wogend, und die ungewöhnlich einfachen und façonlosen Kleider taten das Ihre, um sie wie eine russische Baba aussehen zu lassen. Nicht daß Bobik das reizvoll gefunden hätte, er stieß sich eher daran, aber er bewunderte ihre völlige Gleichgültigkeit den äußeren Dingen gegenüber, zumal ihr Mann ein schöner und eleganter Herr war. Dieser zog es vor, allein auszugehen, während seine Frau ebenso allein die Konzerte in der Beethovenhalle besuchte. Völlig unberührt durch die lächelnd spöttischen Blicke des Publikums, schritt sie in ihrem nachthemdähnlichen Gewand majestätisch durch die Reihen. Sie saß immer in der zweiten Reihe, sie schlug die Partitur auf und kontrollierte das Spiel. Am Ende des Konzerts sah man sie stets in aufrechter Haltung mit wogendem Bauch und Brüsten, die Partitur unterm Arm, das Podium hinaufsteigen und im Künstlerraum verschwinden. Mit einem Ausdruck des Triumphs kam sie dann wieder heraus: Denen hatte sie's gegeben. Unsauberes Spiel duldete sie nicht im Konzertsaal, was würden Bach oder Beethoven dazu sagen? – In den nächsten Tagen gab es stundenlange Monologe über den schlechten Anschlag des Künstlers und über seine völlig falsche Interpretation. Die Zuhörer, die die gewaltige Dame kannten, widersprachen ihr nicht, denn andernfalls hätte sich der Schwall ihrer Vorwürfe gegen sie ergossen. An solchen Tagen war das Essen meistens angebrannt oder versalzen, weil ihre musikalischen Emotionen sie an einem geordneten Kochen hinderten.

Bobik, der zunächst die Gepflogenheiten der Dame nicht kannte, versuchte ihr zu widersprechen. Da legte Professor St. seine feine Hand auf seinen Arm und brachte ihn zum Schweigen. Als sie aus dem Raum gegangen war, sagte er: „Das ist nutzlos, Sie kommen gegen sie nicht an. Man muß lernen, auch rechtzeitig zu schweigen. Ich habe es gelernt." – Bobik nickte ihm zu, dankbar für den Hinweis. Weil Bobik ihr nicht widersprach und höflich zuhörte, obwohl ihn die rechthaberischen Tiraden langweilten, faßte die Professorin eine Zuneigung zu ihm. Wenn Bobik zu ihren Behauptungen schwieg, nahm sie das als Zustimmung und schob ihn bei Auseinandersetzungen mit ihrem

Mann, die häufig waren, vor. „Siehst du, Bobik ist ganz meiner Meinung!" – Der alte Herr lächelte ironisch.

Jeden Mittwoch kam der Jugendfreund, Professor U., der zugleich Kinderarzt und Gerichtsmediziner war, zum Abendessen; er war ein jovialer, wohlwollender Herr mit beißendem Humor, aber einem kindlich guten Herzen. Wenn es neue medizinische Probleme gab, wurden sie erörtert, und wenn irgendwo in der Umgebung Bonns ein schrecklicher Mord oder Totschlag passiert war, dann scheute sich Professor U. nicht, mitten beim Zerlegen eines duftenden Hühnchens oder eines Bratens die Einzelheiten der Autopsie zu beschreiben. Bobik brauchte lange Zeit, bis er sich an die Gruselgeschichten gewöhnt hatte. Der Appetit war ihm jedenfalls gründlich vergangen. Nach den ziemlich selten vorkommenden Mordaffären ging man zu banaleren Dingen über, man klatschte über die Kollegen, über die Schauspieler und nicht zuletzt über die Schwester des Kaisers, Prinzessin Viktoria zu Schaumburg-Lippe, die durch ihre Extravaganz den Spießern Stoff zum Klatschen lieferte. Bobik, der die wenigsten dieser Menschen kannte, langweilte sich, zumal der Klatsch albern und kleinlich war. Er konnte nicht begreifen, daß zwei Menschen, die zu den Großen der Wissenschaft und Forschung zählten, sich mit so banalen Dingen abgeben konnten. Eines Abends schleppte Professor U. ein dickes Buch unterm Arm daher. Er ging damit so bedeutungsvoll um, daß man hätte meinen können, er hätte etwas Kostbares mitgebracht. Es entpuppte sich als ein Adreßbuch. „Wissen Sie, warum ich es mitgebracht habe – damit wir keinen auslassen!" Und er freute sich wie ein Kind. Bobik staunte. Seine Vorstellung von den zu verehrenden Erwachsenen bekam einen neuen Riß.

In Bonn dominierten noch die Professoren alter Schule. Sie hüteten die Traditionen der Universitas. Ihr Merkmal war ein würdevolles Betragen, ein langsamer, gemessener Gang nach dem Motto: un uomo saggio va adagio – dunkle Kleidung und ein schwarzer Hut mit unermeßlich breitem Rand, ihre Wohnungen zeichneten sich durch altväterlichen Plüsch aus. Sie hielten auf die geheiligte Ordnung und Hierarchie, sie verkehrten nicht mit Menschen unter ihrem Rang, und sie waren darauf bedacht, daß man sie stets mit ihrem richtigen Titel anredete: Eure Magnifizenz, Eure Spektabilität, Eure Exzellenz – wenn einer gar wirklicher Geheimrat war.

Es gab wenige moderne, politisch meist links gerichtete jüngere Professoren, die auf die alten Traditionen pfiffen. Sie löckten gegen den Stachel, sie kleideten sich salopp, sie verkehrten kameradschaftlich mit ihren Assistenten und sogar mit Studenten. In ihren Wohnungen hingen expressionistische Bilder, und ihre Möbel bestanden oft aus Kisten verschiedener Größe, auf die sie Stoffreste oder Kissen legten. Man saß zwar nicht sehr bequem darauf, aber die Menschen, die dorthin kamen, waren unkonventionell, und es gab gute Gespräche, keine akademischen Reden und Gegenreden; manchmal sprachen alle erregt durcheinander, und die Meinungen wurden hart und rücksichtslos verteidigt, aber es wehte ein neuer, freier Geist durch die Stuben.

Ein solches offenes und gastfreies Haus war das von Professor Kantorowitsch, dem Zahnprofessor, der als erster in Deutschland eine Zahnpoliklinik eröffnet und die Schulzahnfürsorge eingeführt hatte. Er war ein kleiner, breitschultriger, sprühend lebendiger Mann, der stets voll neuer Ideen steckte, die er sofort in die Tat umzusetzen bereit war. Menschen kamen und gingen, nachmittags und abends; die drei Kinder, der älteste zwölf, der jüngste vier, liefen im Zimmer herum, störten die Unterhaltung, ohne daß die Mutter oder der Vater sie zur Ordnung riefen, sie sollten frühzeitig lernen, ihren Willen und ihre Meinung kundzutun, was sie auch taten. Der Kleine ging einmal mit Pflastersteinen auf eine Nachbarin los, die ihm Vorhaltungen über sein ungebührliches Benehmen machte. Als sie sich bei der Mutter beschwerte, meinte diese, das Kind ginge sie gar nichts an und es sei ganz recht, daß der Junge sich gegen Einmischungen von Fremden energisch wehre.

Auch als die Kinder im Salon ein Feuer anzündeten und sich daran erfreuten, wurden sie nicht zur Ordnung gerufen. Die Mutter kam nur mit einem Eimer und übergoß die Feuerstelle samt den Kindern, die dagegen heftig protestierten. Bobik bewunderte diese Mutter sehr, eine kleine, ernste, zierliche Person, die den ganzen turbulenten Haushalt besorgte, den genialen, dynamischen Mann besänftigte, die Gäste bewirtete und immer bis in die späte Nacht hinein gleichbleibend freundlich und friedlich blieb. Die Kinder waren kleine selbständige Individuen, die ihre Meinung frei äußerten, sie waren nicht der Abklatsch ihrer Eltern; sie kritisierten sie, wenn sie es für nötig hielten, und sie waren frei von Komplexen. Sie waren kindlich, wenn sie kindlich sein wollten, aber wenn sie ihre Meinung verteidigten, waren sie kleine selbstbewußte Erwachsene. Bobik bewunderte sie sehr. Er verglich seine Jugend mit der ihrigen. Wie hatte die Angst vor Karluscha ihn in seiner Entwicklung gelähmt, und wie war sein Leben in die uralten Verhaltensformen und Traditionen fest eingefügt. Welcher Anstrengung hatte es bedurft, um so zahlreiche mittelalterliche moralische Vorurteile abzubauen, mit wievielen Versündigungsideen waren manche Handlungen belastet! Nach und nach lernte man es, Gefühle, Regungen und Gedanken in seinem Inneren zu verschließen, wenn man wußte, daß sie der allgemeinen Meinung „man tut, man sagt, man spricht, man denkt" widersprachen. Diese Kinder aber sagten, was sie dachten, und taten, was sie wollten; das war manchmal recht unbequem und kränkend, aber sie wurden von keinen Skrupeln und Gewissensbissen gequält. Vielleicht war dies die neue Lebensform?

Im Hause Kantorowitsch lernte Bobik den Schweizer Psychologen, Professor Erismann und seine Frau, die Moskauerin war, kennen. Ihr Vater war Professor Stepanoff, ein berühmter Augenarzt, den Bobik anläßlich einer Augenlidverletzung hatte aufsuchen müssen. Er hatte furchtbare Angst vor dem Mann und vor der Berührung des schmerzhaften Auges gehabt. Aber als er im Stuhl saß und der Professor mit freundlichem Gesicht und ruhigen Bewegungen an ihn herantrat, war wie durch einen magischen Wink die Angst verschwunden, und er hatte sich willig in die Hand des Arztes gegeben. Die unförmig dicke Frau Erismann, die wie eine russische Baba aussah, und Bobik hatten viele Anknüpfungspunkte an Moskau und zahlreiche gemeinsame Bekannte. Sie hatte Rußland schon vor dem Kriege verlassen, um in der Schweiz zu studieren. Sie heiratete den Psychologen, dann bekam sie viele Kinder und mußte das Studium an den Nagel hängen. „Ich würde Sie gerne zu uns einladen, aber es herrscht eine fürchterliche Unordnung bei uns." – „Na ja, bei den vielen Kindern – und Sie haben kein Personal –, ist das wohl verständlich." – „Nein, das ist gar nicht verständlich, und es hat mit Personal nichts zu tun, es liegt ganz allein an mir; ich bin einfach zu faul und zu bequem, und daher bleibt sehr vieles liegen. Wenn ich eine deutsche Frau wäre, dann würde es ganz anders aussehen!" Bobik staunte über ihre Offenheit.

Eines Tages mußte er Professor Erismann eine Nachricht überbringen und läutete an der Tür. Die Professorin öffnete, erschrak, als sie Bobiks ansichtig wurde; doch bat sie ihn einzutreten, er möge mit ihnen essen, er solle aber nicht erschrecken. Er erschrak dennoch. Das große Eßzimmer sah aus wie eine Bahnhofshalle, überall lagen Haufen von Wäsche, in einer anderen Ecke häuften sich Strümpfe, die des Stopfens harrten. In der Mitte des Zimmers war ein großer Küchentisch, in den man in gewissen Abständen runde Löcher hineingesägt hatte. In den Löchern staken Blechnäpfe, daneben lag ein Löffel, und bei jedem Gefäß war ein Nagel im Tisch, an dem ein Bündel von Klosettpapier befestigt war. Aus allen Ecken kamen die Kinder heran mit schmutzigen Fingern und Rotznasen. Ohne Bobik mit einem Blick zu würdigen, krochen sie auf ihre Sitze und warteten. Die Mutter goß jedem eine breiige Suppe in den Kump, und sie begannen schmatzend zu essen. Bobik ekelte es sehr. Er hatte oft bei Bauern in Rußland am Mittagsmahl teilgenommen, sie aßen alle gemeinsam aus einer großen Schüssel mit hölzernen lackierten Löffeln; aber der Tisch war blankgescheuert, und wenn sie auch schlürften und schmatzten, so war doch eine würdige Eintracht in dem stillen Beieinander. „Wissen Sie, das ist eine Erfindung meines Mannes, er nennt es Rationalisierung des Essens. Es macht die wenigste Arbeit. Was nicht aufgegessen wird, kommt in den Eimer, und wir wischen dann die Schüsseln mit dem Papier ab, dann brauche ich nicht abzuwaschen." Sie sagte das ganz offen und wie selbstverständlich, Bobik staunte über diesen natürlichen Rückzug auf das Steinzeitalter.

Er war froh, als er von der Atmosphäre seines Zimmers umfangen wurde, von der Stille, der Sauberkeit und der Harmonie, in der die Dinge miteinander lebten.

Bei Professor L. hörte er Psychiatrie. Er war fasziniert von seiner Vorlesung, jener schilderte die verschiedenen Formen des Irreseins, die Paranoia, die Schizophrenie, die Manie, die Paralyse, und bei jeder Schilderung ertappte sich Bobik dabei, daß er die Symptome auf sich selbst bezog und ernstlich den Keim der Krankheit in seinem Inneren fühlte. Die Symptome wurden von dem Professor meisterhaft beschrieben, aber wo blieb die Entsprechung mit einer körperlichen Erkrankung? Wenn die aufgeklärte materialistische Wissenschaft die Existenz des Geistes und der Seele negierte, dann mußten die Geisteskrankheiten durch Erkrankungen des Gehirns oder anderer Organe verursacht sein. Warum fand man aber keine solche Erkrankung? Und warum war man so inkonsequent, daß man sie „Geisteskrankheiten" nannte, wenn man dem Geist die Existenz absprach? Bobik mußte an die zahlreichen Austreibungen von Dämonen denken, die Christus vollzogen hatte. Dort waren es fremde Wesen, die sich in einen Menschen hineingeschlichen hatten und ihn besetzt hielten. Wenn er an die Geisteskranken dachte, denen er begegnet war, so konnte er sich erinnern, daß es ihn immer verblüfft hatte, daß die Menschen ihm wie ausgewechselt erschienen, gar nicht mehr sie selbst waren, unbekannten Befehlen gehorchten, die ihrem Charakter entgegengesetzt waren. Er dachte an die Klikúschi, die man zur wundertätigen Iberischen Kapelle brachte, wie sie mit blöden Gesichtern wie die Kühe blökten und dann, als der Anfall vorüber war, wieder normal sich verhielten. Konnten nicht, wie das Volk es früher glaubte, fremde Wesen in sie gefahren sein? Denn Christus hatte ausdrücklich nicht der Krankheit, sondern diesen Wesen befohlen, den Besessenen zu verlassen.

Er schaute in die Runde, sie hörten alle aufmerksam zu. Ob irgendeinem von den Studenten ein ähnlicher Gedanke durch den Kopf ging? Aber nein, sie alle waren wissenschaftshörig, und niemand würde es gewagt haben, solchen frevelhaften Gedanken nachzuhängen. „Wie seltsam", dachte Bobik, „wenn einer vor zweihundert Jahren einen Zweifel darüber ausgedrückt hätte, ob es Dämonen seien, den würde man als Ketzer verbrannt haben . . ."

Die Frau des Professors war Sängerin. Sie lebten sehr zurückgezogen. Manchmal luden sie Bobik zum Essen oder Tee ein, und sie hatten immer gute Gespräche miteinander.

Eines Tages traf Bobik den Professor auf der Straße, er trug einen kleinen Koffer. Er wollte zu einem Vortrag nach Aachen verreisen. Bobik begleitete ihn zur Bahn. Der Professor fragte Bobik, ob er wisse, wo man eine kleine Flasche Cognac kaufen könne, er werde nämlich im Zug immer seekrank. Bobik mußte lachen: seekrank werde man doch nur auf einem Schiff. – Er sei eben gegen das Bahnfahren allergisch. – Sie gingen in ein Spirituosengeschäft und kauften eine Taschenflasche Cognac. Der Professor drehte die Flasche ungeschickt in der Hand, er wußte nicht, wie man sie öffnete. Bobik half ihm. „Wissen Sie, das macht alles meine Frau, sie nimmt mir alle häuslichen Dinge ab." Bobik staunte: ein Mann, der manche Bücher auf dem Gebiet der Psychiatrie geschrieben hatte, der international bekannt war, der auf dem Festland seekrank wurde und eine Flasche nicht aufzumachen verstand – wie reimte sich das zusammen?

Durch eine Indiskretion wurde folgende Geschichte bekannt: Der Professor und seine Frau waren vierzig Jahre alt, sie waren zwölf Jahre verheiratet. In letzter Zeit wurde die Frau zusehends dicker. Sie gingen zu einem Frauenarzt. Der Professor sagte: „Meine Frau hat ein Myom." Der Arzt untersuchte sie und kam strahlend zum Professor: „Das Myom hat zwei Arme und zwei Beine und einen Kopf!" – Der Professor begriff nichts. „Wie meinen Sie das, so etwas gibt es doch gar nicht!" – „Doch, und ob es das gibt, Mensch, Ihre Frau bekommt ein Kind!" – Der Professor setzte sich, kalter Schweiß stand auf seiner Stirn. Mit schwacher Stimme flüsterte er. „Das ist doch gar nicht möglich!" – „Seien Sie nicht töricht, sind Sie ein Mann oder nicht?" Der Professor nickte.

Wie sollte ein Mensch, trotz Schweigepflicht des Arztes, eine so köstliche Geschichte, von einem Kollegen einer fremden Fakultät dazu, bei sich behalten? Die Geschichte machte die Runde. Bobik erfuhr sie auch und lachte, er wunderte sich nicht nach den Erfahrungen, die er mit dem weltfremden Professor gemacht hatte.

Das Myom kam zur Welt und entpuppte sich als ein allerliebstes Mädchen. Die Professorin lud Bobik zum Tee ein, er bewunderte pflichtschuldigst das Kind, sie unterhielten sich, er genoß den Tee. Nun sag einer, daß es keine Besessenheit gibt! Plötzlich fiel Bobik die Geschichte ein, die er gehört hatte, er hatte aber inzwischen vergessen, daß es gerade dem besagten Ehepaar passiert war. Wie vom Teufel geritten, begann er der Professorin als Kuriosum die Geschichte zu erzählen. Er merkte, daß sie puterrot wurde und schwer zu atmen begann. „Was ist Ihnen, ist Ihnen nicht gut, kann ich etwas für Sie tun?" – Nun merkte er, was er angerichtet hatte. Was sollte er tun, wie sollte er sich verhalten? Er hatte nur den einen Wunsch, daß der Boden sich öffnen und ihn verschlingen möchte. Aber der Boden blieb fest. Er konnte unmöglich sich entschuldigen. Er mußte die Geschichte weiter bis zum bitteren Ende erzählen, so – hoffte er – würde sie wenigstens nicht merken, daß er wisse, daß er ihre Geschichte preisgebe. Als er fertig war, hielt er es für nötig, noch laut darüber zu lachen. Unter dem Vorwand, daß sie fürchterliche Kopfschmerzen habe, schickte sie ihn weg. Er hat das Haus nie wieder betreten, er ging auch nicht mehr zu den Vorlesungen des Professors.

Ein einziges weibliches Wesen war würdig befunden worden, Professor an einer deutschen Universität zu sein. Es war Maria Gräfin von Linden Aspermont. Sie hatte vor dem Weltkrieg Biologie studiert und wagte es, in diesem Fach zu promovieren. Sie war nicht gerade das, was man eine frauliche Frau nennen würde. Sie war stämmig, hatte einen männlichen Gang, trug Schuhe mit niederen Absätzen und einen Jägerhut auf dem kurzgeschnittenen Haar. Es war ihr als erster gelungen, eine Professur an einer deutschen Universität zu erkämpfen. Ihre Leistungen waren von allen Bewerbern unbestritten die besten, und man konnte sie unmöglich übergehen. Natürlich brachte sie es nur bis zum außerordentlichen Professor (wobei zu bemerken ist, daß in diesem Falle der „Ordentliche" *vor* dem „Außerordentlichen" rangiert). Zu weiteren Zugeständnissen war die professorale Männerwelt nicht bereit.

Im Jahre 1915 bat der Rektor der Universität, Professor Landsberg, sie zu einer Unterredung, in der er ihr nahelegte, von den feierlichen Versammlungen und Umzügen der Universität Abstand zu nehmen. Ihre Gegenwart bereite protokollarische Schwierigkeiten, denn als Professor müsse sie in eine bestimmte Kategorie eingereiht werden, als Dame müßte man ihr aber den Vorzug geben, in der Nähe des Dekans zu sitzen, und das verursache immer Ärger unter den Professoren. Es sei für sie doch ein Geringes, auf diese Feierlichkeiten zu verzichten.

Maria Linden forderte ihn auf, diesen Vorschlag schriftlich zu fixieren. Der Rektor stutzte: „Sie sind doch eine kluge Person, warum bestehen Sie darauf, dieses Gespräch zu protokollieren?" – „Ich zweifle nicht an meiner Klugheit, Magnifizenz. Aber ich glaube, dieses Protokoll wäre ein interessantes Dokument für die Zukunft. Es würde demonstrieren, womit die deutschen Professoren, die Elite der Wissenschaft, die Erzieher der akademischen Jugend, sich im Krieg beschäftigten. Ob das wohl für klug und sinnvoll gehalten würde?" – Der Rektor schwieg, das Dokument wurde nicht abgefaßt, und Maria Linden nahm weiterhin an den feierlichen Treffen der Professoren teil.

Sie blieb jedoch weitgehend isoliert wegen der Abneigung der Männer gegen den Einbruch der Frau in männliche Belange. Bobik schloß sich gerne an sie an und verehrte sie. Ihm war noch kaum eine Dame begegnet, die nicht Frau und nicht Mann, sondern einfach Mensch war und die trotz der alten Tradition ihres Hauses sich von allen einengenden Bindungen freigemacht hatte. Sie war im katholischen Glauben erzogen worden, aber war nunmehr nur Christin. Ohne Revolutionärin zu sein, stand sie über allen Parteien und Gesellschaftsklassen, und weil sie ihre Meinung sehr offen aussprach, war sie allenthalben unbeliebt. Die Linken bezeichneten sie verächtlich als „Gräfin", und die Rechten hielten sie für eine „Rote". Sie lachte nur darüber.

Bobik liebte die langen klugen Gespräche mit ihr. Man aß zu Abend ein frugales Mahl, das ihre Gesellschafterin, Fräulein von Altenburg, bereitet hatte. Ihre beiden zarten und nervösen italienischen Windspiele, deren dünne Beinchen so aussahen, als ob sie bei jedem Tritt zerbrechen würden, saßen rechts und links von der Gräfin und warteten auf einen Leckerbissen.

Am 9. November 1923 hatte in München unter Führung des Gefreiten Adolf Hitler und seiner Gefolgschaft der Bürgerbräuputsch stattgefunden, der unter blutigen Opfern zusammengebrochen war. Maria Linden war tief beunruhigt: „Die Völker haben den mörderischen Krieg überstanden, es gibt keine Familie, die nicht ihren Vater oder einen Sohn verloren hätte. Wir haben das Elend, den Hunger, die Inflation noch nicht recht verwunden, und schon geht es los mit radikalen Parteien. Dort der Spartakus und die Kommunisten mit dem Kapp-Putsch, und jetzt die Nationalsozialisten mit dem Bürgerbräuputsch. Sieh dir die Leute an: unklare Köpfe. Die Wiege liegt in Österreich, nicht nur weil Adolf Hitler von dort kommt. Geboren wurde die Idee des Pan-Germanismus, der auserwählten germanischen Rasse, die berufen ist über Europa zu herrschen, im Kopfe des Herrn Georg von Schönerer, dazu kam der Antisemitismus des Wiener Bürgermeisters Karl Lueger, und nun das alles zusammengekocht mit Sozialismus ergibt ein gefährliches Gebräu von abgestandenen Ideen, die bestenfalls eines Steinzeitmenschen würdig wären. Und du wirst es erleben: Arbeiter, Bürger und Adlige werden diesem Schreihals nachlaufen und Hurra rufen. Das ist nicht zu verwundern: Jahrhundertelang waren die Menschen Gehorchautomaten, wurden von ihren Fürsten als Söldner verschachert und zu Kanonenfutter mißbraucht. Die Menschenwürde wurde mit Füßen getreten. Aber nicht nur die Monarchien, auch die Kirchen, die die Nachfolge Christi angetreten hatten, handelten in gleicher Weise. Kein Wunder, daß logisches Denken bestenfalls noch in der Mathematik gefordert wird, aber niemals im politischen Leben, dort ist es nur hinderlich. Es bedarf sicher eines ungeheuer langen Prozesses, um die Menschen zu denkenden, gewissenhaften und verantwortlichen Bürgern heranzubilden. Jede Partei, jede Klasse ist nur auf ihren Vorteil bedacht und absolut nicht gewillt, die Interessen der anderen zu berücksichtigen. Und je lauter einer schreit, je mehr und Unsinnigeres er verspricht, um so mehr Leute laufen ihm nach. Allem zugrunde liegt der Machtanspruch, die Folge ist Verfolgung und Unterdrückung. Aber wie soll das anders werden? Sieh dir die Familien an: der tyrannische Vater duldet keinen Widerspruch und unterdrückt die Familie, oder es ist gar die Mutter, die die Macht ausübt. Überall herrscht Unrecht, denn der Mensch neigt dazu zu glauben, er allein sei im Recht: seine Moral, seine Nationalität, seine Konfession, seine Klasse.

Als der unselige Krieg endlich zu Ende ging – und verzeih mir, aber ich war froh, daß wir ihn verloren haben, denn ich bin sicher, wenn wir ihn gewonnen hätten, dann stünde an jeder Straßenecke ein Polizist mit aufgezwirbeltem Schnurrbart und würde uns reglementieren, und nicht nur uns, sondern auch die besiegten und unterdrückten Völker –, da glaubte ich, wir würden vielleicht einer neuen Zeit, einer geläuterten, durch Leid geläuterten Menschheit entgegengehen. Ich habe mich bitter geirrt: die Menschen blieben die gleichen, und niemand – keine Partei, keine Kirche, keine Gesellschaftsklasse – hatte die Absicht oder den Mut, alles zu reformieren, denn in dieser Welt ist alles reformbedürftig. Ich bin tief enttäuscht.

Ich habe als Frau erbittert gegen die Welt der Männer gekämpft, um das Recht zu bekommen, akademischer Lehrer zu sein. Wieviel Kraft hat das gekostet und durch wie viele Demütigungen mußte ich hindurch! Und heute, elf Jahre nachdem ich die Professur erhalten habe, gibt es außer mir nur eine einzige Frau, die Professorin geworden ist. Ich glaubte, in der neuen Demokratie würde das anders; nichts ist anders geworden. Es erscheint mir wie ein pathologisches Symptom: einer kämpft sein Leben lang als Revolutionär; sobald er an die Macht kommt, läßt der Genuß der Macht ihn nicht mehr los, und er wird zu einem Satrapen, er wird konservativ, denn er muß seine Macht konservieren. Wo gibt es denn ein Land, in dem nicht der Brutalste und der größte Schreihals, sondern der Weiseste regiert!?"

„Ich habe keine Gegenbeweise, Maria, aber vielleicht ist eine Demokratie von fünf Jahren noch zu jung und zu ungewohnt, und die Menschen können ihre alten Gewohnheiten nicht so leicht ablegen, besonders die Älteren nicht. Könnte es nicht sein, daß sie im Laufe einer langen Zeit es doch lernen? Gott, es sind zweieinhalb Jahrtausende her, daß Buddha, Konfutse und Laotse gelehrt haben, und fast zweitausend Jahre, daß Christus auf der Welt war, und ihnen schwebte doch der gute, liebende, beherrschte, freundliche, helfende, selbstlose Mensch vor. Also muß es doch dieses Vorbild, diese Idee geben. Und wäre es nicht möglich, daß, statt sich an den materialistischen Ideen des Kommunismus oder des Nationalsozialismus zu berauschen, die Menschen endlich begriffen, daß sie auch den anderen Weg wählen können, der sie frei macht? Natürlich weiß ich, daß auch das in Sektierertum ausarten kann, wie es so oft geschehen ist. All dies endet mit eingetragenem Verein, mit Satzung und Glaubensbekenntnis, und dann ist alles wieder beim Alten."

Das Gespräch endete mit einem großen Getöse. Sie saßen im Salon. Die beiden Hunde ringelten sich umeinander in ihrem Körbchen. Fräulein von Altenburg kämpfte mit dem Schlaf, ihr Kopf fiel auf die Brust, sie hob ihn ruckweise hoch, konnte ihn in der Position aber nicht mehr halten. Jürgen Krause, ein junger Student, saß neben dem Hundekorb, er beobachtete die verzweifelten Versuche Fräulein von Altenburgs und wurde schließlich gleichfalls vom Schlaf übermannt. Er verlor das Gleichgewicht und fiel in den Korb auf die Hunde, die jämmerlich heulend unter ihm begraben wurden. Gräfin Maria bangte um ihre Lieblinge, sie schubste Jürgen aus dem Korb und begann die acht Beinchen abzutasten, die glücklicherweise unversehrt geblieben waren.

BOBIK IM IRRENHAUS

Die psychiatrischen Vorlesungen fesselten Bobik am meisten, obwohl er den Eindruck hatte, daß dieses Fach von den mittelalterlichen Anschauungen noch nicht allzuweit entfernt war. Noch lebte der Vater der modernen Psychiatrie, Emil Kraepelin (1856–1926), der als erster eine Systematik in die Erscheinungsformen der Geisteskrankheiten gebracht hatte; er trennte die beiden großen Krankheitsgruppen der Schizophrenie (dementia praecox) und des manisch depressiven Irreseins und beschrieb minutiös deren Symptomatik. Aber noch gab es Zwangsjacken von festem Drillichstoff und überlangen Ärmeln, in die die tobenden Patienten gesteckt wurden, und kalte Dauerbäder.

Professor W. war ein alter Herr mit dickem Bauch auf dünnen Beinen, er sah wie eine satte Spinne aus. Er war früh gealtert, er ging mit ganz kleinen Schritten; das sah aus, als ob er auf kleinen Röllchen daherrollte. Dabei fuchtelte er mit den kurzen Armen, als ob er ruderte. Seine Sprache war etwas schleppend und verwaschen. Bobik setzte sich immer in die erste Reihe, um ihn besser verstehen zu können. Er hatte gar keine Beziehung mehr zu seinen Studenten, er schaute nie in den Hörsaal und dozierte vor sich hin. Sein Vater war ein berühmter Mann gewesen: er hatte das Fehlen des Kniesehnenreflexes bei der Progressiven Paralyse beschrieben, und zwar an sich selbst. Das geschah noch lange, ehe Wassermann die spezifische Reaktion des Blutes auf Syphilis entdeckt hatte und ehe es eine andere Behandlung dagegen gab als Quecksilberschmierkuren, die noch von Paracelsus stammten, und eine Lösung von Kalium jodatum.

In der Vorlesung von Professor W. gab es fast immer lustige Zwischenfälle, weil er selbst mit seinen Gedanken nicht mehr recht dabei war. Deswegen war sein Hörsaal stets voll, es wurde viel gelacht; die Studenten betrachteten seinen Auftritt als eine Art Jux. Er pflegte während der Vorlesung Patienten vorzuführen. Er schaute die Leute gar nicht an, er nahm die Krankenblätter, wie sie lagen, und las die Krankengeschichte vor. Hereingeführt wurde eine magere Frau, die zuckende Bewegungen am ganzen Körper hatte, sie konnte keine Sekunde still stehen. Der Professor las derweilen, ohne sie anzuschauen, aus der Krankengeschichte: „Sie erkennen an ihrem amimischen, wie maskenhaften Gesicht, an der Körperstarre und Teilnahmslosigkeit . . ." – „Du Jeck, wat quatschst du denn da, du Blöder!", schrie sie den Professor aufgeregt und wild gestikulierend an. Der Hörsaal dröhnte vom Lachen. „Wie heißen Sie, liebe Frau?", fragte der Professor sanft. – „Wie soll ick heißen, Pampelmuse; Schmidt heiß ick, dat solltest du doch wissen, du Jeck!" – Er schaute auf das Krankenblatt. „Gehen Sie doch bitte einen Moment hinaus. Verzeihen Sie, das war eine andere Frau." – Es brauchte lange Zeit, bis das Gebrüll und Gelächter aufhörte.

Ein andermal wurde ein wild gestikulierender und hastig redender Mann in den Vorlesungssaal gebracht. Der Professor kam gar nicht zu Wort. Zwei Wärter mußten geholt werden, um ihn hinauszuführen. Der Professor sprach dann von agitierter Manie. Bobik wagte ihn zu fragen, ob er denn mit dem Mann, der offenbar Italiener sei, ein Gespräch geführt habe. „Wie sollten wir das; erstens spricht bei uns niemand italienisch, zweitens wurde uns der Mann vor zwei Wochen von der Polizei eingeliefert, und seit der Zeit ist er im Erregungszustand." – „Ich spreche leidlich italienisch, Herr Professor, würden Sie mir erlauben, mit dem Mann zu sprechen?" – „Natürlich, gehen Sie zu ihm und versuchen Sie es!"

Bobik traf den Mann noch im Vorzimmer. Er redete ihn auf italienisch an. Ein Wortschwall und wilde Gestikulationen waren die Antwort. Bobik verstand kein Wort. Schließlich herrschte er den Verrückten an: er würde sofort weggehen, wenn er nicht ruhig werde, er wolle ihm doch helfen. Der Mann beruhigte sich mühsam. „Nun bitte, erzählen Sie!" Wieder begann der Wortschwall. Bobik erhob sich und wollte zur Tür gehen. Der Italiener ergriff seine Hand und bat ihn, ihn anzuhören. Das Gespräch dauerte Stunden, weil sein Temperament immer wieder aus ihm ausbrach. Soweit Bobik ihn verstehen konnte, war er Principe B., der eine Deutschlandreise machte. In Koblenz promenierte er durch die berüchtigte Wassertorstraße und wurde

von einer Dame, die wenig bekleidet im Fenster eines rot erleuchteten Zimmers saß, angesprochen und hereingelockt. Er
verbrachte die halbe Nacht bei ihr, trank mit ihr irgendwelche
scharfen undefinierbaren Getränke und wankte in reichlich an-
getrunkenem Zustand hinaus. Die Hotels waren um diese Zeit
geschlossen. Eines wurde schließlich geöffnet, aber als der Portier sah, daß er betrunken sei, warf er ihn hinaus. Er nächtigte
auf einer Bank. Als er nun morgens in ein Hotel gehen wollte,
um sich zu waschen und zu frühstücken, merkte er, daß sein
Geld, sein Paß, seine goldene Uhr und die Ringe weg waren.
Natürlich konnte er sich nicht erinnern, wo die Dame wohnte.
Er war so aufgeregt, daß er viel zu schnell italienisch sprach, und
weil niemand ihn verstand, tobte er. Er wollte den italienischen
Konsul sprechen, aber es war keiner da. Man verwies ihn an die
Polizei. Dort standen die Beamten um ihn herum und versuchten ihn zu verstehen, aber das war nicht möglich; da entschieden sie, daß er verrückt sei, sie holten den Amtsarzt, und er wurde nach Bonn in die Anstalt gebracht.

Bobik fuhr daraufhin nach Köln zum italienischen Konsul,
der ihn ruhig anhörte. Er dankte Bobik für seine Hilfe. Tatsächlich hatte die Familie des Principe sich an die Konsulate gewandt,
weil er spurlos verschwunden war. Der Konsul fuhr sofort mit
seinem Wagen nach Bonn und holte den Italiener ab. Auch er
wurde mit Erzählungen und Vorwürfen überschüttet, so daß der
alte Herr sich die Ohren zuhalten mußte und den Principe bat,
seine Trommelfelle zu schonen. Ohne ein Wort des Dankes an
Bobik bestieg der Principe den Wagen des Konsuls.

Bobik fuhr meist mit seinem alten Fahrrad in die Heil- und
Pflegeanstalt. Das Rad hatte hinten ein festes Schloß, das Bobik
nie benutzte. Als er einmal von der Vorlesung zurückkam, war
das Schloß zugeschnappt, und er konnte es nicht öffnen, da er
keinen Schlüssel besaß. Er ging zum Pförtner und fragte ihn, ob
er ihm einen Hammer leihen könne. Der verwies ihn zum Oberpfleger. Bobik stieg die Treppe hinauf und klingelte. Ein breitschultriger Mann mit Glatze öffnete. „Was willst du denn?" –
„Bitte, ich brauche einen Hammer, um ein Schloß aufzuschla-

gen." – „Ah, einen Hammer brauchst du, den kannst du gleich haben, komm nur rein, Jüngelchen!" Er schob ihn durch die Tür und schloß sie ab, dann kümmerte er sich nicht mehr um ihn. Bobik befand sich in einem großen Saal mit vielen Geisteskranken. Sie merkten, daß er ein Neuer war, und fragten ihn aus. Er sagte, daß er nicht hierher gehöre, aber sie lachten nur darüber. Er war ratlos, er fragte nach einem Arzt oder dem Oberpfleger; aber es wurde ihm bedeutet, daß der Pfleger nur noch vor dem Zubettgehen erscheinen werde. Sie wurden schon um sieben Uhr zu Bett befohlen. Der dicke, glatzköpfige Mann kam wieder und kommandierte herum. Die Kranken legten sich in ihre Betten. Nur Bobik stand ratlos da. „Was stehst du hier herum, marsch in die Kiste!" – „Es ist doch kein Bett für mich da, ich bin kein Patient, ich bin Student!" – „Das sagen alle!" – Aber es war wirklich kein Bett da, und der Pfleger wurde stutzig. „Wie heißt du?" Bobik nannte seinen Namen. Der Pfleger ging hinaus, schloß die Tür hinter sich zu und kam nach einer Weile wieder. „Du stehst nicht in der Liste. Hast du einen Ausweis?" Bobik zeigte ihm seinen Personalausweis. „Sie haben sich wohl hier hereingeschlichen, um zu spionieren?", herrschte er ihn an. Nun wurde es Bobik zu bunt: „Ich habe Sie ganz höflich um einen Hammer gebeten, weil mein Fahrradschloß eingeschnappt ist, und Sie haben mich eingesperrt! Und nun werden Sie noch frech!" – Er duckte sich. „Warum haben Sie das mir denn nicht gleich gesagt?" – „Weil Sie mich gleich eingesperrt haben!" – Nun ließ er ihn hinaus, er begleitete ihn die Treppe hinunter und begann mit dem Pförtner zu krakeelen.

Bobik packte sein Fahrrad und schleifte es bis nach Hause. Er hatte keine Lust mehr, jemanden nach einem Hammer zu fragen.

FURUNKULOSE

Bobik gehörte zu der Generation, die als Babies wie ein Brett zusammengewickelt wurden und keine andere Nahrung bekamen als die Mutterbrust bis ins zweite oder dritte Jahr, vor allem kein Gemüse und keine Rohkost, weil man diese für schädlich hielt. Erst viel später ging man zu leichten Breichen, Haferflocken, Gerste, Hirse, Weizen und Buchweizen über. Daß bei solchen Kindern die Rachitis, die englische Krankheit, wie man sie damals nannte, als Folge falscher Ernährung die Regel war, war nicht zu verwundern. Wie in manchen Gebirgsdörfern der Schweiz und Bayerns der Kropf heimisch war und die Einheimischen Menschen mit geradem Hals als „Gradhals" beschimpften, so gehörte es zur natürlichen Entwicklung, daß die kleinen Kinder krumme Beinchen und verdickte Gelenke hatten, die das Längenwachstum hinderten. Aber nicht nur das Längenwachstum. Die Kinder waren gegenüber vielen Krankheiten anfällig. Der Begriff der Hygiene und das Wissen von der Verbreitung der Krankheiten durch Kleinstlebewesen war noch nicht allzu weit gedrungen; Louis Pasteurs Forschungen über die Verbreitung der Krankheiten durch Mikroben und die Versuche der Immunbiologie waren erst zwanzig Jahre alt, und es brauchte lange Zeit, bis solch revolutionierende Ideen die Grenzen fremder Länder, und noch viel länger, bis sie die Grenzen der bornierten Gehirne, nicht nur des Jedermann, auch der Professoren, passiert hatten.

Jadwiga hatte wohl vage etwas davon gehört; Njanja aber, die der unumschränkte Minister im Weißen Hause war, hatte ihre eigenen Ideen von den Mondphasen, von Dämonen, von bösen Einflüssen der unterirdischen Ströme. Dafür kannte sie alle Kräuter, die in Rußland wuchsen; sie wußte, wann sie ihre größte Heilkraft hatten, wie man sie trocknete oder zu Essenzen oder Dekokten zubereitete, und da sie lange vor der Ankunft des Doktor Sorokin die Kinder und das Gesinde hatte behandeln müssen, war sie die unumschränkte Herrscherin über die Kranken. Die Insassen des Weißen Hauses und die gesamte Verwandtschaft mit Ausnahme von Tante Ella, der Großfürstin Elisabeth von

Rußland, der Schwester der Zarin, waren überzeugt, daß ihr profundes Wissen, das eine jahrhundertealte Tradition hatte, von keinem Doktor zu schlagen sei. Wenn es auf einen Vergleich ankam, ob Doktor Sorokins moderne Medikamente oder Njanjas Kräuter und Zaubersprüche die Oberhand hätten, so war es fast immer Njanja, die den Sieg errang. Konnte Doktor Sorokin zum Beispiel etwas gegen die Warzen oder gegen das Gerstenkorn, gegen Gürtelrose oder die noch gefährlichere Gesichtsrose (Erysipel) tun? O ja, er tat sehr viel, verzweifelt viel, aber nichts half. Njanjas Sprüche dagegen hatten eine schnelle Wirkung, und Menschen aus Moskau, ja sogar aus Petersburg, kamen angereist und erbaten ihre Hilfe.

Bobik erinnerte sich, mit welcher Geringschätzung sie die schönen braunen Medizinflaschen, deren Korken mit einem plissierten Papierhütchen und einem langen Papiermantel geschmückt waren, auf dem die Rezeptur aufgeschrieben war, in ihren Händen drehte. Mit ihrem einen Auge besah sie sich die Schrift – das andere Auge schielte –, dabei brummte sie etwas Unverständliches. Sie verwickelte Doktor Sorokin, während er Tee trank, in gelehrte Gespräche. „Väterchen, wo ist da der Unterschied zwischen dem, was Sie tun und was ich tu. Für das Herz geben Sie Digitalis, wir nennen es schlicht Fingerhut. Und ich schwöre, meiner, den ich im Juli am Waldrand pflücke, ist besser als Ihrer, und ebenso der Baldrian, der Hopfen, die Kamille, die Pfefferminze und ihr »Opiuma«. Wir haben unseren Säuglingen, damit sie schliefen und nicht quengelten, ein Läppchen mit Mohn zum Lutschen gegeben. Und bei Zahnschmerzen und Erregungen geben wir das Bilsenkraut und den Stechapfel. Ihr gebt dasselbe, nur ist bei euch alles lateinisch benannt. Wozu braucht ihr die katholische Sprache, die doch bekanntlich vom Teufel herstammt, wenn wir selbst die besten Namen für die Kräuter haben?" – Doktor Sorokin schmunzelte in seinen Bart und ließ die Njanja reden; aber Bobik, der dabeisaß, hatte die Empfindung, daß er viel von ihr lernte.

Außer der Rachitis hatte Bobik viele Krankheiten gehabt: Masern, Scharlach, Ziegenpeter und einen schwachen Magen, einmal hatte er auch ein gebrochenes Bein, dessen Heilungsprozeß durch die Behandlung eines fremden Arztes verschleppt wurde. Am kränksten war er, wenn er zur Schule gehen mußte und die Aufgaben nicht gemacht hatte – dann war er wirklich krank, und das demonstrierte er mit allen ihm zu Gebote stehenden schauspielerischen Fähigkeiten. Später erfuhr er, daß man das „Simulation" nennt.

Nach der Hungersnot behielt er lange Jahre ein Magen-Darmleiden; er konnte nur ganz kleine Portionen essen und vertrug kein Fett, er wurde von heftigen Krämpfen, Erbrechen und Durchfall geplagt.

Noch schlimmer als das waren gelegentlich auftretende Depressionen. Er war zwar scheu und zurückhaltend, aber in der Grundstimmung optimistisch, geneigt, die Welt mit ihren Menschen, Tieren und Pflanzen schön zu finden und dankbar zu sein für das Geschenk des Lebens. Aber dann gab es urplötzlich Phasen von tiefster Niedergeschlagenheit. Er kam sich nutzlos vor, wußte nicht, warum und wofür er lebte. Alles, was er erlebt und getan hatte, war ohne Sinn, es war nichts Gutes daran, er hatte ganz egoistisch nur für sich gelebt, er hatte niemandem etwas Gutes getan, er war ein Verworfener. Mitten in der sonnenüberstrahlten Landschaft sah er alles nur grau und überschattet, und sogar der Tod, den er als Bestandteil des Lebens bejahte und sich auf ihn freute, sogar der Tod erschien ihm dunkel und ohne Hoffnung. Er besah sich seine Wandteppiche, an die er so viel Mühe und so viele Gedanken verschwendet hatte: wozu das alles? Das Wachsein war unerträglich, und die Nächte waren schlaflos, oder er wurde von fürchterlichen, dämonischen Träumen geschüttelt, die der Welt des Hieronymus Bosch ähnelten. Man wird mißtrauisch gegen sich selbst und gegen die anderen Menschen, man zweifelt an ihrer Freundschaft und ihrer Ehrlichkeit. Man findet, daß man alles falsch gemacht hat, ein Versagen oder kleinste Fehler blähen sich auf, man glaubt sie nicht wiedergutmachen zu können. Alle Sinne sind wie verklebt: die Augen sehen nicht mehr die Pracht der Farben, die Ohren fassen nicht die Schönheit der Musik, die besten Speisen schmecken schal. Man gerät in die Welt einer langweiligen, quälenden Hölle ohne Teufel. Der Teufel ist man selbst. Man wird gereizt gegen die Freunde, macht ihnen Vorwürfe und stellt die Freundschaft auf eine harte Probe. Man zieht sich von allem zurück, aber man kann auch nicht arbeiten, das Gehirn faßt nicht die einfachsten Dinge. Man spielt mit dem Gedanken an den Freitod, und manchmal ist man ganz nahe daran, und doch weiß man gewiß, daß auch der Freitod in dieser Situation keine Lösung ist.

Bobik kam in den Sinn, daß manche geistigen Menschen sich in die Einsamkeit zurückziehen, um zu meditieren, um ihr Gewissen zu erforschen und zu reinigen. Nach solcher schöpferischen Pause treten sie gefestigt und erneuert ins Leben. Aber er wußte ganz genau: diese Niederungen des Geistes brachten keine Katharsis, keine Erneuerung, kein Umdenken, es war ein Verweilen auf einer niederen, dumpfen, unguten Stufe des Seins. Doch welche Beglückung erfaßte einen, wenn man merkte, daß die Wachheit der Sinne wiederkam, daß die Farben wieder Farben und die lieben Menschen wieder liebe Menschen waren. Man dankte und betete, daß einem jenes herabziehende Erlebnis niemals wieder zuteil werde.

Er hatte sich beim Öffnen eines Furunkels in der Chirurgischen Klinik unbemerkt mit dem Skalpell an der Hand geritzt. Erst am nächsten Morgen war die Stelle entzündet und heiß. Er kühlte sie mit essigsaurer Tonerde. Es entstand ein Furunkel. Er ging zum Oberarzt der Klinik, Doktor Ramb, den er sehr schätzte und mit dem ihn ein seltsames Erlebnis verband.

Eines Tages war er tänzelnd und singend den langen Gang entlanggegangen, den man seiner Länge wegen „die Friedrichstraße" nannte. Jemand rief ihn an. Bobik drehte sich um, es war Doktor Ramb. „Haben Sie das große Los gewonnen?" – „Nein." – „Sind Sie verliebt?" – „Ja, ich bin immer verliebt, ich bin verliebt in das Leben." – „Dann haben Sie es gut, Sie sind ein Optimist." – „Sind Sie es nicht?" – „O nein, ich bin eher ein Pessimist, ich habe es schwer mit mir." – „Sie müßten das so bald wie möglich ändern." – „Ja, aber wie, wenn ich das nur wüßte." – „Ich weiß es auch nicht. Wenn ich Ihnen nur von meiner Freude abgeben könnte – und ich wäre bereit, Ihnen jede Menge abzugeben – tauschen möchte ich aber nicht!" – Beide lachten, schüttelten sich die Hand und gingen auseinander; Bobik war traurig, daß der Oberarzt – ein so gütiger Mann – an sich selbst litt.

Wenige Tage später aber entstand an einer anderen Stelle ein neuer Furunkel. Wieder behandelte Bobik ihn mit aufweichenden Salben und heißen Umschlägen, und wieder mußte er geschnitten werden. Und so ging es in einer Serie fort. Er wurde mit guten Ratschlägen überhäuft: er solle kein Fett essen und kein Eiweiß und möglichst viele Vitamine; dann wurde ihm eine Hefekur verordnet. Gräfin Linden gab ihm eine antibakterielle Kupferlösung, dann aß er löffelweise Leinsamen, die ihm im Hals stecken blieben und Hustenreiz verursachten. Schließlich machte Doktor Ramb ihm Eigenblutinjektionen. Er kam sich wie ein Versuchskaninchen vor; aber nichts half, die gräßlichen eiternden Beulen wuchsen wie die Pilze auf seiner geschundenen Haut. Er sehnte sich nach seiner Njanja, die bestimmt auch gegen dieses Gebrest eine Beschwörung oder ein geheimnisvolles Kraut gewußt hätte.

Schließlich besuchte ihn sein Freund, der persische Prinz Ali Esfandjari, ein stiller Junge, dessen Gesicht wie ein Pfirsich aussah – er war wie ausgeschnitten aus den schönen persischen Miniaturen. Manche seiner Verwandten wurden auf russischen Lyzeen erzogen, weil Rußland sich die Sympathie der persischen Kaiser und Fürsten sichern wollte. Er liebte es, bei Bobik zu sitzen, wenn keine anderen Gäste da waren, Tee zu trinken und Warenje zu essen, das er von seinem Heimatland gewohnt war. „Weißt du, was man bei uns macht? Sicher, wir haben keine so fortschrittliche Medizin wie die Deutschen, aber die alten Sachen sind schließlich auch nicht schlechter; bei uns ißt man Pulver." – Bobik staunte. „Was für Pulver?" – „Na, Schießpulver natürlich, womit man schießt, wenn man auf die Jagd geht." – „Wie soll ich es denn essen?" – „Du nimmst bei jeder Mahlzeit eine Teelöffelspitze." – „Und wo kauft man so etwas?" – „Im Waffengeschäft natürlich. Ich gehe mit dir." – Also gingen sie in ein Waffengeschäft. Bobik konnte besser deutsch als Ali. „Ich brauche Schießpulver." – „Wieviel benötigen Sie?" – Bobik wußte es nicht. „Ich denke, ein Pfund", sagte er. – „Was wollen Sie denn damit tun?" – „Ich will es einnehmen, wissen Sie, gegen Furunkel." – Der Mann schaute die beiden exotischen Jünglinge mißtrauisch an. Er wog das Pulver ab und händigte es Bobik aus.

Nun begann er mit der Pulverkur, er nahm es pünktlich dreimal am Tage, aber die Staphylokokken tobten munter weiter in seinem Körper. Gräfin Linden nahm lebhaft teil an seiner Krankheit. „Was tust du jetzt?" – „Ich nehme jetzt Pulver, Schießpulver, aber es hilft auch nichts." – „Du bist wohl wahnsinnig, wer nimmt denn Pulver innerlich ein? Hör damit auf. Wer hat dir denn das geraten?" – „Ali Esfandjari, er kennt das von seiner Heimat." – „Vielleicht ist es bei den Kurden eine Medizin, bei uns benutzt man es zum Schießen. Ihr seid wirklich wie die Kinder. Hör jetzt auf damit!" – „Aber deine deutsche Kupfermedizin hat mir auch nicht geholfen!"

Als Gräfin Linden gegangen war, war er über die erfolglosen Kuren dermaßen verbittert, daß er alle Fläschchen und Salben in den Papierkorb warf. Das Paket Schießpulver warf er in den brennenden Kanonenofen. Einige Sekunden später gab es ein seltsames Zischen, dann einen fürchterlichen Knall, die obere Platte des Ofens flog mit einer Stichflamme in die Luft, dann brach das eiserne Ofenrohr zusammen. Bobik ergriff einen Eimer und goß Wasser in die Glut, er brauchte mehrere Eimer, der ganze Raum war mit Aschenstaub und Qualm erfüllt. Seine Zimmerwirtin kam im Nachthemd und mit Lockenwickeln um den Kopf angelaufen, sie war durch die Explosion erschrocken, und das Wasser war in der Ecke durchgelaufen. Sie half ihm, den Dreck wegzuputzen und die Teppiche abzubürsten. Er schlief unruhig im kalten qualmigen Zimmer. Nach einem Jahr wurden die munteren Staphylokokken der stetigen Inzucht müde und verschwanden allmählich.

SCHULE DER WEISHEIT

Selten war Bobik von einem Buch so begeistert wie vom „Reisetagebuch eines Philosophen" des Grafen Hermann Keyserling. Er verehrte den Mann sehr, denn in ihm fand er eine Synthese zwischen einem Weltmann und einem Philosophen, der die Welt, in der er lebte und die er bereiste, vielleicht als erster ohne irgendwie gefärbte Brille sah. Er trug seine festgefügte Anschauung als Aristokrat, als Balte, als Evangelischer nicht mit sich. Der Inder war für ihn ein Inder, der Japaner ein Japaner, der Chinese ein Chinese, und er würdigte ihre Kultur, Weltanschauung, Religion und Seinsart. Das, was Leo Tolstoi in seiner kleinen Geschichte des Cafés von Skurat in wunderbarer Weise angedeutet hatte, das Verständnis und die Achtung vor der Eigenständigkeit jeder Religion, führte Keyserling weiter. Seinerzeit hatte Tolstois Geschichte in der orthodoxen Welt große Aufregung verursacht, er war als Verräter an seinem Glauben, als Abtrünniger gebrandmarkt worden.

Bobik besuchte eine Vorlesung, die Graf Keyserling in Bonn hielt. Der Mann wirkte eher wie ein tatarischer Fürst als ein baltischer Graf, er hatte einen Bart, wie ihn Tschingis Khan trug, und schrägstehende Augen. Er sprach sehr schnell und undeutlich, so daß Bobik, dem die deutsche Sprache noch immer Schwierigkeiten bereitete, dem Vortrage nicht recht folgen konnte. Er wollte den Grafen begrüßen und sich ihm vorstellen, aber dieser wurde von älteren Damen geradezu belagert, sie drängten sich an ihn, stießen und beschimpften sich gegenseitig. Wenn er gerade mit einer sprach, kam eine andere, schubste die Sprecherin beiseite und redete ihn an. Er blieb unbewegt verbindlich und freundlich, aber Bobik hatte nicht mehr den Mut, ihn anzusprechen.

Natürlich hätte er ihm viele Freundlichkeiten sagen wollen, aber was war das Motiv dieses Wunsches? War es nicht ein höchst egoistisches Motiv, ein sich Vordrängen, damit man sagen könne: „Ich kenne den Grafen Keyserling, ich habe mit ihm gesprochen, oder gar – ich bin gut mit ihm befreundet." – Dabei fiel

Bobik ein Erlebnis ein. Er fuhr einmal mit seiner Mutter und seinem Freund Paul Ortwin Rave in der Rheinuferbahn nach Köln. Im Nebenabteil erzählte ein junger Mann mit vielen Details von einem Besuch bei Bobik und seiner Mutter. Bobik schaute interessiert über die Banklehne. Er hatte den Sprecher nie gesehen. Dieser schaute auf und sah Bobik an, aber er kannte ihn nicht, er hatte auch den Namen falsch ausgesprochen und die Titel falsch gewählt. Jadwiga, die über den Vorfall sehr amüsiert war, ging zu dem Abteil und begrüßte den jungenMann wie einen guten Bekannten. Der stutzte: „Ich kenne Sie nicht, es muß ein Irrtum sein." – „Aber nein, Sie kennen mich sehr gut, Sie haben soeben Ihrer Freundin von meinem Sohn und mir erzählt, Sie waren doch bei uns zu Besuch. Ich bin Jadwiga Tschelist-schewa!" Der junge Mann geriet in höchste Verlegenheit und stotterte irgend etwas.

Bobik verspürte große Lust, an der Tagung der „Schule der Weisheit", die vom Grafen Keyserling gegründet worden war, in Darmstadt teilzunehmen. Er schrieb an den Großherzog von Hessen, der der Bruder von Tante Ella war, ob er ihn nicht für die Dauer der Tagung beherbergen könne. Der Großfürst wies ihm einen Raum im Prinz-Georg-Palais, das zum Teil an den Volkwang-Verlag vermietet war, an. Das Palais lag im wundervollen, gepflegten Rosengarten, es war ein villaartiger Bau aus dem Ende des vorigen Jahrhunderts: hohe dunkel-getäfelte Räume mit viel Goldbronze, Möbel waren kaum vorhanden, aber in der Halle prangte ein Fries mit Dantes Worten aus der Divina Commedia: „Quest' angolo di terra mi piace più di tutti altri intorni" (Dieses Stückchen Erde gefällt mir mehr als alle anderen Gegenden). Bobik bekam ein Zimmer, das nur dürftig möbliert war, aber einen herrlichen Blick auf den Garten und auf Darmstadt hatte. Im Hause wohnte noch der Direktor des Volkwang-Verlags, Ernst Fuhrmann, und seine Frau. Fuhrmann war bekannt durch seine wunderbaren Bildbände über Bali und andere exotische Länder und eine Reihe von Büchern philosophischen Einschlags, die eine große und nicht immer durch exaktes Wissen gezügelte Phantasie verrieten.

Das Ehepaar verhielt sich Bobik gegenüber, der Gast des Großherzogs war, kühl, beinahe feindlich. Als er am ersten Abend heimkam, brachte er es nicht fertig, seine Tür zu öffnen; sie war verriegelt, aber nicht verschlossen. Schließlich gelang es ihm, durch einen anderen Raum auf den Balkon zu kommen und von dort aus in sein Zimmer einzudringen. Jemand hatte einen Nagel in die Schwelle geschlagen. Andere Bewohner als das Ehepaar Fuhrmann gab es im Haus nicht. Bobik ließ den Nagel über Nacht stecken, weil er Ruhe vor eventuellen Eindringlingen haben wollte. Aber noch vor Sonnenaufgang wurde er durch fürchterliche Geräusche geweckt. Eine Frauenstimme kreischte laut und uhute. Bobik nahm an, daß die Person die Schreie eines Geistes nachahmen wolle; dann wurde laut gegen seine Wand gepoltert und offenbar Holz gesägt. Bobik blieb still und staunte über so viel menschliche Bosheit und über eine so schlechte Erfindungsgabe. Als er seinen Raum verließ, öffnete sich eine Tür, und ein Mann und eine Frau schauten hindurch; sie hatte sich wie eine Hexe die Haare ins Gesicht gekämmt. Bobik grüßte artig, sein Gruß wurde nicht erwidert.

Er ging zum Tagungsort, wo Vorträge stattfanden. Der große feierliche Raum war voll von Publikum. Bobik ließ seine Augen über die Zuschauer gleiten. Er fand viele kluge Gesichter, asketische Männer und aufgeputzte Frauen. Besonders zahlreich waren etwas aufgedonnerte ältere amerikanische Damen vertreten, die offensichtlich über ihre Männer, die nur als Begleitpersonen figurierten, herrschten. Es waren sehr geistreiche Vorträge von Keyserling selbst, von seinem Freund Erwin Rousselle, der über „Mysterium der Wandlung, den Weg zur Vollendung in den Weltreligionen" sprach; der Astrologe Oskar A. H. Schmitz berichtete in höchst geistreicher Form über „Psychoanalyse und Yoga". Der Sinologe und Interpret der Weisheit des I Ging, Richard Wilhelm, sprach über chinesische Lebensweisheit, Alexander von Gleichen-Rußwurm, der Ururenkel Friedrich Schillers, gab eine Vision vom kommenden freien Menschen.

Bobik war von den Vorträgen fasziniert, sie bereicherten nicht nur sein Wissen, sondern auch seine eigenen, in seinem kurzen

Leben bei vielen Begegnungen und auf Reisen gemachten Erfahrungen. Es gelang ihm, zu Oskar A. H. Schmitz nach der Lesung vorzudringen und mit ihm zu sprechen. Zunächst war Bobik scheu und dachte: was soll ein erwachsener berühmter Mann mit einem unbedeutenden Jungen reden? Aber gleich nach der kurzen Fühlungnahme entstand ein intensives Gespräch. Schmitz erfuhr, daß Bobik Russe sei, und wollte von ihm etwas über den Symbolismus von Andrei Bjelyi und über die Philosophie Aleksei Chomjakows, Wladimir Solowiows und Nikolai Berdjaiews hören. Als Bobik ihm berichtete, daß er Ururenkel von Chomjakow sei und dessen Tochter, seine Urgroßmutter, noch gekannt habe, war Schmitz begeistert und wollte so viel wie möglich über Chomjakow wissen. Er winkte Erwin Rousselle herbei und erzählte ihm von seiner Bekanntschaft mit Bobik. Er wurde von beiden eingeladen, mit ihnen in einer kleinen gemütlichen Kneipe zu speisen, wo sie die Gespräche fortführten. Bobik wurde wie ein gleichwertiger Erwachsener behandelt, was sein Selbstgefühl mächtig stärkte. Er konnte ihnen aus erster Quelle vom russischen Menschen, von seiner Religiosität, von der besonderen Art der russischen Ergebenheit in den Willen Gottes und von seiner Demut und Brüderlichkeit erzählen. Rousselle machte sich Notizen darüber, die er für eine neue Arbeit verwerten wollte. Es war spät abends, als Bobik in das Palais im Rosengarten zurückkehrte. Er ging wie auf Wolken, so selig war er über die gehörten Vorträge und die geistigen Gespräche. Seine Tür war diesmal nicht zugenagelt, und er atmete erleichtert auf in der Meinung, die Schikanen seiner Nachbarn hätten aufgehört. Sein Pyjama lag verdächtig ordentlich auf seinem Bett, so ordentlich hatte er ihn nicht dorthin gelegt. Er zog sich aus und wusch sich. Als er den Pyjama anziehen wollte, war er mit einigen sehr derben Stichen fest an das Bettlaken angenäht. Er suchte lange in seinem Etui nach einer Schere und schnitt die vielen Nähte auf. Er war dem Weinen nahe, vor Wut und vor Enttäuschung, daß es solch gehässige Menschen gebe, die sich so viel Arbeit machten, um einen zu ärgern und zu demütigen. Er kannte die Bücher von Ernst Fuhrmann, die er sehr liebte, nur mit seinen etymologischen Gedankenkonstruktionen konnte er sich nicht befreunden, diese waren auch recht befremdlich. Fuhrmann verglich die Wörter der verschiedensten Sprachen und behauptete deren Verwandtschaft miteinander; so sei es doch klar, daß das französische Wort für Schmetterling (papillon) mit dem aztekischen Papalotl identisch sei. Oder er stellte die Theorie auf, daß germanische Stämme nach Osten gewandert seien, von wo die Sonne aufging, wo die Welt noch jung ist, und so hätten sie den germanischen Wörtern überall die Silbe ung oder jung angeheftet. Bobik, der über die Kenntnis einer Anzahl slawischer, germanischer und romanischer Sprachen verfügte, konnte die Unrichtigkeit der Behauptungen leicht nachweisen.

Wie oft hatte er von Bekannten gehört, daß ihr Friede und ihre Harmonie durch böse Nachbarn gestört würden, daß Menschen sie schikanierten und ihnen das Leben durch falsche Verdächtigungen und Aggressionen oder üblen Klatsch vergifteten; er konnte das nie begreifen und nahm an, daß die Erzähler selbst einiges zu der Veruneinigung beigetragen hätten. Aber nun erfuhr er es an sich, der den Nachbarn nichts Böses getan hatte, außer daß er der Gast des Großherzogs war.

In der Morgendämmerung begann wieder das greuliche Heulkonzert und die Geräusche des Sägens. Bobik blieb ruhig, aber er mußte sich die Ohren mit den Fingern zuhalten. Als er sein Zimmer verließ, schauten zwei Köpfe wie häßliche Dämonen aus der Tür, und Bobik hatte den Eindruck, daß die Frau ihm die Zunge herausgestreckt habe. – Die Vorlesungen gingen weiter. Leopold Ziegler sprach über die vier Unterweisungen Buddhas.

Wieder traf Bobik sich mit Rousselle und O. A. H. Schmitz, zu denen sich Ziegler gesellte. Sie führten ihr Gespräch fort. Angeregt durch den Vortrag über Buddha, erzählte Bobik, daß es in Rußland eine Heiligenlegende gebe, die offenbar Buddha zum Vorbild habe, sie heiße „Jossafat i Warlaam" und sei schon im frühen Mittelalter bekannt gewesen. Er war von der Bedrängnis durch seine Nachbarn noch derart schockiert, daß er sich die Geschichte von der Seele reden mußte. O. A. H. Schmitz lachte:

„Natürlich, da wohnt doch der Zauberer. Dieser hatte im Verlag von Karl Ernst Osthaus gearbeitet und die ungezählten Photos und Klischees geordnet; daraus hat er dann manche Bücher zusammengestellt. Als Osthaus starb, haben Frau Paula Deetjen und andere Verwandte das Archiv des Verlags nach Darmstadt gebracht, wo sie das Prinz-Georg-Palais mieteten. Der Mann ist Autodidakt, außerordentlich begabt, aber voll von Minderwertigkeitskomplexen, die er überkompensiert, er ist Megalomane und hält sich für eine Art Oberzauberer. Ein Freund von mir sah ihn eines Tages aus der U-Bahn in Berlin kommen, er trug eine weite Pelerine, er hob auf der Treppe seine Arme hoch und verkündete laut: ‚Wenn ich befehle, wird diese Stadt in Staub und Asche fallen!‘, und das Komische ist, er glaubt selbst an seine Macht.“ Alle lachten.

In einer Nachmittagspause versuchte Bobik an den Grafen Keyserling heranzukommen, um ihm die Hand zu drücken. Er wollte ihn gar nicht in tiefsinnige Gespräche verwickeln, er wollte den verehrten Mann nur berühren. Kannte er doch von seiner Heimat her die Verehrung der Starzen, der Weisen und Heiligen und wußte um die Strahlung, die von ihnen ausging. In Deutschland war er keinem Starzen begegnet; offenbar gab es solche in diesem Land nicht, und es bestand auch kein Bedürfnis danach, weil die Menschen hier das Leben realistisch anpackten oder Probleme auf intellektuelle Art zu lösen trachteten. Was wirklich Gottesschau war, und die Hinwendung zu solchen Menschen, die Gott schauten, das kannte man hierzulande nicht. Nur wenige begriffen dieses wundertätige Geheimnis. Aber gerade hier, an diesem Ort, in der Schule der Weisheit, in den Aussagen von Rousselle, Schmitz, Ziegler, Richard Wilhelm, Rudolf von Delius und Gerhard von Mutius fand er die Welt seiner Starzen in anderer Gestalt. Diese Menschen hatten sich mit dem Geist des Ostens intensiv beschäftigt und sich zum Teil mit ihm identifiziert.

Eine Amerikanerin, mit einem Hut voll von rosa Stoffrosen, der wie ein Krebspudding aussah, redete auf den Grafen ein. Er hörte ihr ruhig zu, oder es schien vielleicht bloß so, seine Augen gingen in die Runde und streiften die vielen Menschen, die sich

346

an ihn heranmachten oder in Gruppen miteinander sprachen. Sein Blick huschte über Bobik, dann – als ob er sich auf etwas besänne – schaute er ihn intensiver an, entschuldigte sich bei der gesprächigen Dame, ging auf Bobik zu und reichte ihm die Hand. Bobik nahm die große kräftige Hand und küßte sie spontan. „Sie sind der junge Russe, von dem mir mein Freund Rousselle berichtet hat, ich freue mich, Sie zu begrüßen. Wir müssen noch miteinander sprechen, wir sind zum Teil Landsleute. Kommen Sie heute mit uns zu einem kleinen Umtrunk, aber – und er hielt den Zeigefinger vor seinen Mund als Signal des Schweigens – wir sind nur eine auserlesene Gruppe von Freunden. Rousselle wird Sie mitbringen." – Bobik war selig und versprach zu kommen.

Er ging ins Palais, um sich für den Abend zurechtzumachen. In der Halle traf er auf Herrn Fuhrmann, er grüßte höflich. Dieser erwiderte seinen Gruß nicht, er sagte laut, wie zu sich selbst, aber in der Absicht, Bobik zu treffen: „Dieses geleckte und geschniegelte Herrensöhnchen, verwöhnt und blasiert, lebt an der Welt vorbei und hat noch nichts erlebt, und wird auch nie etwas erleben!" – Bobik fühlte sich tief getroffen. Was sollte er tun, sollte er wie bisher achtlos an diesem unverschämten Scharlatan vorübergehen und sich alle Schikanen gefallen lassen, oder sollte er sich ihm stellen?

Bobik blieb plötzlich stehen und ging auf den Mann zu, so daß dieser einige Schritte zurückwich. „Sie sind reichlich unverschämt und wagen es über Menschen zu urteilen, die Sie überhaupt nicht kennen! Ich bin erschüttert, wie unreif ein erwachsener Mensch sein kann. Damit Sie es wissen, Ihr geschniegeltes und verwöhntes Herrensöhnchen ist durch die Hölle der russischen Revolution gegangen, er hat gekämpft, ist im Gefängnis gewesen, ist dem Tode entronnen, hat die Hungersnot erlebt, ist aus seiner Heimat geflohen und studiert hier Medizin, um den leidenden Menschen später zu helfen. Er hat viele schreckliche Dinge erlebt, aber zum erstenmal begegnet ihm in Ihnen und Ihrer Frau eine durch nichts provozierte Feindlichkeit. Ich schäme mich für Sie, daß Sie ein Mensch sind!" – Er hatte gesprochen, aber nun blieb er vor dem Mann stehen und schaute ihm ohne Haß unverwandt in die Augen. Fuhrmann konnte den Blick nicht länger aushalten, er konnte Bobik aber auch nicht ausweichen, denn er stand an der Wand. „Ich konnte doch nicht ahnen, daß Sie das alles erlebt haben. Ich war der Meinung, der Großherzog habe einen seiner Verwandten, einen von diesen blasierten kleinen Aristokraten, hier einquartiert, und die kann ich auf den Tod nicht leiden." – „Aber Sie können sich doch nicht anmaßen, einem Menschen von außen anzusehen, wes Geistes Kind er ist!", erwiderte Bobik empört. „Und dann gibt es unter Menschen so etwas wie einen Kodex des guten Benehmens!" – „Ha, gutes Benehmen, Sie kamen her und haben sich uns nicht vorgestellt!" – „Ich bitte um Verzeihung, ich habe Sie begrüßt, leider wußte ich nichts von Ihnen; aber Sie haben recht, es war ein Fehler von mir, und ich bitte nachträglich um Verzeihung." Bobik begriff, daß offenbar die ganze Kampagne gegen ihn ein Racheakt war, sie fühlten sich gekränkt, weil sie nicht genug beachtet wurden.

Ernst Fuhrmann rief seine Frau herbei, die erstaunt war, daß die beiden Männer friedlich miteinander sprachen. „Du, der junge Mann entschuldigt sich über sein tölpelhaftes Benehmen. Stell dir vor, er ist Russe. Wollen wir nicht ein Glas Wein miteinander trinken, und Sie erzählen uns etwas von Ihrer Heimat?" – Was sollte Bobik tun, sollte er in barschem Ton ablehnen und weiter beleidigt sein? Das wäre dumm und unchristlich gewesen. Er beschloß, sich zu versöhnen. Er willigte ein. Sie saßen in einem Zimmer, in dem nur Tische und Stühle waren und viele Kisten, in denen Material vom Volkwang-Verlag lagerte. Sie stellten Fragen und Bobik antwortete. Fuhrmann war ein guter Gesprächspartner, er hatte große Intuition und ging den Dingen auf den Grund, und die Frau, die Bobik für eine Hexe gehalten hatte, hatte ein furchenreiches, verarbeitetes und vergrämtes Gesicht mit guten Augen. Sie taten ihm jetzt leid, denn den ganzen Hexentanz hatten sie aus beleidigtem Selbstgefühl und innerer Unsicherheit aufgeführt. Nun mußte er zur Abendveranstaltung und entschuldigte sich. Die Frau lud ihn für den nächsten Tag zum Mittagessen ein, und er nahm dankbar an.

Mit Rousselle ging er zum verabredeten Lokal, wo nur wenige Menschen beisammen saßen. Hermann Keyserling war laut und aufgeräumt, er aß mit größtem Genuß und trank Unmengen Wein dazu. Bobik, der in ihm einen Heiligen oder Weisen gesehen hatte, staunte; lieber hätte er ihn als einen stillen, nach innen gekehrten Menschen gesehen. Der Graf erinnerte ihn eher an seine Verwandten mit der breiten russischen Natur wie Onkel Iwan Tarletzki oder Graf Sergei Scheremeteff, die sich keine Grenzen auferlegten. Er schaute hilfesuchend Rousselle an. Dieser begriff, faßte Bobiks Hand und drückte sie. Ein Gespräch, wie Bobik es erhofft hatte, kam mit Keyserling nicht zustande. Es wurde viel geredet, und der Graf sprach am lautesten, er erzählte bemerkenswerte Begebenheiten aus dem Baltikum und von seinen zahlreichen Reisen. Aber Bobik tröstete sich schließlich und dachte: dieser Mann hier hat die schönsten Dinge in seinen Büchern geschrieben, also muß er sie erlebt und durchdacht haben, und so sind sie alle in ihm, und er hat es nicht nötig, sie wie ein Plakat vor sich herzutragen. – Es fiel ihm ein, daß einmal einige neugierige, sensationslüsterne Damen plötzlich vor seiner Türe gestanden waren und seine Teppiche sehen wollten. Eigentlich wollte er sie ihnen gar nicht zeigen, aber die anerzogene Höflichkeit siegte. Er blieb aber äußerst reserviert, weil er diesen Einbruch nicht guthieß. Die drei Grazien, die sich an den Teppichen sattgesehen hatten und großes Entzücken zeigten, setzten sich fest und machten keine Anstalten zu gehen, was Bobik in Verzweiflung brachte. Dann sagten sie, sie hätten ihn sich ganz anders vorgestellt. „Wie denn?", fragte Bobik streng. – „Nun, wie man sich einen russischen Heiligen vorstellt, ganz demütig, überfließend von Güte, liebevoll. Sie sind sehr streng und unnahbar, es ist, als ob zwischen Ihnen und uns eine Wand wäre." – Bobik lächelte. Es war ja auch eine Wand, weil er nicht gewillt war, daß man ungerufen in seine Welt einbrach. Er begriff, auch Keyserling verbarg seine Welt hinter der robusten rustikalen Maske.

Es war eine sternklare Nacht. Rousselle erbot sich, Bobik bis zum Palais zu begleiten. „Du mußt es begreifen: er ist ein ganzer Mensch mit all seiner reichen Fülle, und zu dem Prozeß der Weisheit gehört auch die Annahme des Lebens, wie es ist, und das tut er. So etwas ist im Abendland selten; die Menschen sind entweder intellektuell, sie begreifen die Welt nur noch mit dem Gehirn und sind darum unsagbar arm, ohne es zu wissen, oder sie reagieren nur emotional, in ihrer Bewahrung der Traditionen, in ihrem Nationalismus oder in der Politik und Religion, und das ist noch gefährlicher. Du bist ein ganzer Mensch, aber du stehst am anderen Ende; dank deinem russischen Erbe bist du noch ein Naiver, ein Schauender. Du bedarfst keiner Gottesbeweise, keiner Philosophie, keiner Apologetik, du erlebst Ihn, und deine Art zu denken vollzieht sich mehr im Herzen als im Gehirn. Bei uns sind solche Menschen seit den Zeiten der Mystiker und spätestens seit der Renaissance und dem Humanismus ausgestorben. Die Aufklärung und der Rationalismus hat sie erstickt. Vormals war ein Künstler zugleich ein Wissenschaftler, und ein Politiker und Techniker war zugleich Künstler, und Gehirn und Herz waren miteinander verheiratet.

Uns, die wir um den neuen Menschen ringen, die wir um den Weisen des Ostens wissen, um die Bhagawadgita und den Pali-Kanon, um den Zend-Avesta, um die Mysterien der Isis und der Demeter und um den ‚großen Geist‘ der Indios, wir glauben, daß nur aus östlichem, intuitivem Geist und westlicher Pragmatie und Intelligenz eine Synthese entstehen kann, die den Menschen wieder heil macht. Ich habe im Vorwort meines neuen Buchs ‚Mysterium der Wandlung‘ meinen Weg in ein Symbol gekleidet:

‚Einst zog ein junger Bakkalaureus aus einer Albigenser Familie über die Pyrenäen nach Spanien, um an den damals weltbekannten Hochschulen der Mauren Weltweisheit sich zu erwerben. In Granada prägte er sich die Lehren des Averroës und des Avicenna ins Herz, wie sie ihm ein Lehrer von der freigeistigen Sekte der Mutaziliten vortrug. Die strenge Verstandestätigkeit und die Überschätzung des Vermögens menschlichen Witzes sagten ihm, wie der Jugend ja insgemein, sehr zu. So war er bald ein Freigeist, vertraute allein auf den menschlichen Verstand und verschüttete sich so den Zugang zu den Geheimnissen der menschlichen Seele wie der Welt. Je mehr er nun dadurch innerlich verarmte, um so mehr beschäftigte er sich mit immer äußerlicheren Dingen . . . Der Mensch erschien ihm als der Herr aller Kräfte des Weltalls.

Allmählich aber erkannte er, daß alle Verstandestätigkeit gleichsam in der Luft schwebt, wenn sie nicht getragen wird vom Tiefinnerlichen, was ihm mehr wie etwas Gefühlsmäßiges erschien.

So zog er nach Córdova, wo damals viele große Künstler lebten, die an der Errichtung der herrlichen Moschee und der Universität arbeiteten. Sie faßten nicht nur ihr Werk, sondern ihr ganzes Leben als Kunst auf. Dem Bakkalaureus erschien in dieser Auffassung das richtige Gleichgewicht zum Verstandesleben gefunden zu sein. Deshalb achtete er genau auf sich, daß alles, was er dachte, sprach und tat, immer als schön erschien. Aber nach einiger Zeit merkte er, daß erst recht eine innerseelische Aushöhlung unter der schönen Form eintrat.

Er zog nach Sevilla, um seine ungeheure Sehnsucht in ernster Arbeit zu vergessen. Da spürte er langsam, wie das Arbeiten einen Segen für den Menschen bedeutet, und während er bisher über die festen Anschauungen der älteren Generation gelächelt hatte, keimte ihm nunmehr ein Verständnis für deren Wesen und Wert auf. Eine neue männliche Freude durchströmte ihn . . . Während er nun eifrig arbeitete, erschloß sich ihm ein Ahnen für das Wesen der Religion und ihre einzigartige Weise zu sein und zu erkennen. Zwar stellte er noch immer das zergliedernde Denken höher als das schauende Erkennen. Aber er sah schon, daß dies keine Gegensätze seien, wie rechts und links, sondern mehr Schichtung wie Oberfläche und Tiefe.

Eines Tags machte er sich auf nach Aragon und Katalonien. Unterwegs aber fügte es sich, daß er einen Templer traf. Mit diesem ritt er zusammen weiter. Sie führten Gespräche über die Religion, doch kamen sie zu keiner Verständigung, denn der Meister der freien Künste bestritt das, was er doch gar nicht kannte, während der Templer das, was er kannte, nicht beweisen konnte. Am Abend ritten sie ein in die Eremitage von Ministrol. Der Templer deutete in die Höhe, zum Gipfel des Montserrat und sagte: »Siehst du dort die Gralsburg?« Sein Begleiter starrte verwundert den Berg an und sah lediglich die Zacken des Grates ragen, die Burg sah er nicht.

Sie setzten sich auf eine Steinbank vor der Einsiedelei. Während nun die Berge sich immer violetter färbten und der Himmel rot und schwefelgelb lohte, versank der Templer in die bei seinem Orden übliche Andacht. Sein Begleiter aber starrte in den Abend und suchte in seinem Inneren ... Da plötzlich löste sich, was so lange gebunden war, da brach urgewaltig hervor, was in ihm verschüttet war: er sah ein großes Licht flammen und fühlte, wie Gott ihm den Finger auf das zuckende Herz legte. Er schrie auf, da er den ungeheuren Abstand und zugleich die unmittelbare Nähe des heiligen Weltenherrn spürte, und unter Tränen betete er wortlos – zum erstenmal wieder nach vielen Jahren.

Als er des Morgens aufwachte, suchte er den Templer in der Eremitage vergebens. Als er aber aus dem Hause heraustrat und seinen Blick zum Montserrat erhob, sah er plötzlich den Wunderbau der Gralsburg strahlend in der Morgensonne. Da schritt er rüstig bergan. Weit stand das Tor offen ...'

Siehst du, der Bakkalaureus, den ich da beschrieben habe, das bin ich, das ist mein langer, gewundener Weg ... Und der Templer, das bist du."

Sie waren am Rosengarten angekommen. Tausende von Rosen verströmten ihren Duft in die Nacht. Sie gaben sich die Hand. Von zwei entgegengesetzten Polen kamen sie zueinander, und Bobik begriff zum erstenmal so recht, daß der Weg des abendländischen Menschen auf diesem Pfad verlief. Er, Bobik, war kein Wegweiser, er stand nur am anderen Ende, aber vielleicht konnte er dem Wandernden entgegenkommen?

ABSCHIED VON LENE MÜLLER

Nach zweieinhalb Jahren der Freundschaft mit Lene Müller kam der Tag des Abschieds. Sie hatte eine Anstellung im Botanischen Garten in Buitenzorg auf Java erhalten. Bobik bereitete ihr ein Abschiedsmahl. Er überlegte lange, was er ihr auf die Reise mitgeben solle. Zwei Jahre der Gemeinsamkeit, der wunderbaren Gespräche, der gegenseitigen Anregungen hatten sich tief in beider Leben eingeprägt. Er beschloß, ihr das alte Kreuz zu geben, das der Heilige Sergius von Radonesch seinem Ahnen Brenko Tschelo vor dem Kampf auf dem Kulikowo Pole am 8. September 1380 geschenkt hatte. Er nahm das Kreuz und segnete sie damit. Sie weinte. Sie aßen schweigend miteinander. Es war ein helles, verbindendes Schweigen. Er wußte, daß sie in leidenschaftlicher Liebe zu seinem Freund Heinz Detlef v. W. entbrannt war und daß sie die weite Reise gemeinsam unternahmen; er gab sie frei, ohne Bitternis und Ressentiment. Er faßte alles Wunderbare, das sie gemeinsam erlebt hatten, wie durch eine Lupe in einem Fokus zusammen und bewahrte es in seinem Herzen. Das gehörte ihnen beiden, das gehörte ihm, es hatte ihn in der Fremde geformt, froh und glücklich gemacht. Unter den wenigen Menschen, die bewirkt hatten, daß die Fremde ihre Fremdheit verlor, gebührte Lene Müller ein großer Anteil. Er begleitete sie den langen Weg bis nach Kessenich zu dem alten Simrockhaus. Dort nahmen sie Abschied. „Daß ich dich liebe, was geht es dich an", sagte Lene dumpf. Sie küßten sich, und er lief still vor sich herweinend nach Hause. Es war ein Weinen ohne Bitternis; Rührung und Dankbarkeit war darin.

Am nächsten Morgen begleitete er sie nach Wiesbaden, wo sie noch einige Besorgungen zu machen hatte. Bobik ging unterdessen auf den Neroberg, um in der russischen Kapelle, in der der marmorne Sarkophag der Großfürstin Aleksandra Nikolajewna (1825 bis 1844) stand, zu beten. Er war ganz allein in der schönen Kirche, er kniete nieder und fühlte sich wie zuhause, er dankte aus vollem Herzen für alle die Fülle, die Gott ihm geschenkt hatte, und versprach, ihn nicht zu enttäuschen. Dann ging er zu dem Sarkophag der jungen Prinzessin, der kleinen Adini, wie man sie in der Familie nannte, die mit 19 Jahren den Prinzen Friedrich von Hessen-Kassel geheiratet hatte und im gleichen Jahre an der Geburt eines Kindes gestorben war. Bobik kniete vor der Zarentür und ging auf den Friedhof, wo zahlreiche Verwandte von ihm lagen. Er ging langsam von Grab zu Grab und las viele bekannte und vertraute Namen. Emigranten aus früherer Zeit oder solche, die Genesung suchend hierher gekommen waren und ihre Heimat nie wieder gesehen hatten, oder die vor den eisigen Winden des Winters geflüchtet oder der Spielleidenschaft in Bad Homburg erlegen waren.

Ein kleiner Junge spielte auf den Gräbern, kletterte auf die steinernen Kreuze und balancierte waghalsig darauf. Bobik redete ihn auf russisch an. Er war sechs Jahre alt und der Sohn des Küsters. Er nahm Bobiks Hand und schlenderte mit ihm durch die Reihen. Er konnte noch nicht lesen, und Bobik las ihm die Namen vor. Da war das Grab eines Jungen, der hieß Wolodja. Der Bengel sagte, er heiße auch Wolodja. Bobik sagte ihm, daß er auch Wolodja heiße. Der Kleine schaute ihn fast feindselig an: „Du lügst, du kannst nicht Wolodja heißen, denn ich heiße Wolodja." – „Aber der Junge, der hier liegt, heißt doch auch Wolodja." – „Das ist ganz etwas anderes, er ist ja tot. Aber es gibt nur einen Wolodja auf der Welt, der lebt, und das bin ich." – Bobik fand die Logik überzeugend und tröstete ihn: „Eigentlich heiß ich auch nur Bobik, das ist eine verkürzte Form von Wolodja. Du sollst deinen Namen allein für dich haben!" Der Kleine war mächtig stolz, und der Friede seiner Seele war wiederhergestellt.

Am Nachmittag besuchte Bobik seinen Verwandten, den Grafen von Merenberg, den Sohn des Prinzen Nikolaus von Nassau und der Tochter Aleksandr Puschkins, Natalie, die in erster Ehe mit General von Dubelt, dem berüchtigten Zensor Puschkins, verheiratet gewesen war. Sie hatte sich von ihm scheiden lassen und den Prinzen Nikolaus geheiratet. Die Kinder, weil sie aus morganatischer Ehe stammten, erhielten den Namen Merenberg. Graf Georg sah wie ein wohlbeleibter weißer Neger aus.

Puschkins Urgroßvater war der berühmte Neger Hannibal Peters des Großen gewesen. Alle seine Nachkommen behielten das negroide Aussehen. Graf Georg hatte ganz kurzes, blondes gekräuseltes Haar und aufgeworfene Lippen. Er seinerseits heiratete die Fürstin Olga Jurjewskaja, die morganatische Tochter des Kaisers Aleksandrs II. mit der Fürstin Dolgorukaja. Tante Olga war zeitlebens krank, man sah sie nur im Bett oder auf der Chaiselongue. Georg Merenberg dagegen verstand es, das Leben zu genießen.

Bobik überbrachte ihm die Grüße seiner älteren Schwester, Frau von Bessel, die im gesellschaftlichen Leben Bonns eine große Rolle spielte. Sie war außerordentlich intelligent und hatte von ihrem Großvater Puschkin und ihrer Mutter Natalie eine sehr scharfe Zunge geerbt. Sie sagte wie so viele russische Damen der Aristokratie alles, was sie dachte, und machte sich damit sehr unbeliebt. Es kursierten Unmengen von Anekdoten über sie. Eine Dame hatte sich einen Pullover gestrickt und kam, ihn ihr zu zeigen. Sie schaute sie abschätzig an und sagte: „Meine Liebe, bei uns nennt man so etwas tschutschelo (Vogelscheuche)!" – Einmal kam ein Beamter des Wohnungsamts zu ihr und fragte sie höflich, ob sie, in Anbetracht der Not der Studenten, ein Zimmer vermieten würde. Sie entrüstete sich: „Sie unverschämter Kerl! Denken Sie, ich gehe mit einem Studenten ins Bett, nein, und meiner Tochter und meinem Dienstmädchen verbiete ich es!" Der Mann war froh, als die Tür hinter ihm ins Schloß fiel. Zu ihren Tees kamen alle, die geladen wurden. Sobald einer sich verabschiedet hatte, wurde über ihn geklatscht. Bobik, der diese Gepflogenheit des Hauses kannte, blieb immer bis zuletzt, auf diese Weise entging er der Exekution. – Herr von Grote, ein älterer Mann, hatte die Unvorsichtigkeit, während eines Besuchs einen Herzanfall zu bekommen. Er öffnete den Kragen und japste nach Luft. Sie flößte ihm Baldriantropfen ein. Als er einigermaßen wieder zu sich gekommen war, komplimentierte sie ihn aus dem Hause: „Sie ungezogener Kerl, sie wagen es, schamlos ihre haarige Brust in Gegenwart meiner Tochter zu entblößen. Wagen Sie es nicht, mir wieder unter die Augen zu kommen."

Bobik erzählte dem Grafen Georg die neuesten Eskapaden seiner Schwester, und er lachte darüber. Später erkrankte die alte Dame an Zungenkrebs. Der größte Teil der Zunge wurde wegoperiert, und sie konnte sich nicht mehr verständigen. Rachsüchtige Damen meinten, der liebe Gott habe sie an der richtigen Stelle getroffen. Es war aber bewundernswert, wie diese Frau ihr Leid trug. Die alte Boshaftigkeit fiel von ihr ab, sie wurde freundlich und dankbar und freute sich über jeden Menschen, der sie besuchte; alle ihre Feindfreunde kamen zu ihr und boten ihre Hilfe an. Schließlich war das einzige Wort, das sie noch undeutlich aussprechen konnte: „danke, danke."

Als Bobik sich am Zug von Lene Müller verabschiedete, drückte sie ihm ein kleines Medaillon, das sie als Kind in einem holländischen Kloster getragen hatte, wo sie erzogen worden war, in die Hand. Es war die Madonna von Kevelaer. Er behielt das Medaillon die ganze Fahrt bis Bonn in seiner Hand. Er wußte, daß ein Abschnitt seines Lebens damit zu Ende gegangen war.

IHRE KÖNIGLICHE HOHEIT

Prinzessin Viktoria zu Schaumburg-Lippe, die Schwester Kaiser Wilhelms II., saß in den Konzerten in der Beethovenhalle stets in der ersten Reihe. Immer wenn Bobik sie dort sah, schlug sein Gewissen, daß er ihr noch nicht seine Aufwartung gemacht habe. Er nahm es sich vor, aber das Studium und die Vorbereitungen zum Examen, die vielen Fahrten ins Land und die Freunde hatten ihn daran gehindert. Er vermied, ihr zu begegnen. In einer Konzertpause stand sie plötzlich vor ihm. Er sah in ihre großen, stahlgrauen Augen und stutzte. Er konnte unmöglich davonlaufen. Er spürte, wie in ihrem Kopf eine Erinnerung auftauchte. Er machte eine artige Verbeugung. Sie reichte ihm ihre große sportliche Hand. „Wir kennen uns doch?" – „Ja, Königliche Hoheit, ich bin Bobik aus Moskau, meine Mama und ich haben Sie 1914 besucht." – „O ja, meine Kusine Ella schickte euch zu mir, ich weiß es noch ganz genau. Was machst du hier?" – „Ich studiere Medizin, wir sind nach der Revolution aus Rußland geflohen. Mama lebt jetzt in Berlin." – „Bist du schon lange in Bonn?" – „Einige Jahre", sagte er verschämt. – „Und du bist nie zu mir gekommen?" – „Ich habe es nicht gewagt, ich dachte, Sie hätten mich vergessen." – „Aber du siehst doch, daß ich dich nicht vergessen habe. Bitte, besuche mich, komm morgen zum Tee." – Bobik verbeugte sich und küßte ihr die Hand.

Am nächsten Tag klingelte er im Palais Schaumburg. Ein junger, blasser Diener öffnete ihm und schaute ihn unverschämt an. Ein lebhafter Scotchterrier kam bellend herangelaufen, kläffte Bobik wütend an, begann dann an seinem Hosenbein zu schnüffeln, klammerte sich schließlich an Bobiks Unterarm und machte unanständige Bewegungen. Bobik wußte nicht, wie er den lästigen Hund loswerden sollte. Er wurde einen langen Gang hinabgeleitet und landete im südlichen Trakt in der Vorhalle. Links war eine kleinere dunkle Tür, wo sich das Klosett befand, und Bobik erinnerte sich, wie peinlich ihm damals die Frage der Prinzessin gewesen war, ob er sich die Hände waschen wolle. – Sie kam herein, sie hatte einen eng anliegenden wollenen Rock und einen grünen Pullover an. Ihre Figur war sportlich geblieben, nur ihr Hals und ihr Gesicht waren gealtert. Sie begrüßte Bobik freundlich und führte ihn in den kleinen Salon, in dem alle Dinge am gleichen Platz standen wie vor zehn Jahren. Bobik staunte, sie folgte seinen Blicken. „Was interessiert dich?" – „Ich bin verwundert, hier ist noch alles unverändert, wie es war. Bei uns steht kein Stein mehr auf dem anderen. Es ist so seltsam, in ein Land zu kommen und alles unversehrt vorzufinden." – Sie goß ihm duftenden englischen Tee ein und legte ihm einen englischen Kuchen auf. Er erinnerte sich, daß er damals ebenfalls englischen Kuchen gegessen hatte. Sie fragte ihn nach ihren Verwandten aus, ob es wahr sei, daß ihr Vetter Nicki mit seiner ganzen Familie erschossen und daß Ella in einen Schacht gestürzt worden sei. Er bejahte.

Prinzeß Vicki erzählte, wie sie die Revolution überlebt habe. Es seien plötzlich lärmende Männer in Uniformen ohne Schulterstücke und strotzend von Waffen ins Palais eingedrungen. „Die Dienerschaft wollte sie nicht einlassen. Sie erzwangen sich den Zugang und machten sich breit in den Räumen. Darauf bin ich hereingekommen und habe sie angeherrscht, was sie hier wollten in meinem Haus. ‚Wollen Sie bitte die Waffen ablegen, ich bin nicht gewohnt, daß man in den Salon mit Waffen hereinkommt, und geben Sie mit Ihren genagelten Schuhen acht auf die guten Teppiche!' – Sie wußten nicht, was sie tun sollten, und standen in einem Haufen beisammen wie Schafe, bis der frechste von ihnen verkündete: ‚Frau Hohenzollern, Sie sind jetzt abgesetzt!' – ‚Sie können mich ja gar nicht absetzen!' – ‚Aber wenn wir im Namen des Volkes Ihnen verkünden, daß Sie abgesetzt sind!' – ‚Und ich sage Ihnen hiermit zum letztenmal, daß sie mich nicht absetzen können, denn ich bin eine Privatperson.' – Sie stutzten, es begann mir Spaß zu machen, und ich rief den Diener, er möge Cognac bringen. Er war derart verstört, daß er den Ausgang nicht fand. Schließlich brachte er ein Tablett mit Gläsern und eine Flasche; als er eingoß, zitterte seine Hand so, daß die Gläser klirrten. Die Leute besahen sich die kleinen Gläser, ob nicht Gift darin sei, dann tranken sie in einem Zug auf mein Wohl, und darauf entließ ich sie, sie trotteten betreten davon. Eigentlich hatten sie sich ein großartiges Schauspiel erhofft mit formeller Abdankung, mit Unterschriften, wie es die meisten Fürsten auch gemacht hatten. Aber ich war nicht gewillt, ihnen diese Genugtuung zu verschaffen. Manchmal kamen noch andere solche Gestalten, die aber eher rauben oder stehlen wollten; ich war aber wachsam und schlug sie in die Flucht."

Zwischen der Bonner Bevölkerung und Prinzessin Viktoria bestand ein ambivalentes Verhältnis, das man als Haßliebe bezeichnen könnte. Was sie auch tat und unternahm, wurde einer unfreundlichen Kritik unterzogen. Wenn sie sich wie eine Prinzessin aus regierendem Hause verhielt, dann schrien sie: sie ist hochmütig, was bildet sie sich ein, diese Zeiten sind vorbei, sie ist nicht anders als wir, sie sollte mal diese hochtrabende Eingebildetheit ablegen! Ging sie unters Volk, ins Theater, ins Kino, auf den Karneval, auf einen Bummel, dann meuterten sie: das gehört sich nicht für eine königliche Prinzessin, wie kann sie sich so einfach unters Volk mischen! Ihr Benehmen ist skandalös! – Und die Leute vom Adel beanstandeten, daß sie mit Bürgerlichen verkehre, das sei doch kein Umgang für sie, sie mache sich „ami cochon" mit Kreti und Pleti.

Glücklicherweise hatte Prinzessin Viktoria so viel Grandezza, daß sie sich um das Gekeife nicht kümmerte. Sie war ihr ganzes Leben in die Zwangsjacke der Etikette und des Protokolls eingezwängt gewesen, es fiel ihr schwer, nie auszubrechen. Ihr kranker Vater, Friedrich III., liebte und verwöhnte sie, ihre englische Mutter, die Tochter der Queen Victoria, hielt auf Disziplin und Ordnung. Der eiserne Kanzler Bismarck hatte nur die Politik im Auge. In ihrer Jugend verliebte sie sich in den schönen Prinzen Alexander von Battenberg, einen morganatischen Sproß der Großherzöge von Hessen, der eine Zeitlang Fürst von Bulgarien wurde. Die Mutter protegierte diese Verbindung, Bismarck vereitelte sie brutal aus dynastischen Erwägungen, sie mußte resignieren. Sie heiratete, wie es in dynastischen Häusern oft geschah, ohne rechte Zuneigung den Prinzen Adolf zu Schaumburg-Lippe. Als die Revolution ausbrach, war Vickis erste Frage: „Jetzt kann ich doch endlich machen, was ich will?!" Was sollte ihr der Hofmarschall von Salviati darauf antworten?

Natürlich tanzte sie mit ihrer straffen sportlichen Figur Tango, Rumba und Foxtrott und zog sich bunte Kleider zu Karnevalsfestlichkeiten an. Die Professoren und Offiziersfrauen schrien ceter mordio. Wie kann die Schwester des Kaisers Foxtrott tanzen, dazu in ihrem Alter! Bobik lachte sie aus: „Sie ist elegant genug, gut zu tanzen; anders wäre es, wenn Sie Foxtrott tanzen würden" – und er musterte von oben bis unten ihre hageren und üppigen Figuren. Da wurden sie still.

Vicki hatte kein Verhältnis zum Geld, weil sie nie, auch nach der Revolution nicht, Haushalt führen mußte. Das wurde von ihrem Hofmarschall und der Haushofmeisterin Fräulein Franz besorgt. Aber manchmal wendete sie einen Trick an: Wenn sie z. B. mit der Trambahn in die Stadt fahren sollte, ging sie zu Fuß und sparte so einige Groschen, die sie dann versteckte. Einmal kam sie zu Bobik und hatte in der Hand acht Mark und fünfzig Pfennige, sie war ganz stolz, so viel Geld gespart zu haben. Sie glaubte wahrhaftig, sie besitze ein Vermögen. Bobik spielte das Spiel mit. – Sie war sehr einsam. Seit Herr von Salviati gestorben war, hatte sie keinen offiziellen Marschall mehr und niemanden, der für Geselligkeit und Unterhaltung gesorgt hätte, und so kamen immer weniger Gäste ins Palais. Ebensowenig wurde sie eingeladen.

In einer kleinen Garnisons- und Universitätsstadt wie Bonn waren die Gesellschaftsklassen getrennt, die Militärs verkehrten untereinander, die Professoren hatten ihren Kreis, der dort ansässige katholische Adel bildete wieder eine Clique für sich. Man sah streng auf Ordnung: lädst du mich ein, lad ich dich ein. Und Vicki wurde nicht eingeladen, weil alle Fronde gegen sie machten. Die Menschen fühlten sich unsicher, viele wußten nicht, wie sie sie anreden sollten, und glaubten, sie würden sich etwas vergeben, wenn sie „Königliche Hoheit" sagten, oder sie verhaspelten sich und sagten einfach „Hoheit" oder gar „Durchlaucht", und dann wurde sie böse. Es gab einen Knäuel von unentwirrbaren Schwierigkeiten. Andere hatten Angst, man würde sie der Angeberei bezichtigen, wenn sie sie einladen würden, und so unterblieb es. Sie wurde beneidet um ihren Rang, um das Palais, und niemand ahnte, daß in dessen Mauern der ärmste, einsamste Mensch sich selbst überlassen war.

Vickis Naivität war rührend. Sie hatte den Internisten, Professor Hirsch, und seine Frau mit Bobik zum Tee eingeladen. Als jener ihr später den Dankesbrief, die „lettre de château" schrieb, unterzeichnete er mit „Ihr ergebenster Diener". Sie war über diese Redewendung erfreut wie ein Kind, sie zeigte Bobik den Brief und sagte: „Ich habe einen wirklichen Freund gewonnen." – Bobik staunte, wer das denn sei? – „Na, der Professor, du hast doch gelesen, er ist mein ergebenster Diener!" – „Aber Vicki, das ist doch nur eine Floskel!" – „Was heißt hier Floskel? Er hat es eigenhändig unterschrieben, und was man unterschreibt, das gilt!" – Sie war von ihrer Meinung nicht abzubringen.

Sie kannte keine Angst, sie trat Menschen, die sich frech benahmen, unerschrocken entgegen und ließ sich nicht die Butter vom Brot nehmen. Sie schlief ganz allein im südlichen Trakt. Die Dienerschaft bewohnte den nördlichen Trakt, und eine gegenseitige Verständigung war nicht möglich. Vicki besaß keinen Revolver, nur eine Reitpeitsche lag auf ihrem Nachttisch. Eines Nachts verirrte sich ein junger Einbrecher in ihr Schlafzimmer, er war noch unerfahren, denn er hatte vorher nicht in den Kalender geschaut, es war nämlich Mondschein. Vicki hörte ein Geräusch. Mit der Behendigkeit einer Katze schlich sie aus dem Bett und schlug mit der Peitsche auf den verdutzten Einbrecher ein. Dieser flehte um Gnade. Sie machte Licht und befahl ihm, die Maske herunterzunehmen, er entpuppte sich als ein junger Mann. Sie mußte lachen. Er fragte sie, was mit ihm jetzt geschehen werde. Sie meinte, sie wolle ihn der Polizei übergeben. Er flehte, sie möchte das doch nicht tun, er werde nie, nie wiederkommen. Sie packte ihn am Kragen, schleppte ihn die Treppe hinunter und warf ihn zur Tür hinaus. Dann legte sie sich seelenruhig schlafen. Jeder andere Mensch hätte später diese Geschichte dramatisiert. Sie fragte nur den Kammerdiener Skibbe, ob Paddily, der Scotchterrier, diese Nacht angeschlagen habe. Sie möchte, daß der Hund fortan neben ihrem Schlafzimmer schlafe.

Auf dem politischen Himmel gab es wieder einmal Sturmwolken, diesmal stritt man sich, ob die ehemals regierenden Fürsten entschädigt werden sollten oder nicht. In Bonn wurde eine Demonstration gegen die Fürstenentschädigung angesetzt. Der Polizeipräsident rief besorgt bei Vicki an, ob er ihr nicht einige Polizisten zum Schutz geben solle, denn man befürchte Ausschreitungen. – „Wozu denn, ich bin doch nicht Nutznießer der Wiedergutmachung." – „Ja, aber das wissen die anderen nicht." – „Im Gegenteil, ich habe vor, mir die Demonstration anzusehen." – Alles Bitten half nichts, Vicki war fest entschlossen hinzugehen. Ihre Freunde, Baron Solemacher, Baronin Speth, Gräfin Pappenheim und der englische Major Harcourt Vernon, bedrängten sie, dies nicht zu tun. Sie war nicht umzustimmen.

Schließlich einigte man sich darauf, daß man in den Bismarck-film gehen wolle, der auf dem Markt im Kino neben dem Hotel Stern gezeigt wurde.

Sie saßen in der Loge, das Kino war voll, es waren meist ältere Menschen da. Vicki war sehr erregt und ungehalten. „Die Mama sah ganz anders aus! – und – O was haben sie aus dem armen Papa gemacht! – und – das soll ich sein? Ganz unmöglich!" – Wenn Bismarck auf dem Bildschirm erschien, sagte sie empört: „Der gräßliche Kerl, er hat mein Schicksal auf dem Gewissen!" Das Publikum zischte, aber Vicki ließ sich nicht besänftigen. Schließlich erschien ein Bediensteter in der Absicht, Vicki aus dem Kino zu weisen; als er sie erkannte, verbeugte er sich tief und wagte nichts zu sagen.

Als der Film zu Ende war, war die Demonstration bereits im Gange. Man trug Plakate mit Aufschriften wie: Nieder mit den Fürsten! – Kein Pfennig für die Blutsauger. Eine Strohpuppe, als Kaiser Wilhelm II. vermummt, wurde auf dem Marktplatz verbrannt. Die Direktion des Kinos geleitete Vicki und ihre Freunde durch den Hinterausgang. Sie befanden sich auf einer Rampe im Hof des Hotels Stern. Entlang der Rampe, zu ebener Erde, standen offene Mülltonnen. Sie gingen im Gänsemarsch über die Rampe und hielten sich an den Händen. Major Harcourt Vernon, der die Reihe anführte, glitt an einer nassen Stelle aus und stürzte in einen Eimer, der mit ihm umfiel. Nun fielen alle der Reihe nach; Vicki, Gräfin Pappenheim und Bobik landeten in den stinkenden Tonnen und rollten dann samt den Tonnen zu Boden. Sie hatten sich alle verletzt, und einer half dem anderen auf. Sie mußten trotz Schreck und Schmerz und stinkender Kleider lachen. Es war wie eine Episode aus tausend und einer Nacht, Ali Baba und die vierzig Räuber, die sich in den mannshohen Gefäßen versteckt hatten. Es war eine abenteuerliche Gruppe, die da hinkend auf das Palais Schaumburg zuwanderte. Major Harcourt Vernon stöhnte und jammerte, bis Vicki die Geduld riß. „Stop now", herrschte sie ihn an. „Ich bin mehr verletzt als Sie, und ich bin eine Frau, Sie hören mich doch nicht jammern!" – Er wurde still und nahm sich zusammen. Bobik bewunderte ihre Selbstdisziplin.

Sie besaß große Geistesgegenwart und reagierte rasch. Vicki, Gisi Pappenheim und Bobik saßen an einem Sommertag auf der Freitreppe und tranken Tee. Vicki war kurz vorher mit einer brennenden Zigarette in ihr Schlafzimmer hinaufgegangen. Der alte Kammerdiener Skibbe trat durch die Tür, räusperte sich und meldete mit einer Verbeugung: „Königliche Hoheit, mit Verlaub, die Markise brennt. Was befehlen Königliche Hoheit zu tun, soll ich die Feuerwehr rufen?" Vicki schaute hinauf: in der rot-weiß gestreiften Markise war ein großes rundes Loch. Ehe sich jemand versah, rannte sie hinauf. Der Kammerdiener stand noch verdattert da, Gisi und Bobik beobachteten, wie das glimmende Loch immer größer wurde. In dem Moment kam eine Wasserkaskade auf sie herunter. Vicki hatte vorher eine glimmende Zigarettenkippe durchs Fenster geworfen, die die Markise angezündet hatte. Der Brand wurde durch Vickis Geistesgegenwart und ohne Mithilfe der Feuerwehr gelöscht. Bobik überfiel ein unstillbares Lachen. „Warum lachst du?", fragte Vicki. – „Ich mußte daran denken, wie Graf Bobbi die brennende Gardine zuerst mit einem Glas Wasser löschte." – Nun lachten sie alle . . .

ERLEBNISSE ZWISCHEN HELL UND DUNKEL

Auch in der Fremde und ohne Anleitung seines Vaters hatte Bobik nie aufgehört, sich geistigen Exerzitien zu unterziehen. Jeden Morgen und jeden Abend verharrte er eine Weile auf den Knien liegend, in der Position der indischen Yogamudra oder, wie er es seit je von seiner Njanja gelernt hatte, im Gebet. Er befahl sich, sein Denken und Handeln in die Hände Christi, der Muttergottes und der Heiligen, besonders seines Ahnen und Namensgebers des heiligen Großfürsten Wladimir und seiner gemarterten Söhne Boris und Gleb, dann des Sergius von Radonesch und des letzten russischen Heiligen Serafim von Sarow, den ganz Rußland verehrte. Er bat um den Segen für seine Arbeit, für seine Verwandten und Freunde, für die Nachbarn weit und breit, für sein Gastland, für seine gemarterte Heimat, für die ganze Welt, die der Christen und der Nichtchristen, für die Kranken und Sterbenden, für die Menschen in Gefängnissen, für die Reisenden und für die Toten. Es waren uralte Gebete, die er gelernt hatte. Dabei wurde er ganz ruhig und entspannt und fühlte sich nicht mehr als Person. Sein Ich war nicht mehr auf den Körper beschränkt, es war irgendwo in einem raumlosen Zustand. Dann betete er nach den Regeln eines seiner Ahnen, des Mönchsfürsten Wassilko, das Herzensgebet, das dieser im vierzehnten Jahrhundert gelehrt hatte. Es hatte nur wenige Worte: „Herr, errette mich und erbarme dich meiner." Dieses Gebet wiederholte er unzählige Male, zuerst die Worte im Geiste formend, dann aber ohne Worte, bis er ganz still wurde. Nun verlor sich ihm auch der Sinn für die Zeit. Es konnte geschehen, daß er stundenlang in der Meditation verharrte. Da aber der Tag ihm mit vielen Pflichten und Aufgaben bevorstand, beendete er diesen Zustand, jedoch nie ohne Traurigkeit, wie sie einen befällt, wenn man aus einem sonnenüberstrahlten Raum in die Dunkelheit tritt.

Die gleiche Übung wiederholte er vor dem Schlafengehen in abgewandelter Form. Erst kamen die traditionellen Gebete, dann aber dankte er für den abgelaufenen Tag und für alles Gute, das ihm widerfahren war, für die Freuden, für die Genüsse, für die Gesundheit und für die Arbeit, aber in gleicher Weise für den Schmerz und die Trauer, für Unfreundlichkeiten, die er zu erdulden hatte, und er betete inbrünstig, daß jenen, die ihm ein Unrecht zugefügt hatten, nichts Widriges widerfahren möchte. Dann erst, wenn er jede Kleinigkeit des Tages in sich innerlich wiedererlebt hatte, warf er gewissermaßen den Ballast des Tages von sich ab und nahm das Herzensgebet auf. Oft ging der Zustand der Meditation in den Schlaf über, und manchen Morgen erwachte er erfrischt am Rande des Bettes, oder er begab sich ins Bett und fiel in tiefen Schlaf.

Wie oft kamen Ängste, Lebensängste, Existenzängste, Berufsängste auf ihn zu, wie dunkel sah politisch die Zukunft aus, wie bangte er um das Leben seines Vaters und um die Gesundheit seiner Mutter; aber dann besann er sich der Unzulänglichkeit solcher Gedanken und Ängste und begab sich zurück in die Hand Gottes, er bezichtigte sich der Kleingläubigkeit und Feigheit, und es war ihm leid, durch solch ein Verhalten die lebendigen Lehren seiner Mutter und seines Vaters verraten zu haben.

Von einem anderen Meister der Meditation, dem Heiligen Ignatius von Loyola, hatte er gelernt, auch im Laufe des Tages sein Gewissen zu erforschen und aufkeimende ungute Gedanken, Mißtrauen, Gehässigkeit nicht zu unterdrücken, sondern umzuwandeln. Er hatte einmal an einem Stand, an dem gebrannte Mandeln und verzuckerte Äpfel verkauft wurden, gesehen, wie eine alte Frau kräftige grüne Äpfel in eine rotgefärbte kochende Zuckerlösung tauchte. Nach einer Weile holte sie sie heraus und stellte sie auf ein Blech, sie sahen wunderbar rot und glänzend aus. Bobik fragte sie, ob sie denn nicht klebten. Sie reichte ihm einen Apfel, er war ganz hart und trocken. Er biß hinein, draußen war er süß und drinnen sauer, aber die Säure wurde durch die Süße verwandelt. Dabei mußte er an das denken, was Ignatius lehrte – dieses Verwandeln ohne Gewalt von etwas Bösem ins Gute.

Ignatius ermahnte seine Jünger, in der Meditation alle Gedanken, alle Vorstellungen mit allen Sinnen zu erleben, sich ganz und gar in das Meditationsobjekt zu versenken. Wenn man über die Hölle meditiere (was Bobik nicht tat), dann solle man mit dem ganzen Leib die fürchterliche Hitze fühlen, mit dem Geruchssinn den Rauch und Qualm riechen, mit den Augen die Feuersbrunst und die Qual der Sünder sehen und mit den Ohren das Knistern und Zischen und die Klagelaute der Gepeinigten hören. Alles, was Bobik las, hörte und lernte, tat er mit der gleichen Intensität. Er las nicht nur mit den Augen und dachte nicht nur mit dem Gehirn, er setzte immer seine ganze Person hinein mit dem Erfolg, daß die Dinge nicht nur gelernt, sondern von ihm erlebt und damit das Eigentum seiner Person wurden. Er konnte sie in allen Abwandlungen und Variationen aus seinem Inneren hervorholen und auch in Beziehung zu anderen Dingen setzen.

Er mußte gelegentlich in Arbeitsgemeinschaften über gelesene medizinische oder psychologische Themen referieren. Er gewöhnte sich an, ohne jedes schriftliche Konzept zu reden, und es gelang ihm, weil er etwas Eigenes, Erlebtes von sich gab. Seine Kommilitonen bewunderten ihn, er wußte nicht warum, denn es waren Dinge, die ihm nicht als Begabung geschenkt worden waren, sondern die er sich hatte erarbeiten müssen.

Schon in seinem Meditationsraum in Girejewo und noch mehr in der Eremitage hatte er gelernt, die Kraft der Imagination in sich zu steigern. Bei Kindern nennt man diese Eigenschaft Eidetik, die Fähigkeit, Gegenstände oder Märchen anschaulich zu erleben. Leider versiegt diese Eigenschaft im nivellierenden und phantasietötenden Massenunterricht. Harry Keyserling hatte einen für andere unsichtbaren Kameraden, mit dem er sprach, lebte und sich beriet. Sein älterer Bruder Bernd, der bereits im Alter des Aufgeklärtseins war, zog ihn damit auf: „Deinen blöden Raxel gibt es gar nicht, etsch." – Harry sah ihn verächtlich an: „Du bist blöd, du kannst ja seinen Namen noch nicht einmal richtig aussprechen! Er heißt RRRhhaxel!"

Bobik nahm sich die geliebte Ikone der Muttergottes von Wladimir oder des Serafim von Sarow vor oder ein Bild seiner Mutter oder seines Vaters und schaute lange, ohne mit den Wimpern zu zucken, darauf. Es kam ein Punkt, an dem das Bild undeutlich wurde und aus dem Hintergrund hervortrat, als ob es sich selbständig machte; dann schwebte es im Raum und wurde groß. Dann galt es diesen Eindruck festzuhalten. Das konnte einige Minuten dauern. Später konnte er sich dieses Bild nachts oder am Tage, mit halbgeöffneten oder geschlossenen Augen, immer wieder hervorzaubern. Am liebsten diente ihm zu Meditationszwecken das wunderbare Bild des Heilands vom Turiner Tuch, das als das authentische Leichentuch Christi in der Christenheit gilt. Die Evangelien berichten mit eigentümlicher Eindringlichkeit darüber. Es wurde sicherlich als einzige Reliquie von den Jüngern geborgen, später tauchte es in Kappadozien auf und hing dann Jahrhunderte in der Kapelle des Schlosses zu Blachernae aus, bis Kreuzritter es stahlen. Später gelangte es in die Hände der Herzöge von Savoyen und wird jetzt alle fünfzehn Jahre im Dom von Turin gezeigt. Der unerhört würdige, tragische Kopf des Erlösers erschien im freien Raum vor Bobik und erfüllte ihn mit weihevoller Begeisterung.

Eine andere Fähigkeit entwickelte sich in der Folge der meditativen Übungen, die ebenfalls in das Gebiet des Imaginativen fällt. Mit verschärften Sinnen und immer aktiv gegenwärtig, hörte er den Erzählungen der Menschen zu. Wenn sie von einem anderen erzählten, nahmen sie unbewußt dessen Bewegungen, Gesten und Gesichtsausdruck an, und in Bobiks Innerem entstand so etwas wie das Bild jenes Menschen. Es passierte ihm nicht selten, daß er den Menschen, von dem er gehört hatte, irgendwo traf. Er erkannte ihn sofort, und da er neugierig war, wagte er es, ihn zu fragen, ob er es sei. Der Betroffene staunte ungläubig, daß Bobik ihn nur auf Grund von Erzählungen erkannt habe.

Es war ein unerhörtes Erlebnis, auf Grund der Intensivierung der Sinnesorgane und der Anschauungsfähigkeit in einer Welt zu leben, die im geographischen Raum ohne Grenzen und nach rückwärts in die Vergangenheit ohne Einschränkung war. Versunkene Kulturen, vergessene Rituale hinterließen bis in die Gegenwart, bis zum Herzen eines Menschen ihre Spuren. Sokrates und Plato, Pythagoras und Aristoteles, Hippokrates und Averroës, Krischna und Buddha, Laotse und Konfutse, die Essener und Christus, die Gnostiker und die Mystiker, einer nahm das Wissen um Gott und die Welt aus der Hand des anderen, und durch jeden von ihnen kam neuer Reichtum in die Welt.

Mit verhaltener Wonne las er in den Aufzeichnungen des Heiligen Augustinus Worte über das Gedächtnis, die dieser schöner und besser auszudrücken vermochte als Bobik. „Groß ist die Macht des Gedächtnisses. Welch schauerlich Geheimnis, mein Gott, welch tiefe uferlose Fülle! Und das ist die Seele, und das bin ich selbst. Was bin ich also, mein Gott? Was bin ich für ein Wesen? Ein Leben so mannigfach und vielgestalt und völlig unermeßlich. Mein Gedächtnis, siehe, das sind Felder, Höhlen, Buchten ohne Zahl, unzählig angefüllt von unzähligen Dingen jeder Art, seien es Bilder, wie insgesamt von Körpern, seien es die Sachen selbst, wie bei den Wissenschaften, seien es irgendwelche Begriffe oder Zeichen, wie bei den Bewegungen des Gemüts, die sich, wenn die Seele auch schon nicht mehr leidet, im Gedächtnis erhalten und also mit diesem in der Seele sind. Durch all dieses laufe ich hin und her, fliege hierhin und dorthin, dringe vor, soweit ich kann, und nirgends ist Ende. Von solcher Gewaltigkeit ist das Gedächtnis, von solcher Gewaltigkeit ist das Leben im Menschen, der da sterblich lebt.

Was soll ich tun, du mein Leben, du mein Gott? Hinaus will ich selbst über diese meine Kraft, die Gedächtnis heißt, hinaus will ich über sie, um an dich zu reichen, süßes Licht! Indem ich meine Seele zu dir erhebe, der du dauerst über mir, werde ich auch diese meine Kraft, die Gedächtnis heißt, überklimmen, willens, dich zu berühren, von wo man dich berühren kann. Denn Gedächtnis haben Vieh und Vogel auch, wie fänden sie sonst Nest und Lager wieder und manches andere, woran sie sich gewöhnt; ja sie vermöchten an keinerlei Dinge sich zu gewöhnen ohne Gedächtnis. So will ich denn hinaus auch über das Gedächtnis, um den zu berühren, der mich geschieden hat von den vierfüßigen Tieren und weiser mich geschaffen, als was da fliegt im Himmel. Auch über mein Gedächtnis will ich hinaus, um dich – wo? zu finden, du wahrhaft Guter, du wahrhaft verlässige Wonne, ja – wo dich finden? Denn finde ich dich draußen und nicht bei mir im Gedächtnis, so bin ich ja deiner nicht gedenk."

Bobik hatte es in seinem kurzen, aber reichen Leben erfahren, daß er nicht aus eigenem Machtvollzug lebte, sondern daß die wesentlichsten Begebenheiten ihm auf geheimnisvolle Weise zugesandt wurden, und er bemühte sich, alle Begegnungen und Ereignisse unter diesem Aspekt zu sehen. Er konnte sich sein Leben ohne solche Fügungen gar nicht vorstellen. Er wußte, daß nicht nur sein Leben, sondern das aller Menschen aus solchen Zeichen und Weisungen besteht, aber viele verhüllen sich die wunderbare Welt mit ihrer kleinen Hand, wie Buber es ausdrückt. Unter dem Begriff des „Zufalls" versperren sie sich die Fähigkeit, die wirklichen, die geistigen Zusammenhänge zu erkennen.

Eines Tages war sein Geld ausgegangen. Er hatte Hunger. Er wollte niemand anpumpen, es war auch niemand da, den er darum hätte bitten können. Das nächste Geld, mit dem er rechnen konnte, kam erst in einigen Tagen. Er las, zeichnete, trank heißen Tee und schrieb Briefe. Er stand auf, um aus der Schreibtischschublade einen Umschlag zu nehmen. Er holte den Umschlag und sah auf dem Boden der Schublade etwas blinken, er schaute genauer hin. Es war ein Fünfmarkstück. Er wollte seinen Augen nicht trauen, er drehte die Münze in der Hand, er biß darauf, es war eine Münze. Er wagte nicht, sich zu freuen, ehe er für das Geschenk, das zum rechten Zeitpunkt kam, gedankt hatte. Er wußte sich behütet wie in einer größeren Hand . . .

Geld fehlte oft, weil Bobik nicht recht zu wirtschaften vermochte, aber immer wurde ihm Hilfe zuteil. Einmal radelte er abends durch die Bornheimer Straße, da sah er einen prächtigen Kohlkopf am Rande des Bürgersteigs liegen. Er stieg ab, hob ihn auf und klemmte ihn am Gepäckträger fest. Fünfzig Meter weiter lag ein anderer Kohlkopf, sie waren offenbar von einem Lastwagen herabgefallen. Nun hatte er so viel zu essen, daß er es allein nicht bewältigen konnte. Er wußte, daß die Sängerin Olga Schwind und ihre holländische Freundin Cory de Rijk auch in Geldnöten waren, und lud sie zu einer russischen Kohlsuppe ein. Sie schmeckte so recht nach dem Paradies, aus dem ihm die Kohlköpfe zugefallen waren.

Manchmal schickte ihm Jadwiga gerade im rechten Augenblick ein gebratenes Hühnchen oder leckere geräucherte Würste, und einmal sah er am Bahnhof eine alte Dame, die sich mit einem schweren Koffer abschleppte. Er griff zu und brachte die Dame samt Koffer zu ihrer Wohnung. Sie dankte ihm überschwenglich und schenkte ihm eine Mark. Er wollte das Geld nicht annehmen, aber er brauchte diese Mark dringend, und um sie durch seine Weigerung nicht zu beleidigen, nahm er das Geschenk an.

BOBIKS LEHRER

An der Universität herrschte große Aufregung. Der Schüler des sagenumwobenen und vielbelächelten, doch allgemein verehrten Professors Krehl aus Heidelberg, Professor Richard Siebeck wurde an die Innere Poliklinik in Bonn berufen und nahm den Ruf an. Er war ein großer Mann mit dunklem Haar und sehr großen sprechenden Augen. Man hatte sofort Zutrauen zu ihm, er hatte nichts selbstherrlich professorales an sich und begegnete jedem freundlich und zuvorkommend. Es war die Zeit, als die Lehre des Monismus von Ernst Haeckel in die Gehirne der Intelligenz eindrang und kein Akademiker es hätte wagen können, zu bekennen, daß er an Gott glaube, ohne daß er sich der Lächerlichkeit ausgesetzt hätte.

Der Chirurg August Bier war der erste im vom Materialismus geprägten Jahrhundert, der ein Buch „Über die Seele" veröffentlichte. Die ehrwürdige Person des großen Chirurgen wurde allenthalben verspottet. In Ärztekreisen sprach man lächelnd und kopfschüttelnd über offenbare Alters- und Verkalkungserscheinungen. Nur wenige begrüßten das Werk als Beginn einer Wiedergeburt der Seele, als eine Fortsetzung der beseelten Schriften des großen Arztes, Philosophen und Malers, des Freundes von Caspar David Friedrich, Carl Gustav Carus (1789–1869), der 1846 das Werk „Psyche" und 1853 „Symbolik der menschlichen Gestalt" herausgegeben hatte. Er war der eigentliche Begründer der Lehre vom Unbewußten, die von dem Philosophen Eduard von Hartmann (1842–1906) in „Philosophie des Unbewußten" und später von Ludwig Klages (1872–1956) weitergeführt wurde.

Sigmund Freuds Werke wurden in gebildeten Laienkreisen viel gelesen, von den Universitäten jedoch als unwissenschaftlich scharf abgelehnt. Allenthalben herrschte die Vorstellung vom „bedingten Reflex" des russischen Physiologen Pawlow.

Professor Siebeck kam aus der Schule Ludwig Krehls, der in der geistigen Sukzession von Carus und Hartmann stand. Er begriff den Menschen nicht nur als physiologische Ansammlung von Zellkomplexen mit entsprechenden Reaktionen auf Um- und Innenwelt, er begriff ihn als handelndes und leidendes Individuum, als ein beseeltes Wesen. Sein genialster Schüler war Viktor Freiherr von Weizsäcker (1886–1957), der die anthropologische Medizin begründete. Er begriff die Krankheit nicht nur als eine bakterielle oder zelluläre Entzündung oder Entartung, sondern als Ausdruck des Wesens und der Geschichte des Individuums. Diese Auffassung war derart neu und befremdlich, daß die älteren Professoren darüber nur den Kopf schüttelten. Die jungen Assistenten und die Studenten spürten aber, daß ein neuer Wind zu wehen begann, und begrüßten Siebeck als Künder einer neuen Ära.

Seine Einstellung wirkte sich in dem Verhalten gegenüber dem Kranken und seinen Mitarbeitern aus. Die Anamnesen wurden anders geführt. Man fragte nicht nur nach den Schmerzen und dem erkrankten Organ, man interessierte sich für die Lebensgeschichte, die Eigenarten der Eltern, die Atmosphäre des Zuhauses und des Arbeitsplatzes. Man begann, auf Grund der Erfahrungen von Krehl und Weizsäcker, chronische Krankheiten, wie Magengeschwür, Asthma, Bluthochdruck, Gallenkoliken, Erbrechen und vieles andere, nicht nur als Entartung von Zellen, sondern als seelisch bedingt anzusehen. Es eröffneten sich den Assistenten und Studenten, die dieser Lehre gegenüber aufgeschlossen waren, ganz neue Perspektiven des Krankheitsgeschehens und neue Möglichkeiten einer psychosomatischen Behandlung.

Bobik, der an den Schriften seiner geliebten Vorbilder Carus und Eduard von Hartmann für diese Betrachtung vorgebildet war, saugte diese neue Lehre mit Hingabe in sich auf. Die Vorlesungen von Professor Siebeck waren immer überfüllt. Die Studenten waren von der Art, wie der Professor mit ihnen und mit den Patienten sprach, fasziniert. Ohne professorale Überheblichkeit sprach er schlicht und ernst mit den Patienten, niemals machte er einen Witz oder eine sarkastische Bemerkung auf ihre Kosten. Die Menschen spürten seine Hilfsbereitschaft und seine Gabe der Einfühlung und gaben sich willig in seine Hand. In den

Vorlesungen erörterte er lange, in Abwesenheit des Patienten, dessen Lebensgeschichte und versuchte zu ergründen, welche Faktoren von ständigen Reizen, wie nicht zu bewältigende Probleme, Ärger, Unsicherheit, Not, Kummer, Frustration, zur Entstehung des Krankheitsbildes geführt hatten. Niemand konnte sich seiner Menschlichkeit entziehen, und keiner seiner Schüler vermochte zu den verstaubten Vorstellungen der Zellularmedizin oder der ausschließlichen Lehre von den bedingten Reflexen zurückzukehren.

Eine ganz andere markante Gestalt war der Internist Professor Hirsch, der Direktor der Inneren Klinik war. Ein robuster, lebensfroher, erregbarer Mann. Er war ein großartiger Diagnostiker und Therapeut und ein absoluter Autokrat. In der Klinik galt nur seine Meinung, und wehe, wenn ein Oberarzt oder ein Assistent gewagt hätte, eine eigene Meinung über die Krankheit oder Behandlung eines Patienten zu haben oder gar seinen Anordnungen zuwiderhandeln. Es gab ungeheuren Krach, und der Betroffene flog unweigerlich hinaus. In den Vorlesungen wurde der Patient auf der Bahre hereingefahren. Professor Hirsch erörterte in dessen Gegenwart, wenn auch mit vielen lateinischen Ausdrücken, die Krankheitssymptome. Wenn irgend etwas nicht nach Plan klappte, wurden die Krankenschwestern, die Assistenten oder gar der Oberarzt vor dem ganzen Auditorium angeschnauzt. Die Studenten, die aufgefordert wurden, coram publico den Patienten zu untersuchen, schwitzten vor Angst. Ein armer Kerl sollte das Herz des Patienten mit dem hölzernen Stethoskop (Hörrohr) untersuchen. Er hatte offenbar noch nie solch ein Gerät gesehen. Erst schaute er schüchtern durch das Rohr, was einen Sturm der Heiterkeit bei den Zuhörern erzeugte, worauf er noch verlegener wurde. „Mensch, das ist doch ein Hörrohr und kein Guckrohr!", herrschte ihn der Professor an. Schließlich legte der Student das Hörrohr an die Brust des Patienten, aber an die rechte, statt an die linke Seite und mit dem breiten Ende des Hörrohrs, das für das Ohr bestimmt ist. Wieder ein großes Gelächter. Der Professor riß ihm das Stethoskop aus der Hand und drehte es um. „So, und nun, Sie haben doch topographische Anatomie studiert, das Herz ist meistens links. Nun machen Sie es nochmal und horchen Sie!" – Der Student horchte, vor lauter Verlegenheit hörte er aber nichts. Er wurde in Ungnade entlassen. Bobik war empört, daß der Professor sich auf so billige Weise einen Lacherfolg sicherte.

Bobik fragte die Studenten, ob sie gewillt seien, solch ein Benehmen zu dulden. Sie meinten, er sei eben der Professor und könne sich das erlauben. Bobik hatte sie in Verdacht, sie würden, einmal an der Spitze ihrer Karriere angekommen, sich ebenso verhalten. Eines Tages war Bobik dran, einen Patienten zu untersuchen. Er tastete seinen Bauch ab, er fühlte geradezu, wie der Professor nach einem Grund suchte, sich über ihn zu mokieren. „Was haben Sie denn da für eine Verkleidung an? Karneval ist doch noch nicht?" – „Das ist die Tracht, die man in meiner Heimat trägt", sagte Bobik würdig. – „Aber Sie sind hier in Deutschland." – „Ich weiß es. Aber ich gehöre, wenn ich auch hier lebe, zu meinem Volk. Das finden Sie doch hoffentlich nicht komisch?" – Er hatte dem Professor den Spaß verdorben. Kein Student lachte, obwohl sie gerne jede Bemerkung des Lehrers mit Lachsalven quittierten.

Nach der Vorlesung sprach Bobik den Professor an, als er im Korridor auf sein Zimmer zusteuerte. „Darf ich Sie eine Minute sprechen, Herr Professor?" – „Ja, los, schießen Sie los." – „Ich möchte es Ihnen unter vier Augen sagen." – „Dann kommen Sie herein." Er bot Bobik einen Platz an. – „Ich muß es Ihnen sagen, Herr Professor, wenn ich nicht die Achtung vor mir selbst verlieren soll. Sie wollten mich vor dem Auditorium lächerlich machen, um einen Lacherfolg zu erzielen. Ich schätze Sie sehr als Arzt und Lehrer, aber ich finde es nicht fair, wenn man auf Kosten Schwächerer sich ein Vergnügen verschafft. Die Assistenten sind Ärzte und die Studenten werden Ärzte sein. Wenn Sie sie in Gegenwart der Patienten lächerlich machen, wie soll der Kranke dann Vertrauen zum Arzt haben? Verzeihen Sie bitte meine Offenheit. Aber in meinem Land sind die Menschen sehr empfindlich gegen persönliche Herabwürdigung und bereit, sich deswegen zu duellieren." – „Schon gut, schon gut, es war doch nicht böse gemeint, und ich bitte Sie um Entschuldigung, ich wollte Sie nicht kränken." – Er stand auf, ging zum Schrank, holte eine Flasche Kognak mit zwei Gläsern heraus und prostete Bobik zu. Das Streitbeil wurde begraben. Natürlich konnte der Professor von seiner alten Gewohnheit nicht lassen. Aber Bobik setzte sich jetzt immer in die erste Reihe, und manchmal, wenn der Professor gerade dabei war, jemanden aufs Korn zu nehmen, dann begegnete sein Blick Bobiks strengen Augen, und er lächelte schuldbewußt und wechselte das Thema.

Bobiks dritter verehrter Lehrer war Geheimrat Karl Garré, ein Schweizer, er war ein berühmter Chirurg. Als junger Assistent hatte er sich einen Namen gemacht, weil er am eigenen Körper die Wirkung von Furunkeln studierte, er impfte sich den Eiter ein und beobachtete das Wachstum der Geschwüre und die Entstehung der Blutvergiftung. Mehrfach stand er deswegen am Rande des Todes. Er hatte eine rührende und gütige Art, mit den Menschen umzugehen, und seine Ärzte und Krankenschwestern gingen für ihn durchs Feuer.

Bobik bat ihn, in den Ferien in seinem Krankenhaus famulieren zu dürfen. Er genehmigte es ihm, und Bobik durfte bei den Visiten dabeisein und gelegentlich bei Operationen die Klammern halten. Das Stehen unter der hellen heißen Lampe war anstrengend und manchmal langweilig. Professor Garré operierte mit größter Konzentration. Im Gegensatz zu fast allen Chirurgen jener Zeit, die erregt, jähzornig, aufbrausend und ungeduldig waren, weil sie in größter Anspannung standen, blieb Garré immer ganz ruhig und gelassen.

Einmal war Bobik durch das lange Stehen und das Halten der Klammer geistig in ein Zwischenreich geraten. Es fiel ihm auf, daß es sehr still um ihn her war. Als er wieder zu sich kam, sah er, daß die Augen des Professors, des Oberarztes, des Assistenten und der Operationsschwester auf ihn gerichtet waren. Er stutzte. Der Professor lächelte milde und fragte: „Na, haben Sie ausgeträumt?" Bobik entschuldigte sich. Diese feine Art, ihm einen leisen Vorwurf zu machen, war wirksamer als alles Schimpfen. Nach dieser Erfahrung bemühte er sich, fortan wach zu bleiben.

Seit seiner Kindheit war Bobik mit einer seltsamen Gabe begabt, von der er nicht ahnte, daß sie nur ihm eigen war. Er konnte den Menschen ansehen, wenn sie an der Schwelle des Todes standen. Irgend etwas in ihren Augen war es, er konnte es aber nicht genau definieren. Er war nicht darüber erschrocken, weil er den Tod als etwas zum Leben Gehörendes hinnahm. Aber er berichtete es seiner Mutter oder Njanja, die ihrerseits nichts erkennen konnten. Fast immer bewahrheitete sich seine Aussage. – Bei der Visite begegneten ihm einige Patienten, an denen er das Merkmal sah. Wenn dann der Oberarzt dem Professor berichtete, daß es dem Mann, der frisch operiert war, gut gehe, staunte Bobik. Er wagte dem Professor zu sagen, daß könne kaum wahr sein, der Mann sei ein Sterbender. Der Professor lächelte freundlich, doch ablehnend. „Lieber junger Freund, der Krankenhausbetrieb ist Ihnen neu und regt Sie noch auf. Es geht alles in Ordnung." – Aber Bobik beharrte auf seiner Erfahrung. Schließlich notierte er sich den Namen des Patienten, den er als vom Tode gezeichnet sah.

Wie groß war dennoch sein Erstaunen, als er am nächsten Morgen erfuhr, daß der frischoperierte Patient in der Nacht an einer Blutung gestorben sei. Der Professor sah Bobik nachdenklich an: „Das hätte kein Mensch voraussehen können."

PRATYAHARA

Es war ein herrlicher Frühlingstag, die Forsythien, die Schneeglöckchen, die Scilla und Primeln und der Seidelbast blühten. Die Vögel flogen geschäftig hin und her und sangen. Bobik ging ab und zu zum Fenster und sog tief Luft ein – diese besondere, berauschende, lebenspendende Frühlingsluft. Dann setzte er sich wieder hin und bereitete sich auf das Staatsexamen vor. Er hatte topographisch-anatomische Atlanten aufgeschlagen und versuchte, sich den Körper des Menschen mit allen seinen Organen, Knochen und Bändern, Gefäßen und Nerven pla-

stisch vorzustellen. Es war eigentlich kein Lernen, es war eine
Übung in der Vorstellung. Er prägte sich in seiner Imagination
den Verlauf der Gefäße und der Nerven, ihrer Nachbarschaft zu
den Muskeln und zu den Knochen mit ihren Graten und Ein-
buchtungen ein.

Er war in seine Arbeit derart vertieft, daß er weder das Zwit-
schern der Vögel, das laute Spielen der Kinder noch das Ticken
der Uhr hörte. Plötzlich gab es einen dumpfen Knall, der ihn
hochfahren ließ, er merkte den Geruch von Brand. Er dachte,
daß es vielleicht ein kleines Erdbeben gewesen sei. Aber er vertiefte sich wieder in seine Arbeit. Dann hörte er, wie von weitem, das Tatütata des Feuerwehrwagens. Er arbeitete weiter.
Dann waren irgendwo in der Nähe viele Stimmen von Menschen. Er schaute aus dem Fenster und sah viele Neugierige. Als
sie ihn erblickten, schrien sie etwas und machten ihm Zeichen
auf sein Haus hin. Nun mußte er doch nachsehen, was passiert
sei.

Als er sich umdrehte, sah er, daß seine Tür aus den Angeln
herausgefallen war. Schwarzer Rauch und Staub stieg vom Trep-
penhaus auf. Er versuchte die Treppe hinabzulaufen, aber er stolperte über ein herabgefallenes Geländer, und schließlich vom ersten Stock abwärts gab es gar keine Treppe mehr. Er lief in ein
Zimmer; die Gläser aus den Fenstern waren herausgefallen. Die
Straße war voll von Menschen, und die Feuerwehr hatte Mühe,
sich durch die Massen der Neugierigen hindurchzuarbeiten. Bobik kletterte aufs Fensterbrett und sprang in die Tiefe. Er landete in einem dichten Jasmingebüsch und kam sanft, aber zer-
kratzt und zerschunden auf die Erde. Als er noch dalag, herrschte ihn ein Polizist an: „Was ist los?!" – „Ich weiß es nicht", sagte
Bobik schlicht. – „Aber, Mann, Sie sind doch betroffen! Sie müssen, zum Donnerwetter, doch wissen, was in Ihrem Haus passiert ist!" – „Wenn ich Ihnen sage, daß ich es nicht weiß. Ich saß
oben in meinem Zimmer und studierte, dann kam der Knall."–
„Aber, Herr, der Knall war doch vor zwanzig Minuten, und Sie
kommen erst jetzt!" – Bobik war verzweifelt, wie sollte er ihm
das erklären? „Ich hatte ja nicht bemerkt, daß die Explosion in

376

unserem Hause passiert ist." – „Sie sind wohl etwas doof, bei dem Knall, Sie sehen doch, wie das Haus zugerichtet ist. Sind noch andere Menschen im Haus?" – "Ich weiß es nicht." – Schließlich gab der Polizist das Fragen auf und versuchte, ins Haus einzudringen. Es war glücklicherweise niemand mehr im Haus. Die Gasuhr im Keller war explodiert, und es brannte dort. Nun sah er von der Straße aus, wie gelöscht wurde. Er fragte sich, wie er wieder in sein Zimmer gelangen könnte, da doch die Treppe zum ersten Stock eingestürzt war.

Da fiel ihm ein, daß Baronin Didi Loë mit Ella von Adajewski nach Bonn gezogen war, da das Leben im Schloß Segenhaus sich immer schwieriger gestaltet hatte. Eines der norwegischen Ponys der Königin Elisabeth war verendet, das andere Pferd konnte den Wagen nicht allein ziehen. Es gab noch einen herrlichen offenen Opel der Königin vom Baujahr 1912. Der alte Rockefeller bekam Fahrunterricht und machte sogar den Führerschein. Aber was ein alter Kutscher ist, bleibt ein Kutscher und wird nicht Chauffeur. An jeder Ecke hielt er an, daß die Bremsen kreischten, dann hupte er mit der Ballonhupe laut und ausdauernd. Wenn er keinen Gegenlaut hörte, fuhr er im ersten Gang wieder an. Die Gänge befanden sich außerhalb der Karosserie. So ging es von Straßenecke zu Straßenecke. In der Stadt Neuwied verlor er vollends die Nerven und hupte eigentlich nur noch, ohne zu fahren. Schließlich stieg die Baronin aus und bestellte ein Taxi. – Im Haus regnete es durch das Dach durch, und die Heizung war brüchig geworden. Die beiden Frauen, Campo secco und Lina, waren nicht mehr in der Lage, das große Haus zu putzen, zu beheizen, den Berg hinunter- und heraufzusteigen, um Einkäufe zu machen und zu kochen.

Ella von Adajewski mit ihren achtzig Jahren wurde immer schwächer und litt an Schmerzen. Der Arzt konstatierte Magenkrebs und riet der Baronin dringend, das Schloß zu verlassen. Schweren Herzens beschlossen sie, nach Bonn zu ziehen. Lina und Campo secco blieben dort und zogen in die Dependance, ins Amselheim. Das Schloß mit allen seinen Möbeln, mit den Erinnerungen an die Fürstin Marie Wied, an den kleinen früh verstorbenen Prinzen Otto zu Wied und an die Königin Carmen Sylva wurde sich selbst und dem Zerstörungswerk der Zeit überlassen. Die Familie Wied, der das Haus gehörte, hatte niemanden, den sie dort einquartieren konnte, und nicht genug Geld, das Haus zu renovieren. So beschloß man, es dem Verfall preiszugeben. Da sich weder das rumänische Königshaus noch andere Interessenten fanden, sollten alle Möbel und Erinnerungsstücke, für die im Schloß Wied kein Platz war, mit zugrunde gehen.

Bobik hatte schon bei seinem letzten Besuch wehmütigen Abschied genommen von dem Schloß, dem Berg, dem Wald, dem langgezogenen Rokokoschloß Monrepos, das in der Nähe auf einer weiten Wiese stand und auch unbewohnt war und wo er die schönste Zeit seines Exils verbracht hatte. Nun hatte er zum zweitenmal eine Heimat verloren. Seine Besitztümer waren im Feuer der Revolution zunichte gemacht worden. Hier war es der neue Zeitgeist, der die Zeugen einer einstmaligen Größe vernichtete.

Baronin Didi nahm Bobik freundlich auf und bat ihn, in ihrem Haus zu bleiben. Es war genug Raum vorhanden, die untere Etage stand leer, und sie benötigte seinen Beistand. Er nahm dankend an.

ELLA ADAJEWSKIS HEIMGANG

Bobik installierte sich in der Poppelsdorfer Allee. Über eine Leiter holte er sich seine Sachen aus der alten Wohnung und richtete sich im Palais Loë neu ein. Er hatte dort zwei große hohe Räume, es entstand eine neue Atmosphäre, die eher an Girejewo oder Krasnoje Sselo erinnerte. Er wurde in eine neue Familie integriert, in einen Freundeskreis, der nicht durch Bande der Verwandtschaft verbunden war. Es war die Hausherrin Baronin Didi Loë, Ella von Adajewski, Lia, die Nichte der Adajewski und Pflegetochter der Baronin, und die alte Kammerfrau Anna, die

378

die Mutter der Baronin, die alte Exzellenz, betreut hatte. In den vielen Jahren, die Bobik in der Folge bei der Baronin lebte, gab es unter den Bewohnern nie einen Ärger, ein unfreundliches Wort, eine Aggression oder eine Verstimmung, obwohl sie nach Temperament und Interessen sehr verschieden waren.

Nur wenn Lia oder Bobik in ihrem jugendlichen Ungestüm oder ihren vorschnellen Urteilen, wie sie der Jugend eigen sind, über das Ziel hinausschossen, sagte Didi Loë leise und freundlich: „Ihr müßt es wirklich begreifen: Ihr seid ganz unwichtig. Versucht, jeden Menschen, gleich wer er ist, mindestens ebenso wichtig zu nehmen wie euch selbst, dann steht ihr auf dem rechten Platz." – Sie hörten ihr artig zu. Sicherlich waren sie nicht immer fähig, diesen Rat zu befolgen. Aber das Beispiel, das Didi Loë ihnen gab, war noch viel wirksamer. Sie sahen, mit welchem Ernst sie, die immer leidend und meist an das Bett oder Sofa gefesselt war, mit Menschen, die zu ihr kamen, sprach, wie sie auf ihre Interessen einging und mit welcher Sanftheit sie ihnen etwas sagte, wenn sie in seelischer Not waren oder Probleme hatten. Jeder ging getröstet und strahlend von ihr weg, und jeder mußte das Gefühl haben, sie sei seine beste Freundin. Bobik hatte den Eindruck, in diesem Haus könne nie ein Streit entstehen, weil man gegen eine natürliche Friedfertigkeit gar nicht streiten kann.

Ein einziges Mal erlebte er die Baronin verstimmt, und er mußte zugeben, daß sie es mit Recht war. Die Exkönigin von Albanien, Prinzessin Sophie zu Wied, eine wunderbare Frau, hatte Didi einen kostbaren Seidenstoff für ein Kleid geschenkt. Didi hatte ihn zugeschnitten und nähte mit der Hand ein Kleid. Bobik pflegte den Tee mit ihr zusammen einzunehmen. Jemand hatte der Baronin eine Bonbonniere geschenkt, und Didi bot ihm die Schokolade an. Unglücklicherweise war die Schachtel geöffnet und stand in Bobiks Nähe. Seine rechte Hand machte sich das zunutze und griff in rhythmischen Abständen hinein, bis die Baronin sanft den Deckel darauf tat, allerdings waren es nur klägliche Reste, die darin geblieben waren. Bobik unterhielt sich lebhaft, er pflegte ihr die Geschehnisse und Erlebnisse des Tages zu erzählen. Auf dem Tisch lag ein Stück schwarzer Seide und eine Schere; während Bobik erzählte, schnippelte er unbewußt mit der Schere an der Seide. Er schnitt kleine Quadrate, die er dann teilte und noch weiter unterteilte, und schließlich zupfte er die Fäden aus, wie die Pariser im Kriege 1870 in den Familien die Charpie gezupft hatten, um daraus Watte zu machen.

Dann suchte Didi Loë den Ärmel, den sie annähen wollte. Der Ärmel war unauffindbar, Bobik suchte mit, schaute unter den Tisch und unter das Sofa und öffnete Schubladen. Der Ärmel war nicht da. Schließlich fiel der Blick der Baronin auf den Haufen schwarzer Charpie. „Was ist denn das?" – „Oh, das war ein Stückchen schwarzer Seide, das ich zerschnitten habe." Ihm dämmerte etwas. „Ja, das war der Ärmel, nun ist das Kleid hin." Sie sagte sonst gar nichts, und das war furchtbarer, als wenn sie getobt, geschimpft oder mit einem Gegenstand nach ihm geworfen hätte. Er war zerknirscht, er sagte, er wolle in der ganzen Stadt nach derselben Seide suchen. Schließlich mußte die Baronin lachen, so komisch mutete seine Verzweiflung an. Er fuhr sofort los, mit einem kleinen Stückchen Stoff im Portemonnaie, und es gelang ihm, eine ähnliche Seide zu finden. So war das Problem gelöst. Aber die Charpie lag ihm noch lange wie ein Stein auf der Seele.

Acht Jahre nach den Wirren und Schrecknissen der Revolution war Bobik wieder in einer Familie integriert, er fühlte sich geborgen und beschützt, und er blühte auf in dem kultivierten und gastfreundlichen Milieu. Die Gäste, die zur Baronin Didi kamen, versäumten nicht, Bobiks Wohnung und seine Bildwirkereien anzusehen. Es entstanden neue Freundschaften mit interessanten Menschen, vor allem Musikern. Elly Ney besuchte Didi Loë, wenn sie nach Bonn kam, und wohnte bei ihr. Didi ermahnte ihn, sich gut zu benehmen. Elly Ney hatte einen großen Kopf mit löwenartigem Gesicht und sehr großen Poren darin, die sicherlich von aufgekratzten Pickeln aus der Pubertätszeit stammten. Ihre Haare ähnelten tatsächlich einer Löwenmähne. Sie hegte eine kindliche Liebe und Verehrung für Didi, denn bei ihr hatte sie als junges Mädchen zuerst als Pianistin in Hauskonzerten auftreten dürfen. Sie war von unvorstellbarer Vitalität und Erlebnisfähigkeit. Ihre Erzählungen von ihren Begegnungen, Begeisterungen, Ergriffenheiten von neuen Weltanschauungen und Sekten waren dramatisch. Zu jener Zeit huldigte sie der Rohkost und verwarf alle andere Nahrung als ungesund, wenn nicht gar tödlich. Beim Gedanken, sich nur von rohen Gemüsen oder Früchten ernähren zu müssen, biß Bobik mit sichtbarem Genuß in die mit Wurst belegten Brötchen; er tat es so demonstrativ, daß Elly Ney ihm lächelnd mit dem Finger drohte. Bobik liebte und bewunderte sie, weil sie ein ganzer Mensch war, fähig sich zu freuen und zu leiden, und alles das im Übermaß. Wenn er ihr gegenübersaß und die großen Poren in ihrem Gesicht sah, kamen ihn kindliche Anwandlungen an, es juckte ihn, die Fingerkuppen in ihre Narben zu legen. Die Baronin, die sein Vorhaben erriet, schaute ihn sehr streng an, und er ließ davon ab.

Besonders freute er sich auf den Besuch des Pianisten Josef Pembauer, der im Hause wohnte, wenn er in Bonn ein Konzert gab. Er war ein kleiner zarter Mann mit ungeheurer Künstlermähne, die unbezähmbar war, die Haare standen ihm nach allen Seiten. Er hatte eine kleine Nase, auf der eine große Brille saß, und er sah immer kindlich erstaunt aus, weil seine Augenbrauen hochgezogen waren. Er übte fast den ganzen Tag, und zwar im Zeitlupentempo, er zerkaute gleichsam die Kompositionen. Es war recht peinvoll, ihm zuzuhören. Erst wenn er ausgeübt hatte, spielte er das Stück, wie es sein sollte, und es war eine große Kraft, Tiefe und Innerlichkeit in seiner Interpretation. Er war ein sanfter und grundgütiger Mensch, der unpathetisch unentwegt nicht nur an seiner Musik, sondern auch an sich selbst arbeitete.

Vor dem Konzert warf er sich in den Frack, versuchte seine Mähne zu kämmen, was ihm nicht gelang. Er hatte einen großen Umlegekragen an und eine ungeheuer breite schwarze Schleife, wie sie die Kinder um die Jahrhundertwende trugen. Das gab dem kleinen Mann das Aussehen eines zehnjährigen Bubis. Bobik fragte seinen Freund, den Komponisten und Reger-Schüler

Hermann Unger, ob er nicht mit ihm ins Konzert kommen wolle. Hermann lehnte mit Entrüstung ab: „Ich kann es nicht mit ansehen, wie ein Schimpanse auf dem Klavier herumturnt." – Immer, wenn Bobik Josef Pembauer am Klavier spielen sah, mußte er lachen, weil ihm dieser treffende Ausdruck einfiel.

Ella Adajewski saß jeden Tag mehrere Stunden am Flügel und übte. Ihr Repertoire war unvorstellbar groß, außer den Klassikern spielte sie Debussy und Ravel, Rachmaninow, Glasunow, Gretschaninoff, Schönberg, Hindemith, es gab keinen Modernen, den sie nicht gespielt hätte. Sie war innerlich so jung, daß sie jede Äußerung der Kunst absolut ernst nahm und es nicht wagte, sie als dekadent oder konstruiert abzulehnen. Sie hatte eine große Hochachtung vor jeder Kunst und jedem Künstler. Genauso offen war sie gegenüber der expressionistischen Kunst und dem gerade aufkeimenden Surrealismus. Was Bobik besonders imponierte, war, daß sie die Kunstwerke betrachtete, ohne darüber zu philosophieren. Es gab so viele Menschen, die wie lästige Sommerfliegen sich impertinent auf den Künstler stürzten und von ihm verlangten, er solle ihnen erklären, was das Musikstück bedeute, oder warum er das Bild so gemalt habe, was Bobik in Rage brachte.

Die geschiedene Frau des Malers Max Ernst besuchte Bobik manchmal mit ihrem sechsjährigen Sohn Jimmy, der damals schon ein begabter Maler war, er wurde später fast so berühmt wie sein Vater. Sie zeigte Bobik und Didi, Ella Adajewski und Lia die wunderschönen Kollagen ihres Mannes, Zeichnungen oder Gravuren, in die Holzschnitte aus dem Ende des vorigen Jahrhunderts eingeklebt waren. Hatten sie einen Sinn? Welchen Sinn hatten sie? Sie waren wie Symbole der Auflösung einer Kultur; in hypermodernen abstrakten Zeichnungen schwammen altmodische Männerfiguren oder Köpfe, einzelne Gliedmaßen oder Torsos. War nicht unsere Kultur und Zivilisation, auf den Fundamenten des Alten aufgebaut, durch all das Neue, das auf uns durch Ideen, Ideologien, Technik zukam, verunsichert, tastend, irrend und letztlich ungereimtes Stückwerk, und hatte nicht der Künstler das Recht, sein Erleben der Welt, seine Ideen in neue, zunächst abstrus erscheinende Formen zu gießen? Von Ella Adajewski und Didi Loë lernte er am lebendigen Beispiel, was ehrfürchtige Toleranz bedeutet. Klein-Jimmy lebte mit den Bildern seines Vaters, die er liebte und begriff. Es war wunderbar anzusehen, mit welcher Behutsamkeit seine kleinen Fingerchen die Blätter anfaßten. Seine Mutter ging während der Woche arbeiten, derweilen Jimmy in den Kindergarten gebracht wurde. Nur der Sonntag gehörte ihnen beiden. Sie rissen gemeinsam jeden Tag die Blätter des Kalenders ab und freuten sich auf den roten Tag, den Sonntag. Aber manchmal hatte Frau Ernst das Bedürfnis, für sich allein etwas zu unternehmen, wie sollte sie aber dem Kind das erklären? Sie riß dann heimlich den roten Sonntag aus dem Kalender heraus, und das Problem war damit gelöst.

In den freien Stunden studierte Ella Adajewski die keltische Sprache; wie ein Kind freute sie sich, wenn sie neue Wörter und Wendungen memorierte und wenn sie Entsprechungen zum Latein oder Griechisch oder Sanskrit fand. Sie erschloß Bobik das Wissen um die geheimnisumwitterten Kulturen der Etrusker, die einst Italien bevölkert hatten. Sie, die den Boden Griechenlands als Frau zu Fuß durchwandert hatte, um alte Volksmelodien aufzuzeichnen, hatte auch Serbien und die Schweiz durchwandert, überall die Volkstänze, Volkslieder und Heldensagen aufschreibend und sie mit denen anderer Völker vergleichend. Im Engadin, das zum rätoromanischen Sprachgebiet gehört, machte sie in einem entlegenen Dorf eine Hochzeit mit. Die Melodien, die sie sangen, gemahnten sie an slawische Lieder. Sie ließ sich ein Lied vorsingen. Der Text war eindeutig slawisch: „Ta hora ta, Kaninowa, ta dluga ano schiroka..." (Jener Berg Canino ist so lang wie breit!). Die Dorfbewohner waren überzeugt, die übliche Landessprache zu sprechen, ihre Sprache war aber anders als ihre Lieder. Offenbar hatte sie einen versprengten slawischen Stamm in den Schweizer Bergen entdeckt. Bobik hörte ihr atemlos zu, und sie erzählte ihm gerne. Je älter und kränker sie wurde, um so mehr stiegen die Erinnerungen ihrer Jugend in ihr auf. Sie hatte den Zaren Nikolaus I. persönlich gesehen und vor König Wilhelm, dem späteren Kaiser Wilhelm I., in Bad Ems gespielt. Bobik nahm auf diese Weise teil an einem Defilee von Menschen, die siebzig Jahre vor ihm gelebt hatten, die aber durch die Erzählungen für ihn wieder lebendig wurden. Er stand vor dem medizinischen Staatsexamen und mußte viel lernen, aber unerhört viel wichtiger war ihm dieses Sich-Versenken in eine wunderbare Welt der Vergangenheit, die sich ihm, dem jungen Menschen, auftat.

Bobik und Lia führten sie noch im kleinen Garten hinter dem Haus oder auf der Poppelsdorfer Allee spazieren. Sie genoß den Anblick der blühenden Kastanien und Magnolien. Zärtlich umfaßte sie mit den Blicken den Baum, die Blätter, die Blüte, Gottes Handwerk bewundernd, ohne Bitterkeit oder Bedauern, daß sie diese Welt verlassen mußte. Wenn sie miteinander allein waren, faßte sie Bobiks Hand und hielt sie fest: „Ich möchte bloß niemandem zur Last fallen, Bobik, das wäre schrecklich!" – „Aber, Tante Ella, die Baronin und wir alle, wir geizen mit jedem Tag, den Sie bei uns sind. Sie schenken uns ungeheuer viel, jede Stunde mit Ihnen ist ein Geschenk! Was macht es denn, wenn wir liebend etwas für Sie besorgen, das würden Sie doch auch für uns tun?"

Sie hatte Sehnsucht nach den alten Speisen, die sie in ihrer Kindheit und Jugend gegessen hatte. Bobik, Lia und Anna kochten ihr Kascha und Kissél und Poschárskie Kotléty und trieben die Wonne aller Kinder von Polen bis Indien auf – Halva. Sie kostete die Speisen, dann schüttelte sie traurig den Kopf: „Nein, es ist nicht dasselbe, es war anders." – Es war nicht anders, aber der zerstörerische Krebs hatte ihre Geschmacksempfindung verändert. Sie erlosch langsam. Sie konnte nur noch kurze Zeit am Klavier sitzen, und das Lesen und Studieren wurde ihr schwer. Drei Tage konnte sie vor Schwäche nicht mehr aufstehen. Sie blieb klar bis zuletzt. Baronin Loë und Lia waren bei ihr. Sie horchte auf, als ob jemand sie riefe, dann sagte sie: „Marco, Marco" – den Namen ihres Lieblingsneffen Marco Geiger, der als Jüngling gestorben war, und sie entschlief.

384

Bobik erlebte erschüttert, wie nun eine im Haus ungewohnte Geschäftigkeit begann. Menschen kamen und gingen, sie brachen in die Weihe des Hauses ein mit kalten berechnenden Fragen und Ansinnen.

Die wenigen Stunden, die diese majestätische Frau noch in ihrem Bett verbleiben durfte, wich Bobik nicht von ihrem Lager. Ihr zu Häupten brannten zwei große Kerzen. Ihre großartigen, kräftigen, sensiblen Hände lagen gefaltet, man hatte in sie ein Kreuz, das Symbol des ewigen Lebens und der Auferstehung, gesteckt. Ihr Gesicht war streng, ernst und gütig und entspannt zugleich, ein Gesicht, in dem die ganze Ewigkeit konzentriert zu sein schien. Es roch süßlich nach verwesenden Blumen. Eigentlich wollte Bobik, als orthodoxer Christ, für ihr Seelenheil beten. Aber es fehlten ihm die Worte, er schaute nur und versuchte sich vorzustellen, wo das alles nun hinging, die große Weisheit, die Erfahrung von achtzig Jahren, das ungeheure Wissen und die wunderbare Fähigkeit, Musik zu vermitteln. Diese unglaubliche Fülle, die dieser Mensch in sich gehabt hatte, die er einigen Menschen bruchstückhaft vermittelt hatte, wieso verschwand das alles mit ihm aus der Welt? Bobik weinte und weinte aus Trauer, daß er diesen Menschen verloren hatte. Er begriff, daß sie alt und krank war, und er war dankbar, daß sie ohne allzu große Schmerzen und ohne Hilflosigkeit zu erleben aus dieser Welt abberufen wurde. Er war sich auch dankbar bewußt, daß er ungeheuer viel von ihr geschenkt bekommen hatte, daß sein Leben durch diese Begegnung reicher und schöner geworden war, und er sah es als Auftrag an, diese großartige Haltung und seine Erfahrung anderen weiter zu vermitteln. Er wußte sich auch reif und bereit dazu.

Am 29. Juli 1926 starb sie, und am Montag, den 2. August, wurde sie begraben. Es gelang nach unüberwindbar scheinenden Schwierigkeiten, für sie einen Ruheplatz auf dem alten Bonner Friedhof, nicht weit vom Grabe ihres geliebten Robert Schumann und der Mutter Beethovens, zu bekommen. Eigentlich wurde in diesem Friedhof nicht mehr beerdigt, aber so viele Persönlichkeiten des öffentlichen Lebens verwandten sich dafür, daß sogar die Bürokraten weich wurden. Als der Beamte im Standesamt den Aktendeckel schloß, sagte er versonnen: „Ich habe die Dame nicht gekannt, aber es ist mir in meiner langen Laufbahn noch nie passiert, daß Menschen aller Parteien und Klassen hier anriefen oder Briefe schrieben und verlangten, daß sie dort beigesetzt werde. Das muß eine wunderbare Frau gewesen sein!"

Benno Geiger, der Dichter, ihr Neffe, sandte aus Florenz ein Grabmal: eine trauernde Gestalt, die am Grabe aufgestellt wurde. Nun schloß Bobik sich noch näher an Didi Loë an.

Das Staatsexamen dauerte länger als ein halbes Jahr, Bobik erledigte die Prüfungen am Rande. Er war nicht ehrgeizig, gute Noten zu bekommen, aber er freute sich, daß er nun seinem ersehnten Ziele näher kam, den leidenden Menschen zu helfen, in besonderer Art eine Nachfolge Christi auf sich zu nehmen. Nicht eine Religion oder ein Dogma zu lehren, nicht diese oder jene Konfession zu verbreiten, nur den Menschen jenseits aller Grenzen von Rasse, Partei, Religion und gesellschaftlichem Rang zu dienen, helfend zu dienen, das war sein Ziel, und er stand am Anfang dieses Weges. Vierundzwanzigeinhalb Jahre war er alt, so lange hatte die Vorbereitung, das Lernen, das Sammeln von Wissen und Erfahrungen gedauert. Nun stand er an der Schwelle. Man stellt sich wohl vor, ein Abschluß und ein Neubeginn sei eine deutliche Zäsur im menschlichen Leben. Aber es war ein Tag wie jeder andere. Ein Tag der dankbaren Rückschau und der Zukunftsschau in verschleierte Bereiche.

Er saß in seinem Zimmer, schaute auf seine Wandteppiche und auf die geliebten Gegenstände, die er aus seiner Heimat gerettet hatte, er trank chinesischen Tee und aß ein duftendes Brötchen mit Butter und Honig, und er war voll Dankbarkeit für die unbekannten Chinesen, die den Tee pflanzten, hegten und ernteten, trockneten und versandten, und für den Bauern, der das Brot säte, und für den Imker und die lieben Bienen. Eine ganze weite und große Welt lebte und arbeitete für ihn, Bobik, sie arbeiteten auch für sich und ihre Familien, aber ein Strahl ihrer Arbeit galt ihm – unbekannte geliebte Brüder, die sein Leben mitgestalteten. Das alte wunderbare Wort aus der frühchristlichen Liturgie fiel ihm ein: „Wir sagen dir Dank, unser Vater, für das Leben und die Erkenntnis, die du uns geoffenbart hast, durch Jesus deinen Sohn. Dir die Ehre in alle Ewigkeit! Wie dieses auseinandergebrochene Brot einstens in den Weizenkörnern über die Berge hin verstreut war und zusammengebracht zum einheitlichen Ganzen wurde, so möge deine Kirche von den Enden der Erde zusammengebracht werden zu deinem Reich; denn dein ist die Herrlichkeit und die Macht durch Jesus Christus in alle Ewigkeit."

Wenn er, Bobik, Kirche sagte, so meinte er allerdings nicht die orthodoxe oder die katholische oder die evangelische Kirche, auch nicht die sich befehdenden Sekten der Christen; was er meinte, war das, was Tertullian mit dem Satz: anima humana naturaliter christiana (Die menschliche Seele ist von Natur christlich) ausgesprochen hatte – eine Weltbruderschaft der Menschen in der Gesinnung Christi.

WLADIMIR LINDENBERG

Marionetten in Gottes Hand

Eine Kindheit im alten Rußland

Großdruckausgabe. 292 Seiten. 1 Bild. Leinen (3-497-01220-3)

Es sind einzelne Bilder aus der Kindheit und frühesten Jugend des Autors, des kleinen Bobik, die er auf einem Gut in der Nähe von Moskau verlebt. Der ganze Zauber dieses Lebens im alten Rußland wird lebendig und nimmt uns ganz gefangen. Neben vielen russischen Gestalten aus allen Kreisen und Schichten stehen im Mittelpunkt des Erzählten neben Bobik seine Mutter und die alte Kammerfrau. Schön und manchmal erheiternd, wie der Knabe allmählich in die Realität des Lebens hineinwächst. Mit köstlichem Humor sind manche Situationen von urwüchsiger Komik geschildert! Wie alle Bücher von Wladimir Lindenberg ein besonderes Geschenk enthalten, so auch dieses: diese Schilderungen aus seiner eigenen Kindheit können viel zum Verstehen einer Kindes-Seele geben. *Die Bücher-Kommentare*

Der Zauber des Buches liegt darin, daß dem Leser das alte zaristische Rußland mit seinen Vorzügen, Schatten und Schwächen nahegebracht wird. Wie der Knabe Bobik im Kreis einer weitgespannten Familie zu einem erwachsenen Menschen heranreift, ist z. T. in dichterischer Form zu einem bleibenden Ereignis umgeschaffen worden. *Erlesenes*

ERNST REINHARDT VERLAG MÜNCHEN BASEL

WLADIMIR LINDENBERG

Bobik im Feuerofen

Eine Jugend in der russischen Revolution

311 Seiten. 1 Bild. Leinen (3-497-00525-8)

In diesem Buch erzählt Lindenberg von seinen Jugendjahren im Zarenreich bis zum Beginn der Revolution im November 1917. Mit den Augen eines hellwachen, jungen, gläubigen Menschen betrachtet der Erzähler das Leben im Zarenreich, den ersten Taumel der Revolution und die jähe Ernüchterung nach den Träumen und Wirren des Umsturzes. Ganz unmittelbar werden die Akteure, wird das Milieu und die Landschaft lebendig. So konnte Lindenberg aus ganz privater Sicht ein kleines Stück bedeutsamer europäischer Geschichte schreiben. *Die Barke*

Es gibt wenige Bücher, die den Einbruch der russischen Revolution so lebendig und packend schildern wie diese Jugenderinnerungen Lindenbergs. Gleich Steinen eines Mosaiks fügen sich kurze Szenen zunächst zusammen, um dem Leser das Bild einer friedvoll-sorglosen Adelsfamilie mit ihren Beziehungen zum Zarenhof und zu verwandten Fürstlichkeiten, zu den Bediensteten und den Menschen im Dorf zu zeigen. Doch die Revolution, die auch der junge Bobik zunächst begeistert begrüßt, läßt diese Idylle nicht abseits liegen. Im Feuerofen der Moskauer Straßenkämpfe, der Verhöre und Gefängnisse bricht Stück für Stück des alten Rußland zusammen, bis Bobik nur die Ausreise unter falschem Namen bleibt. *Wiesbadener Kurier*

ERNST REINHARDT VERLAG MÜNCHEN BASEL

WLADIMIR LINDENBERG

Bobik begegnet der Welt

Reiseerlebnisse formen einen jungen Menschen

323 Seiten. 2 Bilder. Leinen (3-497-00524-X)

Schon die Szenerie, in die uns diese Reisebeschreibungen
entführen, bringt ungewöhnliche, weltweite Vielfalt. Es be-
ginnt mit einer Reise auf der Wolga nach Strachan; dann
werden China und Japan besucht, Deutschland, der Kaukasus,
Italien; schließlich dürfen wir Bobik in die Eremitage seiner
Vorfahren begleiten, wo er von dem weisen Buturlin in uralte
Praktiken der Persönlichkeitsbildung eingeweiht wird. Ein
tiefgläubiger, der Hintergründe unseres Daseins kundiger
Mitmensch geleitet uns in die Stille.
Bayerisches Sonntagsblatt

Ein vor allem der Intensität des Nacherlebens und Miterle-
benlassens wegen großes Memoirenwerk, dem zum Ent-
wicklungsroman nur die erfundene Fabel fehlt, setzt sich hier
fort. Der Horizont weitet sich kontinental und steckt das
geistige Format des Erwachsenen schon mit flüchtigen Stri-
chen ab. In der Beobachtung genau, in der Wiedergabe an-
spruchsvoll, wird der Bericht Literatur.
Literarischer Ratgeber

Die Geschichte des Knaben Bobik ist nicht nur eine Erzäh-
lung, die durch ihren naiven Realismus beeindruckt. Sie
deckt … das Hinter- und Untergründige jener Welt auf, die
man einmal zaristisches Rußland hieß … der ganze russische
„Kosmos", wie er sich geschichtlich vor dem endgültigen
Untergang des Zarentums darbietet, entsteht vor dem Leser.
Das Neueste

ERNST REINHARDT VERLAG MÜNCHEN BASEL

WLADIMIR LINDENBERG

Wolodja

Portrait eines jungen Arztes

348 Seiten. Leinen (3-497-00712-9)

Lindenberg erzählt von seinem Studium und seinen Erlebnissen als Schiffsarzt. Von hohen Idealen erfüllt, lernt er weite Gebiete Afrikas, Asiens und Südamerikas kennen, er wird mit Elend, Not und Unmenschlichkeit, mit Borniertheit und Hartherzigkeit konfrontiert. Sein stetes Streben, zu helfen und Gutes zu tun, wird ihm nicht leichtgemacht. Er erkennt, daß man seine Ideale aber auch als einzelner in zwischenmenschlichen Beziehungen praktizieren kann.

Neuer Bücherdienst

Erschütternd sind die Begegnungen in Afrika mit Farbigen, die anfangs der dreißiger Jahre noch Kolonialvölker waren. Wladimir Lindenberg, dessen großes Vorbild Albert Schweitzer ist, kämpft gegen Rassendiskriminierung und gegen jede Ungerechtigkeit. Aber nicht nur den Menschen, sondern auch den Tieren begegnet er mit Liebe und Ehrfurcht.

Berner Tagblatt

Das Buch ist von tiefer Menschlichkeit erfüllt, es ist getragen von Humor und einer überaus anschaulichen, fesselnden Schilderung. Ein echtes Lesevergnügen!

Österreichischer Rundfunk

ERNST REINHARDT VERLAG MÜNCHEN BASEL

WLADIMIR LINDENBERG

Himmel in der Hölle

Wolodja als Arzt in unseliger Zeit

270 Seiten. Leinen (3-497-01046-4)

Hier erzählt der Autor von seinen Assistentenjahren in Bonn,
wo er massiv mit dem Nationalsozialismus der Akademiker
konfrontiert wurde. Mit Grauen liest man heute, wie blind
und verbohrt die Menschen, die sich zur geistigen Elite
zählten, den braunen Parolen folgten. Es dauerte nicht lange,
bis der junge Arzt wegen „politischer Gefährlichkeit" in das
berüchtigte Konzentrationslager nach Neusustrum gebracht
wurde.   *Das neue Buch*

„Himmel in der Hölle", der sechste Band seiner Autobiogra-
phie, macht über die wesentlichen Abschnitte des Lebens
dieses inneren Emigranten in der Nazizeit – mit dem Verwundern über die frühen Opportunisten, der eigenen KZ-
Haft und seinem aktiven Einsatz nach dem Kriege – hinaus
grundsätzliche Aussagen: Der Autor überstand wochenlange
Dunkelhaft heil, weil er sich in Gebet und Meditation mit den
kraftspendenden Orten seines Lebens verbinden konnte.
Dieses Buch Lindenbergs kann jungen Menschen eine Vorstellung vom Leben geistig unabhängiger Menschen 1933 bis
1945 geben und denen, die es durchlebten, den Horizont
faktisch und geistig erweitern.   *Neue Zürcher Zeitung*

ERNST REINHARDT VERLAG MÜNCHEN BASEL

Tag für Tag der gleiche Ablauf. Die kurzen beglückenden Spaziergänge mit dem Hund. Sonntagskirche, Eintopf mit einem Stück Rindfleisch oder einer Boulette. Das Klappern der verhaßten Schreibmaschine im Verhörzimmer, das man beim Spaziergang immer hörte. Wolodja stellte sich vor, wie seine Leidensgenossen vor dem unerbittlichen Mann gezwungen wurden, zu bekennen. Die tägliche Lektüre von banalen Büchern, Courths-Mahler, Rudolf Herzog, Blunck, Marlitt …

Thomas Mann, Stefan Zweig, Arnold Zweig, Heinrich Mann, Gustav Meyrink, Jakob Wassermann, Wiechert, sie waren alle aus den Bibliotheken verschwunden. Wolodja hatte mit Entsetzen und Tränen von weitem zugesehen, wie die Studenten unter Absingen von patriotischen Liedern auf dem Marktplatz die Bücher der „degenerierten" Autoren, der Judenknechte, in hohem Bogen in die Flammen warfen.

Die Verhöre gingen weiter in Abständen von einer Woche, ein „Braten auf langsamem Feuer", wie sich der Kriminalbeamte ausdrückte. Diesmal kam die Organisation der Jugendverbände dran. Er wollte die Namen der Mitglieder und der Jugendlichen wissen. Wolodja weigerte sich, die Namen zu nennen. (…) Als Wolodja die Korridore und die eiserne Treppe hochging, hatte er das Gefühl, daß er über den Beamten gesiegt habe. Wie lange noch?

(…) Der Beamte wartete geduldig, bis Wolodja seine Sachen niedergelegt hatte, dann schloß er die Tür zu. Wolodja hörte, wie er dazu noch zwei Riegel zuschob. Er befand sich in vollständiger Dunkelheit. Er tastete sich zur Pritsche und legte sich darauf. Die erste Assoziation, die Wolodja hatte, war die beglückende Erinnerung an die Eremitage, das Tschelistschewsche Rosenkreuzerschlößchen bei Rybinsk, in dem er gegen Ende des Krieges mit seinem Vater Sascha einige Zeit mit Exerzitien zugebracht hatte. In der Finsternis spürte er ganz deutlich das konzentriert-geistige Ambiente jenes inzwischen wahrscheinlich vernichteten Ortes. Drei Tage hatte er auf Anleitung seines weisen Lehrers Buturlin im Keller in völliger Dunkelheit zugebracht.

Wolodja lag reglos und lauschte. Nach einer Weile hörte oder fühlte er das regelmäßige, sehr langsame Pochen seines Herzens. Dann hörte er Pulsieren der Gefäße in seinem Gehirn … Wieviel Zeit vergangen sein mochte, wußte er nicht. Es war ein seltsamer Zustand, er befand sich jenseits von Raum und Zeit. Er fühlte nicht die Härte des Holzes, es war vielmehr ein unbekanntes, beseligendes Gefühl des Schwebens. Es war eine völlig neue, noch nie erlebte Erfahrung.

(…) Wolodja hatte längst die Zahl der Tage vergessen, die er im Karzer zugebracht hatte. Eines Tages holte ihn der Beamte heraus. Der Oberstaatsanwalt sei persönlich zum Verhör gekommen. „Wissen Sie, so lange hat es noch niemand hier in dem Karzer ausgehalten. Danach haben die Menschen einen Knacks. Es ist auch nie vorgekommen, daß all die Tage kein Arzt nach ihnen geschaut hat. Das ist unzulässig."

WLADIMIR LINDENBERG

Gottes Boten unter uns

171 Seiten. 3 Bilder. Leinen (3-497-00527-4)

In seinen Buche „Gottes Boten unter uns" versucht Wladimir
Lindenberg uns die Augen für die Engel zu öffnen. Einleitend
erinnert er daran, daß sie in der Bibel als Menschen auftreten
oder nur ihre Stimme hören lassen, um dann Begebenheiten aus
seinem Leben und dem Leben seiner Freunde und Verwandten
zu erzählen, in denen er den „zufälligen" Begegnungen nach-
spürt, „wieviel sie von Gott enthalten". „Solches Eingestelltsein
auf Gott läßt den Menschen erkennen, wann Gott durch einen
anderen Menschen, durch ein Kind, einen Greis, einen Verwandten, sogar die eigene Schwiegermutter, einen Bettler oder
Wanderer, einen fernen Briefschreiber, und nicht nur das, auch
durch die Begegnung mit einem Tier oder gar mit einem Gegenstand zum Menschen spricht, ihm eine Kunde, eine Weisung,
eine Warnung zukommen läßt. Der geistig Blinde geht an solchen Botschaften vorbei, der Sehende spürt sie mit seinem Herzen und erfaßt, daß die Botschaft von einem ‚Boten', einem An-
gelos, kommt". Wie Bonhoeffer fühlt Lindenberg sich „von guten Mächten wunderbar geborgen" (. . .). Indem Lindenberg uns
miterleben läßt, was er erlebt hat, leitet er uns an, auch unser Leben mit den Augen des Glaubens zu sehen (. . .): ein spannendes,
mit dem Herzen geschriebenes und das Herz überzeugendes
Zeugnis von der vielfältigen Wirklichkeit und Wirksamkeit der
Engel.   *Quatember*

ERNST REINHARDT VERLAG MÜNCHEN BASEL

WLADIMIR LINDENBERG

Jenseits der Fünfzig

Reife und Erfüllung

Großdruckausgabe. 224 Seiten. Leinen (3-497-01174-6)

Jenseits der Fünfzig beginnt unsere eigentliche Lebensprüfung.
Dann haben wir zu beweisen, ob wir in unserem Leben einen
Grund gelegt haben, auf den wir in zunehmendem Alter
bauen können. Dann erwarten unsere Mitmenschen, daß wir
durch Güte, Gelassenheit und Weisheit die Reife des Alters
dokumentieren. Diesen Weg will uns das vorliegende – in
großer, leicht lesbarer Schrift gedruckte – Buch weisen.

※

In unserer Zeit benötigen immer mehr Menschen Hilfen für
die Vorbereitung auf den dritten Lebensabschnitt und für
dessen rechte Erfüllung. Eine solche Hilfe will und wird
„Jenseits der Fünfzig" sein … Man wird erkennen, daß das
Buch nicht nur helfen wird für die zunächst so fern scheinen-
de Zeit des Ruhestandes, sondern daß es beinahe „handfe-
stes" Vademecum für Menschenführung und menschliche
Beziehung, ja selbst für Erziehungsfragen ist.

Das Flügelrad

Menschliche Wärme, genährt aus dem eigenen Erleben des
Älterwerdens, vernünftiger Rat sprechen aus dem Essay-
band, der für die ältere Generation geschrieben wurde.

Rosemarie Eick
Süddeutscher Rundfunk

ERNST REINHARDT VERLAG MÜNCHEN BASEL

Aus einem erfüllten Leben

Betrachtungen und Gedanken von

Wladimir Lindenberg

Mit Photos von Gisela Peters

48 Seiten. Bildband. Broschur (3-497-01001-4)

Ein einzigartiges Geschenkbändchen für alle Freunde von Wladimir Lindenberg. Ausgestattet mit farbigen und Schwarz-Weiß-Photographien lädt diese Sammlung den Leser ein, in Wort und Bild dem religiösen Denken Lindenbergs nachzugehen und darüber hinaus zur eigenen Meditation zu finden.

*

W. Lindenberg, Aus einem erfüllten Leben:

„Für viele Menschen bedeutet eine schwere Krankheit oder ein Unfall nicht nur eine Krisis, sondern auch eine echte Katharsis, einen Sprung nach vorn, eine Verwandlung, eine Metanoia, ein neues Leben. Sie verbrennen in der Katastrophe wie der Phönix zu Asche und erstehen neu; es ist wie eine neue Inkarnation im gleichen Leben."

„Dennoch, jeder Mensch ist entwicklungsfähig. Hat er erst aus dem Inneren des elfenbeinernen Turms, in dem er steckt, eine Bresche geschlagen, dann nimmt er wahr, wie schön die Welt ist, die es immer war, nur verstand er in seiner seelischen Blindheit nicht, dies wahrzunehmen. Dann zieht die Freude in ihn ein, und es kann sein, daß er es schnell lernt zu erfahren, wie wunderbar diese Freude ist und daß er sie in jeder Sekunde seines Lebens weiter erleben darf."

ERNST REINHARDT VERLAG MÜNCHEN BASEL

Zu Gast bei Wladimir Lindenberg

Von feinen Kochkünsten und kulinarischen Speisefolgen
zur Bewirtung lieber Gäste

143 Seiten mit 12 Zeichnungen, vielen Rezepten und praktischen Tips
Gebunden (3-497-00975-X)

Als echter Lebenskünstler ist Wladimir Lindenberg auch ein ausgezeichneter Gastgeber. Lange wich er der Bitte seiner Freunde, die an seiner Tafel speisten, ein Kochbuch zu schreiben, aus. Aber schließlich hat er doch dieses reizende Büchlein geschrieben. Es ist alles andere als nur ein Kochbuch. In feinsinniger Weise regt Lindenberg uns zur Pflege kultivierter Gastfreundschaft an. Immer wieder tauchen dabei Erinnerungen an die Gastlichkeit im alten Rußland auf. Wir erfahren das Rezept von Warenje, einer köstlichen russischen Konfitüre, die man zum Tee ißt. Nach der Lektüre dieses Buches wissen wir, was es mit dem Bœuf à la Stroganow auf sich hat. Alle Rezepte sind einfach zuzubereiten. Das Büchlein ist ein köstliches Geschenk für alle Menschen, die gerne kochen und Gäste bewirten.

Aus dem Inhalt: Wie soll der Tisch gedeckt werden? · Die Kleidung · Servietten · Anordnung der Tischgeräte · Abräumen · Die Getränke · Vom Rauchen · Fremde Sitten beim Essen · Die leidigen Kalorien · Das Ritual der Kochkunst · Die Reihenfolge der Gerichte · Kalte und warme Vorspeisen · Suppen · Fischgerichte · Braten im Römertopf · Vom Schwein · Hammelfleisch · Rind · Geflügel · Wild · Frikassee und Gulasch · Aufläufe oder Pies · Zur Abwechslung kalten Braten · Saucen · Salate · Gemüse · Jause · Dessert · Die Gästeliste · Gästebuch · Der Zyklus der Feste · Picknick · Abschied von den Gästen

ERNST REINHARDT VERLAG MÜNCHEN BASEL

Schicksal und Gestaltung

Leben und Werk Wladimir Lindenbergs

Von Wolfgang Kasack

304 Seiten. 40 teils farbige Bilder. Leinen (3-497-01128-2)

„Schicksal und Gestaltung" – unter diesem Blickwinkel hat Wolfgang Kasack das Leben des Arztes und Schriftstellers Wladimir Lindenberg dargestellt. Lindenberg, Abkömmling des alten russischen Adelsgeschlechts der Tschelischtschews, dessen Vorfahren vor über 700 Jahren aus Deutschland nach Rußland einwanderten, emigrierte 1918 nach der russischen Revolution nach Deutschland. „Schicksal und Gestaltung" ist eine in sich geschlossene künstlerische Biographie, die Leben und Werk dieses bedeutenden, im Geistigen tief verwurzelten Mannes lebendig werden läßt. Geschrieben wurde es als Geschenk des Freundes zum 85. Geburtstag am 16. Mai 1987. Lesern von Lindenbergs Büchern hilft diese Biographie, vertraute Texte in größerem Zusammenhang zu sehen. Es ist zugleich eine Einführung für den, der Lindenberg noch nicht kennt und Freude und Bereicherung des eigenen Lebens durch Literatur sucht. Die ausgezeichneten Berichte zeichnen sich durch Kürze aus. Es ist eine Freude, sie zu lesen und über die Bilder und Zeichnungen innerhalb des Buches zu meditieren.

Wolfgang Kasack, Sohn des Schriftstellers Hermann Kasack, ist Professor für Slavistik an der Universität zu Köln.

ERNST REINHARDT VERLAG MÜNCHEN BASEL

Wladimir Lindenberg

Ein Portrait in Bildern und Texten

Zusammengestellt und herausgegeben von
Gertrud Züricher

160 Seiten. 43 farbige und 41 s/w-Werkbilder,
6 farbige und 93 s/w-Photographien. Leinen (3-497-01305-6)

Dieser Bildband eröffnet einen neuen Zugang zur Persönlichkeit des russisch-deutschen Arztes und Schriftstellers Wladimir Lindenberg. Er bietet erstmals die Möglichkeit, neben Lindenbergs therapeutischem und schriftstellerischem Wirken seine bildende Kunst in größerem Umfang kennenzulernen. In reichhaltiger Bebilderung werden Gemälde, Stickereien und Zeichnungen sowie zahlreiche Fotos aus Lindenbergs Lebensgeschichte und Freundeskreis vorgestellt. Ausgewählte Texte aus Lindenbergs Büchern geben einen Einblick in sein umfangreiches schriftstellerisches Werk. Die sorgfältige Bild-Text-Kombination zieht Verbindungslinien zwischen schreibender und bildender Kunst, zwischen Kunst und Leben. Dieses „Portrait" ist eine Zusammenschau für ein intensiveres Verständnis der aktiven und kontemplativen Welt des Wladimir Lindenberg-Tschelischtschew.

Aus dem Inhalt: Kurzbiographie · Therapeut, Schriftsteller und Seelsorger · Mensch und Künstler · Bildwerke mit Gedanken Wladimir Lindenbergs: Wirkarbeiten, Aquarelle, Tempera, Ölgemälde, Hinterglasmalerei · Skizzen und Tagebuchblätter · Dolina von Roedern-Lindenberg · Photographien aus Lindenbergs Leben und Umwelt · Lebensdaten · Bibliographie

ERNST REINHARDT VERLAG MÜNCHEN BASEL